Über dieses Buch

Sri Aurobindo ist zweifellos der größte Yogameister der Neuzeit. Allein sein umfangreiches schriftstellerisches Werk stellt eine Hinterlassenschaft dar, die Schätze des Wissens, der Erkenntnis und der Erleuchtung für Generationen enthält – wie man wohl, ohne zu übertreiben, sagen kann. Er widmet sich darin dem großen Thema, für das sein ganzes Leben der strahlende Ausdruck war: der Befreiung der leidenden Welt durch eine höchste spirituelle und *supramentale* Transformation des Bewußtseins, die dem Menschen nicht nur eine neue geistige Schau und Offenbarung seiner inneren Wahrheit und Realität gibt, sondern auch das Leben und seine Energien aufgreift, *transformiert* und selbst den Körper zum enthüllenden Träger des unsterblichen Feuers macht.

Das Leben des echten Yogameisters entzieht sich notwendigerweise dem nur äußerlich analysierenden Verstand: zu vielseitig, zu reichhaltig und oft auch zu unbeschreiblich ist der Reichtum und die Größe der Erleuchteten. Aber zu allen Zeiten hat es Schüler gegeben, die auf die eine oder andere Weise ihrem Meister besonders nahestanden und so – oft in größerem Maße, als ihnen selbst bewußt war – zu Übermittlern ihrer Persönlichkeitskraft und ihrer Ausstrahlung wurden. Sie haben so sehr im Licht der Sonne gebadet, daß sie gar nicht anders können, als selbst etwas von dem großen Licht anzunehmen und auszustrahlen. Und so findet man, oder besser gesagt, erhält man *durch* deren persönliche Notizen, Aufzeichnungen und Beschreibungen auf viel intensivere Art den Zugang zum Meister, als es eine nur philosophische oder technisch-spekulative Abhandlung je vermöchte.

Das ist gewiß eine der hervorragendsten Bedeutungen dieses Buches: hier erschließt sich eine ganz andere Art zu leben, die jetzt nachvollziehbar, miterlebbar wird. Ein großer Meister und Seher wird Mensch und ein unvollkommener Mensch Yogi! Ein Abenteuer und ein humorvolles Ereignis, das völlig frei vom Staub ehrwürdiger Lehrbücher ist.

Der Autor

Dilip Kumar Roy, der berühmte indische Sänger, Schriftsteller und Dichter, entstammt einer bengalischen Aristokratenfamilie. Autor von mehr als siebzig Büchern (in Deutsch ist von ihm außer dem vorliegenden Werk seine Autobiografie erschienen, die den Titel *Der Weg der großen Yogis* trägt. Suhrkamp Taschenbuch 409), wurde er 1928 der Schüler von Sri Aurobindo, lebte bis zum Tode Sri Aurobindos 1950 in dessen Ashram in Pondicherry. Seither lebt er zusammen mit der berühmten Seherin Indira Devi in Poona.

Dilip Kumar Roy

Sri Aurobindo kam zu mir

(Erinnerungen)

Fischer Taschenbuch Verlag

Deutsche Erstausgabe
Fischer Taschenbuch Verlag
Dezember 1978
Umschlagentwurf: Jan Buchholz/Reni Hinsch
Titel der indischen Originalausgabe:
›Sri Aurobindo came to me‹
Erschienen bei: Jaico Publishing House, Bombay
Aus dem Englischen von Michel Klostermann
Fischer Taschenbuch Verlag GmbH, Frankfurt am Main
© Fischer Taschenbuch Verlag GmbH, Frankfurt am Main 1978
›Sri Aurobindo came to me‹
© by Jaico Publishing House 1964
Gesamtherstellung: Hanseatische Druckanstalt GmbH, Hamburg
Printed in Germany
980-ISBN-3-596-23377-1

INHALT

ÜBER SRI AUROBINDO

Aurobindo war der größte Intellektuelle unseres Zeitalters und eine der entscheidenden Kräfte des spirituellen Lebens. Indien wird nicht vergessen, welchen Dienst er der Politik und Philosophie geleistet hat, und die Welt wird mit Dankbarkeit seines unschätzbaren Werks im Bereich der Philosophie und Religion gedenken.

Dr. Sarvepalli Radhakrishnan

Sri Aurobindo ist ein *dhyani,* ein Seher, und dringt, wie ich glaube, weiter noch als Vivekananda, obgleich ich letzteren zutiefst verehre.

(Auszug aus einem Brief in Bengali aus dem Mandalai-Gefängnis an Sri Dilip Kumar Roy)

Netaji Subash Chandra Bose

Auf den ersten Blick konnte ich erkennen, daß er nach der Seele gesucht und sie gefunden hatte ... Sein Gesicht erstrahlte mit innerem Licht ... Ich fühlte von ihm die Worte des alten Hindu Rishi ausgehen, die von jenem Gleichmut berichten, welcher der Seele ihre Freiheit gibt, um in das Allumfassende einzutreten. Ich sagte zu ihm: »Du hast das Wort, und wir wollen es von dir empfangen. Indien wird durch deine Stimme zur Welt sprechen: ›Höre auf mich.‹« ...

Rabindranath Tagore

Ich danke Ihnen vielmals für die Zusendung des Buches *(Das Göttliche Leben).* Ich halte es für das größte Buch, das in meiner Zeit geschrieben wurde ... Ich habe heute an die Königlich Schwedische Akademie geschrieben, um ihn für den Nobelpreis vorzuschlagen.

(In einem Brief aus London vom 17. 12. 1941 an Sri Dilip Kumar Roy)

Sir Francis Younghusband

Inmitten persönlichen Leids führte mich Aurobindo zur Religion. Es mag seltsam klingen, daß mir ein Nicht-Christ den Pfad zu meiner religiösen Weihung geöffnet haben soll, aber Aurobindo tat es ... Jeder Mensch braucht einen Aurobindo, einen Menschen, der weit über allen Menschen steht und dennoch mit deren Sehnsucht eins ist ... Ich bin Indien unendlich dankbar, und dies nicht zuletzt wegen Aurobindo.

Madame Gabriela Mistral
(Nobel-Preisträgerin)

Ich werde herausfinden, was bezüglich der Nobelpreis-Empfehlung unternommen wird, und möchte gerne ein Wort der Bewunderung für das *Göttliche Leben* äußern, das ich nicht nur als äußerst wichtiges Buch wegen seines Inhalts erachte, sondern auch als bemerkenswert feinfühlige philosophische und religiöse Literatur.

(Auszug aus einem Brief an Dilip Kumar Roy vom 16.6.1948 aus New York)

Aldous Huxley

Mein Wort an Sie ist, daß er, lange nachdem die Auseinandersetzung im Schweigen verklungen ist, lange nachdem dieser Aufruhr und diese Erregung vorüber sind, lange nachdem er gestorben ist, als Dichter des Patriotismus, als Prophet des Nationalismus und Menschenfreund angesehen werden wird. Lange nachdem sein irdisches Leben verloschen ist, werden seine Worte nicht nur in Indien, sondern überall in der Welt erklingen und wiedererklingen. Darum sage ich, daß ein Mensch seines Formats nicht nur vor den Schranken dieses Gerichts, sondern vor den Schranken des Hohen Gerichts der Geschichte steht.

(Schlußrede in dem berühmten Prozeß, der dem Seher-Revolutionär 1908 in Kalkutta gemacht wurde.)

Deshbandu C. R. Das

Hier kommt Aurobindo, die vollständigste Synthese des Genies Asiens und Europas, die bisher verwirklicht wurde.

Romain Rolland

Ich danke Ihnen für das, was Sie mir über Sri Aurobindo geschrieben haben, und für die Zusendung des monatlichen Magazins *Arya*. (Im *Arya* wurden die Hauptwerke von Sri Aurobindo zum erstenmal veröffentlicht. Anm. d. Übers.) Ich stimme ganz mit Ihrer Sicht der Dinge überein. Ich weiß bisher zu wenig über Sri Aurobindo, aber das Wenige überzeugt mich davon, daß in ihm eine der erhabensten spirituellen Kräfte der Welt am Wirken ist.

(Auszug aus einem Brief an Dilip Kumar vom 1.10.1924.)

Romain Rolland

AN SRI AUROBINDO

Wer einmal Dich kennt, kennt er nicht die Wahrheit,
ein wenig doch?
Wir mögen noch blind zum Neuen Morgen sein,
der unsre darbend Augen erfrischen kann
mit unbeflecktem Tag,
doch: wenn einmal unser Halbbewußtes
Deinen Feuer-Klang anstimmt,
wird uns nicht dessen Entzücken
zu Seiner Gnade führen
und lösen unsren Mißklang mit Deiner Harmonie?
Wenn in der verwobenen Schicksalsknechtschaft
nach einem Strahl wir dürsten, heilt die Düsternis
mit Deinem unverfälschten Mondgesang, Dein Segen allein,
den verleugnet unser dunkelheit-verliebtes Fühlen!
Übersteigend unser wissenschaftsgenährtes Streben und
Lärmen,
erklimmst Du das Blau – kein Drache ängstigt Dich.
Erlangt hast Du, was nur den Auserwählten eignet:
Einzigartig Zenitvision, die Wolken nicht ersetzen können.
Denn an der Reise Ende hast Du gewonnen
das Sonnenelixier, zu bezwingen die Horde der Nacht.
Wer einmal Dein Gesicht erblickt, o Freund, der weiß:
Keine Mär ist es, Liebe und Licht sind in Wahrheit Eins.

Dilip Kumar Roy

ANTWORT VON SRI AUROBINDO

Dilip,
hier ist ein Gedicht, das ich letzte Nacht für dich geschrieben habe.
Ich schicke vorerst nur acht Zeilen:

Alles, was das Auge gesehen, was das Ohr gehört,
ist ein blasses Trugbild, entstanden durch eine
gewaltigere Stimme und mächtigere Schau;
keine Leidenschaft der Farben, welche das Herz erfreut,
kann entsprechen dieser göttlicheren Ekstase.

Ein GEIST jenseits unseres Geistes allein hat den Überblick
über jene noch nie gedachten Harmonien,
Schicksal und Privileg ungeborener Menschen.

Sri Aurobindo

(Dieses schöne Gedicht erweiterte er später in ein Sonett[1]):

Eine Gottheit gibt es unverwirklichter Dinge,
für die der Zeit strahlende Güter gehäufter Unrat sind;
ein Schrei scheint nahe, ein Rauschen von Silberflügeln,
die rufen zu himmlischer Freude durch irdischen Verlust.

Alles, was das Auge gesehen, was das Ohr gehört,
ist ein blasses Trugbild, entstanden durch eine
gewaltigere Stimme und mächtigere Schau;
keine Leidenschaft der Farben, welche das Herz erfreut,
kann entsprechen dieser göttlicheren Ekstase.
Ein GEIST jenseits unseres Geistes allein hat den Überblick
über jene noch nie gedachten Harmonien,
Schicksal und Privileg ungeborener Menschen.

Wie regengeschlagener Schlamm das Wunder der Rose,
erwartet die Erde die Erfüllung dies fernen Wunders.

Sri Aurobindo

Ich weiß mit absoluter Gewißheit, daß der Übergeist (das Supramentale) eine Wahrheit und sein Hervorbrechen, gemäß der Natur der Dinge, unumgänglich ist. Die Frage ist, wann und wie. Auch das ist von irgendwo aus der Höhe festgelegt und vorherbestimmt; aber es wird ausgefochten inmitten eines ziemlich grimmigen Zusammenpralls sich widerstreitender Mächte.

(Auszug aus einem Brief vom 28.12.1934 an mich [Dilip], der sich später als bedeutsame Voraussage herausstellte.)

Sri Aurobindo

---

[1] *Last Poems* (engl. Ausgabe), S. 45, Auroville Verlag, Planegg.

VORWORT ZUR ERSTEN AUFLAGE

Jemand hat gesagt, dies sei eine Autobiographie. Dem muß ich gleich zu Anfang widersprechen. Wie hoffentlich jeder Leser erkennen wird, habe ich lediglich Erinnerungen an meinen Gurudev (Meister), Sri Aurobindo, zusammengetragen. Eine Autobiographie geht über die Belange von Erinnerungen hinaus. Ich habe außerdem meistens meine Reaktionen auf und meine Reflexionen über die große Persönlichkeit, die deren Zentrum ist, auf ein einziges Ziel ausgerichtet: ihre Größe darzustellen, wie sie sich mir selbst von Tag zu Tag durch meine eigene Entfaltung im Laufe meiner spirituellen Auseinandersetzungen und Sehnsüchte offenbarte und deutlicher erkennbar wurde. Anders gesagt, habe ich weitgehend versucht, die Wechselbeziehungen zwischen Sri Aurobindo und mir vor dem Hintergrund eines Ashramlebens darzustellen. (Ashram = eine spirituelle Gemeinschaft, die sich um einen Erleuchteten bildet. Anm. d. Übers.)

Aber Wechselbeziehungen entstehen durch Kontakt, oder soll ich sagen, durch Einwirkung zweier Personen; darum mußte ich mich mit ins Spiel bringen, ich hätte sonst kaum etwas schreiben können, das der Rede wert ist. Ich glaube jedoch, daß der Wert des Geschriebenen sich nicht auf meiner Rolle in etwas gründet, das ich nur als Drama bezeichnen kann, sondern daraus ableitet, daß durch meine Konflikte und mein Mühen ein Aspekt seines ungeheuren Selbst offenbar wurde, eines Selbst, dessen Ausfaltung weder unser Zeitgeist noch unsere Erwartungen erklären oder gar fördern konnten. Seine Strahlkraft könnte man wirklich als unerklärliches Naturwunder bezeichnen – nicht in dem Sinn, wie man es bei Genies oft tut, sondern im Sinn eines Sehers gewaltiger Wahrheiten. Denn ich stimme völlig mit einer modernen Bewunderin überein, die, nachdem sie über Propheten »Von Kierkegaard bis Buber« geschrieben hat, sagt: »Während man Menschen ihres Kalibers in jedem Jahrhundert erwartet, ist Sri Aurobindo ein Ereignis, das Göttliche Vorsehung tausendmal seltener eintreten läßt.«[1]

Aber selbst die bestgemeinten Huldigungen verursachen mir

---

[1] Zitiert aus *The Philosophy of Sri Aurobindo*, einem Vortrag von Morwenna Donnelly vor der London Personalist Group 1950, der 1951 im *Sri Aurobindo Circle Annual* veröffentlicht wurde.

persönlich einen Schmerz, zusammen mit einem freudigen Schauer. Denn ich weiß, daß die Welt in ihrer gegenwärtigen Verfassung kaum begreifen kann, welch unglaubliche Größe heimlich zu uns kam und wieder ging, erkannt nur von einigen wenigen.

Aber rückblickend fragt man sich: Ist die Halbblindheit der Masse nicht Teil des Planes und das »Kreuz«, das der einsame Mann Gottes jedesmal erhält, wenn er der Menschheit eine »Krone« gibt?[2] Wozu also das Bedauern. Ebenso mag man über die Unfähigkeit der Sinne traurig sein, den interstellaren Raum zu erfassen oder – um mit den Worten Sri Ramakrishnas zu sprechen – über die Unfähigkeit des »Salzstreuers«, den Ozean zu ermessen. Die Kluft zwischen einem Seher-Dichter und der Mittelmäßigkeit ist eher noch größer. Aus diesem Grund sind sie niemals »aufgewacht, wenn Er kam und bei ihnen saß« – um ein Gleichnis von Tagore anzuführen. Und hat nicht Sri Aurobindo selbst seine Vision der Menschheit an uns weitergegeben:

> *Die bewußte Puppe wird tausendfach gestoßen*
> *und fühlt den Stoß, doch nicht die Hand, die führt.*
>
> Savitri, Buch II, Canto 5

Wichtig ist also zu wissen, ob die »Puppe« in jedem beliebigen Augenblick nach oben (und nicht nach unten) gestoßen wird, bis sie an jenem Punkt angelangt, an dem sie die »Hand« erahnen kann, die »führt«. Bevor man diesen Punkt erreicht hat, sagt er, werden nur

> *... Wenige sehen, was jetzt noch keiner versteht;*
> *Gott soll wachsen, während die weisen Männer sprechen und*
> *schlafen;*
> *denn der Mensch soll das Kommende nicht kennen, bis die*
> *Stunde genaht,*
> *und Glaube soll nicht sein, bis das Werk vollbracht.*
>
> Savitri, Buch I, Canto 3

Anders gesagt, was immer unsere rationalistischen Richter vorbringen werden, um das Gegenteil zu beweisen, wird der göttliche Aufstieg weitergehen, denn Gott, der kein Mythos ist, hat entschieden, in unserem sich entwickelnden Bewußtsein heranzuwachsen, bis alle sehen können, was heute nur »wenige« prophezeien. Und wenn dieser Tag anbricht, wird man erkennen, daß die Stunde gesegneter Vision bereits Jahrhunderte früher, durch das uner-

---

[2] »Das Kreuz ihr Lohn für die Krone, die sie gaben.«
Savitri, Buch I, Canto 1 (Auroville-Verlag)

müdliche Streben Sri Aurobindos während eines Lebens übermenschlicher *Sadhana* (spiritueller Disziplin), geschlagen hatte.

Was nicht bedeutet, daß wir nur in lässiger Hilflosigkeit auf das Glockenläuten warten können. Jeder von uns hat, wie unbedeutend oder gering er auch in der Isolierung sein mag, eine Aufgabe im kosmischen Plan – eine Rolle, die er spielen muß, wenn er an Gott seine Schuld zurückzahlen will, der

> ... dieses Haus aus Fleisch bewohnt,
> Sein Bild in menschliche Maße gießt,
> so daß wir aufsteigen mögen, in Sein göttliches Maß.
>
> *Savitri*, Buch I, Canto 4

Die endgültige Erfüllung wird dann kommen, denn

> Der Herrscher dort ist eines mit allem, das Er beherrscht.
>
> *Savitri*, Buch II, Canto 3

Ich behaupte nicht, daß wir nie davon gehört haben. Aber jene, die an die dynamische Kraft der Wahrheit glauben, die innig im Leben verwirklicht wurde, werden zugeben müssen, daß wir gar nicht oft genug von göttlichen Wahrheiten hören können, die von einer Stimme verkündet werden, die durch überwältigende Vision zum Sprechen veranlaßt wird. Und hat es in unserem Zeitalter eine Stimme gegeben, die mit größerer Fülle erklang als jene des einsamen Herolds, der sang, weil er nicht anders konnte, als von dem zu singen, was er gesehen hatte:

> Selbst Leid birgt Freude versteckt unter seinen Wurzeln:
> denn nichts ist wirklich vergebens, das Der Eine gemacht:
> in unseren besiegten Herzen überlebt Gottes Kraft
> und der Siegesstern beleuchtet weiter unsere Kummerstraße;
> Unser Tod wird zum Durchgang gemacht in neue Welten.
>
> *Savitri*, Buch II, Canto 6

Was auch geschieht, müssen jene Herzen, die durch seinen Feuerruf entflammt sind, glauben, was er als Versprechen des Neuen Sonnenaufgangs verkündete und als Weg zum leuchtenden Ziel beschrieb. Das ist das mindeste, das sie tun können. Ob andere in der näheren oder ferneren Zukunft folgen werden, wissen wir nicht. Nur eins wissen wir, nämlich daß, falls und wenn sie es tun, sie mit ihm zusammengearbeitet haben und daß jeder, der geantwortet hat, sich entsprechend dem Maß seiner Antwort als gesegnet empfinden kann.

Hier muß ich ein paar Worte über unseren Ashram (den Sri

Aurobindo-Ashram in Pondicherry, Südindien. Anm. d. Übers.)
sagen, um einen Hinweis auf den Hintergrund unseres Lebens und
unserer *Sadhana* zu geben.

Der Ashram, wie wir ihn kennen, wurde an einem bestimmten
Datum gegründet: dem 24. November 1926. Vor diesem Datum –
und während der ganzen Zeit nach Sri Aurobindos Ankunft in
Pondicherry im Jahre 1910 – hatten sich nur einige spirituelle
Sucher als Schüler um ihn eingefunden, um ganz ihm zu gehören.
Während jener Vor-Ashram-Tage pflegte Sri Aurobindo das freie
Gespräch mit seinen Schülern und war außerdem für einige Besu-
cher, wenn nicht überhaupt für alle, zu erreichen. (Dies ermöglichte
die zwei langen Gespräche mit ihm im Jahre 1924, die später in
meinem Buch *Among the Great* veröffentlicht wurden.)

Ab 1926 änderte sich jedoch die Szenerie, als er sich in die
Abgeschiedenheit zurückzog und Die Mutter aus ihr hervortrat,
um die Verantwortung für den Ashram zu übernehmen, der seither
von ihr geleitet wurde.[3] Von 1926 bis Ende 1938 konnte nur sie ihn
sehen. Seit 1938 erlaubte er jedoch, daß einige persönliche Helfer
und etwa sechs Schüler täglich Arbeiten für ihn verrichteten. Sie
konnten nun mit ihm sprechen und bisweilen Botschaften von der
Außenwelt an ihn weitergeben, wenn es nötig war. In den letzten
Jahren konnten auch einige Besucher mit ihm sprechen, aber
Interviews wurden nur selten genehmigt.

Jetzt ein Wort über die *Darshans*.
Sri Aurobindo zeigte sich der Allgemeinheit nur viermal im
Jahr:

Am 21. Februar – dem Geburtstag Der Mutter.
Am 24. April – dem Tag, an dem Sie endgültig nach
    Pondicherry kam (1920).
Am 15. August – Sri Aurobindos Geburtstag.
Am 24. November – dem Geburtstag des Ashrams.

Die Feierlichkeiten an jedem dieser Tage hatten als Höhepunkt Sri
Aurobindos *Darshan*, was in Sanskrit Vision bedeutet: anders
gesagt, ist es das ›Sich-den-Schülern-und-Besuchern-Zeigen‹.
Jene, die – aus allen Regionen der Welt – gekommen waren, mußten
gemeinsam mit uns Ashrammitgliedern eine Reihe bilden. Einer
nach dem andern gingen wir hoch zu seinem *Sanctum Sanctorum*,
um ihn zu sehen, wobei jedem Besucher und Schüler nur einige

---

[3] Über die Persönlichkeit Der Mutter, die Geschichte des Ashrams und die später
(1968) von ihr gegründete Stadt Auroville siehe: *Auroville – Stadt des Zukunftsmenschen*, Fischer Taschenbuch Band 1700.

Sekunden zustanden. (Siehe auch die Abb. in *Auroville – Stadt des Zukunftsmenschen*, S. 59.) Sri Aurobindo und Die Mutter saßen nebeneinander und segneten jeden (oder jede), der kam und einen Augenblick vor ihnen stand, bevor er weiterging. Man erwartete von keinem, der gekommen war, irgendwelche Formalitäten, noch waren welche vorgeschrieben; das ganze Ereignis war bar aller Zeremonie oder allem, das auch nur entfernt an ein Ritual erinnerte: man mußte keine Bedingungen erfüllen, außer zu schweigen und nicht übermäßig lange vor dem Meister und Der Mutter zu stehen.

Es gibt kaum mehr zu sagen, außer daß in dem Ashram Männer und Frauen den gleichen Status haben und die gleiche Freiheit genießen, die lediglich einigen grundsätzlichen Regeln und Verordnungen unterstehen, die formuliert werden mußten, um Ordnung, Sauberkeit und ein gewisses Maß an Disziplin zu gewährleisten. Weitere Informationen über Sri Aurobindos Yoga und seine Ziele kann man der Ashrampublikation *Sri Aurobindo and His Ashram*[4] entnehmen, einem Büchlein, das von Sri Aurobindo selbst gutgeheißen wurde.

Sri Aurobindo Ashram, Pondicherry	Dilip Kumar Roy Mai 1951

[4] Seitdem dieses Vorwort geschrieben wurde (1951), hat sich die Arbeit für das Werk Sri Aurobindos und Der Mutter sehr ausgeweitet. In Deutschland kann man sich für Informationen über die verschiedenen Aspekte des Werks von Sri Aurobindo und Der Mutter an folgende Adresse wenden: AURORA-Zentrale der Gemeinschaft zur Förderung von Auroville und Mirapuri e. V., Elisabethweg 34, Planegg b. München. Als deutschsprachige Einführung in Sri Aurobindos Yoga, seine Ziele, den Ashram und Auroville sowie die zukünftige Entwicklung sei auf das Fischer-Taschenbuch, Band 1700, verwiesen: *Auroville – Stadt des Zukunftsmenschen*.

Sri Aurobindo verschied allzu früh am 5. Dezember 1950. Zu jener Zeit war ich gerade dabei, ein Wohltätigkeitskonzert in Varanasi zu organisieren, um Geld für seinen Pondicherry-Ashram zu sammeln.

Ich kehrte zurück und begann dann nach einigen Monaten aufzuschreiben, wie *Sri Aurobindo* unerwartet *zu mir kam*, um mich aus meinen bisherigen Bindungen zu lösen. Um meine Geschichte wahrhaftig mit all ihrem Herzenssuchen und ihren Balgereien, Hoffnungen und Ängsten, Schwankungen und Exaltiertheiten zu erzählen, mußte ich auch erzählen, wie ich auf verschiedene Personen und Ereignisse reagierte. Seither ist mehr als ein Jahrzehnt verstrichen, und viel Wasser ist den Fluß meines unberechenbaren Lebens hinabgeströmt, was ganz natürlich eine Veränderung des Blickwinkels bewirkte: Vieles, was mir dazumal wichtig erschien, kommt mir jetzt unwichtig und überflüssig vor. Darum sehe ich mich in der gegenwärtigen Ausgabe dazu veranlaßt – in gewissem Sinn gegen meinen Willen –, vieles wegzulassen, das nicht zu meinem Hauptthema paßt, nämlich die vielstimmige Persönlichkeit von Sri Aurobindo zu umreißen, den Intellektuellen, den Revolutionär, den Träumer, den Yogi, Philosophen, Seher-Dichter und schließlich – in seinen eigenen Worten: »den Botschafter des Unmitteilbaren«.

Heute, dreizehn Jahre nach seinem Weggang, mußte ich ihn neubeurteilen, ihn von anderen Seiten sehen, die mir damals unzugänglich waren, als mein persönlicher Schmerz über den nicht wiedergutzumachenden Verlust zu groß war, um mir zu erlauben, klar durch meinen Tränenschleier zu sehen. Heute kann ich es, und wie glücklich bin ich, aufrichtig sagen zu können, daß seine Persönlichkeit in meinen Augen gewaltig gewachsen ist. Aber nicht nur diese persönliche Wertschätzung ist es, die ich heute so gerne mitteilen möchte. Ich möchte auch anderen Menschen helfen, in ihm den größten Seher-Dichter unserer Zeit und den erhabensten Verkünder einer neuen spirituellen Morgenröte zu erkennen – etwas, das die Welt jetzt allgemein wahrzunehmen beginnt.

Da dies der Hauptgrund für meine Neuauflage dieser Erinnerungen an Gurudev ist, habe ich einige neue, offenbarende Briefe und

Ereignisse eingearbeitet und einige überflüssige Kapitel ausgelassen, damit sich unser Blick ganz auf ihn konzentrieren kann. Ich hoffe darum, daß jene, die ich in der gegenwärtigen Ausgabe weggelassen habe, meine Streichung nicht mißverstehen werden. Ich war nie jemand, der vergißt, was er einem Menschen schuldet, und ich hoffe, dies in der nahen Zukunft beweisen zu können, in der ich plane, darüber zu berichten, was ich jedem von ihnen verdanke, als ich in einem Hafen lebte, der mir dank ihrer liebevollen Freundlichkeit, Sympathie und Hilfe einige meiner glücklichsten Jahre dieses Lebens schenkte.

Ein letztes Wort noch: Ich wollte mehr über Sri Aurobindos epische Dichtung *Savitri* schreiben, die, wie ich meine, bald zum größten Epos nach der *Mahabharata* und *Ramayana* (Epen des indischen Altertums, die in unzähligen Geschichten das große Yogawissen Indiens enthalten. Anm. d. Übers.) erklärt werden wird.[1] Da ich aber vorhabe, ein besonderes Buch über die Vision von *Savitri* zu schreiben, beschränke ich mich hier darauf, mehr über Sri Aurobindos Größe zu berichten, als ich es vor zwölf Jahren konnte.

1.3.1963   Dilip Kumar Roy

Über *Savitri* schrieb mir Krishnaprem: »Derartige Dichtung kann nur in Zeiten geschrieben werden, die entweder vor dem Aufstieg des selbstbewußten Geistes liegen oder, wenn dieser Entwicklungszyklus abgelaufen ist und sich das Leben wieder in der jenseitigen Einheit eingerichtet hat, in einer Ära, die über die zusätzliche Weite und Kraft verfügt, die durch die Herrschaft des Geistes gewonnen wurde. Es ist ein Zeichen größter Hoffnung und Verheißung, daß in diesen Jahren der Dunkelheit und Verzweiflung eine Dichtung wie Savitri entstanden ist. Heißen wir die Morgenröte willkommen.«

---

[1] Professor Raymond F. Piper von der Syracuse University schreibt: »Das kosmische Gedicht Savitri ist mit 23 813 Zeilen auserlesener englischer Dichtung wahrscheinlich das größte Epos, das je in irgendeiner Sprache geschrieben wurde.« (Zitiert aus *Integral Philosophy of Sri Aurobindo.* George Allen and Unwin, S. 125).

VORWORT ZUR DRITTEN AUFLAGE

Es erheitert mich zu sehen, daß meine bescheidene Huldigung an Sri Aurobindo, den messianischen »Schatzmeister übermenschlicher Träume«[1], von Tausenden kritischer Sucher in Indien und der ganzen Welt begrüßt wurde. Es ist wahrhaftig von Bedeutung, daß in diesen Tagen, in denen alles Spektakuläre mit Fanfaren als gottähnliche Leistung willkommen geheißen wird, ein sanfter Riese wie Sri Aurobindo immer noch von Suchern aller Art jubelnd als moderner Prometheus des verborgenen Seelenfeuers begrüßt wird, das seiner Stunde harrt, um eine Ära des Lichts hervorbrechen zu lassen. Wenn ich mir in der Meditation sein leuchtendes Gesicht vorstelle, erinnere ich mich immer wieder an Chestertons denkwürdige Zeilen:

> Dich und dein unvergeßliches Gesicht erblickt zu haben,
> kühn wie der Stoß der Kampftrompete,
> rein wie weiße Lilien an feuchtem Ort,
> das war etwas, obgleich du heute von mir gingst.

> Ja, gesegnet sind unsere Ohren, denn sie haben vernommen;
> und gesegnet sind unsere Augen, die gesehn:
> Laß Donner fallen über Mensch und was da kreucht und fleugt
> und Blitze zucken. Es ist etwas, gewesen zu sein.

10. April 1969   Dilip Kumar Roy

---

[1] Ein Kolonist aus der Unsterblichkeit, ein Schatzmeister übermenschlicher Träume.

Savitri, Buch I, Canto 3

Dilip – ich will ihn Dilip nennen, denn Dilip Kumar Roy klingt zu pompös für einen so ätherischen und liebenswürdigen Geist –, Dilip hat eine ganz persönliche »Kunst« der Biographie entwickelt. Vielleicht ist das Wort »entwickelt« hier etwas unangemessen: Dilip folgte keinem schwierigen technischen Prozeß, um seine »Kunst« hervorzubringen; sie ist einfach zu ihm oder er im Laufe der Zeit zu ihr gekommen – Vorausbestimmung, wenn man so will, aber kein Grübeln, kein nervenzermürbendes Suchen. Seine beiden früheren Werke – *Among the Great* und *The Subash I knew* – haben uns mit den Umrißlinien seiner »Kunst« vertraut gemacht – einer Kunst, die so ungekünstelt ist, daß sie viel mehr an die frei fließenden Bewegungen eines Bergflusses erinnert als an die starren Umrisse einer massiven Struktur, ein Stil ist es, der so ungezwungen ist, daß er sich scheinbar von selbst schreibt, ein Stil, gekennzeichnet durch die Natürlichkeit und die einschmeichelnden Kadenzen der lebendigen Stimme, nicht durch die organisierten Rhythmen des selbstbewußten Künstlers. Er schreibt nur über Menschen, die er gesehen und gekannt und ganz und gar in sein Herz aufgenommen hat. Wie selten haben sich Biographen dieser Disziplin bewußter Einschränkung unterworfen! Wenn Dilip von Menschen schreibt, die er gut kannte, schreibt er, als Regel, nicht nur aufgrund von Wissen aus erster Hand, er ist auch unwiderstehlich dazu getrieben, sich selbst in die Erzählung hinein zu projizieren. Und darum kann es geschehen, daß Dilip beim Niederschreiben einer Biographie bis zu einem gewissen Grad auch eine Selbstbiographie hervorbringt. Ja, es ist wahrhaftig eine faszinierende Mischung der beiden Kategorien der Biographie und der Autobiographie, obgleich das Endergebnis kein Mischmasch, sondern ein schöpferisches Werk ist, das mit Licht und Leben pulsiert, die überzeugende Darstellung einer Person, einer Kraft, einer Umgebung und einer Meinung.

Dilips Begabung für Freundschaft, Schülerschaft und Liebe ist nur eine seiner hervorstechenden Qualifikationen für das Schreiben von Biographien. Freundschaft könnte man mit Verschwiegenheit und Zurückhaltung in Verbindung bringen – eine private Angelegenheit, die, rein und heilig, nicht diskutiert oder öffentlich gemacht werden kann. Aber es gibt kein Gesetz für alle. Boswell liebte Johnson »einerseits abgöttisch«; dennoch war er in einem gewissen Sinn ein »Spion« – der Notizen und Berechnungen machte, sherlock-holmessche Nachforschungen anstellte, der seinen Held in regelmäßigen Abständen aufstachelte und seine Reaktionen photographierte. Kurzum verfolgt der Liebende selbst seine »eigennützigen Zwecke«, wenngleich sie jetzt zu ehrenhaften Zwecken werden, aufpoliert zu unvergänglichem goldenen Glanz. In der gleichen Weise hat auch Dilip nicht nur eine Begabung für Freundschaft, sondern auch ein Talent dafür, wie man seine Freunde anregt. Ein köstlicher Gesprächspartner, ist er gern dazu bereit, die Rolle des widerspenstigen Kindes oder eines grimmigen Disputanten zu spielen, nur um sein Gegenüber zu einem charakteristischen Ausbruch oder unvergeßlichen Ausspruch zu provozieren oder ein plötzliches Argumentieren oder Gelächter hervorsprudeln zu lassen. Er hat sich um viele Unterredungen bemüht und hat glänzende Aufzeichnungen davon gemacht; selbst beiläufige Unterhaltungen haben ihren Weg in seine Tagebücher gefunden, um, wenn benötigt, abgerufen zu werden. Und außerdem war er ein unermüdlicher Briefeschreiber. Dilip schreibt an A, der nach einiger Zeit antwortet; jetzt schreibt Dilip an B und legt A's Antwort bei; schließlich kommt B's Antwort; folgerichtig schreibt Dilip an C, einschließlich der Durchschläge der Antworten von A und B, und schreibt außerdem nochmals an A, um ihn zu fragen, was er über B's Feststellungen denkt ... nun, ich verirre mich schon in dem Labyrinth, aber nicht Dilip, der alle Fäden fest im Griff hat! Mit vollkommener Offenheit erklärt er seine Methode:

»Die Sache ist oft wie folgt abgelaufen: Eines Tages schreibt ein Bruder-Schüler etwas an mich, das nun Sri Aurobindo kommentiert. Als nächstes würde ich dann Krishnaprem mitteilen, wie die Dinge stehen, worauf er seinerseits meistens seine Reaktionen auf die Botschaft von Gurudev verlauten läßt, worauf nun Gurudev ein klärendes Wort verlauten lassen muß und so weiter, beinahe wie ein Billardball, der immer wieder hin- und herschießt.«

Und der Prozeß würde »weitreichendes Echo« hervorrufen, das endlose Ausdehnungen in Raum und Zeit bewirkt! Man kann Dilips Gewandtheit nur bewundern, welche die ozeanische Flut an Briefen nicht nur hervorbringt, sondern auch kontrolliert – Welle über Welle, überlappend, ineinandergreifend, ständig sich wandelnd und doch immer gleichbleibend! Ein Genie der Freundschaft, Liebe, Anbetung und imaginativen Sympathie geht Hand in Hand mit einem Genie der Unterhaltung und der Korrespondenz: diese ursprünglichen Gaben hat Dilip immer groß geschrieben, was zum Ergebnis hatte, daß er ein Biograph jenseits des Gewöhnlichen ist, er ist ein Biograph *sui generis*.

Sri Aurobindo war einer der fünf »großen« Männer, die Dilip in seinem Buch *Among the Great* beschrieb, außerdem bezieht er sich oder zitiert er ihn wiederholt in *The Subash I Knew*; worum es auch gehen mag, selbst wenn er nur eine Kurzgeschichte oder ein Drama über Sri Chaitanya oder ein Gedicht über Prahlad schreibt, ist das Thema gleichzeitig auch Sri Aurobindo – denn Sri Aurobindo ist die Grundlage, die Atmosphäre, der allesdurchdringende Äther von Dilips Welt. In seinem bewundernswerten neuen Buch jedoch – das herausfordernd *Sri Aurobindo kam zu mir* getauft wurde – gibt es keinen geheimnisvollen Schleier zwischen ihm und seinem Alchemistenfreund Gurudev und dem ganzen Zusammenspiel. Obgleich Sri Aurobindo das zugegebene Hauptthema von Dilips neuem Buch ist, das auch sein längstes und großartigstes ist, wäre es falsch, es einfach als Biographie des Meisters einzustufen. Der Titel selbst, *Sri Aurobindo kam zu mir*, ist von entwaffnender Keckheit! Die »Umkehrung« ist meisterhaft. Nicht Dilip ging zu Sri Aurobindo: Sri Aurobindo kam zu Dilip! Hat nicht Sri Aurobindo selbst erklärt: »Jener, der das Unendliche wählt, wurde vom Unendlichen erwählt!« Auch hat Sri Aurobindo eines Tages Dilip anvertraut:

»Selbst bevor ich dich zum ersten Mal traf, wußte ich von dir und fühlte sogleich den Kontakt zu jemandem, mit dem ich die Beziehung hatte, die sich immer wieder im Laufe vieler Leben bemerkbar macht... Es ist ein unnachahmliches Gefühl und vermittelt den Eindruck von jemandem, der einem nicht nur nahesteht, sondern Teil der eigenen Existenz ist.«

Bedeutet dies, daß *Sri Aurobindo kam zu mir* in Wirklichkeit Dilips heimliche Autobiographie ist? »Dies ist keine Selbstbiographie«, betont Dilip ausdrücklich. Andererseits aber gibt es ein ganzes Kapitel, das »zugegebenermaßen persönlich« heißt, und auch an anderer Stelle können wir Dilip dabei ertappen, wie er sagt: »Ich werde hier innehalten und wieder einmal ein wenig autobiographisch werden müssen.« Das Buch ist somit autobiographisch, ohne jedoch eine Autobiographie zu sein, und sein Hauptwert besteht darin, daß, je mehr wir über Dilip hören, wir Sri Aurobindo immer näherkommen. Ja, mehr noch: Dilip hat in das Hauptbild auch andere leuchtende Persönlichkeiten hineinprojiziert, die uns ebenfalls nur näher zu Sri Aurobindo führen. Dilips

Schreibweise kann fordernd sein, sie ist aber auch faszinierend. Er ist fähig, die Schlauheit eines Diplomaten mit der Unverantwortlichkeit eines verzogenen Kindes zu vereinen. Aber warum sich beklagen? Worüber soll man sich überhaupt beklagen? Dilip hat seine eigenen Methoden: aber es läuft darauf hinaus, daß er seinen Leser überwältigt und ihm das Gefühl einer tiefen Erfüllung vermittelt.

Vielseitig gebildet, mit einflußreichen Freunden auf der ganzen Welt, fühlte Dilip trotz seiner musikalischen Erfolge und vielversprechender Anfänge auf anderen Gebieten eine nagende Unzufriedenheit in seinem Herzen, die ihn nach Pondicherry führte, wo er Sri Aurobindo 1924 kennenlernte. 1928 kehrte er zurück, schloß sich dem Ashram an – und ist seither ein *Sadhaka*, ein Schüler des Yoga. Als Dilip den endgültigen Schritt tat und in den Ashram eintrat, lebte Sri Aurobindo bereits in völliger Zurückgezogenheit, so daß Briefe die einzige äußere Verbindung zwischen Meister und Schüler waren. Jahrelang verbrachte Sri Aurobindo ganze Nächte über der Korrespondenz mit seinen Schülern. Und keiner der Briefeschreiber war so fordernd, so unermüdlich, so unwiderstehlich wie Dilip. Sri Aurobindos Integraler Yoga umfaßt das ganze Leben und strebt nach seiner Umwandlung; darum beschäftigten sich die Briefe, die zwischen ihm und Dilip hin- und hergingen mit allen Themenkreisen, wobei sich auch der Ton und der Stil je nach Inhalt beträchtlich veränderten. Natürlich war das Hauptthema die Vorstellung des Supramentalen. Was aber genau ist das Supramentale? War es wirlich etwas Konkretes? Wann und wie würde es beginnen, die Erdnatur in die Übernatur zu verwandeln? Sicher gab es Sri Aurobindos Bücher, in denen diese und ähnliche Fragen ausführlich beantwortet wurden. Dennoch fragte und fragte Dilip, zweifelte und stellte Hypothesen auf, ließ Bissigkeiten und *obiter dicta* los und erhielt immer eine Antwort. »Ich sandte derartige Bissigkeiten oft zu Gurudev, um ihn, wenn möglich, aus der Reserve zu locken«, gesteht Dilip und fügt hinzu: »da ich im allgemeinen Erfolg damit hatte, wurde ich kühner ...« Und: »Monat um Monat forderte ich ihn (Sri Aurobindo) heraus, seine These zu beweisen, von der ich selbst im Innersten meines Herzens wußte, daß sie wahr ist. Trotzdem ließ ich merkwürdigerweise nicht davon ab, immer heftigere Herausforderungen auf ihn loszulassen, wenn immer er sich mit einem noch freundlicheren Händedruck zu mir neigte.« Und weiter: »So fuhr ich fort, verlockt durch ihr geisterhaftes Schillern, meine Seifenblase des Kummers auszustoßen.« Aber Sri Aurobindo brachte geduldig Dilips »unbewußten Paralogismus, ebenso wie seinen willentlichen Sophismus« ans Tageslicht und drang tiefer und immer tiefer in sein Herz. Falls nötig, war er auch bereit, das Spiel nach Dilips Regeln zu spielen – tatsächlich sogar noch übermütiger. Einmal versuchte Dilip das Telegrammspiel:

»O Guru, ich sende dir ein Bengaligedicht von mir, mit dem Titel *Akuti*, das ich gestern nacht in Englisch übersetzt habe. Kannst du es durchsehen? Ist es gut? Mittelmäßig? Wertlos? Klare Meinung, bitte! Und wie steht's mit Raihanas Brief? Gibst du ihn nicht zurück? Du bist verstummt. Was ist los? Brückenbau? Supramentales? Wolle-Aufwickeln?«

Sri Aurobindos Antwort war wie »ein Echo des Liedes«:

»Ich werde sehen, ob ich ein paar Minuten für die Durchsicht deiner englischen Übersetzung finde. Aber es scheint, du hast große Fortschritte bei deinen englischen Reimen gemacht. Wie so schnell? Yogakraft? Innere Verbrennung? Das subliminale Selbst? Raihanas Brief und Zeichnung, die unerklärlicherweise wieder bei mir aufgetaucht sind. Poltergeist? Dein Versehen? Meins?«

Diese außergewöhnliche Freizügigkeit, die Dilip in seiner Beziehung zu dem Meister genoß, hat sich wahrlich als fruchtbar erwiesen, denn ihr verdanken wir die vielen Hunderte von Briefen, die Sri Aurobindo an seinen Schüler schrieb. War es falsch, daß Dilip Sri Aurobindo gelegentlich beinahe »angegriffen«, herausgefordert und ihn so oft mißverstanden hat? Aber, wie Dilip selbst bemerkt, hat die Münze zwei Seiten. »Heute tröste ich mich damit«, schreibt Dilip, »daß selbst meine verkehrtesten Stimmungen einen doppelten Nutzen hatten: einmal ist da der objektive Nutzen, denn sie brachten sein (Sri Aurobindos) großes Verständnis und Mitgefühl für die menschliche Natur ans Tageslicht ... zum anderen ist da der subjektive Nutzen, denn man kann kaum abstreiten, daß ich heute vielleicht wirklich reicher an yogischer Erfahrung wäre, wenn sich meine Natur weniger störrisch verhalten hätte, als sie es letztlich tat, aber wäre ich in diesem Fall ebenso reich mit diesem intimen Verhältnis zu jener menschlichen Seite von ihm beschenkt worden, die mir so unendlich viel bedeutet?« Der gleiche Dilip, der den Humor und die Demut seines Gurus beschreibt, ist sich auch der globalen Intelligenz des Meisters voll bewußt, der ambrosischen Qualität seiner mantrischen Dichtung und der Möglichkeiten seines erdverwandelnden Yogas. Darüber spricht Dilip, aber auch andere haben über diese Dinge gesprochen; dennoch kann uns nur Dilip diese weniger strenge, aber um so menschlichere Seite von Sri Aurobindos Kraft und Persönlichkeit enthüllen. In seiner Schilderung bleibt Sri Aurobindo ein Riese, wahrhaftig ein Himalaya an Weisheit und Kraft, aber alles ist durchdrungen von umfassender Liebe, und man kann den Meister, der »erhaben und ehrfurchtgebietend« ist, von seiner menschlichen Seite erkennen, die auch ein »süßer Erfüller von Verlangen« ist.

Im Laufe seines Buches erklärt Dilip, daß er »nicht beabsichtigt, ein Yoga-Handbuch« zu schreiben. Wenn wir etwas über den Supramentalen Yoga erfahren wollen, verweist er auf die Werke des Meisters. Dilip schreibt vielmehr über Yogis als über ihren Yoga – obgleich der Yoga natürlich mit ins Spiel kommt. »Wie man Yogis macht«, hätte vielleicht ein Untertitel des Buches sein können. Wir sehen, wie sich ein Dilip, Chadwick oder Nixon von ringenden und halbblinden Sterblichen zu selbstsicheren und mehr und mehr zielstrebigen und schöpferisch aktiven Sadhakas (Yogaschülern) entwickeln. Der Meister gehört natürlich einer anderen Größenordnung an: denn man würde gänzlich fehlgehen, wenn man von *seiner* »Entwicklung« sprechen wollte – bei ihm handelt es sich um »eine Manifestation eines wachsenden göttlichen Bewußtseins«, nicht um Menschliches, das mühsam höhere Bereiche erklimmt. Sein Aufenthalt, seine Herabkunft in den Erdenstoff war nötig, um »die Himmel herabzubringen«; und mit dem Annehmen der menschlichen Umhüllung hat er auch teil an den menschlichen Freuden und Prüfungen, ohne jedoch ihre innere Wahrheit zu verleugnen. Dilips Buch will die Menschlichkeit des Meisters beschreiben und ebenso die Bewußtseinsentfaltung seiner Schüler. Mittels scheinbar menschlicher Mittel wird den Schülern geholfen, ihr allzu Menschliches zu überwinden und auf ihrem Yogaweg voranzukommen.

Von besonderem Interesse ist dies Buch für jene, die an Dichtung und Yoga interessiert sind, da man immer wieder Hinweise auf Dichtung und Dichter findet. Sri Aurobindo war sowohl ein Dichter als auch ein Kritiker der Dichtung und auch der Verkünder der zukünftigen Dichtung und, in beachtlichem Maße, auch Erfüller seiner eigenen Verkündigung. Dilip entspricht all diesen Aspekten, und die gut gewählten Zitate und seine eigenen sachkundigen Kommentare bereichern zusätzlich ein Werk, das auch ohne sie von unschätzbarem Wert wäre.

Kurz, was immer man liest, sollte man auch Dilips *Sri Aurobindo kam zu mir* lesen. Dilip war im Verhältnis zu Sri Aurobindo, was Johannes an der Brust Christi war; und *Sri Aurobindo kam zu mir* ist das Aurobindo-Evangelium nach Dilip-Johannes. Dementsprechend ist es eine unerläßliche Lektüre für alle, die sich zu Sri Aurobindo hingezogen fühlen; für alle, die Yoga praktizieren; für alle Liebhaber der Dichtkunst; und für alle, die ernsthaft der Kunst des Lebens anhangen.

K. R. Srinivasa Iyengar
Andhra University
WALTAIR

1. Kapitel

RECHTFERTIGUNG

Ich muß mit einer ungewöhnlichen Rechtfertigung beginnen: daß ich nämlich nicht das Gefühl habe, ich müßte mich entschuldigen für das, was ich wagen will, nämlich, nicht so sehr zu beschreiben, wie mein Gurudev Sri Aurobindo auf *mich* einwirkte, sondern wie *ich auf ihn* reagierte. Denn wenn alles gesagt und getan wurde, kann man doch kaum hoffen, die Schönheit einer großen Persönlichkeit mit abstrakten Begriffen und rosigen Attributen umrissen zu haben. Man kann – zumindest sehe ich so alle an, die wirklich groß sind – nur seine eigenen Reaktionen auf sie wiedergeben, und selbst das nur sehr unvollkommen. Ich würde noch weitergehen und sagen, daß je größer eine Persönlichkeit ist, sie uns desto mehr entgehen muß. Rabindranath sagte mir einst, daß wir mehr verstehen, als wir meinen. Mir erschien diese Aussage niemals rätselhaft. Denn wenn immer ich auf meiner lebenslang währenden Suche eine wahrhaft große Seele getroffen habe, hat sich mit der Zeit der Eindruck, den sie auf mich machte, gesteigert und vertieft, und ich habe gefühlt, daß er mir mehr gegeben hat, als ich selbst abschätzen konnte.

Ich kann nur von dem sprechen, was ich kenne, und da ich überzeugt bin, daß das, was ich nicht einmal als Selbstwissen erachte, dennoch ein wichtiger Teil meiner selbst ist, bin ich dazu aufgerufen, es auszudrücken, selbst wenn dabei die Gefahr besteht, für viele unverständlich zu erscheinen. Auch möchte ich meine Leser warnen, daß ich, obgleich ich sie demütig um ein freundlich geneigtes Ohr bitte – ohne das niemand wirklich hören kann, was ein anderer zu sagen hat –, gelegentlich gewisse mystische Aussagen machen muß, während ich mich an jenen erinnere, der wie ein Sturm in mein Leben trat, gleichzeitig befreiend und beherrschend; dem ich Ehrfurcht zollte und den ich doch entwaffnen wollte; dem ich unzählige Male widerstand und dem ich doch anhangen mußte; mit Jubel begrüßt und dennoch mit meinem ganzen respektlosen Ungestüm kritisiert; dem ich bitter vorwarf, weltfern zu sein, obgleich selbst seine Abgeschiedenheit mir Geschenke intimer Nähe und Vision gab, die keine physische Nähe mit meinen liebsten Freunden und Kameraden je hat vermitteln können. Auch möchte ich sie darum bitten, daß sie der Bewertung meiner Aussagen

insofern gerecht werden, als sie an meine Ehrlichkeit glauben; das
heißt zu akzeptieren, daß ich nicht bewußt unwahr oder theatralisch
bin, wenn ich meine Reaktionen auf ihn beschreibe, den ich umwer-
ben wollte und den ich gleichzeitig so wahnwitzig mich gezwungen
fühlte zu verlassen, daß ich die Unverfrorenheit besaß, ihm immer
wieder zu schreiben, daß ich beschlossen habe, diese, wie es mir in
solch verwirrten Augenblicken vorkam, unnütze Beziehung aufzu-
lösen, und daß ich es unerträglich fände, daß niemand eine private
Unterredung mit ihm haben konnte, es sei denn, er selbst erachtete
es als notwendig. Während meiner spirituellen Krise war es mir
tatsächlich erlaubt, mit ihm zu sprechen – ja, sogar ihm vorzusingen –, dennoch teilte ich ihm kindisch mit, daß ich ihn endgültig
verlassen wolle und daß es mir nichts ausmache, obgleich jeder
Herzschlag mich dafür tadelte, seinen Lebenshauch so zu unterbinden. Die Vernunft bot nie eine Lösung für dieses Rätsel an, obgleich
ich so kühl wie möglich einer rationalen Lösung für dieses Geheimnis nachsann. Ich kann nur jetzt sagen, wo der Höchste Geber, den
ich so sehr bekrittelte, nicht mehr lebt, daß ich jede gute Eigenschaft, die ich in meiner Persönlichkeit ausmachen kann, teilweise
oder ganz auf sein Mitgefühl zurückführe – ein Mitgefühl, neben
dem die tiefschürfendste menschliche Zärtlichkeit verblaßt, die mir
zuteil wurde. Und doch könnte ich aufgrund echter Erfahrung von
ihm als jemandem sprechen, der beinahe ebenbürtig ist »dem
Ungesehenen Geliebten, dem Liebenden, an den wir nicht denken«,
der selbst in dieser eintönigen Welt bisweilen »uns von sich aus
ergreift, gleichgültig, ob wir wollen oder nicht. Er mag anfangs
sogar als unser Feind erscheinen, gewappnet mit dem Grimm der
Liebe, und unsere ersten Beziehungen zu ihm mögen die des
Kampfes und des Ringens sein.«[1]

---

[1] Zitiert aus Sri Aurobindo: *The Synthesis of Yoga,* S. 690 (engl. Ausgabe), Auroville
Verlag.

2. Kapitel

DIE PILGERFAHRT

Wenn ich jetzt zurückblicke, nachdem ich mehr als zwei Jahrzehnte zu seinen Füßen beheimatet war, fällt es mir immer noch schwer, Klarheit darüber zu erlangen, was einen Menschen meines Temperaments zu jemandem hinzog, der so gänzlich anders war. War es sein Genie? Sein »Gesicht, leuchtend mit innerem Licht«, wie es Rabindranath so treffend beschrieb? Oder war es der Magnetismus einer mystischen Aureole, die ihn umgab, eine überwältigende Feinheit, die eroberte, selbst wenn sie jeder Definition spottete? Oder war es der Ozean des Friedens, von dem er so oft sprach, eine Weite, die ihn aufgenommen hatte, oder weil sein »Leben« zu »einem Pulsschlag Seiner Ewigkeit« wurde, wie er es in seinem Gedicht »Bliss of Identity« (Seligkeit des Einsseins) so schön ausdrückt? Er griff auf mein Bewußtsein zu verschiedenen Zeiten auf verschiedene Weisen über, obgleich ich nicht behaupten kann, definitiv sagen zu können, warum ich ihn so unwiderstehlich fand, und ich mich nie mit seiner erhabenen Abgeschiedenheit befreunden konnte. Ich nehme an, daß eine wirklich große Persönlichkeit nicht nur die verschiedenartigsten Menschentypen anzieht, sondern auch auf ganz unterschiedliche Weise zu verschiedenen Gelegenheiten fasziniert. Was immer der Grund war, ich sehe mich außerstande, solch äußerst sachdienliche Fragen auch nur mit dem leisesten Hauch von Gewißheit beantworten zu können. Vielleicht hätte ich es zu einer bestimmten Zeit gekonnt – als ich ein Anbeter des Verstandes, des Unfehlbaren war. Aber jetzt nicht mehr – jetzt, wo mein stolzer Glaube an den menschlichen Intellekt als letztes Maß der Wahrheit, Wahrheit mit ganz großem W geschrieben, nach vielen Jahren des hoffnungslosen Gerangels mit einem, der so außerordentlich gut gerüstet war gegen »intellektuellen Rationalismus«, wie ich es selbst einmal bezeichnete, so gänzlich unterminiert ist. Als Ergebnis fühle ich letztlich, daß, je besser man einen Mystiker *par excellence* wie ihn kennenlernt, desto weniger Aussichten bestehen, ihn mit dem Intellekt einzuschätzen.

Habe ich wirklich je gewußt, warum ich nicht nur zu ihm kam wie eine Biene zur Rose, sondern mich auch an ihn mit allen Greifarmen meines Verlangens klammerte, selbst wenn ich wütete und aufgebracht war und mir sagte, daß die Rose keinen Honig mehr zu geben habe. Viele Male habe ich mich in meiner selbstgewollten Revolte bestätigt, indem ich mir sagte, daß seine Zurückgezogenheit in unserer Zeit ein Anachronismus sei, weil es sich niemand leisten kann, im zwanzigsten Jahrhundert in einem Elfenbeinturm selbstzentrierter Kontemplation zu leben, ohne gleichzeitig seine Kraft zu verlieren, die mörderischen Verlangen und menschheitsvernichtenden Auseinandersetzungen unserer Tage zu bekämpfen. Immer wieder sagte ich mir, daß das Zeitalter vergangen ist, in dem man es richtig fand, blind den alten Lehrsätzen zu folgen, was die Leichtgläubigen so oft als Glaube ansehen und die Gläubigen als Treue.

Und doch stehe ich hier, durch und durch ein Ultramoderner, und schreibe über ihn, auf dessen Ruf ich mit vollem Herzen geantwortet habe! Hätte dies geschehen können, wenn ich wirklich der gewesen wäre, für den ich mich hielt, nämlich einen Intellektuellen und Künstler und ich weiß nicht, was noch, aber sicher kein Mystiker oder Yogi durch Veranlagung oder Neigung, wie ich ihm so oft kategorisch erklärte? Ich werde versuchen, diese selbstgestellte Frage auf meine eigene Art zu beantworten, wenngleich nur von Fall zu Fall. Denn mein Hauptthema wird seine Größe an Liebe und Verständnis sein, die ihn dazu veranlaßten, einfach zu mir zu kommen.

3. Kapitel

NEUORIENTIERUNG

Es war Tagore, der mir als erster sagte, daß er schon als Kind Dinge aufgenommen hat, die lange im Unterbewußten als Samen schlummern mußten, bevor sie zur vollen Entfaltung gelangen konnten. Er sagte mir, wie ich irgendwo notiert habe, daß einige der besten Dinge im Leben wie ein Sauerteig wirken, als unsichtbarer Einfluß, wie beispielsweise die Inspiration der Frau in ihrer Ganzheit. »Die Funktion der Frau im Leben«, sagte er, »ist nicht wirklich beschränkt auf die physische Ebene: sie ist für die geistige Schaffenskraft des Mannes ebenso unerläßlich wie der Mann für ihre physische. Nur weil sie auf der geistigen Ebene aus dem Hintergrund wirkt, ist ihr Beitrag nicht so augenfällig. Das liegt aber nur an unserer mangelnden Vorstellungskraft.«[1]

Ich kann mich gut daran erinnern, wie uns im ersten Rausch der Jugend die Idee aus dem Westen erreichte, daß das Unterbewußte alle vergessenen Eindrücke ansammelt. Sie warf uns einfach um und machte uns so stolz auf unser neugewonnenes Wissen, daß wir es mit dem Beiwort ›wissenschaftlich‹ erhöhten, ohne jedoch zu bedenken, daß jenes Wissen, das allgemein als wissenschaftlich bezeichnet wird, gar nicht so unbestreitbar ist, wie seine Wortführer behaupten. Und es war Sri Aurobindo, der mir als erster sagte, daß die Theorie des Unterbewußten keine neue Idee des Westens sei, sondern schon beinahe als Abc der alten Yogalehren Indiens bekannt war. Ich kann mich gut erinnern, wie überrascht ich war, als er mir versicherte, daß der gegenwärtige Hang der westlichen Psychoanalytiker und Psychologen, alles mittels des Hilfsmikroskops des Unterbewußtseins zu erklären, nicht sehr weit führen kann, bevor sie sich nicht den yogischen Weg der Selbstbeobachtung aneignen und die Wirkungsweise des Unterbewußten verändern, obgleich dies als erster Versuch, eine tieferschürfende Psychologie im Westen zu entwickeln, durchaus zu empfehlen sei. »Ich habe Schwierigkeiten«, schrieb er mir, »Jung und die Psychoanalytiker in irgendeiner Weise ernst zu nehmen, wenn sie versuchen, mit dem Geflacker ihrer Lampen spirituelle Erfahrung zu untersuchen – obgleich man es vielleicht tun sollte, denn Halbwissen ist eine

---

[1] Siehe *Among the Great*, S. 177, und *Der Weg der großen Yogis*. Suhrkamp Taschenbuch, Nr. 409.

mächtige Sache und kann ein großes Hindernis für das Hervortreten der echten Wahrheit sein. Zweifellos sind sie auf ihrem eigenen Gebiet äußerst bemerkenswerte Personen: aber diese neue Psychologie vermittelt mir den Eindruck von Kindern, die irgendein verkürztes und nicht sehr angemessenes Alphabet lernen, frohlokkend darüber, daß sie ihr a-b-c-d des Unterbewußten und des geheimnisvollen Untergrund-Super-Egos zusammensetzen und sich vorstellen, daß ihr erstes Buch obskurer Anfänge (K-a-t-z-e = Katze, B-a-u-m = Baum) das Innerste des wahren Wissens sei. Sie blicken von unten nach oben und erklären die höheren Lichter durch die unteren Verdunkelungen; aber die Grundlage dieser Dinge ist in der Höhe und nicht in der Tiefe: *upari budhna esham*. Das Überbewußte, nicht das Unterbewußte, ist die wahre Grundlage der Dinge. Man findet die Bedeutung des Lotos nicht durch die Analyse der Geheimnisse des Schlammes heraus, aus dem er hier wächst; sein Geheimnis findet man in dem himmlischen Archetyp des Lotos, der für immer im Licht der Höhe erblüht. Der selbstgewählte Bereich dieser Psychologen ist außerdem armselig, dunkel und begrenzt; man muß das Ganze kennen, bevor man die Einzelteile verstehen kann, *und dabei das Höchste zuerst, bevor man wirklich das Niedrigste begreifen kann. Das ist die Reichweite der umfassenderen Psychologie, die auf ihre Stunde wartet und mit der dies dürftige Herumtappen verschwindet und bedeutungslos wird.*« In einem anderen Brief schrieb er mir als Antwort auf meine Frage über Eddingtons »Science and the Unseen World«: »*Der Abschnitt über die veränderte Haltung moderner Wissenschaft bezüglich ihres eigenen Wirkungsbereichs ist interessant. Den nachfolgenden Abschnitt über religiöse Erfahrung halte ich für sehr schwächlich; er vermittelt mir den Eindruck einer Henne, die die Erdoberfläche ankratzt, um ein oder zwei Happen zu finden – nichts Tiefergehendes.*«

Ich gehe bewußt länger auf diese Betrachtungen von ihm ein: Ich muß meine Leser daran erinnern, daß ich unter anderem jene Reaktionen auf meinen Meister beschreiben will, die höchstwahrscheinlich für jene von Nutzen sind, die empfänglich für Spiritualität sind, aber nicht den lautstark verkündeten Führungsanspruch einiger Gurus akzeptieren können. Ich habe Verständnis für ihre Schwierigkeit, die echt genug ist, da ich selbst meinen Guru immer wieder anging und heftig mit ihm gegen *Guruvada* (Guruschaft) in seiner eigenen Zitadelle argumentierte. Viele Menschen werden heute durch eine Vergöttlichung des Gurus abgeschreckt, denn nachdem sie einige falsche Gurus in Indien kennengelernt haben,

fürchten oder verabscheuen sie die Vorstellung, durch das willkür-
liche »Du-darfst-nicht« einer altmodischen Autorität gelenkt oder
bestimmt zu werden. Das ist, wie ich ihm einmal schrieb, der
Hauptgrund dafür, daß der heutige *Zeitgeist* entschieden gegen die
traditionelle Art des Guruvada eingestellt ist – denn es ist ein
unversöhnlicher Zwang von oben, kein bereitwilliges Annehmen
von unten. Er antwortete, daß er den »Geist des Zeitalters« sehr gut
kenne und sich ihm selbst einmal verschrieben habe. Aber leben
heißt sich verändern, wie er oft zu seinem Bruder Barinda Kumar
sagte, dem berühmten Revolutionär, der mir erzählte, daß Sri
Aurobindo immer, wenn er an eine seiner früheren Ansichten
erinnert wurde, zu erwidern pflegte: »*Zitiere mich nicht gegen
mich selbst, Barin!*« Und Barinda zeigte mir einen Brief von ihm
(datiert April 1920), in dem er schrieb: »*Ich möchte selbst kein Guru
sein. Ich bin zufrieden, wenn ich fähig bin, in einigen wenigen die
schlummernde Göttlichkeit zu wecken.*« Mir schrieb er in einem
Brief (16.1.1936) in einer heiteren Stimmung: »Bei spirituellen
Dingen sind die Religionisten unwichtig, denn was sie tun, ist
natürlich, aus allem, und nicht nur aus der Gnade, eine trockene
Formel und trockene Hülse zu machen. Selbst ›Erwache, erhebe
dich‹ führt nur zu dem Schwellkopf oder der Formel, die unvermeidlich ist, wenn sich Herr Jedermann mit göttlichen Dingen
abgibt. Ich hatte die selben heftigen Einwände gegen Guruschaft,
aber du siehst, daß ich durch die Ironie der Dinge – oder vielmehr
durch die unerbittliche Wahrheit hinter ihnen – gezwungen war,
ein Guru zu werden und Guruschaft zu predigen, so spielt das
Schicksal!« Aber kehren wir zurück zu meinem Thema: wie mich
mein Glaube dazu zwang, protestierend vor der Guruschaft zu
kapitulieren.

Als ich 1928 zum ersten Mal in den Ashram kam, wurde mir von
einigen Neophyten – wir waren damals etwa achtzig – zu verstehen
gegeben, daß man nicht einmal davon träumen solle, irgendein
Gesetz in Frage zu stellen, das vom Guru aufgestellt worden ist. Das
machte mich wirklich sehr unglücklich, bis ich anfing, regelmäßig
jede Woche mit Der Mutter Gespräche zu führen. Ich fand, daß sie
so tolerant war, daß ich sie eines Tages fragte, warum sie, die so
verständig war, wünschte, daß wir sie und Sri Aurobindo fürchten
sollten. »Fürchten!« rief sie überrascht. »Was für eine Idee! Wir
wollen lediglich, daß ihr eine Haltung simplen Vertrauens habt, wie
ein Kind zu seinen Eltern.«

Erst da entschloß ich mich, meine Herzenszustimmung zu dem
Ashram und der Ideologie zu geben, für die er stand. Ich habe

sicherlich zahllose charakterliche Mängel, wie meine vielen Verleumder sicherlich einstimmig und lautstark bestätigen werden, aber ich bezweifle, ob mich selbst der Schlimmste von ihnen als ängstlichen Menschen abstempeln würde. Und weil ich diese ganze Vorstellung, daß man den Guru fürchten solle, unannehmbar fand, geschah es, daß, wenn immer irgendein Ashrammitglied zu feierlich sprach, um die Angst vor Gott (oder dem Guru) meiner Seele einzuflößen, er nur Eisen hineintrat. Unglücklicherweise entdeckte ich, daß anderen, im Gegensatz zu mir, die Vorstellung, dem Guru aus Angst zu gehorchen, nur halb so abstoßend erschien. Viele Male wurde ich mundtot gemacht, sobald ich die Frage laut werden ließ, warum der Guru das eine oder andere Gesetz aufgestellt oder gewisse Befehle für den Ashram gegeben hatte. Dies nagte nach dem ersten Schock tatsächlich Tag um bedrückenden Tag an mir, bis ich, unfähig, den Zustand länger zu ertragen, schließlich Die Mutter fragte, die für unseren Ashram verantwortlich war. Sie war sehr freundlich und erklärte mir sogleich den ganzen Zusammenhang und sagte im wesentlichen, daß nirgendwo auf der Welt eine Institution ohne einige Gesetze oder Richtlinien Bestand haben könne, die als allgemeiner Anhaltspunkt dienen. »Aber«, fügte Sie sofort hinzu, »ich meine es auch, wenn ich sage, daß ich lieber *keine* Verordnungen hätte, wenn man den Ashram ohne sie führen könnte. Auch ist mir völlig klar und ich vertrete die Ansicht, daß alle Gesetze aus dem Innern kommen sollten. Darum erteile ich nicht mehr Verhaltensregeln als absolut nötig sind.«

Bezüglich Gurudev war dies sogar nachweislich noch mehr wahr, wie sich mir so erfrischend Tag für Tag zeigte. In dem berühmten Brief an seinen Bruder (auf den ich mich bereits bezogen habe) schrieb er:

»Ich bin vollständig davon überzeugt, daß die Ursache für die Schwäche Indiens weder politische Abhängigkeit noch materielle Armut ist und viel weniger noch mangelnde Spiritualität: wir sind degeneriert, weil sich unsere Denk- und Konzentrationsfähigkeit verringert hat. Von einigen einsamen Größen abgesehen, findet man überall den Durchschnittsmenschen, der keine Kraft hat und weder denken kann noch es überhaupt will. Das Ergebnis: Ignoranz herrscht heute in unserem Land des Wissens!«

Da dies bis zum Schluß seine Meinung blieb, überwand ich schrittweise mein Unbehagen und fand mich schließlich mit den Abgrenzungen unseres Ashrams ab. Und dann lernte ich allmählich, mich aus Sympathie für die anderen mehr und mehr an ihn zu wenden, um von ihm beruhigt zu werden. Dies veranlaßte mich wieder, ihn um Anleitung zu fragen, und zwar um so mehr, wie er bereitwillig auf meine Ebene herabkam, um mir, wie ich wiederholen möchte, den Weg aus jeder Unpäßlichkeit heraus zu zeigen ... Und je mehr er mich ermutigte, mit ihm freizügig zu argumentieren, desto weniger Unbehagen verspürte ich schließlich dabei, gleichgültig was mir andere über die Tugend der Fügsamkeit erzählten, weil ich davon überzeugt war, daß er mir, soweit es mich anging, in keiner Weise die Freiheiten übelnahm, die ich mir mit ihm erlaubte. Dann, als mein glückliches Vertrauen in ihn dank seiner makellosen Toleranz stärker wurde, wagte ich, weiter vorzudringen, und fing an, mir Ausnahmen in diesem und jenem Fall zu gestatten, bis ich mich schließlich dabei ertappte, daß ich ihn sogar kritisierte. Das entsetzte so manchen: Beispielsweise redete mir mein lieber Freund und Mentor Sri Krishnaprem aus Almora deswegen ins Gewissen. »Du schreibst, daß du bisweilen ›Sri Aurobindo angreifst‹! Das sollst du nicht tun. *Natürlich* wird er nichts dagegen sagen. Er sieht den Edelstein im Lotos und kann über deine Kritik lächeln, aber *du* sollst dich nicht so verhalten. Selbst in Gedanken sollst du ihn nicht kritisieren. Alles entsteht nur aus dem Verlangen, daß die Dinge entsprechend der eigenen Wünsche geschehen sollen. Er ist dein Guru, und es ist zum einen reine Undankbarkeit, den zu kritisieren, der dir das Licht gezeigt hat, und zum anderen ist der Guru untrennbar eins mit Krishna. Er ist derjenige, der dir das Licht gezeigt hat, und nicht einmal dein ganzes Leben kann dieses Geschenk aufwiegen. Selbst wenn du dein ganzes restliches Leben ohne weitere ›Erfahrung‹ verbringen müßtest, wäre es völlig falsch, wenn du dich weigern würdest, dich ihm zu geben. Soweit mir bekannt ist, fordert er von seinen Schülern keinen blinden Gehorsam (das entnehme ich zumindest deinem Brief), aber man soll niemals kritisieren, selbst wenn man nicht begreift. Wenn man alles verstehen könnte, was der Guru sagt, brauchte man wirklich keinen Guru mehr.«

Dem kann ich schlecht widersprechen. Aber kann ich ebenso ehrlich sagen, daß ich es wirklich bereue, immer und immer wieder den Fehler begangen zu haben, den er so sehr rügt? Ich will noch weitergehen und mich erdreisten, in meinem Herzen die Frage zu stellen, ob ich nicht eine tiefere Vision von Gurudevs Größe dadurch besitze, daß er mich, beinahe ohne daß ich es bemerkte, dahin brachte, mit ihm wie mit einem Gleichwertigen zu rangeln? Und wäre es schließlich für Leute wie uns überhaupt möglich gewesen, ihn zu Gefechten herauszufordern, wenn er nicht selbst in seiner grenzenlosen Nachsicht dem Duell mit solch albernen Anfängern wie uns zugestimmt hätte? Das erinnert mich an einen Brief, den ein Freund von mir einmal in einer heiteren Stimmung an ihn verfaßte:

»Was für Schüler sind wir doch von welchem Meister!« schrieb er in einer seiner herrlichen Stimmungen. »Ich möchte mir wünschen, du hättest dir welche aus besserem Material ausgesucht, wie beispielsweise Krishnaprem!«

Seine Erwiderung war bezeichnend:

»Was die Schüler angeht, stimme ich zu. Aber wäre letzteres Material, sofern es überhaupt existiert, typisch für die Menschheit? Sich mit einigen wenigen außergewöhnlichen Leuten abgeben, würde das Problem kaum lösen. Und würden sie meinem Weg folgen wollen? – das ist eine andere Frage.« Aber der Haken bei der Sache, wie es sich für ihn darstellte, wurde in der nachfolgenden dritten Frage ziemlich deutlich ausgedrückt: »Und wenn man sie fordern würde (diese möglichen Schüler aus besserem Material), würde dann nicht die gewöhnliche Menschheit zum Vorschein kommen? Das ist noch eine ganz andere Frage.«

Ich weiß aus eigener Erfahrung – und hier bin ich auch der Sprecher für alle anderen –, wie lähmend und hartnäckig gewöhnlich, ja sogar banal, sich dieses Material darstellt, wenn es stark genug von dem offenbarenden Strahl durchleuchtet wird, der als Antwort auf das gequälte Gebet in jedem von uns »blutenden Stücken Erde« herabkommt.

Aber was ich damit meine, kann nicht richtig erklärt werden, bevor ich nicht eine Vorstellung des Ashramlebens vermittelt habe, wie es sich vor meinen Augen Tag für Tag von 1928 bis jetzt entfaltete. Es wird kein leichtes Unterfangen sein: trotzdem muß es jetzt versucht werden.

4. Kapitel

DER ASHRAM: DER RUF

Bevor ich mich der schwierigen Aufgabe zuwende, meine verschiedenen Reaktionen auf das Ashramleben, das sich mir 1928 eröffnete, zu Papier zu bringen, muß ich meine Abneigung gegen ein derartiges Leben beschreiben, die ich hegte, bevor ich von einer geheimnisvollen Kraft eben dort hineingezogen wurde, die auf der einen Seite zu deutlich spürbar war, um als verschwommenes Nichts abgetan zu werden, und andererseits zu unbeschreiblich ist, um gegen sie angehen zu können. Ich muß darum etwas zurückgreifen, selbst wenn dabei die Gefahr besteht, unverhohlen autobiographisch zu werden.

Ich kam in einer der aristokratischsten Brahminfamilien von Bengalen zur Welt (Brahmanen sind Angehörige der höchsten Kaste Indiens. Anm. d. Übers.). Der Onkel meines Vaters mütterlicherseits, Kalachand Goswami, stammte in direkter Linie von dem heiligen Adwaita Goswami ab, einem der Vertrauten von Sri Chaitanya. Der Vater meines Vaters, Diwan Kartikeya Chandra Roy, war Premierminister eines der vornehmsten und ältesten Staaten Bengalens. Abgesehen von der hohen Position, die er hatte, war er berühmt für seine Ehrlichkeit und Charakterstärke: wegen seiner Ehrlichkeit bot ihm der Prinz eine großzügige Belohnung an, die er aber ablehnte, weil er, wie er sagte, keine Belohnung dafür annehmen könne, daß er einfach seine Pflicht erfülle. Außerdem war er ein mutiger Denker, der eine Autobiographie schrieb, die viele schockierte, als sie veröffentlicht wurde, da er sich in ihr nicht nur zu seiner Abtrünnigkeit bekannte, indem er sagte, daß er nicht an einen guten Wächter glauben könne, der über dieses unverbesserliche Universum wacht, sondern auch öffentlich seine Bewunderung für die *mleccha* (unreinen) Engländer und seine Vorliebe für die Kultur *in toto* verkündete.

Mein Vater, Dwijendralal Roy, der nach meinem Großvater geriet, war ebenfalls eine bemerkenswerte Persönlichkeit und ein glänzender Gelehrter. Er ging mit staatlicher Unterstützung nach England und kehrte mit einem Diplom von Cirencester zurück, wurde von den Engländern zu einem Deputy-Magistrate ernannt, deren Oberherrschaft er von Herzen haßte und in seinen Geschichtsdramen lächerlich machte, die ihm den Ruf des größten

Dramatikers des modernen Indien einbrachten. Ich würde gern noch mehr über sein vielseitiges Genie und seine literarischen Errungenschaften schreiben; da dies aber von meiner eigentlichen Absicht wegführen würde, will ich mich darauf beschränken, lediglich jene Eigenschaften zu erwähnen, die mit ihr zusammenhängen.

Die robuste Aufrichtigkeit und der Agnostizismus meines Großvaters machten in den achtziger Jahren einen unauslöschlichen Eindruck auf den aufnahmefreudigen jugendlichen Geist seines frühreifen Sohnes. Sein Aufenthalt in England verstärkte nur die Neigungen, die er von seinem Vorbild übernommen hatte. Kein Wunder also, daß er als eingeschworener Atheist, feuriger Freidenker und ungeduldiger Bilderstürmer in einem aus England zurückkam. Da er jedoch kein Premierminister war, wurde er auch von seinen Verwandten geächtet. Ungebrochenen Mutes aber schrieb der Aufsässige eine vernichtende Satire über die Hindu-Orthodoxie und machte sich endgültig gesellschaftsunfähig, indem er meine Mutter heiratete, die älteste Tochter einer Witwe, die zweimal verheiratet war! Nachdem er jetzt kaum mehr etwas zu verlieren und noch weniger zu fürchten hatte, fuhr er fort, unsere Hindu-Religiosität und Formalismus in seinen lustigen Liedern und satirischen Gedichten zu verspotten, die ihm schnellen und anhaltenden Ruhm bescherten. Zu der Zeit war ich noch nicht zwanzig Jahre alt.

Von Natur aus vernarrt ins Lachen, lachte ich auch mit ihm, als er sich erkühnte, selbst die *Gita* zum Ziel seiner Streitzüge zu machen. Natürlich hatte er nichts gegen die *Gita* an sich, aber er konnte einfach nicht widerstehen, diejenigen aufs Korn zu nehmen, die unrein lebten und, wie es ihnen gefiel, einen Fetisch aus der *Gita* machten. Dies bereitete mir viel Vergnügen, und ich kann mich gut daran erinnern, wie ich fröhlich und lachend seine respektlosen Ausgelassenheiten sang: (Ich will nachfolgend nur acht Zeilen aus seiner gefeierten Schmähschrift zitieren)

> *Wenn ich die Welt prelle, so gut ich nur kann,*
> *stehle, schwindle, läst're oder Meineid leiste,*
> *der Gita Gnade macht schon alles wieder gut,*
> *alle Schwächen des Fleisches kann sie heilen.*
> *Keine Bibel gibt es, o Freunde, die der Gita gleicht,*
> *laßt uns leben mit ihren Worten auf den Lippen!*
> *Heil Dir, o Gita, mein Engel,*
> *dein Zauber ist unverfälschlich.*

Aber selbst wenn ich solch unwiderstehliche Lieder genoß, konnte ich doch nicht ganz seiner Entwürdigung religiösen Eifers zustimmen, da ich bereits mit dreizehn Jahren unter den Einfluß zweier von Sri Ramakrishna Paramhansas direkten Schülern geriet: Swami Brahmananda, dem Gründer der Ramakrishna-Mission, und »Sri M«, dem berühmten Chronisten des großen Messias. Ich kann mich hier nicht weiter der großen, wenngleich einigermaßen rätselhaften Persönlichkeit meines Vaters widmen – der auch einige der größten Hymnen in bengalischer Sprache komponierte (an Krishna, Shiva, Kali, Ganga, Sri Chaitanya etc.), die er oft mit Tränen der Ekstase in den Augen sang. Aber eines muß an dieser Stelle geklärt werden – um Mißverständnissen vorzubeugen.

Bei der zusammenfassenden Beschreibung meiner beiden unmittelbaren Vorfahren habe ich vielleicht, ohne es zu wollen, meine Leser dazu verleitet, sich ein nicht ganz zutreffendes Bild davon zu machen, welche Bedeutung die tiefergehenden spirituellen Kräfte für ihr Leben hatten. Jene, die nicht vertraut sind mit den besten indischen Denkern, mögen aufgrund dessen, was ich geschrieben habe, zu dem Schluß kommen, daß, genaugenommen, kaum ein grundsätzlicher Unterschied zwischen diesen und jenen anderen besteht, die sich erfolgreich der westlichen Haltung angepaßt haben und durch die moderne europäische Lebensauffassung vollständig von der alten indischen Spiritualität abgetrennt wurden – wofür Pundit Jawaharlal Nehru ein typisches Beispiel unserer Tage ist. Anders gesagt, könnten sie, durch unsere modernen Slogans in die Irre geführt, zu dem Schluß kommen, daß unsere entwickeltsten Denker, ebenso wie er, nur unter der Vormundschaft des Westens eine beständige Harmonie verwirklichen können. Eine solche Sicht der Dinge wäre nicht nur gänzlich ungesund, sondern auch nachweislich falsch. Die besten indischen Geister werden nie irgendeinen echten Nährstoff aus den Quellen eines Agnostizismus, der bar jeglicher Vision ist, und seelenloser Wissenschaft erhalten, auch wenn sie noch so stark geprägt von den Doktrinen westlichen Materialismus sind.

Gleichzeitig müssen wir viel Schutt beiseite räumen, bevor wir den reinen Brunnen spiritueller Weisheit finden können, nach dem wir dürsten. Ebenso wie mein Großvater zu seiner Zeit, so spürte dies auch mein Vater sehr stark. Letzten Endes aber schütteten sie trotzdem nicht das Kind mit dem Bade aus. Aus diesem Grund stimmte mein Vater ganz meiner Anbetung Sri Ramakrishnas zu, selbst wenn er sich über den degenerierten Ritualismus abergläubischer Hindus lustig machte. Worauf ich hinauswill, ist, daß es in der letzten Analyse immer etwas in den verborgenen Tiefen der wirklichen indischen Seele gibt, das sich auf die Dauer zu keinem anderen Evangelium als jenem des Spirits öffnen kann, gleichgültig wie hoch der Einsatz auch sein möge.

In dem Zusammenhang fällt mir eine treffende Feststellung von Lowes Dickinson, dem berühmten Rationalisten, ein, der nach einer Reise durch den Fernen Osten schrieb, daß weder Japan noch China für den westlichen Verstand unbegreiflich sind: erst in Indien fand er sich in der Gegenwart von etwas für das Abendland so Fremdartigem, ja sogar Erschreckendem! Und das genau ist der Grund, warum Pundit Jawaharlal die Hindukultur als so fremd, ja bizarr empfindet und nicht verstehen kann, auf welch unterschiedlichen Wegen ihr religiöser Geist der Menschheit geholfen hat, ein Versagen, das Sri Aurobindo dazu veranlaßte, mir zu schreiben (als Kommentar zu einigen Zitaten, die ich ihm aus Punditjis Ansichten über Religion schickte):

»Ich habe nicht die gleiche Ansicht über Hindureligion wie Jawaharlal. Religion ist in der Tat immer unvollkommen, da sie eine Mischung aus der Spiritualität des Menschen und seinen Bestrebungen darstellt, die auf unwissende Weise versuchen, seine niedere Natur zu sublimieren. Hindureligion stellt sich mir dar als Kathedralen-Tempel, halb Ruine, im Gesamteindruck erhaben, im Detail oft phantastisch, dabei aber immer bedeutungsvoll phantastisch – an manchen Stellen bröcklig oder stark abgenützt, aber dennoch als Kathedralen-Tempel, in dem immer noch das Unsichtbare angebetet wird und in dem Seine reale Gegenwart von jenen wahrgenommen werden kann, die mit der richtigen Haltung eintreten ...

Was die andere Frage – über die Wahrheit hinter dem Hinduismus – angeht, kann ich nur sagen, was meiner Ansicht nach diese Wahrheit ist, eine Wahrheit, die in der eigentlichen (natürlich nicht oberflächlich verstandenen) Natur menschlichen Daseins enthalten ist, etwas, das nicht das Monopol des Hinduismus ist, von dem aber Hinduismus der edelste Ausdruck *ist*.«

Lowes Dickinson und Pundit Nehru hatten dies nie empfunden, weil keiner der beiden »die richtige Haltung« hatte. Die Gründe dafür darzulegen, würde jedoch über den Rahmen dieses Buches hinausführen. Ich will darum den Faden wieder aufgreifen.

Im Gegensatz zur typisch positivistischen Geisteshaltung, auf die ich mich gerade bezog, hatte ich das Gefühl, daß ich jene angeborene mystische Tendenz habe, die Dickinson als unverständlich und Punditji als mittelalterlich bezeichnet. Darum war ich nicht nur bereit, sondern sogar begierig, mit höherem Einsatz zu spielen –

»gefährlich zu leben«, wie Nietzsche es nannte. Aber während die Tage verstrichen, konnte ich weder den Ruf wahrnehmen noch einen Weg finden, meinem Ideal eine praktische Form zu geben. Ich war mehr als bereit, »den Sprung« zu wagen, aber wo war der Ruf, der tief bewegt? Und mehr noch: Kann man nicht die Hoffnung hegen, auf ein Floß oder gar ein Boot zu treffen, wenn man sich hilflos gegenüber der Armee der Wellen fühlt? Das war die Frage, auf die ich eine endgültige Antwort finden mußte.

Ein Ashram, ein spirituelles Zentrum, ein Nukleus von Aspiranten? Aber als geborener Individualist, mit einer eingefleischten Freiheitsliebe, fürchtete ich mich vor der Aussicht, relativ zurückgezogen in einer Kolonie und unter Bedingungen leben zu müssen, die sich als zu streng für mich erweisen könnten. Angenommen, ich würde mich mit den *Sadhakas* (Yogaschülern) nicht verstehen? Angenommen, mein Guru würde verlangen, daß ich mich Regeln unterwerfe, die ich für unzumutbar hielt? Angenommen, ich fand das Leben einengend – die Eintönigkeit einer immer gleichbleibenden Tätigkeit, die sich Tag für Tag, Jahr um Jahr wiederholt? Alle Arten von Spekulationen brodelten in meinem Hirn wie Blasen, die nicht zu unterdrücken sind, bis ich schließlich entschied, daß wir modernen Menschen einfach nicht spirituelle Erfüllung mit Hilfe solch eines billigen, weltflüchtigen Mittels finden konnten, zumal es bereits im Altertum versucht und als unzulänglich empfunden wurde.

Und dennoch: Wo und wie sonst kann man in das tägliche Leben das Ideal zielgerichteter *Sadhana* (Selbstdisziplin) übersetzen, die unerläßlich für jeden ist, der nach der alles-übersteigenden spirituellen Erfahrung hungert? Die Welt, wie sie sich mir darstellte, verhielt sich, wenn nicht überhaupt feindlich, gewiß gleichgültig gegenüber aller spiritueller Bemühung, die nur nach einer strengen Bemühung um Selbstreinigung unter der weisen und wohlwollenden Anleitung eines gottähnlichen Meisters zur Blüte gelangen kann. Das Seltsame war, daß ich, während ich mich nach der Führung sehnte, gleichzeitig vor den Bedingungen erschauerte, unter denen sie allein in dem eigentlichen Betätigungsfeld – Yoga – wirksam werden konnte. Mir war ganz klar, daß es so nicht weiterging, aber dennoch – die Aussicht darauf, eingepfercht und eingekerkert zu leben, jeden Tag gegen die gleichen Leute anzurennen und Befehle von jemandem zu empfangen, zu dem ich nicht gehen konnte, ja nicht einmal sprechen – nein, bei dem bloßen Gedanken lief es mir kalt über den Rücken!

Aber ich hatte einen Fehler gemacht, und wie sich später herausstellte, einen sehr großen. Um verständlich zu sein, muß ich eine längere Erklärung versuchen.

Mir wurde nach und nach klar, daß man, zumindest in der heutigen Welt, kaum wie ein alter Bettelmönch von Almosen leben und es der Unsichtbaren Vorsehung überlassen konnte, zu helfen, unseren Körper und unsere Seele zusammenzuhalten, indem man einfach »alles, was man hat, den Armen gibt« und einem *Phantom* folgt, wie mein realistischer Verstand spöttisch meinte. Man brauchte eine Institution oder eine Art Herberge, wo man die begründete Hoffnung hegen konnte, in relativer Sicherheit und Harmonie mit der Umgebung zu leben.

Trotzdem fühlte ich großes Unbehagen über meine angeborene Unfähigkeit, zum einen, angeschirrt mit einer buntscheckigen Anzahl von Leuten zu rennen, deren Empfindlichkeiten die meinen wohl kaum in Ruhe lassen würden; und zum zweiten, eine lebendige Inspiration unter der Schutzherrschaft eines Gurus zu finden, der noch unerreichbarer war als ein Fürst in seinem Privatgarten. Das ist keine Übertreibung. Denn zu jener Zeit lebte Sri Aurobindo in völliger Abgeschiedenheit. Niemand außer Der Mutter hatte Zutritt zu seinem Elfenbeinturm. Und für jede Botschaft von ihm mußten wir zu ihr aufblicken, ebenso wie der sprichwörtliche *chatak* (Vogel) zum Himmel blickt und in Zeiten der Dürre Ausschau nach Anzeichen für Regen hält. Aus ihrem Mund allein vernahmen wir hin und wieder ein Wort, das unser eingeschlossener Meister über diesen und jenen oder plötzliche Umstürze hier und dort äußerte. (Erst nach dem Jahr 1930 begann seine Korrespondenz gewaltige Proportionen anzunehmen, so daß er schließlich eine Vielzahl von Briefen als Antwort auf unsere Fragen von 9 Uhr abends bis in die frühen Morgenstunden schreiben mußte, und zwar acht Jahre lang jede Nacht. In einem seiner Briefe an mich spricht er heiter von »meinen Heldentaten an Korrespondenz« – was sicherlich nicht übertrieben war!)

Aber während ich mir meiner Unfähigkeit (oder soll ich sagen, Ungeeignetheit) für seinen Yoga oder den Yoga eines jeden anderen Meisters mehr und mehr bewußt wurde, fühlte ich mich immer unwohler innerhalb der vier Wände meiner Zufluchtsstätte, »fern ab von der verrückten Menge«. Wie konnte ich jemals Kraft in einer Atmosphäre erlangen, die meinem Temperament so fremd war, und ohne irgendein Zeichen einer Änderung erkennen zu können? Das fragte ich mich immer wieder. Und als meine mentale Pein schließlich unerträglich wurde, schrieb ich Gurudev, daß mir meine Probleme ebenso endlos wie unerklärlich vorkämen. Als Antwort auf meinen Ruf der Hilflosigkeit kam dann Hilfe: Gurudev schrieb mir einen Brief (datiert 25.6.1932), der mich wieder Tageslicht sehen ließ. Was er im wesentlichen sagte, war, daß man sich im Yoga allmählich der Welt und ihrer wenig schmackhaften Realitäten bewußt werden müsse, wie er sich ausdrückte. »Denn Wissen«, so erklärte er, *enthält in sich, wenn es bis zu den Wurzeln unserer Probleme vordringt, eine wunderbare Heilkraft. Sobald du den Ursprung des Übels berührst, sobald du – indem du immer tiefer und tiefer hinabtauchst – das zu fassen bekommst, was dich wirklich schmerzt, wird der Schmerz wie durch ein Wunder verschwinden. Unerschütterliche Courage, das Wissen zu erlangen, ist darum überhaupt die Essenz des Yoga. Man kann nur auf der festen Grundlage wahren Wissens eine dauerhafte Überstruktur errichten. Die Füße müssen sich des Bodens gewiß sein, bevor der Kopf hoffen kann, die Himmel zu küssen.«*

Dieser Brief erweckte meine müden Lebensgeister, indem er wie eine richtige Medizin gegen die Schmerzen wirkte, die entstanden waren, als mir aufging, wie weit ich in Wirklichkeit noch von dem entfernt war, was ich werden sollte. Ich sagte lächelnd zu jemandem: »Ich frage mich, wie es zugeht, daß im Yoga Diagnose und Behandlung ein und dasselbe sein können!« Aber das ist eine andere Geschichte. Greifen wir den Faden wieder auf.

Zum ersten Mal hatte ich Sri Aurobindo 1924 gesehen. In meinem Buch *Among the Great* habe ich eine Niederschrift des Gesprächs veröffentlicht, das ich mit ihm hatte, und die eigenartige Anziehungskraft seiner magnetischen Persönlichkeit beschrieben. Aber ich habe bisher noch nicht darüber geschrieben, wie er immer wieder einen Frieden und eine Seligkeit in mich einströmen ließ, die »alle Vorstellungen übersteigen«, und wie ich in solchen Zeiten einfach nur allein Stunden am Meeresstrand in einer unbeschreiblichen Ekstase verbrachte, besonders nach einem Kontakt mit ihm, wie flüchtig er auch gewesen sein mochte. Es ist kaum zu fassen, daß selbst ein kurzer, flüchtiger Eindruck von ihm oder die Berührung seiner Handfläche auf meinem Kopf als Zeichen der Segnung solche Zwischenspiele hervorrufen konnten, die zu schön erschienen, um wahr, und vor allem zu lebendig, um anzweifelbar zu sein! Es ist schon Jahre her, aber ich kann mir immer noch meine erste Erfahrung des Entzückens vergegenwärtigen, als wäre es erst gestern gewesen. Ich will versuchen, dies so gut ich kann zu beschreiben, und sei es nur, um für einige Sucher eine Aufzeichnung davon zu hinterlassen.

Gleich am Anfang möchte ich zugeben, daß mir nie supraphysi-

sche Visionen zuteil wurden, nachdem ich seine Segnungen erhielt
– wie es im Gegensatz zu mir bei anderen der Fall war. Und wie oft
habe ich ihn bestürmt, mir den Schimmer eines Wundersterns oder
ein Engellicht oder eine Art von Äther und Flamme zukommen zu
lassen, wie es bei so vielen anderen immer wieder der Fall war! Ich
konnte beinahe mit nackten Augen sehen, wie meine fette Selbst-
achtung unter meiner Nase dahinschmolz, als mir immer wieder
viele – die nicht einmal seine Schüler waren – mit verzückten
Stimmen berichteten, was sie gesehen hatten! Konnte ich ihn denn
nach solch wiederholten Niederlagen für etwas anderes als einen
Neider halten, der mir nichts herbeizaubern wollte, was ich, während ich sein wunderbares Gesicht unirdischen Lichts betrachtete,
erhaschen könnte? Nichts von dem geschah, was ich mir erwartet
hatte; ich konnte in meinem normalen Bewußtsein nichts sehen,
das dafür bestimmt war, mein tieferes Verlangen nach göttlichen
Wundern zu befriedigen, die ich dann später meinen Freunden
hätte weitergeben können.[1]

Ich war wirklich kein echter Mystiker, sagte ich mir mit einem
Seufzer, nicht einmal ein Hellseher, wehe mir!

Aber Mystiker oder nicht, bisweilen fühlte ich etwas, das ich
vielleicht als ebenso außergewöhnlich eingestuft hätte, wenn nicht
gar als Wunder, hätten mich meine Vorurteile nicht dazu verleitet,
meine Aufmerksamkeit auf etwas ganz anderes zu richten – auf
etwas, das mir abging und dem ich darum nachtrauerte, was mich
wiederum unzufrieden machte und weshalb ich mich verurteilte,
bis ich als Ende der logischen Sequenz mit wehem Herzen beschloß,
daß ich von Haus aus ein zu durchschnittlicher Kerl sei, um als
durchgangswürdig zu dem Hüter der apokalyptischen Verzückun-
gen des Yoga eingestuft zu werden.

Aber etwas drang durch. Was geschah, war, daß ich, überall, wo
ich hinblickte, Seligkeit herabströmen fühlte – reine, undifferen-
zierte, ungetrübte Seligkeit, und was mich am meisten verwun-
derte, war, daß ich ihren Ursprung auf keine Form oder Gestalt
zurückführen konnte. Und einmal war sie so intensiv und anhaltend, diese alles-durchdringende Seligkeit, daß ich mich etwas
unruhig inmitten meines grundlosen Entzückens fühlte und mich
fragte, was ich sagen würde, wenn jetzt ein Freund käme und mich

---

[1] Erst viele Jahre später setzten solche Wunder unter der Schutzherrschaft meiner
Schülerin Indira Devi ein, über die ich etwas ausführlicher in den letzten Kapitel
berichte. Diejenigen, die mehr über diese Wunder erfahren wollen, können meine
Bücher *Miracles do still happen* und *The Flute calls still* lesen. (Deutsch siehe auch:
Der Weg der großen Yogis. Suhrkamp Taschenbuch, Nr. 409, Frankfurt a. M. 1977.

über die genaue Beschaffenheit dieses Entzückens ausfragen würde. Augenblicklich formulierte sich eine seltsame Frage (ich saß berauscht alleine am Strand): »Was liebt ein Mensch am meisten am Leben?« Sogleich entsprang die Antwort ebenso dem Nirgendwo und sprach in meinem ekstatischen Herzen: »Luft und Licht.« Und überrascht hörte ich, wie mein Herz dem imaginären Frager mit einer berauschten Stimme sagte, als wäre ihm plötzlich eine Zunge gewachsen: »Nun, was ich fühle, ist etwas, das mich befähigt, unabhängig von Licht und Luft zu sein, angenommen, jemand würde mich den Rest des Lebens in einem tiefen Keller einsperren.«

Eine seltsame Frage und eine seltsame Antwort! Und vielleicht das Merkwürdigste daran ist die Tatsache, daß sich die Erfahrung verschiedene Male während meines Ashramlebens wiederholte, obgleich sie nicht so lange anhielt wie beim ersten Mal: nämlich ganze zweieinhalb Tage.

Obgleich gläubige Menschen dies vielleicht als mirakulös empfinden mögen, werden hartgesottene Rationalisten wohl kaum von dieser Antwort beeindruckt sein, die so oft in Ekstase gipfelte. Darum möchte ich hier kurz von einer sehr lebendigen Erfahrung berichten, die ich am 15. November 1928 in Lucknow hatte: oder anders gesagt, von dem Ruf, dessen sich steigernde Wirkung die Antwort hervorrief. Jene, die niemals einen »Ruf« erfahren haben, wie Mystiker es nennen, werden die Erfahrung wohl kaum überzeugend finden, aber jene, die etwas über spirituelle Wahrheiten wissen, werden sich trotz meiner mangelhaften Beschreibungskunst sicherlich für meinen Bericht interessieren. Leider muß ich mich kurz fassen, denn die ganze Geschichte auf angemessene Weise zu erzählen, würde zu viel Platz brauchen. Mag diese Entschuldigung genügend Einleitung für etwas sein, das ich nur als Wunder in dem Sinn bezeichnen kann, als es bewirkte, daß ich mich innerhalb von fünf Minuten zu einem Schritt entschloß, der mein ganzes Leben veränderte. Folgendes geschah:

Als ich Sri Aurobindo 1924 verließ – wie ich es in meinem Buch *Among the Great* beschrieben habe –, hatte er mich in der Tat abgewiesen und mein Suchen als nur »mental« bezeichnet. Ich war wirklich wie vor den Kopf gestoßen, aber ich mußte einfach warten, bis ich die Kraft hatte, den gordischen Knoten zu durchhauen, um eine lebendige, wenngleich abgedroschene Metapher zu gebrauchen.

Aber wie ich merkte, half mir bloßes Warten nichts; ganz im Gegenteil wurde mein Widerstand größer, mich ihm bedingungslos zu überantworten. Außerdem verspürte ich tiefes Unbehagen in der stillen Atmosphäre im und um den Ashram. Ich war immer noch ein viel zu gesellschaftlich veranlagter Künstler, um Geschmack an der Aussicht zu finden, über Nacht vor dem grimmigen Yoga-Richter zu kapitulieren, wie ich es oft in meiner sorglosen Respektlosigkeit ausdrückte. Sicher, ich wußte, daß ich ein Suchender war, aber ein Sucher, der in seinem Gewissen immer noch der Vernunft verschworen war. In meinen Ohren hörte ich immer noch das Motto des großen Paul Valéry klingen: »*Bacon dirait que cet intellect est un idol. J'y consens, mais je n'en ai trouvé de meilleur.*« (»Bacon würde sagen, der Intellekt sei ein Götzenbild. Zugegeben, aber ich muß erst ein besseres finden.« Zitiert aus *A l'egard des choses actuelles.*)

Gleichzeitig erinnerte ich mich wieder an den Mystizismus meines Vaters: die frommen Lieder, die er gegen Ende seines Lebens komponierte, sang ich jetzt oft mit tief bewegter Stimme und wachsender Nostalgie (ich übersetze nachstehend die letzten Zeilen eines dieser Lieder):

> *Mein Tag geht zu Ende ... zu Ende das Feilschen ...*
> *Meine Schulden sind bezahlt ... Ich horche auf die Schritte der*
> *Nacht ...*
> *Weltmüde klammere ich mich jetzt an Dich, O Mutter:*
> *Gewähre mir Deinen Schoß, wo das Dunkel aufgeht im Licht.*

Ebenso mein Großvater: Hat er sich nicht auch vom Agnostizismus zum Gottvertrauen gewendet? Hatte er nicht auf seinem Sterbebett gesagt, er wolle nicht getröstet werden, da der Eine, der so gut für ihn in dieser Welt gesorgt hat, ganz gewiß ebenso gut für ihn in der anderen Welt sorgen würde!

Aber anders als sie, befand ich mich in einer merkwürdigen Situation, einem Dilemma: einerseits war ich aufgerufen, die Vertäuungen mit dem Hier und Jetzt zu kappen, und andererseits hielt ich noch nichts in Händen, das mir hätte Sicherheit geben können; also zögerte und litt ich, bis ich schließlich bei einem Freund, der inzwischen verstorben ist, mit allem herausplatzte. Er lächelte spöttisch und sagte: »Ich werde dir morgen eine Fahrkarte kaufen; mach dich auf dem kürzesten Weg zum Ashram deines Gurus, wo du hingehörst. Überantworte alles, was du hast und bist, an ihn.«

»Es ist leicht, Heilmethoden vorzuschlagen«, widersprach ich traurig. »Aber wie sieht es mit der Diagnose aus?«

Da er Mediziner war, lächelte er jetzt wissend und fragte: »Wo tut es denn weh?«

»Wenn ich nur wüßte«, antwortete ich verbittert. »Ich weiß nur, daß ich in tiefer Dunkelheit herumtappe und leide. Mein Guru hat mir bisher noch nichts Handfestes gegeben. Du wirst sicher nicht erwarten, daß ich alles für nichts aufgeben soll?«

Er wurde ganz ernst.

»Dilip«, sagte er nach einer Pause, »du würdest gewogen und für zu leicht befunden. Du *schacherst* mit dem Göttlichen! *Quid pro quo?* (Etwas für etwas.) Das ist nicht der Geist, in dem man in der Vergangenheit alles in das Allumfassende setzte. Ich habe mich in dir getäuscht.«

Ich war im Innersten getroffen ... Die ganze Nacht konnte ich nicht schlafen: Ich schacherte! ... Ich war ein Händler! ... Ein Feilscher! ... Ich kam mir selbst so schäbig vor ... Aber ich konnte immer noch nicht den Sprung tun.

Am nächsten Morgen meditierte ich. Wie nie zuvor betete ich zu Gurudev. Und plötzlich, als mir der Schmerz im Herzen unerträglich erschien, geschah etwas. Ich kann nicht erklären, was es war, aber ich fühlte, daß es diesmal *er* war, der zu mir kam.

Ich stand auf und bestieg – innerhalb von zwanzig Minuten – den nächsten Zug nach Bombay, en route nach Pondicherry, nachdem ich ihm ein Telegramm geschickt hatte.

Am 22. November erklärte mir Die Mutter, daß ich ein plötzliches psychisches Öffnen erfahren und so seinen Ruf vernommen hatte.

Aber ich hatte es vollbracht – eine dramatische Unbesonnenheit –, obgleich ich ganz ehrlich sagen kann, daß ich keiner Übertreibung schuldig bin. Mein aufmerksamer und verschwiegener Freund Krishnaprem wird mich sicher noch dafür zur Verantwortung ziehen. Aber da ich dem Dramatiker freien Lauf gelassen habe, werde ich zügellos sein und die Rampenlichter noch ein wenig leuchten lassen. Schließlich bin ich ein Künstler aus Veranlagung, und der Künstler muß auch einen Schauspieler in sich beherbergen – bis er schließlich die Kunst ablegt und den Yoga annimmt –, einen Feind im eigenen Lager, wie ich eingestehen muß, der aber trotzdem wohlgefällig dem Künstler, wenn nicht sogar dem Yogi ist.

5. Kapitel

DIE PRÜFUNGEN

Als ich an diesem unvergeßlichen November-Morgen 1928 im öden Pondicherry-Bahnhof aus dem Madras-Zug stieg, zählte die Einwohnerschaft in Sri Aurobindos Ashram etwa 80 Mitglieder. Jetzt, im Jahre 1951, sind wir etwas mehr als 800. Ich kann mich nicht erinnern, wie viele Frauen damals im Ashram waren, Kinder jedenfalls gab es nur wenige. So badete sich unser Ashram-Innenhof in ergötzlicher Stille, die sich allmählich verflüchtigte, als die Zahl der Einwohner stieg und immer mehr Kinder wegen ihrer Eltern aufgenommen wurden.

Dennoch wurde »der geräuschlose Gang unseres Lebens« erst ab 1940 oder noch später merklich gestört. Davor waren wir eine sehr gewichtige Mannschaft, von der die meisten so makellos ernst und weihevoll waren, wie man es sich nur wünschen konnte. Wenngleich ich scheel auf solch düstere Akolythen blickte, erwuchs meine Abneigung gegen ihr Verhalten zum größten Teil aus meinem simplen Unvermögen, mich mit ihrem Temperament zu versöhnen – was auch darauf zurückzuführen ist, daß ich mit eigenen Augen gesehen habe, welchen Schaden Schlagworte anrichten können, wenn man sich nicht in acht nimmt: sie lullen uns allzuoft in der pathetischen Täuschung ein, daß Weisheit zitieren beinahe so gut sei wie weise zu werden. (Sri Aurobindo schrieb mir einmal: » *Vielleicht glaubt X es selbst – daß er ein Übermensch geworden sei –, ebenso wie George IV glaubte, er habe die Schlacht von Waterloo gewonnen, indem er es immer wieder sagte.*« Aber umgekehrt möchte ich ihnen gerne das Vergnügen gönnen, sich an meiner vernichtenden Niederlage zu weiden, indem ich Beweise für Gurudevs Ablehnung meiner Bewunderung russellianischen Rationalismus liefere. So schrieb er beispielsweise kurz, nachdem ich in den Ashram gekommen war[1]:

»Dilip, ich habe Russell nicht vergessen, aber ich habe ihn einmal wegen mangelnder Zeit übergangen; zum anderen habe ich im Augenblick deinen Brief verlegt; und drittens wegen mangelnden

---

[1] Ich hatte ihn um einen Kommentar über Russells Feststellung in *Conquest of Happiness* gebeten: »Wir sind alle anfällig für das Leiden des Introvertierten, der sich angesichts des vielfältigen Schauspiels der Welt, das vor ihm abrollt, abwendet und auf die Leere in sich blickt.«

Verständnisses meinerseits. Was bedeutet sein Ausspruch ›sich für äußerliche Dinge um ihrer selbst willen interessieren‹? Und was ist ein ›Introvertierter‹? Jedes dieser Probleme verwirrt mich.

Das Wort ›Introvertierter‹ ist erst vor kurzem entstanden und klingt wie ein Gefährte von ›Pervertierter‹. Dem buchstäblichen Sinn nach bedeutet es ›jemand, der nach innen gewendet ist‹. Die Upanishad spricht von den Toren der Sinne, die nach außen offen sind und den Menschen in äußerlichen Dingen gefangenhalten (›um ihrer selbst willen‹, wie ich vermute?) und von dem einen Menschen unter einer Million, der seinen Blick nach innen kehrt und das Selbst erkennt. Ist dieser Mensch ein Introvertierter? Und ist Russells idealer Mensch, der ›sich für äußerliche Dinge um ihrer selbst willen interessiert‹ – wie beispielsweise Ramaswami, der Chef, oder Joseph, der Chauffeur –, *homo externalis Russellius*, ein Extrovertierter? Oder ist ein Introvertierter jemand, der ein inneres Leben hat, das stärker ist als sein äußeres – der Dichter, der Musiker, der Maler? War Beethoven, der als Tauber Musik aus seinem Inneren hervorbrachte, ein Introvertierter? Oder ist damit jemand gemeint, der die äußeren Dinge nach inneren Werten beurteilt und an ihnen nicht ›um ihrer selbst willen‹, sondern wegen ihrer Bedeutung für die Selbstentwicklung der Seele interessiert ist, an ihrer Bedeutung für den psychischen, religiösen, ethischen oder irgendeinen anderen Selbstausdruck der Seele? Sind Tolstoi und Gandhi Beispiele für Introvertierte? Oder auf einem anderen Gebiet – Goethe? Oder ist damit jemand gemeint, der sich für äußere Dinge nur bis zu dem Grad interessiert, wie sie sein Denken berühren oder für sein Ego von Bedeutung sind? Das aber, so meine ich, würde für 999 999 Menschen aus einer Million zutreffen.

Was sind äußerliche Dinge? Russell ist ein Mathematiker. Sind mathematische Formeln äußerliche Dinge, obgleich sie hier nur im Weltgeist und im Geist des Menschen existieren? Wenn nicht, ist Russell als Mathematiker dann ein Introvertierter? Außerdem sagt Yajnavalkya, daß man seine Ehefrau nicht um der Frau willen, sondern wegen des Selbstes liebt und daß es sich ebenso mit anderen Objekten des Interesses und des Verlangens verhält – gleichgültig, ob das Selbst das Innere Selbst oder das Ego ist. Im Yoga wird die Bewertung äußerer Dinge im Sinne der Ansprüche des Ego verworfen – ihr Wert gründet sich einzig auf ihren Wert für die Manifestation des Göttlichen. Wer verlangt nach äußerlichen Dingen ›um ihrer selbst willen‹ und nicht wegen eines gewissen Wertes für das bewußte Wesen? Selbst Cheloo, der Tagelöhner, ist an dem Vier-Anna-Geldstück nicht um seiner selbst willen interessiert, sondern wegen irgendeiner vitalen Befriedigung, das es ihm ermöglicht, sogar bei den scheffelnden Geizkragen ist es so – es ist die Besitzleidenschaft seines Vitalwesens, die er befriedigt, und diese ist nichts Äußerliches, sondern etwas Innerliches, ein Teil seiner inneren Struktur, Teil der unsichtbaren Persönlichkeit, die im Inneren hinter der Verhüllung durch den Körper lebt.

Was ist dann mit Russells ›um ihrer selbst willen‹ gemeint? Wenn du mich über diese Fragen zu mehr Licht führst, unternehme ich vielleicht nochmals eine Bemühung, sein *mahavakya* (mächtig geflügeltes Wort) zu kommentieren.

Viel wichtiger ist sein wunderbarer Ausspruch über die ›innere Leere‹! Wenigstens darüber hoffe ich früher oder später etwas verlauten zu lassen.«

Dieser Brief bedeutet mir sehr viel, obgleich ich mich nicht so ohne weiteres in der ersten Runde k.o. schlagen lassen wollte. Ich schrieb ihm eine Erwiderung, in der ich aus einem Buch von Lytton Strachey über einige Götterbildnisse in einer Töpferei zitierte. »Eines schönen Morgens«, schrieb ich, »entdeckte der Töpfer zu seiner großen Verwunderung, daß alle kleinen Gottheiten von der größten Gottheit, die allein und großartig überlebte, auf den Boden geworfen worden und in tausend Stücke zerbrochen waren. Aber in diesem Fall, Guru, hast du keinen solch durchschlagenden Erfolg erzielt, denn mindestens einer ist der Vernichtung entgangen: Bertrand Russell. Und er überlebt auch weiter, da er, anders als viele berühmte Yogis, etwas Vernünftiges (und keinen kindischen Unsinn) zu sagen hat, wenn er beispielsweise die Rolle des Verstandes im Leben oder die Bedeutung der Heirat für zwischenmenschliche Beziehungen beurteilt. Zum Glück für uns, Guru, stellst du eine Ausnahme unter den Yogis dar, aber dennoch erlaube mir in aller Bescheidenheit die Bemerkung, daß du möglicherweise deine Position gegen Leute von Russells Kaliber nicht wegen deinem spirituellen Format, sondern wegen deinem massiven Geist, deiner intellektuellen Klarheit und deinem unanfechtbaren Charakter behaupten kannst. Darum hoffe ich, daß du mir gütigst erlauben wirst, meine Zweifel darüber zu äußern, ob du mit Russell so in seiner eigenen Höhle hättest fechten und ihm schließlich trotzen können, wenn du ein spiritueller Riese, aber ein mentaler Zwerg gewesen wärest. Auch wage ich zu behaupten, daß du deinen eigenen menschlichen Fähigkeiten großes Unrecht antust – deiner Gelehrsamkeit, deinem Charakter, deinem mentalen Scharfsinn etc., die dir in diesem Fall gut zustatten gekommen sind.« Auch erkühnte ich mich, ihm zu erklären, wie viele Gemeinsamkeiten er mit dem großen Philosophen und Denker habe, der seine Zielscheibe war, und zitierte unter anderem aus des letzteren berühmtem und inspirierenden Werk *Free Man's Worship*: »Auf jeden Menschen kommt früher oder später die große Entsagung zu ... durch Tod, durch Krankheit, durch Armut oder durch die Stimme der Pflicht müssen wir, jeder von uns, lernen, daß die Welt nicht für uns erschaffen wurde und daß, gleichgültig wie schön die Dinge, nach denen wir verlangen, auch sein mögen, sie trotzdem durch das Schicksal verboten werden. Es ist Teil unseres Mutes, ohne Murren zu ertragen, wenn das Unglück kommt, unsere Gedanken von vergeblichem Bedauern abzuwenden. Dieses Maß an Unterwerfung unter Die Macht ist nicht nur gerecht und richtig; es ist geradezu das Tor der Weisheit.«

Und ich fügte noch hinzu:

»Du mußt mit mir Nachsicht haben, Guru, wenn ich schon wieder etwas von Russell zitiere – nicht um deinetwillen, sondern wegen mir: Du mußt wissen, daß ich mich schuldig dafür fühle, daß ich bisher nicht, wie ich es hätte tun sollen, herausgestrichen habe, daß in seinem Wesen auch ein tiefgründigerer Aspekt – der Vision – enthalten ist. Ich habe darum einen ziemlich langen Abschnitt aus seinem *Free Man's Worship* in Bengali-Verse übersetzt, der für sich selbst spricht.«

Hier ist der Abschnitt:

»Im Schauspiel des Todes, im Ertragen unaussprechlicher Schmerzen und in der unwiderruflich verschwundenen Vergangenheit ist eine Heiligkeit enthalten, eine überwältigende Ehrfurcht, ein Gefühl von Weite, die Tiefe, das unerschöpfliche Geheimnis des Daseins, in dem der Leidende wie durch eine seltsame Vermählung des Schmerzes an die Welt durch Bande des Kummers geknüpft ist. In diesen Augenblicken der Erkenntnis fällt alle Begierde zeitlicher Verlangen ab, alles Mühen und Treiben um Nichts, alles Sorgen um nebensächliche Kleinigkeiten, aus denen, oberflächlich gesehen, das gewöhnliche Leben von Tag zu Tag zusammengesetzt ist; wir sehen, wie das kleine Floß, das beleuchtet wird durch das flackernde Licht menschlicher Kameradschaft, umgeben ist von dem dunklen Ozean, auf dessen Wogen wir für eine kurze Stunde umhergestoßen werden. Aus der großen Nacht da draußen stürzt sich ein eisiger Windstoß auf unsere Zuflucht; die ganze Verlassenheit der Menschen unter feindlichen Kräften konzentriert sich auf die individuelle Seele, die allein mit allem Mut, den sie aufbieten kann, gegen ein Universum ankämpfen muß, das sich nicht um ihre Hoffnungen und Kämpfe kümmert. Sieg bei diesem Ringen mit den Mächten der Dunkelheit ist die wahre Taufe in die glorreiche Gemeinschaft der Helden, die wahre Einweihung in die überwältigende Schönheit menschlichen Daseins.«

Er antwortete: »Deine Übersetzung ist bewundernswert. Ich wußte nicht, daß der Mathematiker auch ein Dichter war.« Dann fuhr er, möglicherweise etwas erregt, fort:

»Zu Russell – ich habe nie seine Fähigkeiten oder seinen Charakter in Frage gestellt; ich nehme nur zu seinen Meinungen Stellung, und auch da nur zu jenen, die mit meinem Gebiet zu tun haben – dem Bereich spiritueller Wahrheit. Alle Religionen, selbst die engstirnigsten und dümmsten, und ebenso alle Nichtreligionen haben ihre großen Denker, ihre großartigen Menschen und feinen Charaktere. Ich weiß wenig über Russell, aber ich würde nie daran denken, beispielsweise die Größe Lenins zu bezweifeln, nur weil er ein Atheist war – höchstens ein Dummkopf würde das tun. Aber die Größe Lenins hindert mich nicht daran, dem Glaubensbekenntnis gleichen Dogmen des Bolschewismus meine Zustimmung zu versagen, und die Schönheit des Charakters eines Atheisten beweist nicht, daß Spiritualität eine Lüge der Imagination sei und daß es kein Göttliches gäbe. Ich möchte hinzufügen, daß, wenn du die Aussagen berühmter Yogis für kindisch erachtest, wenn sie über Heirat oder andere Fragen sprechen, man es mir nicht übelnehmen kann, daß ich Russells Vorstellungen über spirituelle Erfahrung, von der er nichts weiß, für sehr unerleuchtet und gehaltlos erachte. Du hast die Namen der Yogis, auf die du dich beziehst, nicht genannt, und solange du es nicht tust, fürchte ich, daß ich Zweifel entweder über die Höhe oder die Weite ihrer spirituellen Erfahrung hegen werde. Aber darüber später mehr, wenn mir vielleicht ein oder zwei Stunden zufallen, um darüber zu schreiben.«

Später, als ich anfing, verschiedene Farben und andere Dinge zu sehen, schrieb er mir als Antwort auf meine Frage, ob es sich dabei um Autosuggestion oder Halluzination handeln könnte:

»Nein, es war weder optische Täuschung noch Halluzination, noch Zufall (chromatischer), noch Autosuggestion oder irgendein anderer der gewichtigen und leeren Vielsilber, mittels derer die Naturwissenschaft versucht, das (wissenschaftlich) Unerklärliche wegzuerklären, oder vielmehr vermeidet, es zu erklären. Bei diesen Fragen macht der Wissenschaftler genau das, was er dem Laien immer vorwirft, wenn letzterer, ohne zu forschen oder zu experimentieren, die Gesetze von Dingen bestimmt, von denen er nicht das Geringste weiß, indem er ohne fundiertes Wissen einfach eine selbstgemachte Theorie oder eine *a priori*-Idee aufstellt und sie als Etikett dem unerklärten Phänomen aufklebt.«

Und dann fügte er mit einem beiläufigen Seitenhieb auf die russellianische Sicht der Dinge hinzu:

»Was die Dinge angeht, die sich dir zeigten, handelt es sich nicht nur um ein kurioses Phänomen, nicht einmal nur um eine symbolische Farbe, sondern um etwas sehr Wichtiges ... Daß sich dies als erstes gezeigt hat, als die Macht der Vision aus ihrem latenten Zustand hervorbrach, ist sehr bedeutungsvoll; es ist der Beweis, daß du die Verbindung hast, daß dein inneres Wesen bereits berührt ist, und daß sich Seine Macht der Gegenwart und des Schutzes bereits in deiner Nähe oder über dir als umgebender Einfluß befindet.

Entwickle diese Kraft jenes inneren Sinnes und fördere, was sie dir gibt. Diese ersten Schauungen stellen nur einen äußeren Rand dar – dahinter erstrecken sich ganze Welten der Erfahrung, die das ausfüllen, was dem gewöhnlichen Menschen als Kluft (die innere Leere von deinem Russell) zwischen dem Erdbewußtsein und dem Ewigen und Unendlichen erscheint.«

Und schließlich schrieb er in einem Zusatz: »Ich erinnere mich daran, daß, als ich anfing, innerlich (und auch äußerlich mit offenen Augen) Schauungen zu haben, ein Wissenschaftler-Freund von mir von Nachbildern sprach – ›das sind nur Nachbilder!‹ Ich fragte ihn, ob Nachbilder dem Auge zwei Minuten durchgehend sichtbar bleiben – er sagte ›nein‹, soviel er wisse, ›nur für einige Sekunden‹. Ich fragte ihn auch, ob man auch Nachbilder von Dingen sehen könne, die sich nicht in der unmittelbaren Umgebung befinden oder nicht einmal auf der Erde existieren, da sie andere Formen, einen anderen Wesenszug, andere Farben, andere Umrißlinien und eine ganz andere Dynamik, einen ganz anderen Lebensausdruck und Wertigkeit aufweisen – er konnte dies nicht bestätigen. Und so fallen diese sogenannten *wissenschaftlichen* Erklärungen in sich zusammen, sobald man sie aus ihrem Wolkenkuckucksheim mentaler Theorien herausholt und sie mit dem eigentlichen Phänomen konfrontiert, das sie zu entschlüsseln vorgeben.«

In einem anderen Brief schrieb er als Kommentar zu einer Erfahrung, die ich hatte: »Ich wiederhole, was ich zuvor sagte – obgleich dein physischer Geist noch nicht glaubt –, nämlich, daß diese Erfahrungen eindeutig zeigen, daß dein *inneres Wesen ein Yogi ist*, der die Fähigkeit zur Trance, zur Ekstase, zur intensivsten *Bhakti* (Liebe zum Göttlichen) hat, der sich des Yoga und des yogischen Bewußtseins völlig gewahr ist und sich enthüllt, sobald du nach innen gehst, ebenso wie der äußere Mensch ziemlich genau die andere Seite ausdrückt – er ist modernistisch, veräußerlicht, kraftvoll nach außen gerichtet, vital und weiß nichts vom Yoga oder der Welt innerer Erfahrung. Als ich dich sah, konnte ich sofort erkennen, daß dieser innere Yogi vorhanden ist, und deine früheren Erfahrungen hier waren gänzlich überzeugend für jeden, der auch nur ein wenig über diese Dinge Bescheid weiß. Wenn dieser innere Yogi vorhanden ist, ist es gewiß, daß man auf den Weg des Yoga gelangt, und nicht einmal das extremst veräußerlichte Oberflächenbewußtsein – (ja nicht einmal ein ordentlicher *homo Russellius* an der Außenseite, und der bist du gar nicht – nur ein kleiner *Russellicatus* an der Oberfläche) – kann den endgültigen Erfolg im Yoga verhindern. Aber das Gerangle zwischen Innen- und Außenmensch kann erheblichen Unfrieden stiften, denn der innere Mensch drängt zum Göttlichen und läßt nicht nach, und der äußere Mensch bedauert, murrt, hält zurück, fragt, was denn dies schattenhafte Ding sei, zu dem er gebracht wird, dies Unbekannte, dies (für ihn) weit-entfernte Unaussprechliche. Das und nicht nur Gelage oder Gesellschaft ist der Ursprung für das Mühen und Placken in dir. Und doch ist das alles ein Mißverständnis – denn wenn der äußere Mensch ganz dem inneren Yogi Platz machen würde, würde er entdecken, daß all das, was er verloren hat, oder von dem er dachte, er würde es verlieren, hundertfach zurückgezahlt wird – obgleich er es in einer anderen Haltung und einem anderen Bewußtsein empfangen würde, es wäre nicht länger das vorübergehende und trügerische Vergnügen der Welt um seiner selbst willen, sondern *die Wonne des Göttlichen in der Welt, tausendfach verstärkt, süß und wünschenswert.*«

Ich zitiere diese Worte, um auf die Schwierigkeit hinzuweisen, die er mit uns hatte, wenn er versuchte, uns dazu zu bringen, uns seiner Weisheit zu öffnen, und um nebenbei seine unerschöpfliche Geduld im Umgang mit Leuten wie uns hervorzuheben. So würde er beispielsweise unermüdlich immer wieder mit mir argumentieren, wenn immer ich lamentierte, daß ich in mir einfach nichts entdecken könne, das seine hohen Erwartungen in mich als zukünftigen Yogi rechtfertigte. Ja, er würde sogar auf meine Ebene herabsteigen, um meinen Zweifel zu überwinden und mich bisweilen mit Hilfe der trockensten intellektuellen Argumente durch meine eigenen Waffen außer Gefecht setzen.

Weil er uns solche Freiheiten einräumte, konnten wir weiter fortführen, ihn beinahe als einen uns Gleichen zu behandeln – bis zu einem Grad, daß Nirod (der später einer seiner persönlichen Helfer wurde)[2] oft mit voller Geschwindigkeit auf ihn losging, wenn immer ihn sein Dämon dazu antrieb. Ich will hier nur ein oder zwei Beispiele geben.

»O Guru«, schrieb er einmal 1935, »ich stelle fest, daß jedes Mal, wenn ich dir eine meiner Erfahrungen mitteile, sie sofort aufhört. Ich hoffe doch, daß dafür nicht der Guru verantwortlich ist?«

»Nun«, schrieb Gurudev zurück, »das ist eine Sache, die uns oft aufgefallen ist, als sich die *Sadhana* (Yogadisziplin) in ihren frühen Stadien befand, nämlich, daß von einer Erfahrung sprechen, bedeutet, sie zu beenden. Das ist der Grund, warum es sich viele Yogis zur Regel machen, niemals von ihren Erfahrungen zu sprechen. Aber später hat sich dies völlig geändert. Warum beginnst du also wieder ganz von vorne mit diesem merkwürdigen Kunststück?«

Aber Nirod war wirklich unerschrocken.

»Ich erinnere mich an einen Vorfall in meiner Kindheit«, schrieb er zurück. »Ich aß zusammen mit meinem Vater zu Mittag, als ich hinausgerufen wurde. ›Papa‹, sagte ich ihm warnend, ›daß du mir nicht meinen Fisch wegißt.‹ Nun, Väter mögen das nicht tun, aber wie steht es mit den Gurus?«

»Nein, mein Herr«, erwiderte Gurudev, »ich esse deinen Fisch nicht. Mir stehen Ozeane voller Fische zur Verfügung, und ich habe es nicht nötig, deine kleinen Sprotten zu verspeisen. Die Herren von den Widersacher-Mächten tun dies – die *Dasyus*, die Räuber.«[3]

So war er immer – er verspürte nie den Drang, über die Schwachen zu herrschen, die er statt dessen dazu einlud, die Dinge ganz offen mit ihm »zu diskutieren«. Und er tat es so unauffällig, daß wir oft vergaßen, wie wenig wir doch bereitet waren, wenn wir uns erdreisteten, uns auf ein Gefecht mit ihm einzulassen, beinahe so, als hätte er von uns schwatzhaften Zwergen ebensoviel zu lernen wie wir von ihm, dem zurückhaltenden Riesen! Ich kann mich daran erinnern, wie ich einfach alles vom Stapel ließ, was mir eben einfiel – über die unterschiedlichsten Themen, die man sich nur vorstellen kann –, nur um am nächsten Morgen seine Kommentare zu erhalten, wobei ich mir kaum vergegenwärtigte, daß ihm dies gerade das abverlangte, was er höher als seine Gesundheit und sein Wohlergehen einschätzte, nämlich Zeit, *seine* Zeit! Da es aber wenig Sinn hat, weise zu sein, nachdem die Dinge geschehen sind, will ich einige typische Beispiele geben, die das Ausmaß seines

[2] Siehe dazu: Nirodbaran: *Twelve Years with Sri Aurobindo*. Auroville Verlag, Planegg.
[3] Siehe auch Nirodbaran: *Correspondence with Sri Aurobindo* in drei Bänden, sowie Nirodbaran: *Talks with Sri Aurobindo* in zwei Bänden. Auroville Verlag, Planegg.

Entgegenkommens vor dem Hintergrund unserer gedankenlosen Leichtfertigkeit in das rechte Licht rücken.

Nein, ich muß das *richtige Wort* finden, denn Entgegenkommen trifft die Sache nicht, die mir vorschwebt – sein Mitgefühl. Denn nichts weniger als das hätte uns dazu bringen können, alles auf jemanden zu setzen, der allem äußeren Anschein nach zurückgezogen lebte – beinahe fernab in einem Wolkenland des Unwirklichen, soweit es uns anging – und uns doch ein tiefgreifendes Gefühl ständiger Erfüllung vermitteln konnte. Ich erinnere mich an einen Urdu-Text, den ich einmal übersetzte und oft gesungen habe, um dieses Gefühl auszudrücken:

> *Erweckt hast Du mein Herz zur Erinnerung an Dich*
> *und machtest die Welt dürre und bleich wie Sand:*
> *Wie soll ich Deine Diamantgeschenke besingen*
> *oder schildern Deiner Gaben Wunderland?*
> *Mein Gebet wurde erhört, bevor ich's erbat:*
> *Die Juwelen der Himmel wurden mein.*
> *Vergangenheit wurde zur Schriftrolle auf Wellen*
> *unter Deinem neu-erstrahlenden Siegesstern,*
> *mir, der keinen Anspruch hatte auf Lohn,*
> *würde Deine Gnade nie ein Geschenk versagen:*
> *Wer, denn Du selbst, könnte der Erde erwidern*
> *mit dem Überfluß des himmlischen Golds?*

Jenen, die ihn nicht kannten, mögen diese Worte als Übertreibung erscheinen, da es uns nicht möglich war, mit ihm jenen Kontakt des Gebens und Nehmens zu haben, den man Freundschaft nennt. Aber jene, die ihn kennenlernten, konnten nur erstaunt darüber sein, wie er dennoch die Menschen zutiefst bewegte – er, der bekannt war als »Bewohner der Tiefen« (um einen bengalischen Begriff zu gebrauchen); er, der selbst durch die schlimmsten Schocks unberührt blieb, er, der unerschrockene Revolutionär, der ruhig in einer Gefängniszelle meditierte, als bereits die Schlinge des Henkers über ihm baumelte; er, der eine Woche vor seinem Tod mitfühlend lächelte, als einer seiner Helfer und Schüler den Arzt rufen wollte.

»Wohin bist du gegangen, Nirod?« fragte er, als derselbe zurückkam.

»Ich holte den Arzt«, kam die entschuldigende Antwort.

»Arzt? Wozu? Hast du den Verstand verloren?«

Ja, so war er: einer, der durch das Leben sogar als »Verschwender des himmlischen Goldes« ging, aber nie irgend etwas von irgend jemand in irgendeiner Form verlangte.

Als einmal von Sir Sarvapalli Radhakrishnan ein Angebot kam, daß er ihn im Westen bekannt machen wolle, wenn er einen entsprechenden philosophischen Artikel schriebe, lehnte er ab.

»Sieh einer an!« schrieb er mir zurück. »Erwarten diese Leute, daß ich mich wieder in eine Maschine für die Produktion von Artikeln verwandle? Die Zeiten des *Bande Mataram* und des *Arya* sind vorbei – Gott sei Dank! Ich habe es jetzt nur mit der Ashram-Korrespondenz zu tun, und die ist wahrhaftig ›überwältigend‹ genug, um auf Philosophie für Allerweltsbücher und dergleichen verzichten zu können.

Und Philosophie! Laß mich dir ganz im Vertrauen sagen, daß ich nie, nie, nie ein Philosoph war – obgleich ich Philosophie geschrieben habe, was wieder eine ganz andere Geschichte ist. Ich wußte herzlich wenig über Philosophie, bevor ich Yoga übte und nach Pondicherry kam – ich war ein Dichter und Politiker, kein Philosoph! Wie ich sie zustande gebracht habe und warum? Einmal, weil mir Paul Richard vorschlug, bei einer Philosophiezeitschrift mitzuarbeiten – und da meine Theorie besagt, daß ein Yogi fähig sein sollte, sich mit allem zu beschäftigen, konnte ich kaum ablehnen: und dann mußte er in den Krieg ziehen und ließ mich mit monatlich vierundsechzig Seiten Philosophie sitzen, die ich ganz allein zu schreiben hatte! Zum anderen, weil ich nur in intellektuellen Begriffen all das niederzuschreiben hatte, was ich durch tägliches Üben im Yoga beobachtet und erkannt hatte, stellte sich die Philosophie ganz von selbst ein, automatisch. Aber das heißt nicht, ein Philosoph zu sein!

Ich weiß nicht, wie ich mich bei Radhakrishnan entschuldigen soll – denn ihm kann ich all das nicht erzählen. Vielleicht findest du für mich eine Formel? Etwa: ›zu sehr beschäftigt, keine Zeit für irgendeine andere Arbeit, kann nicht annehmen, da er nicht sicher ist, ob er sein Versprechen halten kann.‹ Was meinst du?«

Ich schrieb Sir Sarvapalli, was ich konnte, aber er blieb hartnäckig. Darum schrieb ich nochmals an Gurudev und flehte ihn an nachzugeben. Schließlich versuchte ich sogar, ihm zu schmeicheln:

»Dein Name, mein Herr, ist bisher im Westen noch unbekannt, und Sir Radhakrishnan wird dich allseits bekannt machen, stell dir das nur vor! Außerdem ist er aufrichtig und vernünftig ... etc.«

Aber er blieb steinhart und schrieb zurück:

»Was Radhakrishan angeht, ist es mir einerlei, ob er mit seinem Eifer, von mir den Beitrag zu bekommen, recht hat oder nicht. Was entscheidend ist, ist einmal die Tatsache, daß es mir gänzlich unmöglich ist, Philosophie auf Bestellung zu schreiben. Wenn etwas von selbst zu mir kommt, kann ich schreiben, falls Zeit dazu ist. Aber ich habe keine Zeit. Ich dachte daran, Adhar Das zu schreiben, um darauf hinzuweisen, daß er mit seiner Kritik meiner Vorstellungen über Bewußtsein und Intuition unrecht hatte, und kurz darzulegen, wie meine tatsächlichen Ansichten über diese Dinge aussehen. Aber ich bin einfach nicht dazu gekommen. Ich könnte ebenso versuchen, den Mond, ähnlich wie Hanuman, unter den Arm zu nehmen – obgleich es in seinem Fall die Sonne war – und spazieren zu gehen. Der Mond steht nicht zur Verfügung, und der Spaziergang ist unmöglich. Ebenso sähe es mit einem Versprechen an Radhakrishnan aus – die Sache würde nicht getan werden, und das wäre schlimmer als eine Absage.

Die andere Tatsache ist, daß es mich völlig kalt läßt, ob mein Name an irgendeinem gesegneten Platz auftaucht. Selbst in meiner politischen Zeit eiferte ich nie dem Ruhm nach; ich zog es vor, hinter dem Vorhang zu bleiben, die Leute, ohne daß sie es bemerkten, zu lenken und die Dinge zu vollbringen. Es war die verdammte englische Regierung, die mir das Spiel verdarb, indem sie mich verfolgte und dazu zwang, öffentlich als ein ›Führer‹ bekannt zu werden. Darüber hinaus glaube ich nicht an Reklame, außer für Bücher, und nicht an Propaganda, außer für Politik und Patentmedizinen. Aber für ernsthafte Arbeit ist dies Gift. Es bedeutet entweder einen Reklametrick oder einen Reklamerummel, und Tricks und Rummel laugen die Sache, die sie auf dem Kamm ihrer Wogen tragen, aus und lassen sie leblos, zerbrochen und ausgetrocknet an den Stränden des Nirgendwo zurück – oder es bedeutet eine Bewegung. Eine Bewegung im Falle einer Arbeit wie meiner bedeutet die Gründung einer Schule oder einer Sekte oder irgendeinen anderen verfluchten Unsinn. Es bedeutet, daß Hunderte und Tausende nutzloser Leute auftauchen und die Arbeit korrumpieren oder sie zu einer pompösen Farce reduzieren, vor der sich die Wahrheit, die am Herabkommen war, in die Verborgenheit und Stille zurückzieht. Das ist den ›Religionen‹ passiert, und das ist der Grund für ihr Scheitern. Wenn ich toleriert habe, daß ein wenig über mich geschrieben wurde, geschah dies nur, um ein ausreichendes Gegengewicht in diesem amorphen Chaos der öffentlichen Meinung zu haben und die Feindseligkeit auszugleichen, die immer hochschießt, wenn in dieser Welt der Unwissenheit eine neue, dynamische Wahrheit gegenwärtig ist. Aber damit ist der Zweck erfüllt, und zu viel Reklame würde schaden. Ich kann dir versichern, daß meine Methoden völlig ›rational‹ sind und daß ich nicht einfach durch irgendeine persönliche Abneigung gegen Berühmtheit motiviert bin. Falls und soweit Bekanntsein der Wahrheit dient, bin ich gern bereit, es zu tolerieren; aber Bekanntsein um seiner selbst willen halte ich nicht für wünschenswert.«

Und dennoch fuhr er fort, Ries um Ries an Briefen an Leute wie uns zu schreiben – stundenlang ohne Unterbrechung, Jahr für Jahr![4]

Ja, unserem Verstand kam er unbegreiflich vor, obgleich er meinte, daß er »völlig rational« sei. Aber ich habe Schwierigkeiten, ihm das zu glauben, weil ich bisher noch keinen Schlüssel zum Geheimnis seiner seltsamen Persönlichkeit gefunden habe, die uns nicht nur zu sich zog, sondern auch dazu veranlaßte, daß wir an seinem geradezu unsichtbaren Selbst trotz des hypnotisch wirkenden Einflusses festhielten, der von dem vielfältigen Leben der Welt ausging. Aber wenden wir uns noch einigen Beispielen dafür zu, wie feinfühlig er uns dazu brachte, die Dinge mit ihm zu »diskutieren« – und vor allem, auf welch sorglose Weise!

»O Guru«, schrieb ich, »ich lege ein hübsches Gedicht von Nishikanta mit dem Titel *The Yawning West* (Der gähnende Westen) bei. Ich hatte ihm gestern beiläufig über Europas wahnwitzigem ›Spurt ins Leichenhaus in einem Anfall von rationalistischem Wahnsinn‹ erzählt, wie es Russell in seinem neuesten Buch *In Praise of Idleness* (Lob der Faulheit) nennt. Dort beklagt er die drohenden Zerstörungen durch den aufziehenden Krieg, die auch die Massenvernichtung der besten Ideale bedeuten würden, die von einer Handvoll Träumer gehegt wurden. Laß mich dir ein paar Abschnitte aus seinem Buch zitieren, von denen ich mir wünschen würde, daß sie mein Aktivisten-Freund X genauer studierte.

Nachdem er ›Wehrpflicht, Pfadfinder und die Verbreitung politischer Emotionalität durch die Presse‹ etc. geißelt, verhöhnt Russell die blinde Ruhelosigkeit des kampfeslustigen Aktivismus wie folgt:

›Wir sind uns alle unserer Mitbürger mehr bewußt als früher, und wenn wir tugendhaft sind, mehr darauf aus, ihnen Gutes anzutun, auf jeden Fall aber sie zu veranlassen, uns Gutes zu bescheren. Wir haben es nicht gern, uns jemanden vorzustellen, der müßig sein Leben genießt, gleichgültig, wie verfeinert die Art seiner Vergnügungen auch sein mag. Wir fühlen, daß jedermann etwas tun sollte, das der großen Sache hilft – was immer es auch sein mag –, um so mehr, als es so viele böse Menschen gibt, die dagegen arbeiten und daran gehindert werden sollten. Wir haben darum nicht die geistige Muße, uns irgendein Wissen anzueignen, außer

[4] Die vollständige Ausgabe der Briefe von Sri Aurobindo ist in vier Bänden unter dem Titel *Briefe über den Yoga* erschienen. Auroville Verlag, Planegg.

jenem, das uns dabei helfen wird, für das zu kämpfen, was wir für wichtig halten – was immer das auch sein mag.‹

O Guru, wie, so frage ich mich, wird X's Erwiderung auf diese sarkastische Abfertigung von seinem innig geliebten Aktivismus durch Russell sein, der dank seiner Blindheit, verbunden mit Selbsterhöhung, heutzutage alle unsere feinen seelischen Sehnsüchte nach allem, was nobel und schön im Leben ist, erdrückt? . . .«

»Aber Dilip«, lautete seine prompte Antwort, »du vergißt, daß X ein Politiker ist, und die Rationalität der Politiker muß sich notgedrungen in gewissen Grenzen halten: wenn sie sich erlauben würden, ebenso klarsichtig wie Russell zu sein, würden sie ihren Beruf verlieren! Nicht jeder kann so zynisch wie ein Birkenhead oder so philosophisch wie ein C. R. Das sein und mit politischer Vernünftelei oder politischer Schaumschlägerei trotz des besseren Wissens um die Ursachen weitermachen, auf die alles zurückgeht, auf *Arrivismus* im einen und auf Patriotismus im anderen Fall.«

»Aber nein, Guru«, protestierte ich, »das habe ich nicht vergessen, ebensowenig wie ich die bittere Tatsache vergessen habe, daß in diesem leichtgläubigen Zeitalter jede x-beliebige Zurschaustellung rühriger Enthusiasmus als würdigster Ausdruck unserer Vitalität gepriesen wird, der aus uns allen Puppen macht, und das meistens noch verbunden mit der pathetischen Wahnvorstellung, daß wir der Menschheit dienen! Was mir leid tat, war X's Vorliebe für Aktivismus als Selbstzweck und seine Bereitschaft, einen Berg von Arbeit auf sich zu nehmen, um eine Mücke hervorzubringen, und das alles in dem Glauben (ich zitiere hier deine eigenen Worte über ihn), daß ›*durch menschlichen Intellekt und Energie, die ständig einen neuen Wirbel verursachen, alles zurechtgerückt werden kann.*‹ Ich wünschte, mein Freund würde versuchen, eine etwas nüchternere Sicht der Dinge anzunehmen, damit er endlich von diesem traurigen Trugbild befreit wird, daß man durch blindwütige Energie und rudimentäre Logik das Wrack der Zivilisation bergen könne. Die Unentwegten des Westens haben dies Spielchen jahrhundertelang getrieben, und das Ergebnis ist – aber lassen wir Russell es doch mit seinen eigenen Worten sagen –:

›Als die Reparationen auferlegt wurden, betrachteten sich die Alliierten als Konsumenten; sie meinten, daß es angenehm sein würde, die Deutschen vorübergehend als Sklaven für sich arbeiten zu lassen und selbst in der Lage zu sein, ohne zu arbeiten, das zu genießen, was die Deutschen produzierten. Nach den Verträgen von Versailles aber erinnerten sie sich plötzlich daran, daß auch sie Hersteller sind und die Einfuhr deutscher Güter, nach der sie verlangten, ihre Industrie ruinieren würde. Sie waren so verwirrt, daß sie begannen, sich die Köpfe zu kratzen, was aber nicht half, selbst als sie es alle gemeinsam taten und diese Unternehmung eine Internationale Konferenz nannten. Die simple Tatsache ist, daß die herrschenden Klassen der Welt zu unwissend und dumm sind, um solch ein Problem durchdenken zu können, und zu eingebildet, als daß sie diejenigen um Rat fragen würden, die ihnen vielleicht helfen könnten.

O Guru, wie sehr wünsche ich mir, daß X den zügellosen Anmaßungen des Verstandes keine Beachtung schenken würde, die die Menschen so oft blind für solch handfeste Realitäten machen!

Qu'en dites-vous?«

»Du hast recht, Dilip«, schrieb er zurück. »Nur scheinst Du wieder einmal zu vergessen, daß menschliche Vernunft ein sehr bequemes und gefälliges Instrument ist und sich nur auf Kreisbahnen bewegt, die durch Interessen, Ausschließlichkeiten und Vorurteile vorgegeben sind. Die Politiker argumentieren falsch oder unaufrichtig und haben die Macht, die Ergebnisse ihrer Schlußfolgerungen durchzusetzen, so daß sich die Weltereignisse zu einem Chaos verdichten: die Intellektuellen denken logisch und weisen vor, was ihnen ihr Geist zeigt, was weit davon entfernt ist, immer die Wahrheit zu sein, denn es entsteht im allgemeinen aus intellektuellen Neigungen und der angeborenen oder durch Erziehung eingebleuten Sichtweise – aber selbst wenn sie die Wahrheit erkennen, haben sie keine Macht, sie durchzusetzen. Darum schreitet die Welt zwischen blinder Gewalt und sehender Unfähigkeit voran, Geschichte durch mentale Wirrnis machend.«

Ich führte als Antwort Russells Seitenhieb auf nationales Planen an: »Wenn eine Nation anstelle eines Individuums dem Irrsinn verfällt, spricht man davon, daß sie beachtliche industrielle Weisheit besitzt!«

»Dem Irrsinn *verfällt?*« erwiderte Gurudev: »Nun, das würde heißen, daß die Nation für gewöhnlich durch Vernunft geleitet wird. Aber *wird* sie das? Oder auch nur durch gesunden Menschenverstand? Ganze Menschenmassen werden durch ihre Vitalität und nicht durch den Verstand zur Tat getrieben. Wenn sie den Verstand hinzuziehen, dann nur als Verteidiger für die Sache des Vitalen.«

Ich habe seinen Brief über Russell noch aus einem anderen Grund vollständig zitiert, den ich an dieser Stelle gut näher erklären könnte.

Während der ersten Jahre meines Ashramlebens wußte ich einfach nicht, wohin mit meinem russellianischen Skeptizismus angesichts der starken Mißbilligung, die Gurudev für des Toren hartnäckige Widerspenstigkeit gegenüber spiritueller Erfahrung hegte. Aber dies bescherte mir ein anderes Dilemma: einerseits konnte ich nicht von Russell lassen, dessen intellektuelle Klarheit, Ehrlichkeit und Redlichkeit ich zutiefst bewunderte, andererseits konnte ich nicht verhindern, daß ich mich zu Gurudevs Ermahnungen öffnete, selbst wenn ich seine tiefgründigere Weisheit und umfassendere Vision nicht völlig begriff. Unglücklicherweise kam aber das Hin und Her zu keinem Ende; obgleich ich nicht die geringste Spur von Zweifel darüber hatte, wem man theoretisch folgen sollte, geschah es, daß ich trotz Gurudevs unwiderstehlicher Argumente nicht fähig war, praktisch ein für allemal zu akzeptieren, Russell ganz allgemein besser nicht als Führer zur Weisheit zu betrachten. Diese Unbeständigkeit wurde wiederum scharf von Krishnaprem kritisiert, an den ich Narr mich letzten Endes, um Sympathie heischend, wendete. Denn in dieser Frage zeigte er ein Herz härter als Stein und wetterte aus dem fernen Almora:

»Warum stimmst du immer noch die gleiche alte Leier wegen Russell an? Ich meine auch, daß er in vieler Hinsicht ein feiner Mensch und auf seine eigene Art ein feiner Denker ist, aber warum erwartest du immer noch, daß dein Gurudev oder irgend jemand anderes seine skeptischen Argumente beantwortet? Wenn du Russells Prämissen akzeptierst, wirst du zwangsweise zu seinen Schlußfolgerungen kommen. Warum also seine Prämissen akzeptieren? Er ist kein wirrköpfiger Denker, dessen Folgerungen auf Kriegsfuß mit seinen Prämissen stehen. Ganz im Gegenteil. Wenn du einen Aufzug betrittst, wirst du automatisch nach oben gebracht; warum also einen Aufzug betreten, von dem du weißt, daß er in die falsche Richtung fährt?«

Aber hier genau zeigte sich die Größe von Gurudevs Charakter. Er machte sich nie etwas daraus, wenn einer von uns mit einem Aufzug experimentieren wollte, »der in die falsche Richtung ging«. Denn er hatte nie an harte und starre Tabus geglaubt. Seine Toleranz und Güte hätte man geradezu als unglaublich bezeichnen müssen, wären sie nicht tagtägliche Erfahrungstatsache gewesen. Im Ashram tolerierte er eine Anzahl verdrossener Feuerfresser, die sich als seine Schüler bezeichneten, und blieb sogar nachsichtig gegenüber einigen unverschämten Rebellen, die ihn nicht nur beschimpften und seine umfassenden Ansichten falsch darstellten, sondern auch bewußt Lügen verbreiteten – nur um ihm zu schaden. Selbst solche Verleumder und Verräter weigerte er sich, aus dem Ashram zu verweisen, und mehr noch: er vergab ihnen sogar immer wieder, bis ich ihn fragen mußte, was er eigentlich mehr liebte: die Ungläubigen zu ermutigen oder die Gläubigen zu entmutigen?

Wenn ich nun etwas traurig zurückblicke, erkenne ich immer wieder, wie oft auch ich ihn in der Vergangenheit mißverstanden habe. Vielleicht mußte das so sein – seine Geduld, seine Milde und seine Toleranz waren wohl selbst für menschliche Leichtgläubigkeit etwas zu viel gewesen. Denn ich wurde oft genug ungeduldig über seine übermenschliche Geduld, wenn sie von anderen beansprucht wurde. In solchen Augenblicken vergaß ich der Einfachheit halber, wie sehr ich selbst der Nutznießer seines geduldigen Akzeptierens der Last meines hartnäckigen Egos und meiner aufdringlichen Selbsteinschätzung war. Ja, wie oft habe ich rebelliert, ohne daß er mich je ausgeschimpft hätte – selbst dann nicht, als ich in meinen aufsässigen Stimmungen seine Liebe und Weisheit in Frage stellte! Immer wieder, wenn ich ihm schrieb, daß ich nun endgültig den Ashram verlassen werde, kam er zu mir mit dem Balsam seiner Zuneigung, seines Verständnisses und seiner unendlichen Duldsamkeit und vergab mir nicht nur den Husarenstreich meiner wiederholten Ultimata, sondern versicherte mir außerdem immer wieder:

»Du brauchst nicht denken, daß wir jemals die Geduld mit dir verlieren oder dich aufgeben werden – das wird niemals sein. Du wirst sehen, daß unsere Geduld unerschöpflich ist, da sie sich auf grenzenlose Sympathie und Liebe gründet. *Menschliche Liebe mag aufgeben, aber göttliche Liebe ist dauerhaft und schwankt nicht.* Wir wissen, daß die Sehnsucht deines seelischen Wesens aufrichtig ist. Weil diese ehrliche Aspiration da ist, haben wir kein Recht, an deiner *adhikara* für den Yoga zu zweifeln.

Diese Schwierigkeiten halten nicht für immer an – sie erschöpfen sich und verschwinden. Aber sie von sich zu weisen, wenn sie kommen, ist die schnellste Art, sie loszuwerden.«

Trotzdem konnte ich die negativen Einflüsterungen einfach nicht zurückweisen, wenn sie mich in meinen verkehrten Gemütsverfassungen in ihre Hand bekamen. Ich will nur zwei meiner vielen Krisen beschreiben, die ich zu durchlaufen hatte.

Der erste schwerwiegende »Angriff«, wenn ich es so nennen darf, zeigte sich im März 1930. Ich fühlte mich lustlos, nachdem sich das erste Überschäumen von Freude und Optimismus verlaufen hatte, als ich einen *faux pas* beging, der die Sache sofort auf die Spitze trieb.

Es geschah wie folgt. Gandhijis berühmter Dandi-Marsch war

gerade in den Zeitungen angekündigt worden: Man wollte das Gesetz brechen, indem man Salz aus dem Meereswasser gewinnen würde, und dafür in das Gefängnis gehen. In meiner Verzweiflung schrieb ich Gurudev, daß ich beschlossen hätte, ins Gefängnis zu gehen und den Yoga aufzugeben, um so mehr, als ich mich nicht dazu bringen konnte, an seine phantastische Doktrin der »Widersachermächte« zu glauben. Ich forderte ihn heraus, seine These zu beweisen, und machte mich über die Vorstellung unsichtbarer Phantommächte lustig, von deren Existenz er sprach und die sensible (!) Menschen wie uns beeinflussen sollten. Dieses Mal, kann ich mir vorstellen, schrieb Gurudev *ohne* ironisches Lächeln auf den Lippen.

»Dilip«, wiederholte er, »es ist gewiß die Kraft, die dem Yoga und der göttlichen Verwirklichung auf Erden feindlich gesinnt ist, die im Augenblick auf dich einwirkt. Es ist jene Kraft (eine Kraft und nicht *viele*), die hier im Ashram gegenwärtig und von einem zum anderen gegangen ist. Bei einigen, wie etwa B, V und P, war sie erfolgreich; andere haben sie abgewiesen... Einige kämpfen noch immer, sind aber trotz der Heftigkeit der Auseinandersetzung fähig, dem Ruf des Göttlichen treu zu bleiben, der sie hierher brachte.

Daß es sich um die gleiche Widersachermacht handelt, zeigte sich selbst, wenn ihre Gegenwart für uns nicht sichtbar und fühlbar wäre, an der Tatsache, daß die Einflüsterungen, die sie dem Geist ihrer Opfer vermittelt, immer gleichlautend sind. Das Hauptmerkmal ist immer der Impuls, den Ashram zu verlassen, mich zu verlassen und die Mutter, aus dieser Atmosphäre zu entfliehen, und zwar *sofort*. Denn die Kraft will keine Zeit zum Nachdenken, keine Zeit für Widerstand und dafür geben, daß die rettende Macht gefühlt und wirksam wird. Ihre anderen Merkmale sind Zweifel; *tamasische* Depression; ein übertriebenes Gefühl der Unreinheit und Unfähigkeit; die Vorstellung, daß die Mutter weit entfernt sei, daß sie sich nicht um uns sorgt und nicht gibt, was sie geben sollte, daß sie nicht göttlich sei und andere gleichlautende Einflüsterungen, verbunden mit einer Unfähigkeit, ihre Gegenwart oder ihre Hilfe zu spüren; ein Gefühl, daß der Yoga nicht möglich sei oder nicht in diesem Leben zur Erfüllung gelangt; der Wunsch, wegzugehen und irgend etwas in der gewöhnlichen Welt zu tun – wobei die jeweilige Sache, die vorgeschlagen wird, entsprechend den individuellen Vorstellungen der einzelnen verschieden aussieht. Wäre es nicht diese eine unveränderliche Widersachermacht, die am Wirken ist, würde man nicht in allen Fällen diese exakte Übereinstimmung antreffen. Bei jedem einzelnen sind es die gleichen Verdunkelungen, die dem Verstand übergeworfen werden, die gleichen unterbewußten Regungen des Vitalen, die an die Oberfläche gebracht werden, die gleichen irrationalen Impulse, die zur gleichen Tat treiben: Abreise, Verneinung der Seelen-Wahrheit, Ablehnung der Göttlichen Liebe und des Göttlichen Rufs.

Es ist die vitale Krise, die Prüfung, das Fegefeuer für dich ebenso wie für andere – ein Test und eine Feuerprobe, die wir denjenigen bereitwillig ersparen würden, die bei uns sind, die sie aber selbst auf sich lenken, indem sie irgendeiner falschen Entwicklungslinie oder irgendeiner Verfälschung der inneren Haltung anhangen. Wenn du gänzlich die Falschheit von dir weist, die diese Kraft dem *Sadhaka* aufbürdet, wenn du weiterhin dem Licht vertraust, das dich hierher gerufen hat, bleibst du Sieger, und selbst wenn ernste Schwierigkeiten bestehenbleiben, ist der endgültige Sieg und der göttliche Triumph der Seele über Unwissenheit und die Dunkelheit gewiß ...

Ich möchte dir nicht die Schwierigkeiten verheimlichen, die dieser große und gewaltige Wandel aufwirft, oder die Möglichkeit verschweigen, daß du eine lange und harte Arbeit vor dir hast; aber bist du wirklich nicht bereit, dich ihr zu stellen und deinen Teil des großen Werks zu vollbringen? Wirst du die Größe dieser Bemühung von dir weisen, um einem verrückten, irrationalen Impuls zu folgen, der dich zu einer erregenderen Augenblicksarbeit treibt, für die du in keinem Teil deiner Natur einen echten Ruf erhalten hast?

Es gibt keinen wirklichen Grund zu verzagen; in keinem der Dinge, die in dir geschehen sind oder die du geschrieben hast, kann ich dafür einen ausreichenden Anlaß erkennen. Die Schwierigkeiten, denen du dich ausgesetzt siehst, sind nichts im Vergleich mit jenen, die andere gespürt und dennoch gemeistert haben, andere, die nicht stärker waren als du ...

Alles, was nötig wäre, ist, daß dein psychisches Wesen hervortritt und sich zu dem direkten und wirklich konstanten inneren Kontakt mit mir und der Mutter öffnet. Bislang drückte sich deine Seele durch den Geist und seine Ideale und Bewunderungen, durch das Vitale und seine höheren Freuden und Sehnsüchte aus: aber das genügt nicht, um die physischen Schwierigkeiten zu überkommen und die Materie zu erleuchten und zu transformieren. Deine Seele selbst ist es, dein psychisches Wesen, das hervortreten, völlig erwachen und den fundamentalen Wandel vollbringen muß. Das psychische Wesen wird die Unterstützung durch intellektuelle Vorstellungen oder äußere Zeichen und Hilfen nicht benötigen. Sie allein ist es, die dir im direkten Fühlen des Göttlichen die ständige Nähe, die innere Unterstützung und Führung geben kann. Du wirst dann die Mutter nicht als weit entfernt empfinden oder weitere Zweifel über die Verwirklichung hegen; denn *der Geist denkt und das Vitale verlangt, aber die Seele spürt und kennt das Göttliche.*«

Ich kann mich immer noch an das Erbeben erinnern, das mir der letzte Satz vermittelte, und ich kam wieder zur Besinnung.

Dann ereignete sich – einige Jahre später – ein anderer Angriff, der schwerwiegender war. Der Grund dafür war natürlich mein Egoismus und meine Selbstsucht, aber in meiner Unwissenheit gab ich die Schuld seiner Zurückgezogenheit.

»Warum mußt du darauf bestehen, so in tiefer Zurückgezogenheit zu leben«, fragte ich ihn aufsässig, »wenn wir danach lechzen, nur ein einziges Wort der Aufmunterung direkt von deinen Lippen zu hören? Um bei irgendeinem Yoga des Guruvada (der Meister-Schüler-Beziehung, Anm. d. Übers.) erfolgreich zu sein, muß man den Guru lieben, nicht wahr? Aber wie kann man ein Wesen lieben, das sich so weit entfernt hat, daß es sich beinahe schon in ein Gerücht auflöst? Ich habe zu dir im stillen gebetet, daß du mir eine Unterredung gewährst; wärest du wirklich allwissend, wie viele hier schlankweg behaupten, hättest du mein gequältes Gebet vernommen, da ich zu dir nicht wegen irgendwelcher Enttäuschungen gekommen bin (ich habe meine Karriere in der vollen Blüte eines sicheren Erfolges fortgeworfen), sondern wegen meines Bedürfnisses nach dem Göttlichen. Aber dennoch verharrst du in Abgeschiedenheit, zurückgezogen in deinen Elfenbeinturm eines Gott-weiß-was-Bewußtseins, und schaust ruhig zu, während wir in diesem gnadenlosen Sumpfloch der Verzweiflung versinken!

Aber obgleich ich entschlossen bin, eine derartig sterile Beziehung abzubrechen, die dir nur wenig nutzen kann und für mich eine Quelle sinnlosen Leids ist, bringe ich es doch nicht über das Herz zu gehen, ohne deine Zustimmung erhalten zu haben, es mit deinem Segen tun zu können. So merkwürdig dir das erscheinen mag, ich kann, selbst wenn ich nicht länger mit deinem unmöglichen Yoga weitermache, doch nicht ohne deinen Segen leben.«

Darauf kam eine Antwort, die nur er als Erwiderung auf solch kompletten Unsinn geben konnte.

»Es ist mir völlig unmöglich, dich fortzuschicken oder dem zuzustimmen, daß du so von uns gehst. Wenn dir die Vorstellung einer derartigen Trennung möglich ist, für uns ist es gänzlich undenkbar, daß unsere enge Beziehung so enden soll. Ich hatte gedacht, daß die Liebe und die Zuneigung, die die Mutter und ich empfinden, von uns bewiesen wurden. Aber wenn du sagst, daß du sie nicht mit den Einschränkungen ihrer äußeren Manifestation akzeptieren oder an sie glauben kannst, die nicht auf unsere Entscheidung zurückzuführen sind, sondern uns durch unerbittliche Notwendigkeit für einige Zeit auferlegt werden, weiß ich auch nicht, wie ich dich überzeugen soll. Ich konnte nicht glauben, daß du in deinem Herzen solch eine Aufforderung finden würdest oder daß du den Schritt wirklich tun würdest, wenn es zu der Entscheidung kommt. Wie die Sache steht, kann ich dich nur bitten, daß du dich nicht von dem Angriff überwältigen läßt, daß du weiterhin deiner Seele treu bleibst, die dich hierher gebracht hat, und an unsere Liebe glaubst, die niemals schwanken kann...«

Trotz meines »Entschlusses« konnte ich mich nicht »entziehen« und schrieb ihm zurück, daß ich nicht die Kraft hätte, mich aus solch einer Umarmung zu lösen. Aber dann geschah gerade in dem Augenblick, als ich mein Gleichgewicht wiedergewann, ein Rückfall, und ich stolperte abermals: Ein Freund, der ebenfalls in die Fänge einer ähnlichen Depression geraten war, sagte mir, daß sowohl die Mutter als auch Sri Aurobindo mehr als einem »Versager in der Vergangenheit« beinahe gleichlautende Zusicherungen gegeben hätten. Sogleich ahnte mein Herz wieder Böses, und ich fragte ihn, ob er nicht vielleicht einen Fehler begangen hätte, als er mich wählte – ob er denn sicher sei, daß ich mich nicht, ebenso wie einige meiner Vorgänger, als spektakulärer Versager entpuppen würde?

Darauf antwortete er: »Glaube nicht alles, was du hörst... Du gehörst nicht dir selbst... *Ich habe dich gehegt und geschätzt wie einen Freund und Sohn* und habe dir meine Kraft geschickt, damit sich deine Fähigkeiten entwickeln – damit sich der Yoga gleichermaßen entwickelt. Wir beanspruchen das Recht, dich hier bei uns als unser Eigentum zu behalten.«

Wenn ich jetzt einigermaßen nostalgisch auf diese Tage zurückblicke, als ich wenigstens drei- oder viermal die Woche solch liebliche Briefe erhielt, fällt mir eine sehr bedeutsame Tatsache auf, die mir damals nicht richtig bewußt war, nämlich daß, obgleich er darauf bestand, von ihm zu empfangen, was er *göttliche Liebe* nannte, es immer seine *menschliche* Art war, sie zu geben, die letzten Endes überwog und mich dazu brachte, mich mit seiner Aufforderung zu befreunden, zu versuchen, was mir als eine Unmöglichkeit erschien: den radikalen Wandel der menschlichen Natur und ihrer Verhaltensweisen. Ich hätte sonst sicher schon längst aufgegeben. Was ich damit meine, kann ich nur schwer in

Worte fassen, denn oftmals, wenn ich zu beschreiben versuche, was ich dazumal empfand, stelle ich fest, daß ich dazu neige, dramatisch, wenn nicht gar theatralisch zu wirken. Es kann sein, daß ich damals unbewußt einigermaßen theatralisch *war*. Trotzdem kann ich nur für das bürgen, was ich für die Wahrheit halte: selbst wenn man alle diese schauspielerischen Impulse beiseite läßt, kristallisierte sich aus jeder dieser Krisen etwas sehr Schönes heraus, etwas, das ich am liebsten das menschliche Element nennen möchte, das sich – wenn auch oft kaum wahrnehmbar – in seinen Selbstausdruck einschlich und gleich einer Art Hefe meine zunehmende seelische Bedrücktheit in Freude verwandelte. Ich weiß nicht, ob ich mich überzeugend genug ausgedrückt habe, aber die Erfahrung war lebendig genug: Hätte er sich dazu entschlossen, die *menschliche* Art der Überredungskunst und der Schmeichelei dem ungläubigen Querkopf in mir vorzuenthalten, hätten es alle seine *göttlichen* Kräfte in voller Aktion nicht vermocht, mich jedesmal wieder aus der Patsche zu ziehen und meiner schwindenden Hoffnung neuen Mut, oder soll ich sagen, neues Leben zu geben.

Diesbezüglich möchte ich einen Auszug aus einem Brief zitieren, den ich halb im Spaß an ihn geschrieben habe, um meine tiefe Reue zu verbergen.

»Guru«, schrieb ich, »du hast uns erzählt, daß jeder *Sadhaka* hier einen bestimmten Typus repräsentiert und einem göttlichen Zweck, nicht nur in dem Sinn dient, daß er etwas von dir erhält, sondern umgekehrt auch etwas in dir wachruft. Ich habe mich oft gefragt, wozu *mein* Einbruch in das Leben hier gut ist, bis mir die Antwort apokalyptisch aufging: Ich wurde vom Göttlichen hierher geschickt, um deine Geduld auf eine Art und Weise zu testen, zu der wohl niemand anderes fähig ist: nämlich den Unterschied zwischen menschlicher und göttlicher Geduld sichtbar zu machen.«

»Aber«, fügte ich noch hinzu, »du hast mindestens einen Vorteil, auf den wir als deine Prüfer nicht zurückgreifen können: deine Göttlichkeit. Kein Wunder also, daß du so geduldig mit uns bist, denn schließlich sind wir diejenigen, die leiden, nicht du. Das ist, wie ich vermute, der Grund, warum du so hehr aussiehst, wenn wir dein Gesicht erblicken, *au-dessus de la melee*, und darum gelassen und wahrscheinlich gestärkt durch das Supramentale! Es kann nicht anders sein, da du mit einem Temperament ausgestattet bist, das ebenso ist wie das deine – so sehr über dem stehend, was Russell ›die harte Welt der Tatsachen!‹ zu nennen pflegte!«

Darauf kam prompt seine Antwort:

»Was sind das wieder für seltsame Vorstellungen! – daß ich mit

69

einem supramentalen Temperament geboren sei und nichts von harten Tatsachen wüßte! Guter Gott! Mein ganzes Leben war ein Kampf mit harten Wirklichkeiten – angefangen mit Mühsal und Hunger in England und ständigen Gefahren und handfesten Schwierigkeiten, bis zu den weitaus größeren Schwierigkeiten, die ständig hier in Pondicherry sowohl äußerlich als auch innerlich lauern. *Mein Leben war ein Kampf; die Tatsache, daß ich ihn jetzt von einem Zimmer im ersten Stock aus mit spirituellen ebenso wie mit anderen Mitteln führe, die äußerlich sind, macht keinen Unterschied bezüglich seines Charakters.* Aber natürlich, weil wir diese Dinge nicht überall verkündet haben, ist es, wie ich vermute, für andere ganz selbstverständlich zu glauben, daß ich in einem erhabenen, bezaubernden Lotusesser-Traumland lebe, wo keine harten Fakten des Lebens oder der Natur aufkreuzen. Trotzdem – was für eine Illusion!«

»Aber ist es denn wirklich nur eine Illusion, Guru?« meinte ich unzufrieden. »Du selbst hast es in einer deiner berühmten Botschaften gesagt, die zu glauben wir Menschen ermahnt werden. Sie versichert uns: ›*Der Göttliche gibt sich jenen, die sich ohne Einschränkungen in all ihren Wesensteilen dem Göttlichen geben. Für sie den Frieden, das Licht, die Kraft, die Seligkeit, die Freiheit, die Weite, die Höhenflüge des Wissens, die Meere der Wonne!*‹ Wenn du willst, daß wir all das nicht für bloße Rhetorik halten, sondern als konkrete Tatsache nicht zu bezweifelnder Erfahrung ansehen, kann logischerweise niemand die Prüfungen und Bedrängnisse ernst nehmen, denen du ausgesetzt bist, und noch weniger dich bemitleiden. Denn wie *sollten* wir Angst um dich haben, wenn du uns selbst dieses unerschöpflichen Kapitals versicherst, das dir immer zugänglich ist und dafür da ist, dich gegen jeglichen Verlust in der Vergangenheit, Gegenwart oder Zukunft abzusichern? Und außerdem: Da du doch in ständiger Verbindung mit dieser hilfsbereiten Göttlichkeit von dir stehst, wonach brauchst du dich dann noch wirklich sehnen oder wozu müßtest du leiden oder was nachtrauern? Ich habe hier deine Briefe, in denen steht, daß du, erstens, ›sogar schon Anfänge von Erfahrungen‹ hattest, während du ›über Verse der Upanishaden oder der Gita‹ nachdachtest, und zweitens: ›*In meinem Fall spazierte ich in das Nirvana, ohne es beabsichtigt zu haben, oder vielmehr spazierte das Nirvana nebenbei, nicht lange nachdem meine Yogakarriere begonnen hatte, in mich hinein, ohne mich um Erlaubnis zu fragen.*‹ Guter Gott! Wie kann sich solch ein Riese jemals das Material vorstellen, aus dem wir Zwerge gemacht sind? Ein *Avatar* wie du, oder selbst ein mächtiger *Vibhuti*, braucht nur Ihn, deinen Allmächtigen Kommissar zu informieren, und Er wird dir mit beiden Händen (oder soll ich sagen, mit einer unendlichen Anzahl von Händen) alles geben, was du willst. Da du und Er eins sind, kann Er dir kaum verweigern, was du verlangst, ebensowenig wie sich die Hand dem Mund verweigern kann, wenn das begehrte Mahl in Griffweite ist.«

Seine Antwort:

»Deine Beschreibungen von Avataren und Propheten sind äußerst malerisch. Ich wünschte, es wäre nüchterne Tatsache, daß uns der Göttliche nichts verweigert – wenn Er das endlich tun wollte, wäre es glorienvoll, und ich würde überhaupt nicht auf ständige Glückseligkeit drängen. Aber er fordert nicht wenig von seinen Stellvertretern, den Vibhutis und Avataren, und erwartet von ihnen, daß sie unter ziemlich schwierigen Bedingungen erfolgreich sind. Sicherlich, sie verlangen kein Mitleid, aber vielleicht kannst du ihnen ein gelegentliches göttliches Recht zum Murren einräumen?«

»Nun denn, Guru«, schrieb ich diesmal in etwas versöhnlicherem Ton zurück, »du kannst weitermurren, wenn es dir hilft zu bewältigen, was immer dir an Schwierigkeiten entgegentritt. Was aber auch geschieht, vergiß um Himmels willen nicht, daß wir solche Schwierigkeiten wie dein mangelhaftes Lächeln, um nicht noch anderes zu erwähnen, nicht überkommen können, selbst wenn wir einstimmig und lauthals murren. Und um das Maß voll zu machen, bürdest du dieses gewaltige Göttliche von dir auch noch dem zerbrechlichen Altar unserer Herzen auf, ein Idol, dessen Gewicht selbst dich murren läßt. Welche Hoffnung gibt es da noch für uns?«

Darauf antwortete er: »Der Göttliche mag schwierig sein, aber man kann Seine Schwierigkeiten bewältigen, wenn man sich an Ihn hält. Selbst mein mangelhaftes Lächeln wurde überkommen, das Nevinson mit Entsetzen vor mehr als zwanzig Jahren bemerkte – ›der gefährlichste Mann in Indien, Aurobindo Ghosh, der niemals lächelt‹. Er hätte hinzufügen sollen: ›der aber ständig scherzt‹ – aber er wußte das nicht, da ich mit ihm sehr ernst *war*, oder vielleicht war ich diesbezüglich zu jener Zeit nicht ausreichend entwickelt. Wie dem auch sei, da du es – mein fehlendes Lächeln – verkraftet hast, wirst du unweigerlich auch mit allen anderen Schwierigkeiten zu Rande kommen.«

Henri W. Nevinson, der bekannte Schriftsteller, kam 1907 als Korrespondent des Manchester Guardian nach Indien, und sein Buch mit dem Titel *The New Spirit in India*, das 1908 erschien, beeindruckte nicht nur die Inder, sondern auch die britische Bürokratie tief, da er nicht nur seherisch begabt war, sondern auch über eine seltene Kraft des Ausdrucks verfügte, die imstande war, die Menschen mitzureißen. Er schrieb über die meisten, die damals in unserem Land prominent waren, und war von Sri Aurobindos Persönlichkeit äußerst beeindruckt. Hier folgt, was er damals schon in Sri Aurobindo erkannte und fühlte:

»In einem Zeitalter der Religion des Übernatürlichen wäre Sri Aurobindo das geworden, was der nichtreligiöse Mensch unter einem Fanatiker versteht. Er war besessen von dieser konzentrierten Vision, der ausschließlichen und absorbierenden Hingabe. Wie ein Pferd mit Scheuklappen rannte er geradeaus, ohne auf irgend etwas anderes zu achten als das kleine Stück Straße vor sich. Aber am Ende der Straße sah er eine Vision, die inspirierender und spiritueller war als jede Vision irgendeines Fanatikers, der, mit dem Paradies in Sichtweite, mit dem Tod um die Wette lief. Nationalismus war für ihn mit einem Glorienschein umgeben, dem Leuchten, das mittelalterliche Heilige um die Köpfe der Märtyrer wahrnahmen. Ernst, voller Intensität, gleichgültig gegenüber Schicksal oder Meinung und einer der schweigsamsten Männer, die ich je traf, war er aus dem Stoff der Träumer gemacht, aber jener Träumer, die ihre Träume verwirklichen, gleichgültig wie. ›Nationalismus‹, sagte er in einer kurzen Ansprache in Bombay, Anfang 1908, ›ist eine Religion, die von Gott kommt.‹«

Einer der Gründe, warum ich diesen längeren Abschnitt zitiere, ist, daß ich weiß, daß viele seiner Bewunderer, die durch seine intensive Ernsthaftigkeit einigermaßen überwältigt wurden, der Ansicht sind, daß er sicherlich »der größte Intellektuelle unseres Zeitalters«[1] sei, daß es ihm jedoch seine Vorliebe für Wissen unmöglich gemacht hat, völlig einer Liebe zuzustimmen, die in Gefühlen schwelgt. Als einmal ein ernster Freund von mir dieses Urteil fällte, war ich etwas beunruhigt. Also schrieb ich ihm einen langen Brief, in dem ich unter anderem fragte (2. 2. 1932): »O Guru, ich war schon immer ein Liebhaber von *Bhakti* und Liebe und Gefühl, so daß ich mich etwas ängstige, wenn ich solch ernste Meinungen von höchst ehrenwerten und düsteren Schriftgelehrten höre. Ich bitte um ein klärendes Wort.« Er antwortete sofort (3. 2. 1932): »Es ist ein Mißverständnis zu meinen, ich sei gegen *Bhakti* (Vereinigung mit dem Göttlichen durch intensive liebende Hingabe. Anm. d. Übers.) oder emotionale *Bhakti* – was auf das gleiche

---

[1] Zitiert aus einem Nachruf von Dr. Sarvepalli Radhakrishnan, den dieser nach dem Tod von Sri Aurobindo schrieb (zitiert in *The White Umbrella*, University of California Press, von Prof. Mackenzie Brown, S. 126).

herauskommt. Vielmehr ist es eine Tatsache, daß ich der *Bhakti* in meinen Abhandlungen über den Yoga den höchsten Platz eingeräumt habe. Was immer ich gesagt haben mag, das zu diesem Mißverständnis verleiten könnte, richtete sich gegen einen ungeläuterten Emotionalismus, der mangelndes inneres Gleichgewicht verursacht . . . Aber die Forderung nach Läuterung bedeutet nicht, daß ich echte Empfindung oder Gefühl verdamme . . . Ganz im Gegenteil: Je tiefer das Gefühl, je intensiver die *Bhakti* ist, desto größer ist die Kraft für Verwirklichung und Transformation. Meistens geschieht es durch Intensität der Emotion, daß das psychische Wesen erwacht und sich die inneren Tore zum Göttlichen öffnen.«

Und es ist völlig wahr, daß er in seinen Schriften der *Bhakti* den höchsten Platz gab. Ich will nur zwei Abschnitte zitieren. In seinem meisterhaften Kapitel, das den Titel *Das Geheimnis der Liebe* trägt *(Synthesis of Yoga)*[2], schreibt er: »Liebe und Ananda sind das letzte Wort des Seins, das Geheimnis der Geheimnisse, das Mysterium der Mysterien . . . Es gibt nichts, das der Gott-Liebende nicht erlangen könnte oder das ihm versagt würde; denn er ist der Favorit des Göttlich-Liebenden und das Selbst des Geliebten.«

Und in seinem wunderbaren Gedicht *Gott* schreibt er im ersten Vers:

> *Du, der du alle Welten hernieden durchdringst*
> *und doch in der Höhe weilst.*
> *Meister von allen, die arbeiten, herrschen und wissen,*
> *Diener der Liebe.*[3]

Dies erinnert an das berühmte Eingeständnis des Göttlichen Narayan an den Weisen Durvasha in der Bhagavat: »*Aham bhaktaparadhino hyaswatantra iva dwija*«, was bedeutet, »ich bin nicht unabhängig, sondern hänge ganz von meinen Anbetern ab.«

Und weil die Liebe, die in ihm durch Jahre der ausschließlichen Konzentration auf das Göttliche als Krishna* erblühte, alle menschlichen Schlacken abgelegt hatte, konnte er mir in einem anderen innigen Brief schreiben:

»Nur göttliche Liebe ist imstande, die Last zu tragen, die ich auf mich zu nehmen habe, die alle tragen müssen, die sich ganz der

---

[2] Sri Aurobindo: *The Synthesis of Yoga*. Engl. Originalausgabe: Auroville Verlag, Planegg. Deutsche Übersetzung bei Hinder u. Deelmann, Gladenbach.
[3] Sri Aurobindo: *Gedichte*. Engl.-deutsche Ausgabe, S. 17–18, Auroville Verlag, Planegg.
* Er schrieb mir (25. 2. 1945), daß die Verwirklichung der Seinsidentität zwischen ihm und Krishna nicht »etwas Philosophisches oder Mentales« sei, »sondern eine Sache täglicher und stündlicher Verwirklichung«.

einen Aufgabe geweiht haben, die Erde aus der Dunkelheit in das Göttliche zu erlösen. Ein gallisch anmutender *Je-m'en ficheism* (Gleichgültigkeits-ismus) würde mich keinen Schritt voranbringen. Es ist eine gänzlich andere Sache, die es mir ermöglicht, ohne zu weinen und ohne zu klagen, auf das Ziel zuzugehen.«

Aber so merkwürdig es jemandem erscheinen mag, der ihn bereitwillig als Verkörperung des Göttlichen ansieht, das heißt, als etwas, das über den menschlichen Verstand hinausgeht, war es gerade die Vorstellung, daß er göttlich sei, die uns im höchsten Maß aufregte und erboste, selbst wenn wir nicht in der Lage waren, »Göttlichkeit« zu definieren (außer in dem Sinn, daß wir ihn nicht als einen von uns beanspruchen konnten). Und von seinem Wachtturm der Gipfelvision muß er klar gesehen haben, daß die Sterblichkeit die ungemilderte Göttlichkeit so unerträglich findet, daß sie sich sogar dazu gedrängt fühlt, ihre Gaben der Unsterblichkeit abzulehnen – hat er es nicht selbst in Worten ausgedrückt?

> *Sie grollt gegen ihre sorglose Glückseligkeit ...*
> *Auferlegend den Höhen des Abgrunds Gesetz*
> *Befleckt sie mit ihrem Schmutz des Himmels Botschafter*
> *Sie begegnet den Söhnen Gottes mit Tod und Schmerz.*

Und es war nicht nur ein Bedauern, dem er Ausdruck verlieh, sondern einer großen Tragödie dieser »Söhne Gottes«, die sich durch die Jahrtausende abspielte:

> *Das Kreuz der Lohn für die Krone, die sie gaben.*

Im Ashram lieferten die meisten von uns einen hinreichenden Beweis dafür, bis zu einem gewissen Grad schuld an dieser schmerzlichen Situation zu sein, wenigstens in dem Sinn, daß sie ständig unser Gewissen belastete, obgleich wir keinen Ausweg sahen, da wir natürlich nicht nur skeptisch gegenüber der Möglichkeit waren, daß unsere menschlichen Veranlagungen vergöttlicht werden konnten, sondern uns auch der Praxis, wenn nicht gar der Theorie gegenüber ablehnend verhielten – eine Tatsache, die ihn wahrscheinlich in *Savitri*, Buch VI, Canto 2 seufzen ließ:

> *Eine dunkle, versteckte Bösartigkeit wohnt*
> *in den menschlichen Tiefen, im verborg'nen Herz der Zeit,*
> *die beansprucht das Recht, Gottes Werk zu verändern und*
> *verderben.*

Das ist der Grund dafür, daß die Herrschaft menschlichen Leids auf Erden nicht sofort beendet werden kann. Kein Wunder –

Hart ist des Welterlösers schweres Werk;
Die Welt selbst wird sein Feind,
Seine Gegner sind die Wesen, die zu retten er kam.
Die Welt ist verliebt in ihre Unwissenheit.

Ja, er hatte wahrhaftig genug zu tun und er wußte es. Vor vielen Jahren schon hatte er mir geschrieben, daß er »*den Schlamm des Unterbewußten ausbaggert, ausbaggert, ausbaggert*«, und wies auf den gleichen Widerstand in einem Brief an Nirod hin: »*Es (das supramentale Licht) kam vor dem November 1934 herab*, aber dann kam der ganze Schlamm hoch und es hörte auf. Aber es sind karminrote Lichter da. Eines ist Supramentale Göttliche Liebe, das andere Supramentale Physische Kraft.« Einigermaßen im dunkeln tappend, fragte ich ihn, wo er entlang ginge. Er schickte mir als Erklärung nur vier Zeilen aus einem unveröffentlichten Gedicht, die ich später in meinem Buch *Among the Great* zitiert habe:

Er, der die Himmel hierherbringen will,
muß selbst herniederkommen in den Lehm
und die Last irdischer Natur ertragen
und beschreiten den Schmerzensweg.[4]

Aber zurück zum Menschlichen. Denn ich möchte nicht den Eindruck vermitteln, daß wir, obgleich wir uns unserer tiefgreifenden Mängel nur allzuoft bewußt waren, deswegen immer unglücklich gewesen wären oder daß Gurudev von uns verlangte, daß wir auf unserem Weg mit sinnlosem Brüten über unsere Fehler und Rückfälle voranschreiten sollten. Hatte er mir nicht einst geschrieben, daß er am liebsten hätte, wenn ich dem sonnen-beschienenen Pfad folgen würde? Aber selbst solch ein wohlwollender Rat versetzte mich in schlechte Stimmung, so daß ich ihn fragte, ob »dieser schöne sonnen-beschienene Pfad« denn auch Leuten wie uns offenstünde? Auf jeden Fall blieb ich hartnäckig dabei, ihn an seine dunklen Andeutungen in der Vergangenheit zu erinnern, daß sein Integraler Yoga gespickt sei mit Schwierigkeiten. Hatte er nicht auch in einem oft zitierten Brief geschrieben: »*Ich rufe niemanden in der Welt noch bin ich hier, um irgend jemand zu bekehren*« etc.? Schließlich schrieb ich: »Wenn das deine öffentlich verbreiteten Ansichten sind, warum hast du dann etwas gegen den Weg des *Vairagya* (Ekel vor der Welt, Abkehr von der Welt. Anm. d. Übers.), den ich wählen möchte, besonders wenn ich mich tief entmutigt durch alle möglichen negativen Vorstellungen fühle?«

---

[4] Das ganze Gedicht mit dem Titel »A God's Labour« ist veröffentlicht in Sri Aurobindo: *Gedichte.* Auroville Verlag, 1974.

Darauf antwortete er abermals mit seinem charakteristischen Verständnis und Einsatz:

»Es ist offensichtlich, daß etwas in dir, das einer noch nicht abgeschlossenen Entwicklungslinie eines vergangenen Lebens nachhängt, dich auf den Weg des *Vairagya* und den stürmischen Pfad der *Bhakti* drängt – trotz deiner Vorliebe für ein weniger schmerzhaftes Voranschreiten –, etwas, das entschlossen ist, hart mit der äußeren Natur umzugehen, um sich frei zu machen und seine geheime Aspiration zu erfüllen. Aber schenke den Einflüsterungen der Stimme kein Gehör, die sagt: ›Du wirst keinen Erfolg haben, es hat keinen Sinn, es überhaupt zu versuchen.‹ Dies ist etwas, das man auf dem Weg des Spirits nie zu sagen braucht, gleichgültig, wie schwer er im Augenblick auch aussehen mag. Halte all die Sehnsüchte aufrecht, die du so schön in deinen Gedichten ausdrückst; denn dieser Weg ist gewiß da, er kommt aus der Tiefe, und wenn dies der Grund für Leiden ist – wie es mit großen Aspirationen in der Welt und der Natur der Fall ist, in der es so viel gibt, das ihnen entgegensteht –, ist dies auch das Versprechen und die Gewißheit ihres Hervorbrechens und Sieges in der Zukunft.«

Darauf antwortete ich, daß, nachdem ich ein geborener »Frager« sei, ich mich fragte, ob es wirklich einen einfacheren Weg, »den sonnen-beschienenen Weg« in dieser überwiegend verdunkelten Welt gäbe.

Er bestätigte dies und schrieb:

»Dem sonnen-beschienenen Weg kann man nur folgen, wenn das seelische Wesen ständig oder meistens im Vordergrund steht oder wenn man eine natürliche Haltung des Glaubens und der Überantwortung hat oder aus Gewohnheit zur Sonne gewendet bleibt oder psychisch veranlagt ist (d. h. den Glauben an die eigene Bestimmung hat) oder wenn man sich die psychische Tendenz angeeignet hat. Das bedeutet nicht, daß der ›sonnen-beschienene Mensch‹ keine Probleme hätte; es kann sein, daß er viele hat, aber er sieht sie fröhlich als ›Teil des Tagewerks‹ an; und wenn er Prügel abbekommt, ist er fähig zu sagen: ›Nun, das war eine seltsame Sache, aber offensichtlich ist das Göttliche in einer seltsamen Stimmung, und wenn das Seine Art ist, die Dinge zu tun, muß es richtig sein; sicherlich bin ich selbst ein noch viel seltsamerer Bursche, und das war, wie ich vermute, der einzige Weg, mich wieder in Ordnung zu bringen.‹ Aber nicht jeder hat dieses Format, und Überantwortung, die alles in Ordnung bringen würde, ist, wie du sagst, schwer vollständig zu erreichen. Das ist der Grund, warum wir nicht auf sofortiger totaler Überantwortung bestehen, sondern mit wenig als Anfang zufrieden sind – der Rest kommt, so gut er kann, nach.«

Aber wir konnten machen, was wir wollten, es war uns einfach nicht möglich, ständig ›der Sonne zugewandt‹ zu bleiben, weil wir uns bisweilen zu sehr von der Dunkelheit entmutigen ließen, die sich immer mehr verbreitete, während wir uns mühsam weiterschleppten. Aber obgleich es zutraf, daß wir es immer schwieriger fanden, die richtige Haltung zu wahren, je mehr wir versuchten, dem einfacheren sonnen-beschienenen Pfad zu folgen, wäre es dennoch falsch zu sagen, das Gerangle hätte uns nur Leid eingebracht. Es erteilte uns unschätzbare Lehren; es enthüllte Stück für Stück die geschicktesten Tricks des Ego; es schenkte uns Freude, wann immer wir die Einflüsterungen des Ego vertrieben, und brachte oft genug unseren selbstsüchtigen Willen dazu, sich allmählich dem Willen des Guru unterzuordnen, oder unseren Stolz so weit, daß er die falschen vorgefaßten Meinungen aufscheuchte, damit die echten Werte ein paar Winkel erhielten, in denen sie sich wie weiße Tauben der Reinheit niederlassen konnten. Und *last, not least* war da das Entzücken, Tag für Tag *seine* Briefe zu erhalten – über Kunst und Wissenschaft, Religion und Politik, Philosophie und Literatur, über den Weg der Welt und den Aufstieg zu Gottes Gnade, die die Welt erlöst ... es gab kein Thema, über das er nicht schreiben und improvisieren konnte, und zwar auf eine Weise, die sowohl leidenschaftlich als auch ungeheuerlich war! Und wenn man bedenkt, daß er ständig so zu armen Kobolden wie uns weiterschrieb, die sich ständig »gegen seine Retterhand der Gnade« wendeten, um mit seinen eigenen Worten zu sprechen!

6. Kapitel

»BLUTENDES STÜCK ERDE«*

Eines der Dinge, die das Ashramleben so schwer erträglich machen,
ist, daß es uns zuerst zur Veränderung einlädt, dann dazu ermahnt,
dann umschmeichelt und schließlich dazu zwingt zu begreifen, daß
das göttliche Leben ein utopischer Traum bleiben muß, es sei denn,
man willigt darin ein, sich allmählich zu verändern – und tut es
auch. Jemand hat einmal gesagt, daß menschliche Narrheit sogar
Engel zum Weinen brächte, denn menschliche Dummheit ist die
einzige Krankheit, gegen die selbst die Götter keine Medizin wüß-
ten. Sri Aurobindo jedoch pflegte dies etwas anders auszudrücken.
Er sagte, es sei nicht Narrheit allein, sondern auch eine Art Perver-
sion (die etwas in uns erregend findet), die es selbst Engeln so schwer
macht, Dummköpfe von ihren geliebten Fesseln zu befreien. Es ist
dieser unüberwindliche Haken an der Zusammenstellung der Natur, der Vivekananda zu dem Ausruf bewegte: »Der Entwurf der
Welt ist teuflisch.« Der Seufzer ist leider so alt wie die Schöpfung.
Irgendwie bestehen die Dinge darauf, nach und nach schiefzu-
gehen, gleichgültig, was wir wollen oder tun. Das ist der Grund,
warum das Wort »Verhängnis« einen beinahe hypnotischen Einfluß selbst auf das Denken der widerstandsfähigsten Menschen
ausübt. Sri Aurobindo hat die Tragödie dieses scheinbaren Ver-
hängnisses (ich betone das Wort »scheinbar«, da er Verhängnis oder
dessen Pflegekind, die Astrologie, nur in einem sehr abgewandelten
Sinn akzeptiert) in seinem Epos *Savitri* besonders durch den Mund
der pessimistisch-fatalistischen Königin-Mutter ausgedrückt. Sie
beschreibt sie dort als ihren eigenen persönlichen Standpunkt, aber
wer würde, angesichts der Verfassung der Menschen und der Welt
abzustreiten wagen, daß die folgenden Zeilen ganz und gar allge-
meingültig sind (*Savitri*, VI, 2):

> *Eine Idioten-Stunde zerstört, was Jahrhunderte schufen,*
> *seine geile Gier oder wahnwitziger Haß werfen nieder*
> *die Schönheit und Größe, die sein Genie erschuf*
> *und den großen Ertrag einer Nation Bemühung.*

---

* Antonius (zu der Leiche Cäsars):
   O! pardon me, thou bleeding piece of earth...
   Thou art the ruins of the noblest man
   That ever lived in the tide of times

                    Shakespeare; *Julius Caesar*, Akt III, Szene 1

78

Vor einigen Wochen schrieb eine Koreanerin an Pundit Nehru einen Brief, in dem sie bedauert, wie selbst jene, die als Beschützer Koreas kamen, verantwortlich dafür sind, daß erneut Zerstörung das Land heimsucht. Nehmen wir uns nur eine einzige Handlung vor und die Kettenreaktion von Konsequenzen, die aus ihr hervorgingen: Die südkoreanische Hauptstadt Seoul wurde von den Nordkoreanern bombardiert, die vorgaben, als Befreier zu kommen. Ergebnis – Verwüstung, gefolgt von dem Rückzug der Besatzer: der Nordkoreaner. Als nächstes marschieren die chinesischen Kommunisten ein, sie bombardieren abermals. Ergebnis – weitere Verwüstung, der wieder der Rückzug der jetzigen Befreier-Besatzung folgt: der Südkoreaner und der Amerikaner. Dann bombardieren die Amerikaner Seoul, um Korea erneut von seinen alten »Befreiern« zu befreien, was wiederum einen Gegenangriff der Chinesen bewirkt, und so geht es immer weiter! Aber wieviel kann nach solch schlimmen »Befreiungs«-Bombardements von der heimgesuchten Stadt noch übrig sein? Das gleiche geschah mit Poyangang, der Hauptstadt von Nordkorea: erst kamen die Südkoreaner, um sie zu zerstören – diesmal als Befreier *en revanche*, als nächste marschierten die Nordkoreaner ein, gefolgt von den chinesischen Kommunisten, die jetzt die letzte Befreier-Besatzung sind, die möglicherweise wieder durch die Südkoreaner abgelöst wird – es ist beinahe wie ein Perpetuum mobile!

Man muß sich vergegenwärtigen, daß für all das nur eine einzige Tat verantwortlich war: daß die Nordkoreaner den 38. Breitengrad als »Befreier« überschritten haben (was immer auch das Wort bedeuten mag). Selbst ihre ärgsten Feinde würden nicht behaupten wollen, daß sie vorausgesehen haben, welche Lawine des Verderbens durch diesen einen Knopfdruck ausgelöst werden wird: ihr Überschreiten einer geographischen Linie. Und es war kein Versehen: unvorhersehbare Katastrophen wurden in der Geschichte immer wieder durch ein einziges Vergehen, eine einzige Gewalttat, einen einzigen Fehlgriff ausgelöst. Kann man also Sri Aurobindo Übertreibung vorwerfen, wenn er schrieb: »*Eine Idioten-Stunde zerstört, was Jahrhunderte schufen*«?

Ich erinnere mich an seine Antwort, die er mir vor langer Zeit, im Jahre 1924, auf meine Frage bezüglich »des weitverbreiteten Elends, der Angst und des Leids« gab, »die die Menschen bedrängen«:

»Was kann man dagegen tun, solange die Menschen die Unwissenheit herzen wollen, die die Wurzel allen Leids ist? Solange sie die Dunkelheit des Anhangens mehr als das Licht der Befreiung und des

Wissens lieben, wie können sie hoffen zu sehen?«[1] Jahre später legte er seine Ansicht über Schmerz und seinen Zweck in *Savitri* dar, wo er das gleiche andeutete.

Wo Unwissenheit ist, muß auch Leid entstehen, und doch dient gerade das Leid, das aus Unwissenheit geboren wird, in der rätselhaften Göttlichen Komödie als Ansporn, ein Allheilmittel gegen die Übel des Leids zu finden, die da sind Schmerz oder Kummer:

> *Schmerz ist der Hammer der Götter, mit dem*
> *ein stumpfer Widerstand in des Sterblichen Herz gebrochen*
> *wird,*
> *seine langsame Trägheit, die gleicht einem Stein.*
> *Wäre das Herz nicht gezwungen zu darben und weinen,*
> *hätte sich, zufrieden und bequem, seine Seele ausgestreckt*
> *und nie daran gedacht, den menschlichen Ausgangspunkt zu*
> *überschreiten.*

Nietzsche begriff etwas von dem Göttlichen Beschluß, wenn er, gleichsam als Vorausschau kommender Dinge, sagte: »*Der Mensch ist Etwas, das überwunden werden soll.*« Aber diese äußerste Selbsttranszendierung kann, wie Sri Aurobindo erklärt, nicht durchgeführt werden, wenn sich der Mensch unbedacht auf die Seite des machthungrigen Dämonen (Asura) in ihm schlägt und den liebestrunkenen Gott verdrängt – so singt Narad, der Protagonist Göttlicher Aspiration:

> *O Sterblicher, ertrage dieser großen Welt Gesetz des Wehs,*
> *bei deinem schweren Durchgang durch eine leidende Welt*
> *verlasse dich als Seelenstütze auf des Himmels Stärke,*
> *wende dich hoher Wahrheit zu, strebe nach Liebe und*
> *Frieden!*

Aber er warnt ihn auch vor falschen Regungen auf seiner ungeduldigen Suche nach einer Abkürzung:

> *Haste nicht der Göttlichkeit auf gefahrvoller Straße entgegen,*
> *öffne deine Pforten nicht zu einer namenlosen Macht,*
> *erklimme nicht Göttlichkeit auf des Titanen Straße.*

Denn der mißgeleitete Titan wird nicht angetrieben durch den Geist der Gott-Verbundenheit, sondern durch Gott-Verneinung – und darum:

---

[1] Zitiert in *Among the Great* (amerikanische Ausgabe) auf Seite 221, wo er auch zum erstenmal öffentlich das Ziel seines Yoga erwähnt.

Himmelwärts klimmt er auf einer Stürme-Treppe ...
Er versucht des Unsterblichen Recht mit Gigantenstärke
gewaltsam Leben und Natur
zu entwinden.

und weil er blind geworden ist durch seine Gier nach schnellem
Ergebnis,

wartet er nicht auf die ausgestreckte Hand Gottes,
ihn aus seiner Sterblichkeit zu erheben.

In der *Gita* finden wir eine Beschreibung der Hauptmerkmale des
asurischen Charakters. Aber Sri Aurobindos Beschreibung vermittelt uns einen viel vollständigeren Eindruck (denn der moderne
Asura, ebenso wie der moderne Mensch, ist ein viel komplexeres
und vielschichtigeres Wesen geworden):

Ein Monopolist der Welt-Energie,
überschattet er das Leben des gewöhnlichen Menschen,
seinen Schmerz und den von anderen macht er zu seinem
Mittel:
auf Tod und Leid baut er seinen Thron.

Und darum wächst und wächst er, bis er sich – wegen des unvermeidlichen Gesetzes des Karma, wie es die Gita nennt – mit dem
Koloß, der Selbstsüchtigkeit, dem angebeteten Idol identifiziert, *yo
yachchhraddhah sa eva sah* (ein Mensch wird, was er anbetet). Daß
dies kein grillenhafter Alptraum ist, wird jedem klar, der sich die
Weltereignisse ansieht und was in und durch jeden machtlüsternen
Diktator geschieht, der sich zu einem Dämonen-Koloß des Vitalen
aufbläht, einem echten Titan, von dem Sri Aurobindo sagt:

Eine mächtige Energie, ein Monstergott,
hart zu den Starken, unversöhnlich mit den Schwachen ...
Macht zu haben, Herrscher zu sein, war alleinig Tugend und
gut:
Sie beanspruchte die ganze Welt als des Bösen Lebensraum,
ihrer Partei düster totalitäres Regime
die schreckliche Bestimmung allen Lebens.
Nach einem Plan war alles gemacht und standardisiert
unter dem leblosen Gewicht einer dunklen Diktatur.

Sicher kein überzogenes Bild; man muß kein Mystiker oder Yogi
sein, um darin eine der Hauptursachen menschlichen Leids zu
erkennen. Jeder unvoreingenommene Beobachter wird hier mit
Sri Aurobindo übereinstimmen müssen. Als ein Beispiel werde

ich einen Passus aus *Justice and Liberty* (Gerechtigkeit und Freiheit) des großen Realisten-Idealisten Lowes Dickenson zitieren:

»Nietzsches starker Mensch ist nicht nur ein Ideal; er ist eine Tatsache ... Macht ist es, die sie suchen, nicht Reichtum oder Bequemlichkeit; und auf dem Weg dorthin trampeln sie jedes Gesetz und jede Moral nieder... Da Macht ihr Ideal ist, fühlen sie diese am meisten, wenn der Widerstand derer, die sie besiegten, besonders heftig war, und was ruft Widerstand stärker hervor als die Aussicht auf *Plünderung*, Ruin und Tod? Je mehr also das Opfer leidet, desto wohler fühlt sich der ›Übermensch‹, desto stärker fühlt er sich; und aus diesem Machtgefühl entspringt seine ganze Befriedigung im Leben.«

Nietzsches Übermensch entspricht Russells Diktator, Sri Aurobindos Titan und Sri Krishnas Asura. Anders gesagt, diagnostizieren sie alle die gleiche Krankheit und ihre verhängnisvollen Auswirkungen, auch wenn jeder von ihnen die Welt anders sieht. Bei näherer Betrachtung erkennen wir, daß diese uralte Lust des Menschen, andere zu beherrschen, ebenso schwer aus der menschlichen Natur zu vertreiben ist, wie sie gleichzeitig für eben diese Natur schädlich ist. Als ich in den Ashram kam, kann ich mich gut erinnern, wie ich ihn forschen Schritts durchmaß, erfüllt von der selbstgefälligen Idee, daß ich mit all meinen Fehlern und Mängeln ein guter Mensch sei. Ich bemerkte gewisse falsche Regungen in mir – glücklicherweise mehr davon in anderen –, aber obgleich ich sie ganz ehrlich ablegen wollte, dachte ich nie daran, daß dafür große Eile bestünde. Mit anderen Worten, ich hatte nicht im geringsten daran gedacht, daß ich soviel Versäumtes nachzuholen hätte oder, yogisch ausgedrückt, daß ich mich so abzurackern hätte, um meine Natur Schritt für Schritt entschlossen, geduldig, unerbittlich und schließlich auch noch so verzagt »zu transformieren«, weil es so steil bergauf ging. Ich mußte erst über die Schwierigkeiten des Yogas aufgeklärt werden oder vielmehr darüber, welche Hürden die Yogis in der Vergangenheit zu nehmen hatten. Die tatsächlichen Schwierigkeiten, denen ich mich tagtäglich während meines Ashramlebens gegenübersah, erwiesen sich wahrlich als ganz anders, als ich sie mir vorgestellt hatte und wie sie mir die weltlich Schlauen warnend beschrieben hatten. Als ich in meiner exaltierten Verfassung in den Ashram kam, hatte ich angenommen, daß ich zum einen nur heroische Entsagungen auf mich zu nehmen und zum anderen stundenlang zu meditieren brauchte. Die erste Aussicht spornte den gesellschaftlichen Bergsteiger in mir zu größerer Lebhaftigkeit, ja sogar Übermütigkeit an, während letztere mich schlechterdings stolz erglühen ließ, da ich mir mit dem großen Dichter A. E. sagte:

Reinen Herzens schreiten wir voran,
Hoffnungen haben wir, die über's Heute reichen,
und unser Ziel erlaubt kein Rasten
oder Träumen auf dem Weg.

Das erste Haar in der Suppe meines Selbstwertgefühls entdeckte ich, als ich bemerkte, daß ich es gar nicht gern hatte, wenn jene, die mir für gewöhnlich gehorchten, sich nicht vor meiner Weisheit, in der ich lebte, mich bewegte und ständig entwickelte, verneigen wollten: meine größere Weisheit vergrößerte auch mein Ego. Ich hatte gedacht, es wäre gerade umgekehrt: daß nämlich mein Egoismus entsprechend der stärker werdenden yogischen Weisheit und Einsicht geringer würde. Das brachte mich natürlich aus der Fassung, was an sich nicht so tragisch gewesen wäre, hätte ich nicht gleichzeitig bemerkt, daß mit meiner Niederlage auch ein geheimes Zähnefletschen gegen den Willen des Gurus einherging, der meinen überwunden hatte. Dies ist keine Autobiographie, und ich kann mich deshalb nicht weiter über solche Erfahrungen auslassen. Es genügt darum, wenn ich sage, daß ich allmählich, aber unausweichlich begriff, daß der Asura, von dem ich so viel gehört hatte, keine mythische Figur mit vielen Köpfen und Händen war, sondern ein handfester Bewohner und lieber Gast, der nur allzu bereitwillig von jedem von uns aufgenommen wurde. Der einzige Unterschied war, daß ihn einige mehr und andere weniger gerne hatten. So stellte ich beispielsweise fest, daß, wenn immer ein vitaler Appetit zu wenig Nahrung erhielt, dieser allmählich so störrisch wurde, daß selbst das gesellschaftliche Paradegeschirr der Zurückhaltung kaum ausreichte, um seine nackte Häßlichkeit zu verbergen. Viele Jahre später las ich einen Text des großen Mystikers William Law, der im wesentlichen besagte, daß niemand sich Gott zuwenden könne, ohne sich gleichzeitig von seinem Ego abzuwenden, denn niemand kann lebendig Gott sein, solange er nicht gänzlich seiner niederen Natur gestorben ist.

Aber hier muß ich etwas innehalten, um auf eine Erfahrung einzugehen, die von Tag zu Tag stärker wurde, bis ich nicht länger ihre lebendige, konkrete Wirklichkeit leugnen konnte. Ich meine hier das, was Gurudev die »Widersachermächte« nennt. Ich hatte natürlich schon über den *Mara* des Buddha gehört und über den christlichen Teufel und spekulierte auf meine phantastische Weise über Irrlichter, Gespenster und Ungeheuer, die in den tantrischen Schriften bestimmter Schulen erwähnt werden. Da ich aber schon immer außerordentlich normal war und mit absolut keiner »merkwürdigen Erfahrung« angeben konnte (obgleich ich es gerne getan hätte), konnte ich solche entkörperte Wesen einfach nicht ernst nehmen. Was ich sagen will, ist, daß, obgleich ich nicht alle derartigen Geschichten von vornherein als Schauermärchen abtat, ich mir nie hätte träumen lassen, daß wirklich solch seltsame Mächte am Wirken seien, mit denen sich ein spirituell Suchender des zwanzigsten Jahrhunderts auf seinem Weg zum Göttlichen ernsthaft abzugeben hätte.

Ich habe nie irgendein Gespenst oder gar den Teufel gesehen, noch spürte ich je irgendwelche Art unheimlicher Gegenwart (Paul Valéry nannte dies »les choses absentes«), die mich mit nervösen Ängsten erfüllte. Ich hatte allerdings von meinen Freunden über solch makabre Dinge gehört, die schemenhaft auftauchten und guten Samaritern auflauerten. Auch wurde ich Zeuge von einer ziemlichen Anzahl plötzlicher, unerklärlicher Ereignisse, welche die Betroffenen erschreckten und sie in einigen Fällen sogar zeitweilig handlungsunfähig machten. Aber trotzdem konnte ich mich nicht dazu aufraffen anzunehmen, daß all dies je ein konkretes Hindernis auf *meinem* Weg sein und noch weniger *meinen* Verstand zum »Durchdrehen« bringen könnte, wie ich leichtfertig meinte.

Trotzdem (und hier komme ich zur Sache) mußte ich immer wieder – wenngleich nicht ihre tatsächliche Gegenwart, so doch ihre Hinterlassenschaft von zerstörtem Selbstvertrauen und Depression wahrnehmen, ein Vermächtnis also, das zu niederdrückend ist, um es mir nichts dir nichts abtun zu können. Und, um meine Verwirrung noch zu vergrößern, brüteten sie ihre Mikroben so schnell aus, daß ich, bevor ich noch »Mein Gott« sagen konnte, durch sie »wie nichts« von einem rationalistischen Optimisten in ein klägliches Häufchen Elend verwandelt wurde. Ich weiß, daß ich hier kaum überzeugend wirken kann, weil ich nicht hoffen kann, dies jenen *zu beweisen*, die nicht erlebt haben, was mir widerfuhr. Trotzdem muß ich zu dem stehen, was ich immer wieder gefühlt habe, nämlich, daß wir uns niemals vollständig gegen uns umgebende Kräfte abschirmen können, es sei denn, mit Hilfe jener Kräfte, die uns ebenso konkret beschützen wie uns andere angreifen können. Dazu ein typisches Beispiel:

Ich möchte etwas von Gurudev – eine Unterstützung in irgendeiner Angelegenheit. Nun geschieht es, daß er dem Wunsch nicht entspricht. Meine Selbstliebe ist verletzt und dann: der Zauber-knopf wird gedrückt, und wo gerade noch alles ein lachender Garten war – mit Hoffnungen, die wie Blumen tanzen, Gewißheiten, leuchtend wie Sonnenstrahlen, und Sehnsüchten, die sich wie Vögel emporschwingen – erblickt man nur Zweifel gleich wabern-den Giftwolken, irrationale Zornanfälle wie Dornen und eine senti-mentale Revolte, die wild umherfuchtelt wie ein Dämon, dem man seine Maske genommen hat. Immer wieder passierte mir das, und nur allzuoft in Augenblicken bester Verfassung, daß aus heiterem Himmel eine falsche Einflüsterung in mich hineinfiel und – hoppla-hopp – das Tiefdruckgebiet sich breitmachte. Ich weiß sehr gut, wie schwierig es ist, anderen die konkrete Lebendigkeit solcher Erfah-rungen zu verdeutlichen, um so mehr, als die Repressionen uns im gewöhnlichen Leben, falls und wenn sie kommen, nicht so wie hier überwältigen – wie eine Sintflut oder Lawine. Der Grund ist, daß diese Widersachermächte im gewöhnlichen Leben nicht so aktiv oder organisiert zu sein brauchen wie im Yoga – denn ihr Anliegen ist es, alle auf Gott gerichteten Bemühungen zunichte zu machen, und im gewöhnlichen Leben konzentrieren sich die Menschen kaum auf solch ein Ziel. Aber wenn der Gottsucher in die Höhe klettern oder fliegen will, scharen sie sich schnell in höchster Alarmbereitschaft zusammen, um als eine Art Erdverkettung oder Flügelbeschneider zu agieren, oder, um einen anderen Vergleich anzuführen, wenn du mit der Strömung schwimmst, werden dir alle Wellen freundlich gesonnen sein und dich auf ihren jubilieren-den Kämmen tragen, aber wende dich um und schwimme gegen sie und du wirst bald wissen, was das bedeutet! Dieses Bild schien mir treffender, besonders als ich gegen den Strom schwamm und an den brandenden Wogen ersticken zu müssen meinte. Ich erinnerte mich daran, als viele Jahre später Indira, eine unübertroffene Schülerin von mir, sagte, daß, solange sie das Göttliche nicht wollte, die Welt sehr freundlich und rücksichtsvoll und entgegenkommend zu ihr war, daß sich aber das Bild schlagartig wandelte, als sie sich dem Yoga für Gott zuwandte. Ich berichtete ihr, was ich vor vielen Jahren erkannt hatte, daß es nämlich immer mehr oder weniger so sein *muß*.

»*Muß?* Warum?« fragte sie ungläubig.

»Weil Yoga«, antwortete ich, nachdem ich erzählt hatte, was mir widerfahren war, »bedeutet, die *Prakriti* oder Naturkräfte zu transzendieren, die uns wie Wellen umströmen. Solange du mit ihnen schwimmst und dich ihnen fügst, wirst du automatisch von ihnen vorangebracht und getragen. Da dich Yoga jedoch ihrer entwöhnen will, nehmen sie dir natürlich deinen Treuebruch übel und ächten dich als Deserteur. Du kannst nicht Hilfe von jenen erwarten, denen du keinerlei entgegenkommende Angebote machst. Und wenn du sie zudem noch gänzlich aus deinem Wesen vertreiben willst, das für viele Jahre ihre Heimstatt war, meinst du nicht auch, daß sie toben und schon aus Angst angreifen werden, heimatlose Flüchtlinge zu werden?«

Das wäre an sich nicht so katastrophal, wenn ich solch ein schillerndes Wort gebrauchen darf, hätten diese Naturkräfte nicht die allzu bereitwillige Unterstützung durch die Widersachermächte erhalten, die darauf eingeschworen sind, Gottsuchern überall auf der Welt entgegenzutreten. Darum haben alle spirituellen Führer betont, wie nötig es sei, unsere Emotionen zu klären, damit wir uns in jeder entscheidenden Situation mit der richtigen Seite gegen die falsche verbünden. Um es deutlich zu sagen: Wir dürfen diesen Widersachermächten kein Schlupfloch oder Angriffspunkt bieten, indem wir mit dem sympathisieren, was wir leider nur allzu bereitwillig als *natürlich* bezeichnen. Das scheint theoretisch einfach zu sein, aber praktisch ist es, wie ich zu meinem Entsetzen fand, alles andere als leicht, und je mehr mir dies klar wurde, desto mehr war ich Gurudev dankbar für seine unerschütterliche Hilfe und Anleitung, die mir unermüdlich zeigte, wo und wie ich von der richtigen Haltung abgekommen war, was wiederum bewirkte, daß diese Kräfte durch die entstandenen Lücken einmarschieren konnten. Es war vor allem seine nachdrückliche Betonung der richtigen Haltung, die mir half, die falsche zu verbannen – trotz ihrer meisterhaften Rechtfertigung dessen, was wir unsere *menschlichen* und *natürlichen* Verhaltensweisen nennen.

Aber das wissen alle Yogis. Ich will hier kein Yogahandbuch schreiben. Ich habe dies nur erwähnt, um zum einen die erlösende Lichtführerschaft von Gurudev herauszustreichen, die er uns immer gab, wenn wir uns verirrt hatten oder gefallen waren; zum anderen die Sicherheit des Schutzes, mit der er uns umfing, wenn wir deprimiert oder ohne Selbstvertrauen waren; und schließlich die unschätzbaren Hinweise, die er uns zukommen ließ und die für uns alle als Augenöffner wirkten, durch die er uns sorgfältigst die Ursachen auch für den kleinsten unserer Ausrutscher zeigte. Jemand, der solche Fegefeuer nicht durchschritten hat, kann kaum den Wert der konkreten Hilfe richtig einschätzen, die zusammen mit der Stimme des Piloten kommt. Ja, man kann das Gefühl der Bestätigung, *abhoy*, gar nicht beschreiben – man muß es erfahren; aber ein Beispiel für die Art und Weise der Führung, die er bei solchen Gelegenheiten gab, das für sich selbst spricht, kann ich nachfolgend anführen. Nach einem derartigen Angriff schrieb er mir:

»Die Widersachermächte existieren und sind der yogischen Erfahrung schon seit den Tagen der Veden und Zoroasters in Asien (und der ägyptischen Mysterien und der Kabbala) bekannt, ebenso auch in Europa seit urdenklichen Zeiten. Diese Dinge kann man natürlich nicht fühlen oder kennen, solange man in der gewöhnlichen geistigen Verfassung, ihren Vorstellungen und Wahrnehmungen lebt; ihnen sind nur zwei Arten von Einflüssen erkennbar: die Vorstellungen und Gefühle von uns selbst und anderen und das Spiel physischer und umweltbedingter Kräfte; fängt man jedoch einmal an, die innere Schau der Dinge zu erhalten, ändert sich das Bild. Man fängt an zu erfahren, daß alles ein Wirken der Kräfte der *Prakriti* ist, ein psychologisches ebenso wie ein physisches Wirken, das sich unserer Natur bedient, Kräfte, die entweder bewußt sind oder durch ein Bewußtsein oder mehrere Arten von Bewußtsein aus dem Verborgenen gestützt werden. Man befindet sich inmitten eines großen universellen Wirkens, und es ist unmöglich, noch länger alles als Ergebnis der eigenen und einzigen Persönlichkeit zu erklären. Du selbst hast einmal geschrieben, daß dich deine Krisen der Verzweiflung etc. überfallen haben, als würden sie von außen auf dich *geworfen*, und sich ausgearbeitet haben, ohne daß du in der Lage gewesen wärest, sie zu beherrschen oder sie zu einem Ende zu bringen. Das heißt also, es handelt sich um das Wirken universeller Kräfte und nicht nur um ein unabhängiges Handeln deiner Persönlichkeit, obgleich es etwas in deiner Natur ist, das sie benützen. Aber du bist dir, ebenso wie auch andere, des Ursprungs dieses Eingriffs und dieses Drucks aus dem Grund, den ich anführe, nicht bewußt. Jene im Ashram, die die innere Schau der Ereignisse auf der vitalen Ebene entwickelt haben, verfügen über vielfältige Erfahrung der Widersachermächte. Jedoch brauchst du dich persönlich nicht mit ihnen zu beschäftigen, solange sie inkognito bleiben... Man mag die Erfahrungen auf der mentalen Ebene haben, ohne daß sich dieses Wissen einstellt – denn dort überwiegen Verstand und Vorstellung, und man fühlt das Spiel der Kräfte nicht –, nur im vitalen Bereich wird dies offensichtlich. Auf der mentalen Ebene drücken sie sich bestenfalls als mentale Suggestionen und nicht als konkrete Mächte aus. Auch kann es sein, daß, wenn man die Dinge nur mit dem Geist betrachtet (selbst wenn es sich dabei um den inneren Geist handelt), man das subtile Spiel der Naturkräfte sieht, ohne jedoch die bewußte Absicht zu erkennen, die wir als bösartig bezeichnen.«

Aber auch Wissen hat seine Nachteile – wie ich recht bald entdecken mußte –, besonders wenn es uns ermöglicht, einen, wenn auch noch so flüchtigen Eindruck der Welt der okkulten Kräfte zu erhaschen. Ein typisches Beispiel dafür: Wenn immer ich in meinen vor-yogischen Tagen mit einer falschen Einflüsterung flirtete, ließ ich mir niemals träumen, daß ihr Virus irgendwo außerhalb ausgebrütet wird, um dann in meinen Geist injiziert zu werden. Aber im Laufe der Zeit bemerkte ich eine Spaltung in meinem eigenen Wesen: Ich konnte mit wachsender Deutlichkeit erkennen, daß das, was ich bis dahin als einheitlichen Bestandteil meiner Persönlichkeit angesehen hatte, in Wirklichkeit ein Konglomerat verschiedenartigster sich widersprechender Einflüsse war. Das rief in mir ein tiefes Gefühl des Unbehagens wach: wohin führte mich der Weg? Warum all dies Getue in meinem eigenen Wesen über mich selbst – diese Sprünge und Risse und was nicht alles? Aber das Problem war, daß alles, was ich in diesem Moment tat, nicht genug schien, um all das zu entwirren, was bereits getan worden war. Es war – um ein Gleichnis umgekehrt zu verwenden –, als hätte man einen Tropfen Yoghurt in eine Milchschüssel geworfen, so daß jetzt die Desintegration der Milch nicht mehr aufzuhalten war. Ein Lichtstrahl hat sich in meinem Bewußtsein eingenistet und muß jetzt als Hefe wirken. Und das Ergebnis: Ich konnte nicht länger zurückfinden zu meiner fehllosen Selbstsicherheit der vor-yogischen Zeit, dahin, daß ich in der Tat der sei, für den ich mich hielt. Das machte mich verzweifelt, denn das neue Wissen hatte unwiederbringlich die süße Milch der Selbstgefälligkeit sauer gemacht. Umsonst mühte ich mich, sie zurückzugewinnen. Denn ich konnte tun, was ich wollte, es war mir einfach nicht möglich, zurückzufallen auf das, von dem ich abgebracht worden war. Ich konnte jetzt zum Beispiel klar erkennen, daß jedesmal, wenn ich mit einer falschen Einflüsterung liebäugelte, ein Teil in mir sich freute, während ein anderer Teil unglücklich war und sie als Eindringling ablehnte. Was mich noch unglücklicher machte, war, daß ich, während die Tage verstrichen, immer mehr irgendwo in mir einer willentlichen Ermunterung zum Falschen gewahr wurde. Aber da mir dies das Gefühl der Untreue gegenüber meinem Guru gab, versuchte ich auf meine schlaue (?) Weise, sie in etwas Legitimes umzurationalisieren »Oh, mein Lieber, behalte einen klaren Kopf«, sagte ein Teil von mir einschmeichelnd. »Laß dich nicht blind machen! Warum solltest du alles, was man dir sagt, als biblische Wahrheit annehmen? Beobachte, wäge und sortiere unentwegt: gib niemals dein unantastbares Recht auf, der Richter deiner eigenen Reaktionen zu sein. Wenn eine Idee in dir am Sprießen ist, verweise sie nicht rücksichtslos des Hauses, nur weil es dir jemand befiehlt. Denke daran, daß du ein unveräußerliches Recht auf deine eigenen Ideen hast – du kannst kaum ohne ihr stärkendes Licht zu voller Größe gelangen. Du weißt ja, daß alles, was geschieht, dich voranbringen kann, vorausgesetzt, du nimmst es mit der richtigen Haltung an. Und überhaupt: Ist nicht deine Individualität der kostbarste Teil deines Gesamtselbsts? Wie kannst du dann – du, für den freies Urteilen wie die Luft zum Atmen ist – je zustimmen, dich in blinde Versklavung zu zwingen, anstatt danach zu streben, der Architekt deiner Bestimmung zu werden?«... und so weiter und so fort – endlose Variationen gab es des gleichen Themas: Gib deinen Selbstwillen nicht auf.

Im Laufe der Zeit wurde ich mir allmählich klar über das Trügerische solch bestechender Schlußfolgerungen, bis ich schließlich wie der heilige Augustin erkannte, daß es nicht Freiheit war, nach der ich mich sehnte, sondern Zügellosigkeit. Ich sah, daß mein höheres Selbst nicht nur bereit, sondern begierig war, sich Gurudevs Willen zu überantworten, denn es konnte gut ohne diese sogenannte Freiheit auskommen, allen haltlosen Gelüsten und versteckten Einflüsterungen des Egos zu folgen. Die Schwierigkeiten tauchten, wie ich erkennen mußte, auf, weil meine niedere Natur ihr eingeborenes Recht auf ihre unschönen Vergnügungen nicht aufgeben wollte.

Aber meine niedere Natur verhielt sich wie Goldsmiths berühmter Schulmeister und »argumentierte noch, obgleich schon besiegt«, widerstand der Transformation, bis letzten Endes die ganze Angelegenheit einen Höhepunkt erreichte und so für mich durch eine schreckliche Erfahrung meines Freundes und Bruders auf dem Weg, P., entschieden wurde. Er war zu jener Zeit mein Nachbar, und da er nicht gut englisch konnte, schrieb ich für ihn an Sri Aurobindo über seine Erfahrungen. Und das muß man ihm lassen, er hatte wundervolle Erfahrungen – er hatte wunderbare Visionen, er hörte herrliche Stimmen, kostete außerordentliche Wonnen – hatte also, kurz gesagt, bereits »einen tiefen Zug aus der piërischen Quelle« des Spirits getrunken. Aber dennoch trieb ihn seine niedere Natur, die überlebt hatte, immer noch zurück zu alter Vergnügungssucht, wie er mir damals mit bitterer Stimme sagte (er gab diese Vergnügungen später auf, ein Wandel, der in seinem Fall einer Herkulestat gleichkam und darum alle seine Freunde, einschließlich mir, beeindruckte). »Ich möchte hierher kommen und immer hier bleiben«, hatte er mir immer wieder gesagt, »aber ich kann nicht einmal wenige Monate durchgehend bleiben, ohne widerspenstig und ruhelos zu werden«, und so weiter. Seine langen Jammergeschichten erstaunten mich, da ich in jenen Tagen noch ein Yogaanfänger war, der gerade erst begonnen hatte, die Grenzen des gewöhnlichen Bewußtseins zu überschreiten. Darum konnte ich mir seine Ruhelosigkeit überhaupt nicht erklären, wo er doch so reichlich auf dem Feld spiritueller Erfahrung geerntet hatte, bis zu jenem unvergeßlichen Tag, an dem er nachmittags zu mir gelaufen kam und mir völlig entnervt davon berichtete, was er gerade mit offenen Augen gesehen hatte. Er sprach Hindi, vermischt mit bengalischen Brocken:

»Weißt du«, sagte er, »ich hatte zu Gurudev um Stärke gebetet, daß ich es länger hier aushalten möge, als ich einen häßlichen kleinen Balg sah, der pechschwarz war – ein stinkender, untersetzter Kerl – und der aus meinem Körper kam und vor mir bettelte: ›Oh, gibt mir etwas! Du hast genug zum Leben, aber ich hungere!‹ Und er fiel mir zu Füßen und weinte, Dilip – stell dir das vor!! Oh, ich werde nie mehr ruhig schlafen können, wenn ich an diesen Alptraum denke!« Und so lamentierte er, in großer Not.

Es ließ wahrhaftig die Haare zu Berge stehen, wie ich an Gurudev schrieb, der an P zurückschrieb (ich las ihm den Brief vor), daß der widerliche kleine Kerl eine Veräußerlichung seines niederen Vitalwesens der Lust, der Begierde und der Besitzsucht war. »Verstehst du jetzt«, schrieb er, »warum du nicht hierbleiben kannst? Es ist wegen dieser Formation deines vergangenen Lebens. Er möchte Nahrung, die ihm hier völlig versagt bleibt. Darum mußt du immer wieder fort von hier. Dein niederes Vitalwesen ist noch viel zu lebendig und frech, um dich hierbleiben zu lassen, und bevor es sich nicht radikal wandelt, fürchte ich, wird dieses Hin und Her in deiner Natur wahrscheinlich weitergehen.«

Aber zu meinem Unbehagen entdeckte ich, sobald ich mich rückblickend betrachtete, daß meine Persönlichkeit nicht nur eine, sondern viele Türen und ebenso viele maskierte Torhüter hatte, so daß, selbst wenn Achtsamkeit, der Hauptportier, hellwach am Haupteingang stand, irgendein anderes Faktotum die Hintertür öffnen konnte und es auch tat. Darum kam es immer wieder vor, daß die feindliche Suggestion oder der Widersacherimpuls Eintritt trotz meines Entschlusses erhielt, diese Gäste draußen zu lassen. Um es anders zu sagen: Je mehr ich mich beobachtete, desto mehr mußte ich an Popes *Essay on Man* (Betrachtung über den Menschen) denken:

Wenn Engel fallen, möchten sie Götter werden,
Die Menschen rebellieren, wollen sie zu Engeln werden.

Und wir rebellieren nicht nur, sondern weigern uns auch, aus vergangenen Fehlern zu lernen, und bestehen darauf, unsere Dummheit mit den weisesten Sprüchen zu rechtfertigen, und widerstreben schließlich – um aus einem Brief von Gurudev an mich zu zitieren – »*dem Wandel vom menschlichen in das göttliche Bewußtsein*«, um auf unser »Recht auf Kümmernis und Leid« zu pochen. Das erinnerte mich immer wieder an Sri Ramakrishnas Gleichnis von dem Kamel, das selbst dann noch »stachliges Gras« und kein anderes fraß, als sein Maul schon ganz blutig war. Mit anderen Worten, ich bestand darauf, wie mir Gurudev in einem langen Brief erklärte, »*daß das Göttliche menschlich werde und im menschlichen Bewußtsein verharre*«, und protestierte gänzlich »*gegen jeglichen Versuch, das menschliche göttlich werden zu lassen*«.

Und das ist der Grund, warum dies »blutende Stück Erde«, menschliche Natur, seit Anfang der Zeit ungestillt ihr Blut vergossen hat, und Gott in der Höhe muß warten, scheinbar hilflos, bis das vergossene Blut das Leben des Durchschnittsmenschen befruchtet, denn bis dies geschieht, kann sich das makellose Erblühen nicht einstellen, und der suchende Aspirant muß bleiben, was er ist, eine Puppe des Schicksals (*Savitri*, Buch VI, Canto 2):

> *Ein Sucher an dunklem und obskuren Platz,*
> *ein schlecht bewaffneter Kämpfer angesichts schlimmer Aussicht,*
> *ein unvollkommener Arbeiter mit einer verwirrenden Aufgabe,*
> *ein unwissender Richter über Probleme, die die Unwissenheit stellt.*

7. Kapitel

GURU, DER UMWANDLER

Je mehr ich über des Menschen völlige Hilflosigkeit nachsann, die auftaucht, wenn er mit seiner eigenen *menschlichen* Natur hadert, desto weniger Hoffnungen machte ich mir, daß ich bei einem so schwierigen Unterfangen wie Yoga gute Chancen hätte, das heißt, die Göttliche Gnade herbeirufen könnte, um das Schicksal zu überwinden. In solchen Augenblicken beschwerte ich mich mit bitteren Worten bei Gurudev: Warum, warum nur hat er mich auf solch einen Weg gezerrt ... Aber nachdem ja die Milch schon verschüttet ist, ist es doch besser für alle, wenn ich möglichst bald auf anderen Wiesen grasen kann ... Ich darf nicht länger seine Zeit beanspruchen ... Kein Wunder, daß er so kühl geworden ist, und so weiter und so fort.

Aber wenn Dilip Dilip war, so war auch Gurudev Gurudev: und darum schrieb er mir, zärtlich wie immer, zurück: »Du brauchst nicht zu denken, daß irgend etwas unsere Haltung dir gegenüber ändern könnte. Was wir dir entgegenbringen, ist nicht vitale menschliche Liebe, die durch äußerliche Dinge ins Schwanken geraten kann: sie bleibt, und hartnäckig werden wir versuchen, dir zu helfen und dich ins Licht hochzuheben.«

Aber ich ließ mich nicht überzeugen und schrieb wieder zurück und bestand darauf, daß ich wohl mehr abgebissen hätte, als mir zuträglich sei. »Ich schick' dir ein Gedicht mit dem Titel *In den Fängen der Verzweiflung (Tamisrai)*, denn ich erblicke keinen Ausweg: du wirst kaum deinen Elfenbeinturm überirdischer Kontemplation verlassen können, um unseresgleichen zu helfen. Möglicherweise findest du die Erde etwas zu unverbesserlich und widerwärtig. Wie dem auch sei, du bist in deiner Abgeschiedenheit zu weit von uns Sterblichen entfernt, um als wirklicher Helfer gelobt werden zu können, und weniger noch als Nahestehender oder Freund. Ich frage mich nur, warum du weiterhin den heiligen Himmel als nächstliegenden Nachbar unserer schrecklichen Erde anpreisen mußt, *ad nauseum* wiederholend, daß Göttliche Liebe dazu gebracht werden könne, auf der Krume unserer ungöttlichen Erde zu blühen, um sie in noch erkennbarer Zukunft in ein Ebenbild des Paradieses zu verwandeln! Wirklich, mein Meister, du bist nicht weniger als verwirrend, denn deine Göttliche Liebe sieht aus wie etwas, über das man fluchen möchte – und nicht wie etwas, auf das man sich stützt! Da ich aber nicht beanspruche, daß meine Schlußfolgerungen richtig sind, warte ich, bis ich diesbezüglich eine *Erklärung* erhalte, um ein banales politisches Wort in einem beseligenden spirituellen Zusammenhang zu gebrauchen, was, wie ich hoffe, entschuldbar ist.

Ich will mit ein paar Worten über mein Gedicht *Tamisrai* schließen. Ich wollte es erst nicht zu dir hinauf senden, denn wenn ich es jetzt lese, habe ich das Gefühl, daß es irgendwie den Eindruck vermittelt, als würde es meine gegenwärtige Verfassung des unbewältigten Bedrücktseins und des Pessimismus Lügen strafen. Ist das Ehrlichkeit, oder kann ich wagen, mich damit zu verteidigen, daß irgend etwas in mir am untersten Grund der Schlucht entschlossen ist, sich nicht überwältigen zu lassen, selbst wenn die Niedergeschlagenheit undurchdringlich ist? Anders gesagt, da meine Aspiration – oder, wenn du so willst, mein Gebet – nach Stärke strebt und Kühnheit und dem Willen, durchzukommen zu dem Licht am anderen Ende des Tunnels, stelle ich fest, daß ich mich weigere, besiegt zu werden, um weiterzubohren, bis sich die Verdunkelung in ein erstes Glühen verwandelt. Das ist das Gedicht – welches sagt, daß man leicht optimistisch sein kann, solange man problemlos vorankommt; erst wenn uns die Dunkelheit unermeßlich und allmächtig vorkommt, wenn du müde eine Wüste durchstreifst, die dich angrinst, oder eine feindselige Wildnis, wird dein Glaube an die Erinnerung an das Licht und deine Loyalität geprüft.«

Darauf antwortete er:

»In einem früheren Brief äußerte ich nicht Bedenken über Aspiration, sondern über die Forderung, Friede oder Freude oder Ananda zu einer Bedingung für den Yogaweg zu machen. Und dies ist nicht wünschenswert, weil dann das Vitale und nicht das Psychische die Führung übernimmt. Wenn das Vitale der Führer ist, können Ruhelosigkeit, Verzweiflung, Traurigkeit immer auftauchen, da sie geradezu der Wesenszug des Vitalen sind – das Vitale kann niemals ununterbrochen in Freude und Frieden verweilen, da es deren Gegenteile braucht, um das Gefühl des Lebensdramas zu erhalten. Und dennoch schreit das Vitale, sobald Ruhelosigkeit und Unglück kommen, sogleich auf: ›Man gibt mir nicht, was mir zusteht, wozu treibe ich Yoga?‹ Oder es macht aus seiner Unzufriedenheit ein Evangelium und sagt, der Weg zur Erfüllung muß tragisch sein, eine Straße, die durch die Wüste führt. Und dennoch ist es genau diese Übermacht des Vitalen in uns, die die Notwendigkeit für den Durchgang durch die Wüste hervorruft. Wäre das

Psychische immer im Vordergrund, wäre die Wüste nicht länger eine Wüste und die Wildnis würde mit Rosen erblühen.« Und dann fügte er noch hinzu:

»Ich denke, das Beste, was ich dir in diesen Umständen schreiben kann, ist, dir Nolinis Aphorismus ans Herz zu legen: ›Depression muß gar nicht depressiv sein; vielmehr sollte sie zu einem Sprungbrett für das Hochschnellen in einen höheren Zustand gemacht werden.‹ Die Regel im Yoga ist, der Depression nicht zu erlauben, dich zu deprimieren, von ihr zurückzutreten, ihre Ursache herauszufinden und die Ursache zu beseitigen; denn die Ursache liegt immer in einem selbst, vielleicht ist es ein vitaler Defekt, der sich irgendwo verschanzt, eine falsche Regung, der man sich hingibt, oder ein klägliches Verlangen, das einen Rückschlag bewirkt, bisweilen indem man es befriedigt, manchmal indem man ihm die Befriedigung verweigert.

Wenn die Mutter und ich möchten, daß du vorankommst und die göttliche Liebe annimmst, die wir dir geben, dann zu deinem eigenen Guten und genau deshalb, weil in dieser Liebe ständiger Friede und Freude und Anbetung enthalten sind und grundloser Kummer dieser Art völlig verschwinden wird. Unsere Liebe ist für dich da und war immer da. Ich kann nicht glauben, daß du sie zurückstoßen wirst. Laß doch, um Himmels willen, diese Mißverständnisse und diese Regungen beiseite, finde zurück zu deinem wahren Selbst und stell dich mit Mutters und meiner Hilfe entschlossen den Schwierigkeiten des Yoga.

Dein Gedicht mit dem Titel ›In Dunkelheit‹ ist sehr bewegend – fein, wahr und schön in jeder Zeile.«

Bei einer anderen Gelegenheit war ich jedoch nicht so tapfer, als ich nämlich zu meiner äußersten Erniedrigung entdeckte, daß es gar nicht so war, daß ich mich nicht ändern konnte, sondern daß ich es nicht wollte. »Dies«, schrieb ich ihm, »überzeugt mich davon, daß ich hier fehl am Platze bin, daß ich, wie mir Tagore einmal sagte, an erster Stelle ein Künstler bin und an letzter Stelle – kein Yogi. Aber das Problem ist, Guru, daß ich die Kunst nicht befriedigend fand, obgleich ich sie einst leidenschaftlich liebte. Außerdem glaubte ich aufrichtig, daß, wenn ich den Göttlichen wollte, Er es mir ermöglichen würde, zu Ihm emporzusteigen, gleichgültig wie steil der Pfad auch sein mag; anders gesagt, glaubte ich, er würde mir helfen, mich zu verändern. Aber nun stellt sich heraus, daß er alles andere als entgegenkommend ist, oder vielleicht will er lieber, daß ich mein Glück woanders versuche, wer weiß? Darum wäre es vielleicht besser, wenn ich solch ein hoffnungsloses Unterfangen aufgeben würde, um etwas Praktischeres zu versuchen. Warum erlaubst du mir nicht beispielsweise, patriotisch ins Gefängnis zu gehen, wie es Subhas und Jawaharlalji getan haben? Denn du mußt zugeben, daß ich nicht sehr empfänglich für deine helfende Kraft bin, was beweist (nicht wahr?), daß ich von Grund auf ungeeignet für deinen Yoga bin, der ja darauf abzielt, uns nicht-menschlich zu machen?«

»Nur«, schrieb ich in einer plötzlichen Wallung des Selbstmitleids, »wirst du einräumen müssen, Guru, daß ich nicht als völliger Versager hierhergekommen bin, durch die Gezeiten der Lebensumstände in die Untiefen deines Yogas getrieben. Sehr viele verlangten nach mir, viele bewunderten mich, und auch jetzt verlangen immer noch so viele nach mir. Ich hatte Geld, Begabungen, Gesundheit und eine gesellschaftliche Position und hätte damit eine Musikakademie gründen und meinen eigenen, neuen Musikstil entwickeln und sogar zu einem Dichter werden können – nicht gerade ein armseliges Leben, wie du zugeben mußt.« Und so drosch ich meine Phrasen in meiner wilden Narrheit, und kam zu folgendem Schluß: »Warum nur hat mich dein Supramental-Göttlicher aus meiner Heimaterde entwurzelt, wenn es lediglich darum ging, mich letztendlich als Yogi zu disqualifizieren?« Aber weder schalt er mich, noch zerriß er mich in Stücke. Er kam herab auf meine Ebene und beantwortete mit seinem tiefen Verständnis und der übermenschlichen Geduld, zu der nur er fähig war, einen meiner Vorwürfe nach dem anderen.

»Dilip«, schrieb er, »selbst wenn die Dinge so schlecht stünden, wie du meinst, kann ich nicht einsehen, auf welche Weise es dir helfen würde, von hier wegzugehen ... einige haben das schon versucht – dieses Hilfsmittel, durch Weggehen voranzukommen, aber es blieb immer erfolglos, sie mußten zurückkommen und sich ihren Schwierigkeiten stellen. Dein anderer Vorschlag (patriotisch ins Gefängnis zu gehen) ist sogar noch irrationaler: Was du vorschlägst, würde nicht eintreten, und das einzige Ergebnis würde harte Arbeit oder Vorenthaltung sein, die beide unerfreulich und unergiebig für dich wären und dem Land keinen Nutzen brächten. Warum kommst du immer wieder auf diese Vorstellung des Weggehens zurück, oder warum gibst du dich überhaupt mit ihr ab? Von jedem vernünftigen Standpunkt aus betrachtet, ist sie völlig sinnlos; sie ermutigt lediglich die Widersachermächte, die dich vom Weg abbringen wollen, wieder anzugreifen, und sie verhindert die schnelle Bekehrung jenes unzufriedenen Teils deines Vitalen, der immer gegen den Stachel angeht – den Stachel deiner Seele und deiner spirituellen Bestimmung. Wie traurig die Aussichten auch für dieses unzufriedene vitale Fragment aussehen mögen, *deine Bestimmung ist es, ein Yogi zu sein,* und je eher es sich mit dieser Aussicht befreundet, desto besser ist es für diesen Teil und all die anderen Persönlichkeiten in dir. Deine vermeintliche oder eingeredete Untauglichkeit ist eine Täuschung, eine Imagination des vitalen Teils; sie existiert nicht. Wären anhaltende Schwierigkeiten ein Beweis für Untauglichkeit, dann gäbe es in diesem Ashram keinen einzigen, der für den Yoga zu gebrauchen wäre. Wir müßten unser Bündel packen oder es verschenken und uns daranmachen, in die gewöhnliche Welt zurückzukehren oder uns auf den Weg in die Himalayas zu begeben.

Du beschreibst das reiche menschlich-egoistische Leben, das du hättest führen können, und sagst ›nicht gerade ein armseliges Leben, wie du zugeben mußt‹. Auf dem Papier klingt es sogar sehr leuchtend und befriedigend, wie du es beschreibst. Aber es birgt keine wirkliche oder endgültige Befriedigung in sich, außer für jene, die zu durchschnittlich und trivial sind, um irgend etwas anderes zu suchen, und selbst sie sind nicht wirklich zufriedengestellt oder glücklich, und schließlich erlahmt es und verliert den Reiz. Kummer und Krankheit, Zusammenstoß und Hader, Enttäuschung, Desillusionierung und alle Arten menschlichen Leids kommen und machen sein Leuchten zunichte, und dann folgt Zerfall und Tod. Das ist das vitale egoistische Leben, wie es der Mensch durch die Jahrhunderte vorgefunden hat, und doch soll das es sein, dem dieser Teil deines Vitalen nachtrauert? Wie kannst du, wenn du schon so sehr herausstreichst, wie wünschenswert ein nur menschliches Bewußtsein ist, übersehen, daß Leid sein Brandmal ist? Wenn das Vitale dem Wandel vom menschlichen in das göttliche Bewußtsein widerstrebt, verteidigt es sein Recht auf Kummer und Leid und den ganzen Rest, die zweifellos durch irgendwelche vitalen und mentalen Vergnügungen variiert und gelindert werden, jedoch nur sehr beschränkt gelindert, und auch das nur für einige Zeit. In deinem eigenen Fall fing es schon an, den Reiz für dich zu verlieren, was der Grund dafür war, daß du dich von ihm abgewendet hattest. Sicherlich gab es da die Freuden des Intellekts und der künstlerischen Schöpfung, aber der Mensch kann nicht nur Künstler sein; da ist auch der äußere, ziemlich menschliche, niedere Teil, und in allen, bis auf wenige, ist er der lärmendste und hartnäckigste Teil. Aber was war in dir unbefriedigt? Es war vor allem die Seele im Innern und durch sie das höhere Mentale und das höhere Vitale. Warum dann am Göttlichen herummäkeln, daß er dich in die Irre führt, wenn er dich zum Yoga und hierher gebracht hat? Es bedeutete einfach, auf die Forderung deines inneren Wesens und der höheren Wesensteile deiner Natur zu antworten. Wenn du so viele Schwierigkeiten hast und ruhelos wirst, liegt es daran, daß du immer noch innerlich aufgespalten bist und etwas in deinem niederen Vitalwesen immer noch dem Verlorenen nachtrauert oder, als Preis für seine Fügsamkeit oder als Ausgleich – ein Preis, der *sofort* auf Heller und Pfennig entrichtet werden muß – nach etwas Ähnlichem oder Entsprechendem im spirituellen Leben verlangt. Es weigert sich zu glauben, daß es eine größere Kompensation gibt, ein größeres vitales Leben, auf das es zugeht, etwas Positives, in dem es nicht die alte Unzulänglichkeit und Ruhelosigkeit und schließliche Enttäuschung geben soll. Die Dummheit findet sich nicht in der Göttlichen Führung, sondern in dem irrationalen und hartnäckigen Widerstand dieses verwirrten und obskuren Teils in dir gegenüber der Forderung, die nicht nur dieser, sondern jeder Yoga stellt – gegenüber den nötigen Voraussetzungen, die erfüllt werden müssen, damit die Aspiration deiner eigenen Seele und höheren Natur befriedigt werden kann.«

Nach einem zusammenfassenden Überblick über die alten Yogaformen, der zu lang ist, um hier zitiert zu werden, wies er auf die dümmlichen Ungereimtheiten des menschlichen Vitalwesens hin und schrieb: »Ich weiß, daß dies die natürliche Inkonsequenz des menschlichen Vitalgeistes ist, der zwei unvereinbare Dinge gleichzeitig will; eben darum ist es nötig, das Menschliche zu transformieren, um etwas Erleuchteteres an seine Stelle zu setzen.«[1]

Hier muß ich innehalten und darauf hinweisen, daß wir während der ersten Jahre unserer *Sadhana* oft unser Mißfallen über seine »These des Supramentalen« ausdrückten, wie wir es nannten. Oft schrieb ich ihm (ganz gewiß halb im Scherz, aber die andere Hälfte klammerte sich verstockt an ihren Zweifel), daß das Supramentale zu schön sei, um wahr zu sein. Einmal schrieb ich ihm, was Chadwick gelegentlich über das Supramentale fallenließ: »Sri Aurobindo raubt einem den Atem, Dilip! Wird es, kann es wirklich geschehen?« Ich reichte solche Bissigkeiten oft an Gurudev weiter, um ihn, soweit möglich, herauszufordern, und da ich im allgemeinen Erfolg damit hatte, wurde ich kühner und verbreitete mich darüber, daß man das Supramentale mit etwas Grimmigem gleichsetzen müsse und etwas Fragwürdigem, wie etwa einem Diktator, der Gutes will, aber dies mit vernichtender Geschwindigkeit, die

[1] Der vollständige Brief ist veröffentlicht in *Letters on Yoga*, der engl. Gesamtausgabe der Briefe von Sri Aurobindo, sowie in der in Vorbereitung befindlichen deutschen Ausgabe. Beides Auroville Verlag, Planegg.

rücksichtslos über alle unsere geliebten Ideale eines vergnüglichen und liberalen Lebens hinwegfegt und uns möglicherweise diese schöne Erde als gänzlich ungeeigneten Platz für sein Königreich des Donners und des Blitzes verschmähen läßt.

Er muß wohl genüßlich gelächelt haben, als er meine Seitenhiebe kommentierte und mich, indem er auf meine Ebene herabkam, gänzlich überrannte:

»Es ist merkwürdig, daß du deine Ignoranz darüber, was das Supramentale sein kann, nicht bestreitest und dennoch in diesen Stimmungen nicht nur kategorisch erklärst, was es sei, sondern auch emphatisch meine Erfahrung darüber als praktisch nutzlos abtust oder doch nur als nützlich für mich allein erklärst! Ich habe nicht gedrängt, ich habe nur gelegentlich ein Wort fallenlassen, da ich dich jetzt nicht frage, nicht-menschlich und göttlich und viel weniger noch supramental zu sein; aber da du immer wieder auf diese Frage zurückkommst, wenn du diesen Angriffen ausgesetzt bist, und sie zum Angelpunkt – oder zumindest einer Hauptstütze – deiner Depression machst, bin ich gezwungen zu antworten. Das Supramentale ist nicht erhaben, hehr, kalt und streng; es ist nicht etwas, das einer vollständigen vitalen und physischen Manifestation entgegensteht oder unvereinbar damit ist; ganz im Gegenteil trägt es in sich die einzige Möglichkeit der ganzen Fülle der vitalen Kraft und des physischen Lebens auf Erden. Weil es sich so verhält, *weil es mir dergestalt offenbart wurde und aus keinem anderen Grund, bin ich ihm nachgegangen und habe ausgehalten, bis ich in Kontakt mit ihm gekommen bin und fähig war, etwas von seiner Macht und seinem Einfluß herabzuziehen.* Mich beschäftigt die Erde und nicht Jenseitswelten um ihrer selbst willen; eine irdische Verwirklichung ist es, die ich suche, und nicht ein Flug zu fernen Gipfeln. Alle anderen Yogas fassen dieses Leben hier als Illusion oder vorübergehenden Abschnitt auf; allein der supramentale Yoga sieht in ihm eine Sache, die vom Göttlichen für eine progressive Manifestation erschaffen wurde, und nimmt die Erfüllung des Lebens und des Körpers zum Ziel. Das Supramentale ist einfach das Wahrheitsbewußtsein, und was es mit seiner Herabkunft mit sich bringt, ist die vollständige Wahrheit des Lebens, die vollständige Wahrheit des Bewußtseins in der Materie.[2] Man muß in der Tat zu hohen Gipfeln aufsteigen, um es zu erreichen, aber je mehr man

---

[2] Siehe dazu auch: »The New Age«-Tonbandseminar I, II und III: ›Die Welt bereitet sich auf einen großen Wandel vor. Willst du helfen?‹, ›Sri Aurobindo und die Zukunft der Erde‹ und ›Die Mutter – oder die Transformation der Welt‹. Auroville Verlag, Planegg 1978.

emporsteigt, desto mehr kann man herabbringen. Ohne Zweifel müssen Leben und Körper nicht die unwissende, unvollkommene, unfähige Angelegenheit bleiben, die sie jetzt sind; aber warum sollte man eine Wandlung in eine vollständigere Lebenskraft, eine vollständigere Körperkraft als etwas Fernes, Kaltes und Unerwünschtes ansehen?

Die höchste Seligkeitskraft (*Ananda*), zu der Körper und Leben jetzt fähig sind, ist eine kurze Erregung des vitalen Geistes oder der Nerven oder der Zellen, die begrenzt ist, unvollkommen und schnell vergänglich; mit dem supramentalen Wandel können alle die Zellen, Nerven, Vitalkräfte und verkörperten Geistkräfte angefüllt werden mit einer tausendfachen Seligkeitskraft, *Ananda*, fähig werden zu einer Intensität der Wonne, die unbeschreiblich ist und die nicht zu vergehen braucht. Wie weltfern, widerwärtig und abstoßend! Die Supramentale Liebe bedeutet eine intensive Einheit von Seele mit Seele, Geist mit Geist, Leben mit Leben und ein völliges Überfluten des Körperbewußtseins mit der physischen Erfahrung des Einsseins, der Gegenwart des Geliebten in jedem Teil, in jeder Zelle des Körpers. Ist auch das etwas Abgehobenes und Hehres und nicht Wünschenswertes? Mit dem supramentalen Wandel wird genau das möglich, gewiß und frei, was du forderst, nämlich die Möglichkeit der freien physischen Begegnung des verkörperten Göttlichen mit dem *Sadhaka* (dem Suchenden), ohne daß ein Konflikt der Kräfte und unerwünschte Reaktionen auftauchten. Auch das ist, wie ich vermute, etwas Abgehobenes und Unerwünschtes? Ich könnte so fortfahren – seitenlang, aber dies soll für den Augenblick genügen.«

Das bringt mich direkt zum Kern der Frage der Transformation unserer Natur in das, nach dem sie sich sehnt und das sie dennoch nicht akzeptieren will, wenn sie notgedrungen eine Anstrengung machen muß. Sie handelt auf diese verkehrte Weise, weil sie von unterschiedlichen Kräften angetrieben wird, die in ihrem eigenen Herrschaftsbereich um die Führung kämpfen, denn sie hat gewissermaßen Räder innerhalb ihrer Räder. Aber hier muß ich der Verständlichkeit halber in meine Vergangenheit zurückgehen – um so mehr, als ich es selbst nicht wenig schwierig fand zu begreifen, was nicht nur von uns gefordert war, sondern auch zu erkennen, wogegen sie, unsere Führer, in ihrer *Sadhana* anzugehen hatten.

Wenn man es in Worte kleidet und einfach als abstrakte These formuliert, klingt die ganze Sache in der Tat einleuchtend und löblich genug, daß man sie versuchen sollte. Hatten nicht alle großen Seher, Mystiker und Propheten aller Zeiten behauptet, daß unser Intellekt nur dann eine Hilfe sein kann, wenn er einwilligt, dem Spirit zu dienen – daß er ein guter Ordner, aber ein schlechter Befehlshaber sei? Oder, um es mit dem tiefgründigeren Klang der großen Seher zu sagen:

> *Der Intellekt ist nicht alles; ein Führer im Innern*
> *erwartet unsere Frage; ER war es, der die Vernunft*
> *informierte, die ER übersteigt; und ungeformte*
> *Ahnungen SEINER Mächtigkeit beginnen.*[3]

Wahre Yogis haben jedoch einstimmig behauptet, daß diese »Ahnungen« nicht zu klaren Botschaften werden können, die uns helfen, die Dunkelheit zu besiegen, außer und bis entweder der Geist schweigt oder der Verstand seinen richtigen Platz im Gesamtaufbau der Dinge zugewiesen bekommen hat. Ich hatte einmal mit dem Heiligen Sri Ramdas in seinem Ashram ein interessantes Gespräch. Er erzählte mir über folgenden Vorfall:

Er lebte zu jener Zeit in einer kleinen Hütte auf der Spitze eines Hügels, als ihn eines Abends ein intellektueller Freund aufsuchte. Er habe eine gewaltige Menge an Fragen, die in seinem Geist rumorten, sagte er, auf die er aber keine befriedigende Antwort finden könne. Ramdas war zu Tode erschrocken, da er sich nie für jene interessiert hatte, die gerne von der Estrade aus Augenzeugen ins Kreuzverhör nehmen, die auf der Anklagebank sitzen und zugunsten des Göttlichen aussagen. Darum entzog er sich irgendwie der Diskussion und legte sich schlafen. Da aber der Geist nur für das eine Mal abgewehrt war, nicht besiegt, mußte er sich an seinen alleinigen Befreier, Ram, wenden. Zu seiner Verwunderung formulierte Ram mitten in der Nacht selbst Fragen und beantwortete sie bis ins kleinste Detail. Diese Antworten notierte er sich. Am nächsten Morgen zeigte er sie seinem intellektuellen Freund, der sie gänzlich ungeheuerlich fand: Es waren genau die Fragen, die er stellen wollte, die da von Ram beantwortet wurden, ja selbst Antworten auf Fragen, die er Ramdas nicht einmal andeutungsweise stellen konnte.

Diese Fragen wurden von Ramdas zusammen mit den Antworten in seinem Buch *At the Feet of God* veröffentlicht. Ich werde hier nur ein paar aus dem ganzen Bündel zitieren:

Frage: »Was bewirkt Selbstüberantwortung?«

Antwort: »Immerwährende Seligkeit.«

---

[3] Zitiert aus Sri Aurobindos Gedicht »In the Moonlight«, veröffentl. in: *Collected Poems, Future Poetry and Letters on Poetry, Art and Literature.* 2 Bde., Auroville Verlag, Planegg.

Frage: »Wie?«

Antwort: »Wenn der menschliche Wille zugunsten des Göttlichen Willens aufgegeben wird, verschwindet jegliche Verantwortung des Instruments, des sich Hingebenden, und das Bewußtsein des individuellen Egos geht auf im Göttlichen Bewußtsein. Dann entspringen alle seine Taten, Gedanken und Worte der Göttlichen Quelle und er bleibt völlig frei von allen Zweifeln, Verlangen und Bindungen . . .«

Frage: »Wie kommt es, daß du es dem Geist deines Kindes erlaubst, ruhelos zu sein?«

Antwort: »Ich bin alles, o Kind! Wo dein Geist auch hingeht, er geht in mir und ruht in mir . . . Du kannst darüber nicht argumentieren, warum es so ist; aber es ist die eine Große Wahrheit. Du kannst es nicht verstehen, aber du kannst es verwirklichen.«

Frage: »Warum sollte Ramdas es nicht verstehen?«

Antwort: »Weil es etwas ist, das jenseits der Reichweite des Intellekts liegt.«

Frage: »Dann erkläre, warum es überhaupt einen Intellekt gibt und was seine Funktion ist?«

Antwort: »Der Intellekt existiert nur, um dir zu dem Wissen zu verhelfen, daß du nichts weißt.«

Ich habe bewußt diesen Punkt ausgewählt, da ich feststellte, daß ich nur sehr widerwillig in der Praxis, wenn nicht sogar theoretisch die Ansicht des Mystikers akzeptierte, daß uns der Intellekt am besten helfen könne, indem er uns dessen unhaltbare Anmaßungen zeigt. Meine eigene Herkunft war – wie die der meisten meiner »gebildeten Freunde« – hauptsächlich intellektuell geprägt. Ich will damit nicht sagen, daß ich mit ihnen Wange an Wange leben und alle ihre Hypothesen hätte akzeptieren können. (Ich hätte sie nie verlassen können, um der mystischen Führung durch den Yoga zu folgen, hätte ich den Verstand als obersten Schiedsrichter der Wahrheit und höchste Weisheit angesehen.) Aber ich hatte tatsächlich fest daran geglaubt, daß unser Intellekt auf der Grundlage der Sinneswahrnehmung letztlich das Recht hätte, das zu beurteilen, was wir *spirituelle Dinge* nennen. Sri Aurobindo wies einstimmig mit den anderen großen Gnostikern diesen Anspruch zurück, was mir praktisch Leiden verursachte, obgleich ich von Anfang an theoretisch ihrer nonkonformistischen Erhabenheit über die Kirche der Intellektuellen zugestimmt hatte. Ich hatte nicht richtig verstanden, warum ich mich so anstellte, wenn ich in die Praxis umsetzen sollte, was ich theoretisch so bereitwillig akzeptiert hatte, bis ich eines Tages die Mutter fragte, die mir freundlich lächelnd sagte, daß jene, die im Intellekt leben, ihre intellektuellen Vorurteile lieben wie ihre eigenen Glieder, so daß jeder Schlag, der auf ihre Lieblingsideen über richtig und falsch fällt, sie zusammenzucken läßt, als wären sie körperlich getroffen worden. Das Geheimnis entschlüsselte sich mir blitzartig. Aber angesichts der Tatsache, ein für allemal dazu gezwungen zu sein, von der Gemeinschaft mit meinen intellektuellen Postulaten Abschied zu nehmen, fühlte ich doch ein Herzziehen, selbst wenn ich allmählich zu der Einsicht gelangte, daß sie nichts anderes als Phantomgeglimmer von Vortäuschungen waren und keine unerschütterlichen Leuchttürme im Sturmgebrause. Immer wieder stimmte ich mit traurigem Kopfnicken Miltons berühmtes Klagelied an:

> *»Denn wer wollte, obgleich schmerzerfüllt,*
> *dies intellektuelle Wesen verlieren?«*

Und der Schmerz brachte dann schließlich meinen alten Ermahner und Wachtposten, Zweifel, wieder ins Spiel, der mich, spitz wie ein Speer, mit bitteren Vorwürfen dafür durchbohrte, daß ich seinen geliebten Meister, Geist, gezwungen hatte, eine derartig hohe Steuer an die Idolanbetung zu entrichten. Ich schrieb unzählige Briefe an Gurudev, in denen ich ihn fragte, wie man diesen Skeptiker zum Glauben beschwatzen könne, wo er sich doch nur danach sehnte, auszuloten, zu wägen und schließlich allem mit Mißtrauen zu begegnen, das seinem forschenden Blick trotzte. Er schrieb einen langen Brief über Zweifel, in dem er seine Anklage des Zweifels mit folgenden Worten eröffnete:

»Ich habe begonnen, über Zweifel zu schreiben, aber sogar wenn ich dies tue, befällt mich der ›Zweifel‹, ob irgendein Haufen Geschriebenes oder auch irgend etwas anderes jemals den ewigen Zweifel im Menschen überzeugen kann, der die Strafe darstellt für seine ureigenste Ignoranz. Vor allem müßte man, um angemessen zu antworten, etwas in der Größenordnung zwischen sechzig und sechshundert Seiten schreiben, aber nicht einmal sechstausend überzeugende Seiten würden Den Zweifel überzeugen.«

Er hatte wahr gesprochen, denn sein Brief konnte mich bestenfalls trösten, aber nicht erlösen – darum erschienen die Aussichten alles andere als rosig, denn seine Wortspielerei lief letzten Endes auf eine Ermunterung zur Wandlung hinaus. Ich muß mich tatsächlich ändern, stimmte ich betrübt zu, und stracks den Kompaß des Intellekts über Bord werfen. Sein beißender Sarkasmus am Ende des Briefes traf den Nagel auf den Kopf:

»Eine simple Frage würde ich gerne denjenigen stellen, die den intellektuellen Geist zum Maß und zur Richtschnur für spirituelle Erfahrung machen wollen. Ist der Göttliche etwas, das geringer ist als der Geist, oder ist *ER* etwas Größeres? Ist das mentale Bewußtsein mit seinem tappenden Nachforschen, endlosen Argumentieren, seinem unauslöschlichen Zweifeln und seiner steifen und ungeschmeidigen Logik etwas dem Göttlichen Bewußtsein Überlegenes oder auch nur Gleichwertiges, oder ist es etwas, das seinem Wirken und seinem Status nach ihm unterlegen ist? Ist es größer, gibt es keinen Grund, das Göttliche zu suchen. Ist es gleichwertig, dann ist spirituelle Erfahrung ziemlich überflüssig. Aber wenn es unterlegen ist, wie kann es dann herausfordern, richten und den Göttlichen zu einem Angeklagten machen oder zu einem Zeugen in seiner Gerichtsverhandlung, ihn aufrufen, als Bewerber um Zulassung vor einer Prüfungskommission zu erscheinen, oder ihn wie ein Insekt aufspießen und unter das Forschermikroskop stecken?«

Ich habe gesagt, daß mir seine Ermunterung nur Trost spendete, keine Erlösung, denn, obgleich ich guten Gewissens behaupten kann, von Anfang an die mystische Ansicht akzeptiert zu haben, daß man das Göttliche nicht mit dem mentalen Senkblei ausloten könne, fällt es mir schwer, mit ebenso gutem Gewissen zu behaupten, daß ich, solange ich noch kein besseres Senkblei in Händen habe, gerne ohne die Gerätschaft auskommen würde, die mir gerade zur Verfügung steht. Ich hatte schon bemerkt, daß unsere mentalen Vorstellungen und intellektuellen Konzeptionen unzulängliche Wegweiser waren, weil sie uns nie erfolgreich aus dem Dickicht führen konnten. Aber ich hatte andererseits erwartet, daß mir solch apokalyptische Visionen der Wahrheit zufallen würden, daß die kleinen Lichter des Geistes in Bedeutungslosigkeit verblassen – aber leider geschah dies nicht auf die spektakuläre Weise, die ich mir erträumt hatte! Ergebnis: Ich bekam das heulende Elend, ich brütete, fragte und zweifelte, beschwerte mich und wimmerte, bis ich schließlich den Göttlichen dafür rügte, daß er das Spiel nicht mitmachte und mich in Wirklichkeit in tiefere Verlegenheit brachte als sein Vorgänger, Intellekt, der falsche Prophet, und so war der einzige Trost, der Dilip blieb, die Schuld an dem Ganzen dem Guru in die Schuhe zu schieben.

Ich habe mich einigermaßen unfein ausgedrückt, aber ich habe, wie ich meine, kein falsches Bild von dem Ungemach gezeichnet, in dem wir uns – oder doch eine große Anzahl von uns – befinden.

Aber das war natürlich nicht die ganze Geschichte. Auf der positiven Seite erhielten wir eine Unmenge, nicht nur in Form von Freude und tagtäglicher Versicherung, daß wir von und durch den

Guru, den wir akzeptiert hatten, aufrechterhalten wurden, sondern auch im Sinne dieser konkret steuerpflichtigen Dividende des Glaubens und der Stärke aus dem Investment selbst unserer einigermaßen unbehauenen Folgsamkeit und unfertigen Loyalität. Wie die Tage vorbeieilten und die Egohorden wuchsen, die wir zu nehmen hatten, begriffen wir, sehr zu unserer Beschämnis und Kümmernis, immer besser, wie grobschlächtig und unbefriedigend unsere Selbstüberantwortung war. Einen Wesenszug dieser sich vertiefenden Verwirklichung kann ich hier gut beschreiben und dabei auch das Sprachrohr für meine Mitsucher sein, nämlich daß, selbst wenn ich in Augenblicken der Depression den Wert der Dividende unterschätzte, die mir zugefallen war, ich mir doch allmählich der völligen Unzulänglichkeit meines totalen Investments bewußt wurde. Was war es schließlich schon, daß ich investiert hatte, fragte ich mich in bedachtsamen Augenblicken? Ein Wille, unterhöhlt von Unbeständigkeit; ein Glaube, von Zweifeln geschüttelt; ein Gehorsamsversprechen, ausgerüstet mit allen Arten von Sicherheitsventilen, um überschüssigen Dampf der Widerspenstigkeit abzulassen; ein Bemühen um Loyalität, das auf so schwachen Füßen steht, daß es immer wieder seinen Posten verläßt, obgleich irgendwo anders wenig Aussicht auf Erleichterung besteht, und schließlich eine Liebe, die nach bestem Vermögen schachert und die Überantwortung ihres geliebten Selbstwillens scheut, obgleich sie sich – in den Worten von A. E. – völlig klar darüber ist, daß

> *wir emporklimmen müssen oder fallen.*
> *Liebe kennt keinen Mittelweg.*
> *Ruft das große Leben nicht,*
> *ist Trauer da und Zerfall.*

Und doch, wie oft habe ich nicht vor und zurück geblickt und nach den »Zinnen der Fülle« geschmachtet, während ich gleichzeitig in meiner Blindheit das rettende Licht der Liebe abwies, wenn immer es herabkam, um mir bei dem Aufstieg zu helfen, der auf den Ruf des größeren, des höheren Lebens folgt!

Ich möchte nicht den Eindruck erwecken, als gäbe es bei diesem Gerangle keinen Unterschied zwischen dem einen und dem anderen *Sadhaka.* Obgleich ich eingestehen muß, daß ich immer wieder neu entdeckte, daß ich beinahe aus Veranlagung unfähig war, mich mit jenen abzufinden, die alles in blindem Vertrauen annehmen konnten, konnte ich gleichzeitig auch nicht bestreiten, daß es unter uns eine ganze Anzahl gab, deren Haltung korrekter, deren Glauben fester verankert und deren Einsicht in yogisches Glücklichsein bewundernswert viel tiefer war als bei mir. Ich war in der Tat kritisch und bisweilen zurückhaltend, aber, wie ich glaube, niemals unverständig oder ungerecht. Darum war ich wirklich beeindruckt von vielen einzelnen Beispielen der Loyalität, der Ehrlichkeit, der Demut und vor allem der harten Arbeit, die ohne zu maulen durchgeführt wurde, nur um dem Guru eine Freude zu machen – aus keinem anderen Grund. Ich konnte verstehen, daß sie sich so verhielten, weil sie das *nishkama karma* der Gita (des Arbeitens, ohne der Frucht der Arbeit anzuhangen) akzeptiert hatten und sich dabei völlig bewußt waren, welche Hindernisse sie zu übersteigen hatten, um das Ideal in die Praxis umsetzen zu können; da die menschliche Natur nun einmal ist, wie sie ist, wäre es ihnen sonst menschlich unmöglich gewesen, so tapfer, wie sie es taten, voranzuschreiten, verwoben in die stumpfsinnige Routine unbelohnter Arbeit, die kaum irgendeinem von uns entsprach.

Und *last, not least* muß ich hier etwas besonders hervorheben, was Außenstehende oft übersehen, wenn sie unfreundliche Aburteilungen unserer *Sadhana* (Yogadisziplin) verkünden. Und zwar folgendes: Obgleich ich mit angemessener Zerknirschtheit zugeben muß, daß viele von uns, mich eingeschlossen, oft nicht einmal die grundlegenden Bedingungen für die echte Transformation der fundamentalen menschlichen Impulse erfüllten, kann ich doch keinem Außenstehenden das Recht einräumen, unser dennoch, individuell oder kollektiv, Erreichtes zu beurteilen, bevor er sich nicht selbst dem stellt, mit dem wir zu kämpfen hatten.

Das erinnert mich – wie ich hier beiläufig einfügen möchte – an eine Äußerung von Tagore über menschliche Urteile im allgemeinen. Auf seine unnachahmlich ironische Weise sagte er: »Wissenschaftler, Techniker, Philosophen und begabte Arbeiter in verschiedenen Bereichen, Dilip, sind besser daran als wir, denn Herr Jedermann und Alleswisser wird sich nicht getrauen, *deren* Arbeit einfach herunterzuputzen; aber sieh doch, wie schnell er mit seinem Urteil ist, wenn es um die Frage geht, ob *unsere* kreative Arbeit gutgeheißen oder verdammt wird!« Jahre später, als ich ihn wiedertraf, erinnerte ich ihn an seine Bemerkung und fügte hinzu: »Aber Sir, sie hätten uns Yogis in die gleiche Kategorie wie sie einordnen sollen.«

Er verstand und lächelte.

»Nun denn«, fragte er, »sie werden *deine* Arbeit und *Sadhana* nicht so sehen wie *unsere*. Wie können sie dann urteilen?«

»Indem sie als Abrakadabra abtun, was sie nicht sehen können.«

Wie sehr lachte er!

Aber es ist kein Scherz, was ich da sage. Viele Kritiker habe ich kennengelernt, die selbstzufrieden den Stab über das brachen, was wir taten oder ungetan ließen. Hier ein Beispiel.

Ein englischer Freund kam mich besuchen. Er war ein bekannter Journalist und gehörte nicht jener marktschreierischen Spezies an, die, wie es Aldous Huxley ausdrückte, nach Indien kommt, um zum einen ihre Überlegenheit zu verkünden und zum anderen um »sich ein gemütliches Leben zu machen«. Mein Freund war auf seine eigene Weise ein bedachtsamer Mensch und hatte einen gewissen Respekt vor der Weisheit Indiens. Obgleich nicht selbstgefällig aus Veranlagung, ging er doch davon aus, daß die westliche Lebensauffassung im wesentlichen gesünder und besser war als jene des »orientalischen Quietisten«, wie er uns überlegen titulierte. Ich führte ihn im Ashram herum. Vieles von dem, was er sah, bewunderte er. Trotzdem hielt er an der Überzeugung fest, daß wir zu statisch und weltfern und zu sehr außerhalb des Lebensstroms stünden, um fähig zu sein, »auf die Welt einzuwirken«. »Und wenn ihr nicht vorhabt, auf die Welt einzuwirken«, sagte er mit einer gewissen Schärfe in der Stimme, »wie meint ihr, wird sich dann die Welt verändern – reformieren?«

Ich antwortete, so gut ich konnte, und zitierte zu seiner Beruhigung aus Sri Aurobindos *Renaissance of India:* »Mit Spiritualität meinen wir nicht einen weltfernen metaphysischen Geist oder die Neigung zu träumen anstatt zu handeln«, denn »die Wahrheit des Spirits zutiefst verwirklichen und durch sie das Leben voranzubringen und neu zu bilden«, war das Ziel *seines* Yoga; aber obgleich er mir geduldig zuhörte, ließ er sich nicht überzeugen. Auch wußte ich nicht, wie ich seinem einigermaßen engen Einbahnstraßen-Denken beibringen sollte, daß es wohl nicht ganz erfassen könne, wogegen wir anzukämpfen hatten: die Trägheit des Ego, angezäumt an die Aufsässigkeit unseres Selbstwillens. Trotzdem versuchte ich ihm zu erklären, warum ich so gut als möglich die Lockungen der Welt schillernder persönlicher Ambitionen zurückweisen mußte. Ich zitierte ihm darum eine Botschaft von Gurudev: »*Der befreite Mensch hat keine persönlichen Hoffnungen; er ergreift Dinge nicht als seinen persönlichen Besitz; er empfängt, was der Göttliche Wille ihm bringt, gelüstet nach nichts, ist auf niemanden neidisch; was zu ihm kommt, nimmt er ohne Widerwillen und ohne Anhangen; was von ihm geht, läßt er fahren in den Wirbel der Dinge, ohne zu murren oder Kummer zu empfinden oder das Gefühl des Verlustes zu haben. Sein Herz und Selbst stehen unter vollkomme-*

ner Kontrolle; sie sind frei von Reaktionen und Leidenschaften, sie verursachen keine turbulente Erwiderung auf die Berührung durch äußere Dinge.« Aber weder meine Leidenschaft noch meine Argumente überzeugten: er blieb weiterhin unbestimmt. Er erinnerte mich eigentlich an Madame de Staël, die, wie Schiller in seinem berühmten Brief an Goethe schrieb: »darauf beharrt, alles zu erklären, alles zu verstehen, alles zu bemessen. Sie läßt keine Dunkelheit zu, nichts Unerfaßbares: wo ihre Lampe kein Licht hinwirft, kann auch nichts existieren ... Sie schätzt das Falsche nicht, erkennt aber auch nicht immer, was wahr ist!« Aus diesem Grund konnte mein englischer Freund auf keinen Fall die indische Geisteshaltung verstehen und verurteilte *vairagya* (Entsagung) als »kränkliche Brut eines morbiden Unbehagens an der Welt«.

Glücklicherweise war Chadwick gerade in der Gegend; und so machte ich die beiden miteinander bekannt. Ich werde nie die große Begegnung vergessen, das denkwürdige »Tauziehen«, das dabei herauskommt, wenn »ein Grieche einen Griechen trifft«. Hätte ich mehr Platz zur Verfügung, würde ich nur zu gerne das ganze Wechselgespräch ausbreiten. Aber wenigstens die dramatische Entscheidung will ich schildern.

Meinen guten, kritischen Freund will ich Mr. Pontiff nennen.

Mr. Pontiff: »Ich weiß, Mr. Chadwick, daß Ihr Meister eine ganze Anzahl von bedeutenden und qualifizierten Frauen und Männern angezogen hat. Aber das ist genau der Grund, warum wir von ihnen erwarten, daß sie auch etwas *tun*.«

Chadwick: »Aber wir *tun* etwas.«

Mr. Pontiff: »Ich werde Sie etwas Einfaches fragen: Was zum Teufel tun Sie – und bitte keine Ausflüchte.«

Chadwick (*lächelnd*): »Nun, Mr. Pontiff, als ein Mann von Welt wird Ihnen sicher schon aufgefallen sein, daß eine Frage oft einfach sein kann, nicht jedoch die Antwort.«

Mr. Pontiff: »Das ist mir bekannt. Und?«

Chadwick: »Angenommen, ich würde sagen: Jeder hier von uns muß sich seinem Ego stellen?«

Mr. Pontiff: »Und wenn er gewinnt?«

Chadwick: »Dann beginnt – auf jeden Fall für ihn – das Königreich des Himmels.«

Mr. Pontiff: »Und wie sieht es für uns Übriggebliebene aus?«

Chadwick (*lächelnd*): »Warum nicht wie Mr. Asquith ›abwarten und sehen, was da kommt‹?«

Mr. Pontiff (*mit intensivem Blick*): »Sind Sie nicht auch der

Ansicht, daß wir lange genug gewartet haben, ohne irgend etwas zu *sehen*?«

Chadwick: »Ist das der Vorwurf gegen uns Quietisten, wie Sie uns gerne nennen?«

Mr. Pontiff: »Nun, zum Teil. Aber sehen Sie, Mr. Chadwick, wollen wir doch offen sein und nicht unnötig um den heißen Brei herumreden. Ich bin nicht von so weither gekommen, um die Art und Weise zu bekritteln, auf die Ihr Meister Dinge bewerkstelligt. Ich bewundere ihn, da er sagt, daß er an unsere irdische Entwicklung glaubt. Aber schließlich müssen Sie doch zugeben, daß es trotz unserer wiederholten Fehlschläge und bedauerlichen Irrtümer wir, die wissenschaftlichen Aktivisten des Westens sind, die die Welt beherrschen, und nicht die passiven, verinnerlichten Menschen des Ostens. Sie können sicherlich auf einige unserer falschen Regungen und Mißgriffe hinweisen; Außenstehende können das oft, ebenso wie Zuschauer eines Schachspiels oft den besseren Überblick haben. Mißverstehen Sie mich nicht. Ich wäre der letzte Mensch, der behaupten würde, daß uns der Osten nichts zu lehren hätte. Aber damit das geschieht, müßten die Propheten von dort etwas dynamischer werden und *hervortreten* und die Lehre verkünden anstatt eingekerkert in ihrem Elfenbeinturm des Friedens, der Selbstüberwindung und der Meditation zu verharren. Die große, weite Welt erhält ihre vorwärtstreibende Kraft durch das Gesetz des Gebens und des Nehmens: hast du nichts zu geben, bist du so gut wie verloren für den Rest, wenn nicht gar so gut wie tot. Denn in der letzten Analyse der Dinge kann die Welt, die Ihr Meister erschaffen will, nur entstehen, wenn die besten Geister dieser Welt für *alle* Menschen im hellen Tageslicht arbeiten – und nicht im fahlen Dämmerlicht einer Traum-Zurückgezogenheit.«

Chadwick (*nach einer Pause*): »Sie haben Ihre Sache recht gekonnt vorgetragen, Mr. Pontiff, und ich will meinerseits nicht nachstehen. Aber lassen Sie mich erst ebenfalls eine simple Frage stellen. Sie glauben doch – oder täusche ich mich da? –, daß die Welt nur gerettet werden kann, wenn deren beste Menschen ihre Arbeit öffentlich, für jedermann erkennbar, tun und nicht, wie die stillen Orientalen, in friedlichen Ashrams?«

Mr. Pontiff: »So ist es.«

Chadwick: »Sie wollen also sagen, daß die besten Leute aus dem Westen nicht den Fehler gemacht haben, dem der Osten verfallen ist, und statt dessen im großen und ganzen öffentlich auf der lauten Plattform des Aktivismus gestanden haben – ganz gewiß jedoch seit dem Auftauchen der Wissenschaft und des Industrialismus?«

Mr. Pontiff: »Genau das.«

Chadwick: »Gut, dann beantworten Sie mir meine Frage von Mensch zu Mensch: befindet sich die westliche Zivilisation auf der aufsteigenden oder absteigenden Kurve?«

Mr. Pontiff (*bestürzt*): »Sie meinen – «

Chadwick: »Sie wissen ganz genau, was ich meine. Warum kommen Sie in den Osten auf der Suche nach Erkenntnis, wenn die westliche Lebensauffassung *im wesentlichen* ganz in Ordnung ist? Darum antworten Sie mir bitte: Glauben Sie wirklich immer noch, daß die Rose der westlichen Zivilisation jemals erblühen kann, bevor wir herausgefunden haben, wie wir ein für allemal mit dem tödlichen Krebs zu Rande kommen, der sich in ihr Herz frißt?«

Mr. Pontiff: »Und angenommen, ich würde Sie fragen, was denn dieses Krebsgeschwür sei?«

Chadwick: »Angenommen, ich würde Ihnen antworten, daß es sich aus verschiedenen ›Ismen‹ zusammensetzt, beherrscht durch unseren fanatischen Wahn, mit Gewalt etwas Überzeugendes zustande zu bringen, wenn wir selbst weit davon entfernt sind, von der Richtigkeit unserer Vision oder der Richtigkeit unserer Methoden überzeugt zu sein? Ja, ich behaupte, daß man erst die wahre Vision erlangen muß, bevor man den Schlüssel zur richtigen Tat finden kann.«

Mr. Pontiff (*mit gesenktem Kopf*): »Ich möchte mich entschuldigen, weil …«

Chadwick: »Weil – ?«

Mr. Pontiff (*nach einigem Zögern*): »Ich beginne zu verstehen.«

Ich habe dem Wechselgespräch absichtlich eine dramatische Wendung gegeben, aber es ist nicht nur Erfindung: sie rangen sowohl mit großem Einsatz als auch mit großer Ehrlichkeit miteinander, und die Substanz des Wortgefechts, wie ich sie dargestellt habe, ist authentisch. Ich kann mich noch gut erinnern, wie beeindruckt ich war, als Chadwick Mr. Pontiff an die Wand drückte, und wie dieser wiederum seine Niederlage wie ein echter Sportler eingestand und sich entschuldigte. Nachdem er abgereist war, sagte mir Chadwick mit seiner charakteristischen britischen Ironie, wie beklagenswert die Westler den uralten spirituellen Impuls des gottergriffenen Inders (der die Göttliche Wirklichkeit erfahren hat) mißverstünden, der danach strebt, die Göttliche Gnade zu bewegen, den schrillen und düsteren Mißklang des

elenden Lebens zu ertragen, um ihn ganz und gar in Harmonie
umzuwandeln – jenen Impuls, der ihn dazu veranlaßte, so wun-
derschön zur Welten-Mutter zu beten, die dies düsternisbefan-
gene Erdenleben überwölbt:

Über diesem dunklen Spirit-Meer
  steige auf als voller Mond.
Wandle die Trübheit des Schmerzes
  in makellose Silbergabe.
Aus eines Planeten Schwersinn
  schreit alle Vielfalt nach Dir –
Leben in unserem reglosen Grab,
  Licht auf unsrer verdunkelten See.

Ich schickte damals einen ausführlichen Bericht des ganzen Ge-
schehnisses an Gurudev, und ein ironisches Lächeln muß um seine
Lippen gespielt haben, als er die Szene kommentierte, die ich ihm
aus der Erinnerung beschrieben hatte:

»Das Weltverständnis, von dem Pontiff möglicherweise sprach
(er mag etwas Oberflächlicheres und Trivialeres gemeint haben),
kann nicht aus dem Geist erwachsen und noch weniger aus dem
Vital, das etwas vom Leben, wie es ist, erwartet. Denn das Leben,
wie es ist, hat nichts zu geben, außer denen, die mit oberflächlichen
Vergnügungen zufrieden sind.« Und dann fügte er, völlig dem
Standpunkt von Chadwick beipflichtend, hinzu: »*Das innere Verständnis kann nur durch einen Bewußtseinswandel kommen, der
das tiefere innere Leben hinter den Erscheinungen sieht, und eben
dieser Bewußtseinswandel ist es, der sich in dir entwickelte, weil du
von der vitalen Sicht der Dinge Abstand genommen hast – die
Entsagung war nur ein äußerliches und negatives Zeichen dieser
Abstandnahme.*«

Natürlich hatte ich nicht von Mr. Pontiff erwartet, all dies zu
verstehen, ebensowenig wie ich erwartet hatte, daß er verstehen
würde, was mir Gurudev in einem anderen Brief darüber schrieb,
bis zu welchem Grad er dem zustimmen könne, was man *vairagya*
(Entsagung, Abscheu vor der Welt) nennt und wo bei ihm die
Grenze ist.

»In der Vergangenheit habe ich Einwände gegen *vairagya* der
asketischen und der *tamasischen* (trägen, dumpfen) Art geäußert«,
schrieb er. »Die *vairagya* von einem, der der Welt Geschenke und
Preise geschmeckt hat und sie unzureichend oder letztlich ge-
schmacklos findet und sich abwendet zu einem höheren und schö-
neren Ideal, oder die *vairagya* von jemandem, der seinen Teil des

Lebenskampfes geführt hat, aber erkennt, daß von der Seele etwas Größeres verlangt wird, ist gänzlich hilfreich und ein gutes Tor zum Yoga ... Mit asketischer *vairagya* meine ich jene, die das Leben und die Welt vollständig verneint und im Unaussprechlichen aufgehen möchte – ich habe diesbezüglich bei jenen Bedenken, die auf diesen Yoga stoßen, da dies unvereinbar ist mit meinem Ziel, das Göttliche *in* das Leben zu bringen. Aber wenn man mit dem Leben, *wie es ist*, zufrieden ist, gibt es keinen Grund, das Göttliche *in* das Leben zu bringen. Darum ist *vairagya* im Sinne der Unzufriedenheit mit dem Leben, *wie es ist*, völlig zulässig und in einem gewissen Sinn unerläßlich für meinen Yoga.«

Ich weiß nicht, ob Mr. Pontiff je meine Bewertung seines kurzsichtigen Pragmatismus zu Gesicht bekommen wird. Aber falls es geschieht und er zu dem Schluß gelangt (was wahrscheinlich ist), daß ich ihn nicht verstanden habe, möchte ich zu meiner Verteidigung nur vorbringen, daß ich ihn nicht als Individuum angegriffen habe, sondern als Vertreter einer Mentalität, die selbst okkulte Dinge von einem oberflächlichen Standpunkt aus beurteilt. Wenn ich ein abgedroschenes Sprichwort zur Erklärung anführen darf, würde ich mich erdreisten zu sagen, daß es nicht nur wahr ist, daß niemand anderes als der Träger weiß, wo der Schuh drückt, sondern ebenso, daß niemand behaupten kann, er sei in die Yogaschuhe geschlüpft, solange er sie nicht anbehält, selbst wenn sie uns bluten lassen, da nichts anderes uns das tiefe Mißverhältnis zwischen dem eigenen Selbstwillen und dem Göttlichen Willen vor Augen führen kann,[4] ein Mißverhältnis, das selbst, wie die Weisen sagen, einige Götter zu Rebellen machte.

---

[4] Der Konflikt zwischen menschlichem Willen und Göttlichem Willen ist eines der fundamentalsten Probleme der psychologischen Natur des Menschen, das der echte Sucher nach Selbstverwirklichung entschlossen angehen muß. Ein großer Teil aller spiritueller Literatur setzt sich darum mit diesem Konflikt auseinander. In diesem Zusammenhang sei besonders auf das Tonbandseminar »Die Welt bereitet sich auf einen großen Wandel vor. Willst du helfen?« hingewiesen, das sich diesem Problemkreis widmet. Es gibt nicht nur einen guten Überblick, sondern auch hilfreiche Hinweise zur Lösung des Konflikts: Auroville Verlag, Planegg 1978.
Außerdem sei auf das Buch »Das Rätsel dieser Welt« hingewiesen, das eine Zusammenstellung von Briefen von Sri Aurobindo an seine Schüler enthält, sowie auf die Zeitung der Auroville- und Mirapuri-Freunde »Für die Zukunft«, Nr. 7, 1978, die dieses Thema behandelt. Ebenfalls Auroville Verlag.

8. Kapitel

GURU, DER ALCHEMIST

Um die Schwierigkeiten, denen sich ein Yogi für geraume Zeit zu stellen hat, besser darstellen zu können, möchte ich etwas weiter vordringen und sagen, daß in dem Augenblick, in dem man auch nur ein wenig auf dem Yogaweg vorwärtskommt, das Ego mit neuen Prüfungen konfrontiert wird, und zwar bei jeder Gelegenheit, so daß man oft am liebsten verzweifelt aufgeben würde. Wenn diese Krisen kommen, ist es nur die direkte Hilfe des Guru und seine unermüdliche Leitung, die uns aus dem verhängnisvollen Schlund der Verzagtheit herausholen kann. Das Problem ist nur, daß die Hilfe des Guru kaum völlig wirksam sein kann, wenn es der Mitarbeit des Schülers ermangelt, der im allgemeinen nur allzugern dazu bereit ist, sich mehr auf Wunder als auf *sadhana* (Yogadisziplin) zu verlassen. Das ist der Grund, warum er, trotz der wiederholten Warnungen durch den Guru so anfällig für den Fehler ist, *tamasische* (Tamas ist das Prinzip der Trägheit. Anm. d. Übers.) Passivität mit *sattwischer* (Sattwa ist das Prinzip der Klarheit. Anm. d. Übers.) Überantwortung zu verwechseln. Ein anderer Grund ist, daß das Idiotenparadies, wie fadenscheinig es auch sein mag, durchaus ergötzlich ist, solange es währt; anders ausgedrückt, ist es wonniglich, durch die Sophisterei eingelullt zu werden, daß, da ja alles in Ordnung mit dem Vorarbeiter in der Höhe ist, nichts wirklich bei uns Arbeitern hier unten im argen liegen könne. Ich erinnere mich deutlich an einen schlimmen Rempler, den ich von einem Weggenossen erhielt, der mir pikiert verkündete: »Wenn man sich ununterbrochen schwer bemühen soll, wozu, um alles in der Welt, soll dann ein Guru gut sein?« Seine gesamte psychologische Struktur und seine bequeme Sicht der Dinge veranlaßten ihn dazu, ein für allemal zu dem Wunder von Sri Aurobindos Kraft als dem einen und einzigen Lösungsmittel für alle unsere Schwierigkeiten aufzublicken. Ich sagte ihm, daß Sri Aurobindo einmal klar und kategorisch an Nirod gerade über diesen Punkt folgendes geschrieben hat: »*Der Fehler ist, zu meinen, es müsse entweder eine mirakulöse Kraft oder überhaupt keine sein. Es gibt keine mirakulöse Kraft, und ich gebe mich nicht mit Wundern ab.*« Und dann: »*Was ist Sri Aurobindos Kraft?* Es ist kein persönlicher Besitz meines Körpers, es handelt sich um eine Höhere Kraft, die von mir angewendet wird oder durch mich wirkt. Natürlich ist es eine Göttliche Kraft, denn es gibt nur Eine Kraft, die in der Welt am Wirken ist, aber sie tut dies entsprechend der Natur des Instruments.«

Aber der Mensch ist, wie die Psychoanalytiker zu Recht sagen, unberechenbar. Denn kaum hatte ich diesen Brief vorgelesen, um die These meines Freundes zu widerlegen, rollte er vor Freude mit den Augen. »Ich stimme von ganzem Herzen zu«, rief er triumphierend, »denn das ist gerade der Grund, warum ich Gurudev anbete: Er weiß, wie er auf mich einzuwirken hat. Warum sollte ich dann auf individuelle Plackerei zurückgreifen, wenn sich die Dinge schneller durch Überantwortung vorantreiben lassen? Da ich dafür gekommen bin, wird die Göttliche Kraft gewißlich durch Sri Aurobindo wirken und mich transformieren.« Da ich mich beunruhigt, ja sogar aus der Fassung gebracht fühlte, wandte ich mich abermals an Gurudev, um ihm zu sagen, er solle uns etwas Handfestes mitteilen, nach dem man sich richten könne, und uns nicht in der Luft hängen lassen. Darauf schrieb er:

»In der Anfangsphase der Sadhana – und wenn ich von Anfang spreche, meine ich nicht eine kurze Zeitspanne – ist Bemühung unerläßlich. Überantwortung, das ist klar, aber Überantwortung ist nicht eine Angelegenheit, die man in einem Tag zuwege bringt. Der Geist hat seine Ideen, und er klammert sich an sie – das menschliche Vital widerstrebt der Überantwortung, denn was es in den Anfangsphasen Überantwortung nennt, ist eine zweifelhafte Art von Selbstgebung, die eine Forderung in sich enthält – das physische Bewußtsein ist wie ein Stein, und was es als Überantwortung bezeichnet, ist meist nicht mehr als Trägheit. Nur das Psychische weiß, wie man sich überantwortet, und das Psychische ist im allgemeinen anfangs sehr verborgen. Wenn das Psychische erwacht, kann es eine plötzliche und echte Überantwortung des ganzen Wesens bewirken, denn die Schwierigkeit der restlichen Wesensteile wird rasch bewältigt und verschwindet. *Aber bis dahin ist Bemühung unerläßlich.* Oder sonst ist sie nötig, bis Die Kraft beginnt, von oben herab in das Wesen zu fluten, und die *sadhana* aufgreift, sie mehr und mehr für einen vollbringt und immer weniger der persönlichen Bemühung überläßt – aber selbst dann ist, wenn nicht Bemühung, so doch Aspiration und Wachsamkeit verlangt, bis die Besitzergreifung des Geistes, Willens, Lebens und Körpers durch die Göttliche Macht vollständig ist.«

Aber jemand, der keinen Yoga praktiziert hat, wird wohl kaum verstehen, was Gurudev verdeutlichen wollte, wenn er erklärte, daß

Bemühung und Überantwortung wechselseitig voneinander abhängen. Darum will ich das Thema mit dem Bericht über ein Gespräch zum Abschluß bringen, das ein pathetisch Gläubiger einmal mit Gurudev über diese Frage führte.

»Ich habe versucht, Sir«, sagte er, »und mich sehr bemüht, wie ich versichern kann. Aber je mehr ich versuchte, desto mehr spürte ich, daß es sinnlos sei zu versuchen, bis mir schließlich ein Licht aufging und ich begriff, daß *du allein* uns aus dem Dickicht führen *kannst und mußt*. Darum nimm uns an – wir werden dir nachfolgen.«

Sri Aurobindo lächelte nur und sagte:

»*Ich wünschte, ihr tätet es.*«

Was er meinte, war simpel genug; aber was er stillschweigend mit einbegriff, war nicht ganz so einfach. Es ist gar nicht leicht, das Ego zu zähmen, und die ganze Angelegenheit scheint für geraume Zeit nur immer schwerer zu werden, denn wenn man das Ego abtastet, enthüllt es eine Vielzahl an Verknotungen und Schrullen. Das ist der Grund, warum die Tat der Überantwortung während aller Zeitalter gleichzeitig die einfachste und die schwierigste aller Unternehmungen geblieben ist. Entweder muß die Göttliche Gnade eingreifen, oder – und das wäre das gleiche im Falle jener, die sich einem Guru zugewandt haben – man muß sich immer mehr zu der Gnade des Gurus öffnen, bis schließlich die Bewußtseinswende unwiderruflich vollbracht ist. Yoga wird schwierig unter anderem deshalb, weil es die meisten von uns in einem Zeitalter der ständigen Verkomplizierung, die durch das maßlose Geschrei unseres mentalen Wesens nach der Hauptrolle in dem Stück und nach einer Umgehungsstraße entstanden ist, die an der eigentlichen Sache vorbeiführt, alles andere als leicht finden, einfach zu sein. Aber sei es zum Guten oder zum Schlechten, da wir »Kinder des intellektuellen Zeitalters« sind, wie Gurudev es formuliert, müssen wir das Beste aus einem schlechten Tauschgeschäft machen und uns bemühen, weiterzutrotten. Während ich darum Gurudev einerseits begreifen wollte, indem ich ihn ausfragte, wollte ich andererseits Nutznießer seiner bereitwilligen Hilfe sein, und zwar trotz meiner tiefsitzenden mentalen Vorbehalte, die einfach da waren, obgleich er mir in seiner unendlichen Güte immer wieder versichert hatte, daß er völlig dazu bereit sei, »*mich durch die ganze Sache durchzuziehen*«, wenn ich ihn nur lassen würde. Aber da genau war der schwache Punkt: Meine mentalen Vorbehalte wollten den Blankoscheck, wie ich es nannte, nicht unterzeichnen, mit dem Ergebnis, daß ich nach bestem Vermögen vorantrottete, in der Tat von seiner Hilfe profitierend, aber mich nicht sehr auf sie verlassend. Ist es dann noch ein Wunder, daß ich unter diesen Umständen meinen Weg trotz seiner immensen Hilfe, die mir durch seine unermüdliche Duldsamkeit und seine gezielten Hinweise zustatten kam, als recht schwer und holprig empfand? Man kann wohl nicht gleichzeitig einen Kuchen haben und ihn verspeisen. Es war wohl nicht gut möglich, das helfende Licht abzulehnen und gleichzeitig zu hoffen, die hartnäckige Verdunkelung von einem Tag auf den anderen abschütteln zu können, die mich immer wieder so weit brachte, sein Willkommenslächeln zu übersehen und seine Verfügungen mißzuverstehen – die wahrhaftig so simpel waren, wie man es sich nur wünschen konnte –, bis ich ihn eines Tages, mich selbst an Dummheit übertreffend, redegewandt fragte, wie man von mir erwarten könne, zu sagen, ich wolle mich dem Göttlichen geben, aber Ihn nicht akzeptieren, wo ich doch mit »jedem Blutstropfen« nach Ihm verlangte! »Kann ich es mir leisten, unehrlich zu sein?« schrieb ich schwülstig und war dabei völlig überzeugt, daß ich sowohl toll als auch schlau gewesen war, wenn nicht gar originell und brillant!

Um das Maß voll zu machen, schlug ich ihm schließlich vor, daß ich ohne Nahrung auskommen wolle. Es scheint, als hätte ich es sogar halb geglaubt, obgleich ich die Aussicht gefürchtet haben muß, da ich schon immer ein durch und durch normaler Mensch gewesen bin, der Fastenperioden noch nie anregend gefunden hat.

»Da ich feststelle, Guru«, argumentierte ich, »daß ich, gleichgültig, was ich auch tue, die Vorstellung einfach nicht akzeptieren kann, mich deiner Gnädigkeit zu überantworten; daß ich das Leben ohne wachsende Erwiderung vom Göttlichen sinnlos finde; und daß ich schließlich finde, wie ich wiederholen möchte, daß ich dich ehrlich darum bitte, mich mit der Stärke auszurüsten, derer ich so dringend bedarf, um meinen Stolz loszuwerden – laß mich bitte wissen, ob du meinem *prayopaveshana* (Fasten bis zum Tode, bis die ersehnte Verwirklichung eintritt) jetzt zustimmst. Ich habe in Berichten über das Leben einiger Yogis gelesen, daß sie dies als letztes Hilfsmittel versuchten und erfolgreich waren.«

Als Antwort schenkte er mir einen seiner zärtlichsten Briefe.

»Dilip«, schrieb er, »ich habe dir all das als Erwiderung auf deine Darlegung deiner früheren Ideen über den Yoga geschrieben, daß, wenn man den Göttlichen wolle, der Göttliche selbst die Läuterung des Herzens übernimmt und die *sadhana* ausarbeitet und die nötigen Erfahrungen gibt. Was ich sagen wollte, war, daß dies geschehen kann und auch geschieht, wenn man Vertrauen in das

Göttliche hat und zuversichtlich ist und sich wirklich überantworten will. Denn solch ein Annehmen setzt viel mehr voraus, daß man sich den Händen des Göttlichen anvertraut, als daß man sich auf unser einsames Mühen verläßt, und das verlangt wiederum, daß man vertrauensvoll und zuversichtlich gegenüber dem Göttlichen ist und sich immer besser gibt. Das ist tatsächlich das Prinzip der *sadhana*, dem ich selbst folgte, und es stellt den Kern des Yoga dar, so wie ich ihn mir vorstelle. Es ist, wie ich annehme, das, was Sri Ramakrishna mit der Methode des Katzenkindes in seinem Gleichnis meinte.*

Aber alle können dies nicht sogleich vollbringen: sie brauchen Zeit, um dorthin zu gelangen – es entfaltet sich am besten, wenn der Geist und das Vitale still werden.

Was ich mit Überantwortung meinte, war diese innere Überantwortung des Geistes und des Vitals. Es gibt natürlich auch die äußerliche Überantwortung: das Aufgeben all dessen, was man als Widerspruch zum Geist oder zu den Voraussetzungen für die *sadhana* empfindet, die geweihte Gabe, die Gehorsamkeit gegenüber der Führung durch das Göttliche, entweder direkt, wenn man diese Stufe erreicht hat, oder durch das Psychische oder Gehorsam gegenüber der Führung durch den Guru. Ich möchte sagen, daß *prayopaveshana* nichts mit Überantwortung zu tun hat: es ist eine Art von sehr strenger – und meiner Ansicht nach sehr exzessiver – *tapasya* (asketische Disziplin. Anm. d. Übers.), die oft sehr gefährlich ist. Aber ich sprach von der inneren Überantwortung.

Der Kern dieser inneren Überantwortung ist Vertrauen und Zuversicht gegenüber dem Göttlichen. Man nimmt die Haltung ein ›Ich will das Göttliche und nichts anderes.‹ (Ich weiß nicht, warum du meinen sollst, daß man von dir verlangen könnte, dies aufzugeben – ist diese Haltung nicht da, ist der Yoga undurchführbar.) Ich möchte mich ganz ihm geben, und da es meine Seele ist, die dies will, kann es gar nicht anders sein, als daß ich ihn treffen und verwirklichen werde. Ich frage nach nichts anderem als nach dem und seinem Wirken in mir, das mich zu ihm führen soll, sein Wirken, sei es geheim oder offenbar, verborgen oder manifest. Ich bestehe nicht auf *meinem* selbstgewählten Zeitpunkt und *meiner* Methode: soll *er* alles gemäß *seiner* eigenen Zeit und Weise tun, ich werde an ihn glauben, seinen Willen akzeptieren, ständig nach seinem Licht und

---

* Sri Ramakrishna sagte, daß sich das Affenkind an seine Mutter anklammert, wogegen sich das Katzenkind von seiner Mutter in einer Haltung völliger Überantwortung und Vertrauens tragen läßt.

seiner Gegenwart und Freude streben, durch alle Schwierigkeiten und Verzögerungen hindurchgehen, mich auf ihn verlassend und niemals aufgebend. Laß meinen Geist ruhig sein und sich ihm zuwenden und ihm vertrauen und ihm erlauben, ihn zum Licht zu öffnen; laß mein Vitales friedvoll sein und sich ihm allein zuwenden und ihm erlauben, seine Ruhe und Freude ihm zu erschließen. Ich und alles soll ihm gehören. Was auch geschieht, ich werde diese Aspiration und diese Selbstübergabe aufrechterhalten und in der völligen Gewißheit voranschreiten, daß alles vollbracht wird.

Das ist die Haltung, die man entwickeln muß: denn gewiß kann sie nicht sofort vollkommen gemacht werden – mentale und vitale Regungen werden dazwischenkommen –, aber wenn man den entsprechenden Willen beibehält, wird sie im Wesen stärker werden. Der Rest ist eine Frage des Gehorsams gegenüber der Führung, sobald diese manifest wird – man läßt nicht zu, daß die eigenen Mental- und Vitalbewegungen störend eingreifen.

Es war nicht meine Absicht zu sagen, daß dies die einzige Methode sei und man *sadhana* nicht auch auf andere Weise durchführen könne – es gibt eine so große Vielzahl an anderen Wegen, auf denen man sich dem Göttlichen nähern kann. Aber dies ist der einzige, den ich kenne, auf dem die Übernahme der *sadhana* durch das Göttliche eine spürbare Tatsache wird, bevor noch die Natur bereitet ist. Bei anderen Methoden mag man das Göttliche Wirken von Zeit zu Zeit fühlen, aber es verharrt größtenteils in der Verborgenheit, bis alles bereitet ist. Einige *sadhanas* anerkennen das Göttliche Wirken nicht; alles muß mittels *tapasya* erlangt werden. Bei den meisten Yogadisziplinen findet man eine Vermischung der beiden: die *tapasya* ruft schließlich die direkte Hilfe und Intervention herbei. Die Vorstellung und die Erfahrung, daß das Göttliche alles macht, entspricht dem Yoga, der sich auf Überantwortung gründet.

Aber welchem Weg man auch folgt, wichtig ist, daß man vom Glauben durchdrungen bleibt und bis zum Ziel geht. Du hast so oft diese Haltung angenommen – bleib bei ihr, verleugne nicht die Eingebung deiner Seele.

Das Göttliche kann alles tun: das Herz und die Natur läutern, das innere Bewußtsein erwecken, die Verdunkelungen beseitigen – wenn man sich vertrauend und zuversichtlich dem Göttlichen gibt, und selbst wenn man dies nicht gleich in aller Vollständigkeit kann, werden, je besser man es kann, die innere Hilfe und Führung einsetzen und die Verbindung mit dem Göttlichen und die Erfahrung des Göttlichen im Innern stärker werden. Wenn der zwei-felnde Verstand seine Aktivität einschränkt und Demut und der Wille zur Überantwortung in dir zunehmen, sollte dies auf jeden Fall möglich sein. Keine andere Kraft und *tapasya* werden dann benötigt – nur das allein.«

Aber ich muß an dieser Stelle wieder innehalten, um nochmals, selbst auf die Gefahr der Wiederholung hin, festzustellen, daß uns, was er »innere Überantwortung« nannte, obgleich wahrhaftig schwierig genug, nicht als völlig unerreichbares Ideal erschien. Was ich sagen will, wird all jenen völlig einleuchtend erscheinen, die diesen schmalen und dornigen Pfad gegangen sind, der sich zur Selbstvervollkommnung hochwindet. Denn jeder ehrliche Pilger auf diesem Weg wird in seinen hellen Augenblicken erkannt haben, welche Freude es ist, sich *überantworten* zu wollen; er wird danach eifern, alles, was er hat und ist, dem äußeren Führer zu weihen, den er in Augenblicken reiner Vision mit dem inneren Führer gleichset-zen kann und es auch tut. Aber zufolge verschiedenster Kräfte werden diese hellen Momente nur allzuoft befleckt, von Wolken und Stürmen und hinterhältigen Depressionen bedrängt, so daß wir *tatsächlich* vom Weg abkommen. Es stimmt, daß sie, selbst wenn sie uns angreifen, uns nicht *kampfunfähig* machen können, wenn wir grundsätzlich aufrichtig und loyal sind, aber leider ist es ebenso richtig, daß die Masse an *sadhakas* (Yogaschülern) jeder Region und Epoche nichts anderes als Erben menschlicher Schwächen sein können und darum anfällig für Entmutigung sind. (Nicht ohne Grund schrieb Shaw in seinem Buch *Back to Methuselah*, daß selbst seine schrecklichen »Alten« nur an zwei Dingen sterben konnten, von denen eines Entmutigung war.) Das ist es, was jeder Aspirant, sehr zu seinem Unbehagen, begreifen mußte, der diesem mühsa-men Weg gefolgt ist: daß er gar nicht genug die Lektion der Treue und des Sich-Verlassens auf die Hilfe des Guru erhalten kann, ohne die man schlichtweg gar nichts erreicht. Aber obgleich es unser angeborener Egoismus bisweilen unmöglich macht, uns der Hilfe des Guru zuzuwenden, wäre es unwahr zu sagen, daß man die ganze Zeit ausschließlich mit Schwierigkeiten zu kämpfen hätte. Denn niemand, der ehrlich und demütig um Hilfe gebeten hat, könnte guten Gewissens behaupten, daß seine Gebete nie erhört worden wären. Wäre dem so, hätten nur wenige von uns noch weiter nach dem Licht streben können, wo doch die Aussichten so düster er-schienen, daß man sie nicht einmal mehr mit Worten beschrei-ben konnte. Auch möchte ich hinzufügen, daß man jede Erfah-rung der Niedergeschlagenheit durch etwas Beständiges in sich überlebt, und eine der reichsten Belohnungen für den Ringkampf mit dem eigenen Ego ist es, die überwältigende Erfahrung in aller Lebendigkeit und Konkretheit zu erlangen, die der immer tieferreichende Einblick in unsere eigene Natur in ihrer ganzen Komplexität bedeutet. Wie mir Gurudev einmal schrieb: »*Niemand kann sich selbst oder die menschliche Natur verstehen, solange er nicht die Vielfachpersönlichkeit des menschlichen Wesens wahrnimmt.*« Ich möchte nicht behaupten, daß nur Yoga diesen Einblick gewährt. Jeder, der sich in seinem Leben aufrichtig um Selbstvervollkommnung bemüht hat, mußte sich dieser verblüffenden Tatsache stellen. Schon im Jahre 1795, als sich Goethe mit seinen wissenschaftlichen Studien beschäftigte, schrieb er in seinem berühmten Werk *Zur Morphologie:* »Jedes Lebewesen ist eine Vielheit, keine Einheit. Selbst wenn es als Individuum erscheint, ist es die Gruppierung von Wesenheiten, die für sich selbst leben und existieren, den gleichen Ursprung haben, die sich jedoch identisch oder ähnlich, verschieden oder unähnlich darstellen können.

Je unvollkommener ein Wesen ist, desto mehr gleichen sich dessen einzelne Teile und desto mehr ähneln diese Teile dem Ganzen. Je vollkommener das Wesen, desto ungleicher sind seine Teile. Im ersten Fall stellen die Teile mehr oder weniger eine Wiederholung des Ganzen dar: in letzterem Fall sind sie völlig anders als das Ganze.«

Als Ergebnis dieser durch persönliche Erfahrung überall nachweislichen Lebenstatsache sind die Menschen schon seit Anbeginn der Zeit unberechenbare Wesen geblieben. Nicht nur das: Während die Zeit vergeht, nimmt dieses Element des Unvorhersehbaren zu (ähnlich einem Kind, das von Tag zu Tag größer wird), bis schließlich jedes entwickelte Wesen in seinem Erwachsenenbewußtsein buchstäblich verwirrt dieser sich bekämpfenden Impulse in seinem eigenen Wesen gewahr wird, von denen es einige herabziehen, andere emporsteigen lassen, so wie es Goethe einst mit seiner ungewöhnlichen Sprachgewalt ausdrückte: »Und wenn ich denke, daß ich auf meinem Gaul sitze und zu meinem Bestimmungsort reite, verwandelt sich die Mähre unter mir plötzlich in eine Kreatur mit unkontrollierbarem Verlangen und Flügeln und läuft einfach weg von mir.«

Aber nur wenige können sich so stark wie Goethe »dieser Vielfalt innerhalb der menschlichen Persönlichkeit« bewußt werden und noch weniger irgendeinen Zugang zu dieser höchsten Kunst gewinnen, wie man die ungleichen Stränge der Natur zusammenknüpft.[1] Gurudev hat dies nicht nur in seinen zahlreichen Briefen erklärt, sondern auch, und das ist unendlich viel hilfreicher, den höchsten Talisman seiner Yogakraft in unsere Hände gelegt, ohne den wir bestenfalls unsere »unkontrollierbaren Verlangen« und unvorhersehbaren Triebimpulse hätten bis zu einem gewissen Grad im Zaum halten, aber niemals den Weg finden können, wie man durch und durch deren ureigenste Beschaffenheit wandelt. Da dies jedoch kein Yogahandbuch sein soll, werde ich mich über das Thema nicht weiter auslassen, sondern das Kapitel nur mit der Schilderung eines persönlichen Vorfalls abschließen, um zumindest klarzustellen, was genau ich sagen will, wenn ich die Rolle des »Umwandlers« im Gegensatz zu der des »Zensors« hervorhebe.

Als ich in den Yoga eingewiesen wurde, hatte ich keine sehr klare Vorstellung darüber, was »Transformation der Natur« bedeuten soll. Darum bat ich Gurudev immer wieder um Klarstellung. Viele dieser Briefe sind veröffentlicht worden, so daß alle, die darüber mehr wissen wollen, von diesen Erklärungen profitieren können.[2] Was ich hier tun möchte, ist lediglich, einen kurzen Abriß davon zu geben, was ich von der praktischen Seite dieser Transformation unter Gurudevs konkreter Hilfe und Leitung erfahren habe.

---

[1] Ich habe an anderer Stelle eine Erfahrung mit einer Maharani geschildert, die ich darum nicht zu wiederholen brauche. Ich erzählte ihr von meinem Glauben an die spirituelle Wirklichkeit, als ich mich gerade selbst in den Fängen bedrückendster Zweifel befand. Ich schrieb Gurudev und fragte ihn, ob ich unehrlich war. Und er antwortete: »Zu deiner Erfahrung mit der Maharani. Das passiert jedem; und zwar wenn jener Teil des Bewußtseins beherrschend wird, der diese Dinge nicht nur glaubt, sondern auch weiß, daß sie wahr sind: der andere Teil, der deprimiert und für Zweifel und Verneinung offen ist, zieht sich dann auf die Hinterbänke zurück oder geht in den Untergrund. Die Leute wissen nichts von der Vielfalt in der menschlichen Persönlichkeit und sprechen darum von Unehrlichkeit in sich selbst und in anderen. Aber das ist es überhaupt nicht. Es gibt bestimmte Überzeugungen und Empfindungen, an die sich etwas in unserer Natur mit festem Griff anklammert, und Sturm und Kleinmut können diese nur überdecken, aber nicht zerstören.«
(Siehe D. K. Roy: *Among the Great* (amerikanische Ausgabe), S. 252–253.)

[2] Siehe dazu Sri Aurobindo: *Das Rätsel dieser Welt*, eine Auswahl von Briefen an seine Schüler, sowie *Briefe über den Yoga*, die vierbändige Gesamtausgabe der Briefe von Sri Aurobindo an seine Schüler, und *Letters on Yoga*, die engl. Originalausgabe der Briefe. Außerdem auch das zweibändige Werk *Collected Poems, Future Poetry and Letters on Poetry, Art and Literature*, die vollständige Ausgabe aller Gedichte und Sri Aurobindos Aussagen über die Dichtung der Zukunft, sowie die zweibändige Briefesammlung *Sri Aurobindo on Himself and The Mother*, die Briefe und Texte von Sri Aurobindo enthält, in denen er über sich und Die Mutter schreibt, über ihre gemeinsame Aufgabe und die Art und Weise ihres Wirkens, und schließlich *Correspondence with Sri Aurobindo*, die dreibändige Ausgabe der Korrespondenz, die Nirodbaran mit Sri Aurobindo führte. Neben der Briefesammlung *Das Rätsel dieser Welt* stellt besonders die engl. Veröffentlichung *Sri Aurobindo Centenary Calendar* eine hilfreiche Hinführung zu Sri Aurobindos Briefe-Werk dar. Alle Publikationen: Auroville Verlag, Planegg.

Ich wußte natürlich, daß jeder Aspirant die Regungen seiner niederen Natur unterbinden, oder besser gesagt, von sich weisen sollte. Man weiß, wie man Impulse *in Zaum* halten kann; aber wie ich sie verändern sollte – darüber hatte ich nur die verschwommensten Vorstellungen. In den dreißiger Jahren führte ich irgendwann einmal ein langes Gespräch mit dem inzwischen verstorbenen Upendranath Banerji, einem ehemaligen Schüler von Gurudev. Ich erinnere mich an seine schlimmen Befürchtungen bezüglich der Durchführbarkeit einer Transformation der menschlichen Natur. Er sagte mir, daß er definitiv »erfahren« habe, daß Yoga Kräfte wirksam machen könne, die nicht nur einen Unterschied bewirken, sondern bisweilen sogar an das Mirakulöse grenzten. Aber trotz all dem, so fügte er hinzu, sei er immer noch nicht davon überzeugt, daß Yoga fähig sei, unsere natürlichen und fundamentalen Impulse zu transformieren. »Der Mensch bleibt letzten Endes, was er ist«, behauptete er, »und wenn sich Wandlungen einstellen, können sie nur in mühsamer Kleinarbeit durch das Leben und nicht durch Yoga initiiert und gefestigt werden.«

Aber er hatte unrecht, und ich sagte es ihm ins Gesicht, indem ich ihm von dem radikalen Wandel meiner Lebensauffassung berichtete. Ich erzählte von Dingen, die eine große Ausstrahlungskraft auf mich ausgeübt hatten und die mir nach wenigen Jahren des Yogas weniger als wertlos erschienen – zum Beispiel meine Musikerkarriere, meine große Reiselust, mein immenses Behagen an verschiedenen intellektuellen Bestrebungen, mein Interesse an völlig vereinnahmendem Zeitvertreib wie Schach oder schönen Spielen wie Tennis und so weiter. Er lauschte mir sehr geduldig und mitfühlend und schien äußerst interessiert an meinen Wandlungen zu sein, wie ich sie nannte, aber dann wollte er etwas Überzeugenderes und Konkreteres hören, wie etwa eine anhaltende Veränderung meines Instinktlebens oder hartnäckigen Verhaftetseins. Ich mußte schweigen. Denn, während ich einerseits nicht mein ganzes Privatleben ausbreiten konnte (niemand sollte das tun – es sei denn vor dem Guru), konnte ich ihm andererseits auch kaum verdeutlichen, was ich gesehen hatte, und zwar aus dem einfachen Grund, weil Yoga ebenso wie Lieben nicht stellvertretend getan werden kann. Nicht nur das: Ich kannte ihn gut; er war in der Tat ein hochintelligenter Mensch; aber sein scharfer Verstand verlangte, so wie jener der meisten Intellektuellen, daß spirituelle Wahrheit letzten Endes von der Vernunft allein ausgelotet werden und daß menschlicher Intellekt der alleinige Richter über Realitäten sein soll, die einem Bereich angehörten, der jenseits seiner eigenen Gerichtsbarkeit liegt. Dennoch zeigte ich ihm einen Brief, den mir Gurudev 1935 geschrieben hatte:

»Über diese Dinge sollte man nicht sprechen, sondern schweigen. Selbst im Falle gewöhnlicher, nicht-spiritueller Dinge ist das Wirken unsichtbarer oder subjektiver Kräfte dem Zweifel und der Diskussion ausgesetzt, bei der es keine materielle Gewißheit geben kann – und die spirituelle Kraft ist überhaupt unsichtbar und auch unsichtbar in ihrer Wirkungsweise. Darum ist es müßig, beweisen zu wollen, daß dieses oder jenes Ergebnis auf die Wirkung einer spirituellen Kraft zurückzuführen ist. Jeder muß darüber seine eigenen Vorstellungen entwickeln – denn wenn man sie akzeptiert, dann nicht *als Ergebnis* von Beweis und Argument, sondern einzig und allein als Ergebnis von Erfahrung, von Glaube oder jener Einsicht in das tiefgründigere Herz oder die tiefgründigere Intelligenz, die hinter äußere Masken schaut und sieht, was hinter ihnen steht. *Das spirituelle Bewußtsein fordert nicht auf diese Weise, es kann die Wahrheit über sich sagen, wird aber nicht um persönliches Akzeptiertwerden kämpfen. Eine allgemeine und unpersönliche Aussage über die spirituelle Kraft ist eine ganz andere Sache, aber ich möchte bezweifeln, ob die Zeit dafür gekommen ist oder ob sie durch die bloß vernünftelnde Intelligenz verstanden werden kann.«*

Aber da mir Gurudev letztes Jahr erlaubt hat, in Amerika zu veröffentlichen, was er mir über seine okkulten Erfahrungen mitgeteilt hatte, kann ich es wohl wagen, zugänglich zu machen, was vor zwölf Jahren noch zurückgehalten wurde. Denn ich weiß aus persönlicher Erfahrung, daß heute viele Menschen des sterilen Skeptizismus müde sind – wie auch ich es war, bevor ich mich in den Yoga stürzte. Selbst einer der größten modernen Skeptiker, Bertrand Russell, ein Denker, der einst das Evangelium des »Willens zum Zweifel« verkündete, sagt heute, im Jahre 1950: »Aber wenn Philosophie zu etwas Gutem taugen soll, darf sie nicht nur bloßen Skeptizismus lehren, denn wenn der Dogmatiker schädlich ist, so ist der Skeptiker nutzlos.«

In der Tat ein begrüßenswerter Wandel – und das in einem Menschen, der so lange gegen den Glauben kämpfte! Darum kann ich mich vielleicht erdreisten mitzuteilen, was ich persönlich über die Kraft von Gurudev erfahren habe, die langsam, aber unaufhaltsam, wie die eines echten Alchemisten, wirkt.

Als ich mich 1928 endgültig im Ashram niederließ, war ich weit davon entfernt, die Bedeutung von Gurudevs *sadhana* und deren Ziel zu verstehen, und zwar besonders als er schrieb: »*Ich möchte*

die Schwierigkeit dieses großen und gewaltigen Wandels ebensowenig vor dir verbergen wie die Möglichkeit, daß dir eine lange und
harte Arbeit bevorstehen kann« etc. (Diesen Brief habe ich vollständig im 5. Kapitel zitiert, wo ich über die Probleme spreche, mit denen
ich mich abzugeben hatte.) Ich hatte mir nicht einmal völlig verge-
genwärtigt, was es bedeutete, daß er das Material unserer Natur
umwandeln wollte, da sich ohne diesen Wandel, wie er betonte, das
höhere yogische Bewußtsein kaum dauerhaft einrichten konnte.
Ich hatte damals nur von der Zurückweisung der falschen Impulse
gehört, die normalerweise jeder mit Kontrolle oder Unterdrückung
gleichsetzt.

Aber je mehr ich sie an die Kandare nahm, desto mehr begriff ich,
daß, obgleich man bis zu einem gewissen Grad makellos sein konnte
– »Vergnügungen verschmähend und mühselige Tage lebend« –,
solch Miltonsche Heldentaten, wie schwer durchführbar und lo-
benswert sie auch sein mochten, nur wenig mit dem Ziel des Yoga zu
tun hatten, nämlich der totalen Transformation der Impulse, die das
fehlerhafte Verhalten und ihren Rattenschwanz der Disharmonie
ausbrüteten. Betrachten wir ein oder zwei Beispiele: Ich konnte
sagen, daß ich im allgemeinen mein Temperament zügeln konnte,
aber nicht in der Lage war, ein Gefühl der Irritierung zu vermeiden;
oder ich war durchaus fähig, delikate Mahlzeiten zurückzuweisen,
nicht aber die Gier nach ihnen.

Der erste Defekt war nicht so schwer zu beheben. Aber der zweite
war es, über den ich schreiben möchte, der mir endlosen Kummer
bereitete – und wie hartnäckig! Ich will mich kurz fassen.

Als ich dem Ashram beitrat, hatte ich natürlich der vegetarischen
Ernährung zuzustimmen, da sowohl Gurudev als auch die Mutter
diese bevorzugten. Trotzdem wollte ich gern Fisch und Fleisch
essen, besonders aber Fisch, den mein bengalischer Gaumen einfach
als Köstlichkeit »anbetete«. Man hatte mir von verschiedener Seite
gesagt, daß ich mich schon an die einfachen vegetarischen Mahlzeiten gewöhnen würde. Aber die Prophezeiung ging nicht in Erfüllung. Im Laufe der Zeit steigerte sich statt dessen mein Verlangen
nach Fisch zusehends, bis ich mich insgeheim schuldig fühlte und
gewissenhaft gegen meine Lust ankämpfte. Nacht für Nacht
träumte ich von Fisch. Nach acht Jahren Ashramleben ging ich für
drei Monate weg und stellte fest, daß mein Lechzen nach Fisch noch
nicht überwunden war. Ich kehrte in den Ashram als enttäuschte-
rer, wenngleich weiserer Mensch zurück. Den Yoga unter dem
Banner eines der größten lebenden Yogis praktiziert und der Gier
nach solch untergeordneten Gelüsten nachgegeben zu haben, so-

bald ich wegging! Aber was ich auch tat, nichts brachte mich dazu abzulehnen, sobald Fisch in Kalkutta oder sonstwo aufgetischt wurde. Immer wieder schwor ich mir im stillen, nie wieder Fisch anzurühren, aber ebensooft brach ich das Gelübde, sobald mich meine Freunde oder Verwandten aufforderten, Fisch zu essen. Um die lange Geschichte kurz zu machen, meine Gewissensbisse erreichten ihren Höhepunkt, als ich 1938 im Palast meines Freundes und Gastgebers Rajarao Dhirendra Narayan Roy wieder Fisch aß. In seiner Gesellschaft fühlte ich mich noch unwohler, da er damals aufgrund ärztlicher Verordnung strikter Vegetarier war, so daß ich nicht einmal die Entschuldigung hatte, ich müsse Fisch speisen, um nicht unhöflich zu sein. Aber obgleich mich meine Schwäche deprimierte, konnte ich einfach nicht das Ruder herumreißen. Darum fing ich an, den anderen zu erzählen, daß es keine Rolle spiele, und zitierte sogar, wie der Teufel, heilige Sprüche:

»Ich meine, daß die Bedeutung *sattwischer* Nahrung, spirituell gesehen, übertrieben worden ist. Nahrung ist vielmehr eine Frage der Hygiene etc.«[3]

Das war vor elf Jahren, und ich kann mich nicht mehr klar erinnern, was in dieser denkwürdigen Nacht geschah, als ich, nachdem ich einige Tage davon Abstand genommen hatte, doch wieder schwach wurde und Fisch aß. Woran ich mich erinnere, ist nur, daß es ein Bankett des Rajarao war, das er mir zu Ehren gab, und daß die bekannten Firpo-Lebensmittellieferanten angehalten waren, das Bankett meines Gastgebers und seiner literarischen Gäste würdig zu gestalten. Ich muß wohl von ihnen dazu gedrängt worden sein, kein »Spielverderber« zu sein, und war so gezwungen, abermals vor den unwiderstehlichen Hummern und den makellosen *hilsa* aus dem Ganges zu kapitulieren.

Welch unvergeßliche Nacht! Nach dem großen *éclat* setzte die unvermeidliche Reaktion ein, und ich schämte mich einfach wie nie zuvor. Ich versuchte, meine Zerknirschtheit im Schlaf zu betäuben, aber erfolglos. So stand ich auf, zündete ein paar Räucherstäbchen an und betete vor einem Porträt Grudevs. Wie ich an ihn dachte, liefen mir die Tränen ungehemmt die Wangen hinab.

Ich weiß nicht, wie ich meine Leser überzeugen kann. Wahrscheinlich möchten sie sich gar nicht überzeugen lassen, und ich kann es ihnen kaum verübeln, wenn sie mein Bekenntnis bezweifeln, um so weniger, als man letzten Endes *tatsächlich* oft dazu verleitet wird zu übertreiben, wenn man, so wie ich, von tiefer

---

[3] Dieser Brief, den ich 1937 an einen Freund geschrieben habe, wurde später in Vol. II der *Letters of Sri Aurobindo*, Section XI, veröffentlicht.

Dankbarkeit gegenüber dem Wohltäter erfüllt ist, den man besingt. Aber selbst wenn ich dies einräume, kann ich doch nicht behaupten, daß ich willentlich die Erfahrung überhöhe, die ich so einfach und wahrhaftig wie möglich beschreiben möchte.

Ich sah in dieser Nacht die strahlende Gestalt von Gurudev – im Traum. Er segnete mich und sagte: »*Von morgen an wirst du fähig sein, Fisch aufzugeben.*«

Er verschwand. Ich erwachte mit einem Freudeschauer. Vom nächsten Tag an gab ich nicht nur Fisch auf, ich empfand auch nicht die geringsten Gelüste mehr danach. Ich habe tatsächlich seither gelegentlich Fisch zu mir genommen, aber niemals mehr mit demselben Genuß oder der Empfindung, ein Sklave meines Gaumens zu sein. Innerhalb von sechs Monaten habe ich vielleicht ein- oder zweimal Fisch gekostet, aber was für mich viel überzeugender, ja sogar befriedigender ist, ist die Tatsache, daß ich seit jener Nacht nicht die geringsten *Gelüste* nach Fisch verspürte. Brauche ich noch hinzuzufügen, daß ich letztes Jahr, während meiner ausgedehnten Konzertreise bei reichen Genießern und Feinschmeckern wohnte und jeden Tag an ihren Tafeln saß, ohne auch nur einmal Fisch anzurühren, obgleich man mich oft bedrängte zuzulangen.

Aber da die Yogakraft (die solch unbestreitbare Ergebnisse zeitigt und die Wandlungen in der äußeren Natur des Aspiranten bewirkt) für die meisten von uns unsichtbar ist, wenn sie gerade dabei ist, als eine Art Katalysator in unsrem Wesen und Bewußtsein zu wirken, haben wir oft Schwierigkeiten, ihre Funktionsweise als »vernünftig und praktisch« anzusehen – wie ich es oft an Gurudev schrieb. Nicht, daß ich nicht glauben *wollte* – bisweilen *sehnte* ich mich geradezu danach –, und doch fand ich es nur allzuoft alles andere als leicht, mit Haut und Haaren anzunehmen, was er als hundertprozentig echt und nachprüfbar darstellte! Und mit welchem Nachdruck er mich ermahnte! – »*Dieser Glaube ist es, den du entwickeln solltest*«, schrieb er mir einmal in den dreißiger Jahren, »ein Glaube, der in Einklang steht mit Vernunft und gesundem Menschenverstand – daß wenn der Göttliche existiert und er dich auf den Weg gerufen hat, was offensichtlich ist, auch eine Göttliche Führung dahinterstehen muß und daß du durch und trotz aller Schwierigkeiten ankommen wirst. Nicht den Widersacherstimmen zu lauschen, die Fehlschlag verkünden, oder den Stimmen dieser ungeduldigen vitalen Hast, die deren Echo sind, nicht zu glauben, daß, weil große Schwierigkeiten da sind, es keinen Erfolg geben könne, oder daß, weil sich der Göttliche noch nicht gezeigt hat, er sich nie zeigen werde, sondern vielmehr die Haltung anzunehmen ist richtig, die jeder annimmt, der sich auf ein großes und schwieriges Ziel konzentriert: ›Ich werde durchhalten, bis ich erfolgreich bin, und ich werde erfolgreich sein – gleichgültig, welche Schwierigkeiten auch kommen mögen‹, wobei der Gottesgläubige hinzufügt: ›Der Göttliche existiert, Er ist da, und weil Er existiert, kann es gar nicht vergeblich sein, daß ich Ihm nachfolge. Durch alles werde ich hindurchgehen, bis ich Ihn finde.‹«

Als er dies schrieb, wußte er natürlich, daß es für ungeduldige Aspiranten wie uns, die kräftig Ausschau hielten nach raschen Ergebnissen, nicht so leicht war, einen unerschütterlichen Glauben in das zu haben, was ich »eine unsichtbare Kraft« nannte, »die handfeste Ergebnisse zeitigt«. Darum fuhr er fort, meine Nichterfahrung mit dem ganzen Gewicht seiner Erfahrung zu bedrängen, und dafür muß ich noch ein Beispiel schildern, bevor ich dieses Thema abschließe.

Nachdem er mir in seinem berühmten Brief über Zweifel geschrieben hatte (zitiert in meinem Buch *Among the Great*), kam es zu einem Wortgefecht zwischen mir und einem *sadhaka* des Ashrams. Dabei ging es darum, daß er wohl etwas richtig verstanden hatte, aber, wie ich meinte, schlecht ausdrückte, wenn er behauptete, daß man »Sri Aurobindos Kraft« nicht »unsichtbar« nennen könne, da sie sich in »sichtbaren Veränderungsvorgängen« selbst in der äußeren Natur vieler Aspiranten ausdrückte. Darum schrieb ich Gurudev mit der Bitte, mehr Klarheit in diese etwas obskure Angelegenheit zu bringen. Nach langen Spekulationen endete ich wieder mit meinem alten Mißton hilflosen Fragens: Hatte die Kraft wirklich Hand und Fuß? Blieben die Wandlungen, auf die mein Freund hinwies, wirklich beständig? – und so weiter!

Darauf antwortete er:

»Die Unsichtbare Kraft, die sowohl innerlich als auch äußerlich greifbare Ergebnisse zeitigt, stellt die ganze Bedeutung des yogischen Bewußtseins dar. Deine Frage über den Yoga, der nur ein Gefühl von Kraft vermittelt, aber ohne jegliches Ergebnis, war wirklich sehr merkwürdig. Wer würde sich mit solch einer sinnlosen Halluzination zufriedengeben und sie Kraft nennen? Wenn wir nicht Tausende von Erfahrungen gehabt hätten, die zeigen, daß die Innere Kraft den Geist verändern kann, seine Kräfte entwickeln, neue hinzufügen, neue Wissensweiten erschließen, die vitalen Regungen meistern, den Charakter verändern, Menschen und Dinge beeinflussen, den Körperzustand und die Funktionen des Körpers kontrollieren, als konkret dynamische Kraft auf andere Kräfte einwirken, Ereignisse beeinflussen etc. etc., würden wir von ihr nicht in der Art sprechen, wie wir es tun. Außerdem ist diese Kraft nicht nur bezüglich ihrer Ergebnisse, sondern auch in ihren Bewegungen greifbar und konkret. Wenn ich von der Empfindung von Stärke oder Kraft spreche, meine ich nicht nur ein vages Gefühl davon, sondern die konkrete Empfindung und konsequenterweise die Fähigkeit, sie zu lenken, zu manipulieren, ihre Bewegungen zu beobachten, auf die gleiche Weise ihrer Masse und Intensität bewußt zu sein wie jener anderer opponierender Mächte; dies alles ist möglich und normal für die Entwicklung des Yoga.«

Und dann schrieb er am Schluß als Antwort auf meine gezielte Frage bezüglich meiner Befähigung, zu Ergebnissen zu gelangen:

»Nicht daß du dazu unfähig wärest, denn es war mehrere Male nahe daran, getan zu sein. Aber dein äußerer Verstand hat sich immer eingemischt – fragend, zweifelnd, nach etwas mehr Äußerlichem fragend, nicht bereit zu warten, daß sich die Bewegung fortsetze, daß sich das Innere veräußerliche und sich konkretisiere. Das ist der Grund, warum ich meine Bedenken über diese Anbetung des Zweifelns hege. Nicht, daß ich keine Zweifel gehabt hätte, und zwar heftigere als ihr euch je vorstellen könntet – ich habe ihnen nur nicht erlaubt, sich in die Entfaltung meiner Erfahrung einzumischen: ich ließ sie weitergehen, bis sie genug Gestalt angenommen hatten, daß ich erfassen konnte, was sie waren und was sie mir bringen konnten.«

Was er damit meinte, als er sagte, daß etwas in mir »mehrere Male nahe daran« war, »getan zu sein«, war eine Erfahrung, die zu der Zeit immer wiederzukommen pflegte: eine Vertiefung des Bewußtseins würde sich einstellen, bis ich an den Punkt kam, gerade bevor man eine Grenzlinie überschreitet; ungeduldig würde ich dann das Geschehnis mit meinem aktiven Verstand durchleuchten wollen und damit sogleich die Erfahrung abbrechen. Anders gesagt, hatte ich mich in meinen Meditationen zu sehr angestrengt, wodurch eine Spannung entstand, die mir die legitime Frucht meiner heftigen Anstrengung wegen meiner Haltung der Nichtpassivität vorenthielt. Die Mutter sagte mir ins Gesicht, daß dadurch eine Spannung in meinem Bewußtsein entstand, weshalb ich gerade an der Schwelle zur Erfahrung zurückprallte. Das machte mich so verzagt, daß ich einen langen Brief an Gurudev schrieb und ihn beschuldigte, daß er dafür verantwortlich sei, da er mich nicht darüber aufgeklärt hatte, daß ich alles verkehrt machte.

»Das ist aber unfair, Guru«, schrieb ich in lautem Verzweiflungscrescendo, »denn der Yoga, den du uns anbietest, scheint für übermenschliche Wesen bemessen zu sein. Aber wie soll er uns hilflosen Sterblichen zur Seite stehen, die ja nur eine von zwei Haltungen annehmen können: Bemühung oder Trägheit. So bemühte ich mich also, nur um dann gesagt zu bekommen, daß Bemühung nichts bringt. Aber als andererseits X schrieb, daß er nichts tun wolle, höhntest du über seine Lethargie, und die Mutter erzählte ihm, daß Gott nur denen helfe, die sich selbst helfen! Du erinnerst an Krishna, der sich einen Spaß daraus machte, Arjuna damit zu verwirren, daß er ihn dazu aufstachelte, mit den Hunden zu jagen, wo er ihm gerade zuvor noch geraten hatte, mit den Hasen zu laufen.«

Er sandte mir eine lange Antwort, die ich hier nicht vollständig zu zitieren brauche, da sie schon teilweise veröffentlicht wurde: Ich will hier nur einen Auszug zitieren, den ich bislang als zu persönlich zurückgehalten habe.

Nachdem er wieder einmal den Unterschied zwischen »vitaler Anstrengung und An-sich-Ziehen und einer spontanen psychischen Offenheit« erklärt hatte, fügte er hinzu:

»Es ist nicht so, daß Raffen und Anstrengung und Spannung nichts bewirken können; letzten Endes bewirken sie das eine oder andere Ergebnis, aber es kommt mit Schwierigkeiten, Verzögerung, Gerangel und heftigen Ausbrüchen der Kraft zustande, die sich trotz allem durchkämpft. Sri Ramakrishna selbst begann mit Herabziehen und Anspannung und bekam, was er wollte, aber der Preis dafür war ein gewaltiger und gefährlicher innerer Umsturz; danach schlug er den friedvollen psychischen Weg ein, wenn immer er etwas anstrebte, und erlangte es ohne Mühen in kurzer Zeit. Du sagst, dieser Weg sei zu schwer für dich oder für Menschen deiner Art.

… Das ist ein merkwürdiger Trugschluß, denn ganz im Gegenteil ist dies der einfachste und simpelste und direkteste Weg, den jeder gehen kann, der seinen Geist und sein Vital befriedet; selbst jene, die nur ein Zehntel deiner Fähigkeiten haben, können diesem Weg folgen. Der andere Weg der Spannung und Anstrengung und harten Bemühung ist es, der schwer gangbar ist und eine mächtige Kraft der *tapasya* (yogischen Disziplin) verlangt. Was die Mutter und mich angeht, mußten wir alle Wege versuchen, allen Methoden folgen, um Berge von Schwierigkeiten abzutragen, und eine viel größere Last erdulden als du oder irgend jemand im Ashram oder außerhalb zu erdulden haben, weitaus schwierigere Bedingungen, Schlachten und Wunden erleiden, Wege durch undurchdringlichen Morast und Wüste und Urwald schlagen, bösartige Massen besiegen, eine Arbeit vollbringen, von der ich sicher bin, daß sie keiner vor uns zu tun hatte. Denn der Führer auf dem Weg muß bei einer Arbeit wie der unseren nicht nur das Göttliche herabbringen oder es repräsentieren und verkörpern, er muß auch das emporstrebende Element in der Menschheit repräsentieren und die Last der Menschheit voll und ganz tragen und erfahren, und zwar nicht nur als bloße Spielerei oder *lila* (Göttliches Weltenspiel. Anm. d. Übers.), sondern als bitteren Ernst die ganze Behinderung, Opposition, die zunichte gemachte und verstümmelte und nur langsam siegreiche Arbeit annehmen, mit denen man es auf dem Weg zu tun bekommen kann.«

Und schließlich tröstete er den Aufsässigen mit solch großer Besorgnis und zärtlicher Zuneigung! –

»Aber es ist nicht nötig noch tolerierbar, daß all dies in der Erfahrung anderer abermals vollständig wiederholt werden soll. Weil wir die vollständige Erfahrung besitzen, können wir den anderen eine geradere und einfachere Straße weisen – wenn sie nur zustimmen, ihr zu folgen. Aufgrund der Erfahrung, die uns für einen gewaltigen Preis zugänglich wurde, können wir dir und anderen raten: Wähle die psychische Haltung; folge dem geraden, sonnenbeschienenen Pfad, auf dem dich der Göttliche offenbar oder aus dem Verborgenen aufrecht hält – wenn aus dem Verborgenen, so wird er sich zur rechten Zeit enthüllen –, bestehe nicht auf der harten, gehemmten, umwegigen und schwierigen Reise.«

Ich weiß nicht, ob es jemals in der Vergangenheit einen Guru gab, der so gesprochen hat, mit Worten, die nicht nur erfüllt sind von dem Pulsschlag der Wahrheit, sondern – um hier aus Madame Gabriela Mistrals Würdigung Sri Aurobindos zu zitieren – auch »das seltene Phänomen einer Exposition darstellen, die so klar wie ein schöner Diamant ist und nicht Gefahr läuft, den Laien zu verwirren«. Und sie fügt mit Überzeugungskraft hinzu: »Die Kenntnis von sechs Fremdsprachen hat dem Meister von Pondicherry eine Koordination ermöglicht, eine Klarheit, bar jeglicher Protzigkeit, und einen Charme, der an das Wunderbare grenzt ... Wir haben vor uns eine Prosa, die jener des großen Meister Eckharts gleichkommt, dem deutschen Klassiker und Quell europäischer Mystik.« Und so freut sie sich: »Es sind wahrlich ›frohe Botschaften‹, die zu uns dringen: zu wissen, daß es auf der Welt einen Platz gibt, wo Kultur ihren Klang der Würde erlangt hat, indem sie in einem Menschen ein übernatürliches Leben mit einem reifen literarischen Stil verschmolzen hat und so dessen wunderbar erhabene und klassische Prosa einsetzt, um als Handlanger des Spirits zu dienen.«

Sie hat den Nagel auf den Kopf getroffen, denn der Guru in Sri Aurobindo wird für Skeptiker wie mich deshalb so überzeugend, weil er es vermag, uns, selbst wenn wir seiner spirituellen Vision gegenüber unverständig bleiben, trotz unserer selbst zu einer teilweisen psychischen Durchlässigkeit durch seine unwiderstehliche »Gabe« der kristallklaren Erfahrung und des entsprechenden Ausdrucks zu bewegen, die bei uns gerade in einer Zeit »ankommt«, in der wir überwältigt werden von einem »erstickenden Materialismus«.

Als ich die oben zitierte Huldigung an Sri Aurobindo nach dem Tode Sri Aurobindos am 5. Dezember letzten Jahres (1950) las, überkam mich eine große Traurigkeit. Ja, sagte ich mir, sie hat recht. Vielleicht war es diese hartnäckige Kruste des Zweifels in seinen Schülern, denen er so viel Liebe zukommen ließ, die zum Teil dafür verantwortlich war, daß er gegangen ist! Und welche Liebe war es! Es bewegte mich zu Freude und Melancholie, als ich von seiner brennenden Aspiration las, die leidende Erde durch das Licht zu wandeln, das er selbst erlangt hatte und dennoch nicht völlig herabbringen konnte – nur weil wir, seine Möchte-gern-Nutznießer, es mit unserer tiefsitzenden, hartnäckigen Verneinung bekämpfen und nicht glauben wollen, daß er wirklich und wahrhaftig zu uns gekommen ist, um unser Erdbewußtsein einer höheren und weiteren Erfüllung entgegenzuführen. Wir rätselten nur weiter herum, ob er es wirklich ernst meinte, als er in seinem Credo, *Savitri*, verkündete, daß die höchste Manifestation nicht in den unsichtbaren Himmeln, sondern hier auf Erden gefunden werden muß, denn:

> *»Die Erde ist der erwählte Platz der mächtigsten Seelen;*
> *die Erde ist des heldenhaften Spirits Kampfesfeld,*
> *die Schmiede, wo der Erz-Baumeister seine Werke formt.«*

Und als schließlich der Höchste Savitri auffordert, »die Erdenrasse« ihrem unvollkommenen Licht zu überlassen, da »alles vollbracht werden soll durch das lange Wirken der Zeit«, antwortet sie, daß sie nie selbstsüchtiger Erlösung nachgelaufen sei:

> *»Meinen Willen halte ich aufrecht, die Welt zu retten und den Menschen.*
> *Selbst die Lockung deiner verführerischen Stimme,*
> *o seligkeitsvolle Gottheit, kann mich nicht fangen und fesseln.*
> *Ich opfere nicht die Erde glückvolleren Welten.«*

Man fühlt sich hier erinnert an des großen Prahlads Gebet an den

Herrn in der *Bhagavat* (7.9.44):

>»Oft, o Herr, leben die Einsiedler in Stille,
>zurückgezogen,
>strebend, nur ihre eigene Erlösungs-Marmorkunst
>vollkommen zu gestalten,
>vergessend die Lebensanarchie, gleichgültig für des
>gewaltigen Schmerzes Tränen, die durchtränken unsere Erde
>vom Kern bis zur Schale.
>Wer will dies Leiden erlösen, wenn deine Güte schweigt?
>Nach Erlösung·verlange ich nicht, solange die anderen
>im Elend weinen.«

9. Kapitel

DER DICHTER-BILDNER

Ich habe an anderer Stelle von Sri Aurobindo als einem »Dichter-Bildner« gesprochen. In diesem Kapitel werde ich einen Teil meiner Erfahrung beschreiben, auf die sich diese Bemerkung gründet. Das geschieht nicht, um andere zu überzeugen, sondern um – so wahrheitsgetreu wie möglich – einiges von dem aufzuschreiben, was mich selbst persönlich zu überzeugen vermochte. Ich weiß natürlich, daß der Anspruch, den ich hier stelle, mißverstanden werden kann, da ich hauptsächlich von meiner eigenen dichterischen Entfaltung sprechen werde. Trotzdem war ich der Ansicht, ich müsse es riskieren, da niemand anderes in der Lage wäre, das Material zur Verfügung zu stellen, das ich habe, und wenn ich darum schweige, würde ein wesentlicher Aspekt von Sri Aurobindos Charakter für immer unerkannt bleiben, nämlich, wie er mit beinahe unfaßbarer Geduld sorgfältigst nicht nur denen half, die der spirituellen Wahrheit und Erfahrung einen poetischen Ausdruck verleihen wollten, sondern auch der geläufigen Vorstellung den Boden unter den Füßen wegzog, daß Yoga dem Bereich des Schweigens angehöre, der jeglichen Ausdruck unmöglich macht. Da er ein großer Dichter war, konnte er außerdem mit sicherem Griff tiefe okkulte Wahrheiten über spirituelle Dichtung ausloten, die seine *grande passion* seit seiner Jugendzeit war – lange bevor er mit Yoga begann. Er selbst hatte einmal gesagt (wie einer seiner frühesten Schüler, Sri Nolini Kanta Gupta, in seinem Vorwort zu Gurudevs *Collected Poems* schreibt), daß er vor allem ein Dichter war: erst später wurde er zu einem Yogi. Um ausführlicher zu werden, will ich es jetzt wagen, über das zu schreiben, was ich aufgrund unbestreitbarer persönlicher Erfahrung als wahr erkennen durfte: daß Dichter durch yogische Kraft herangebildet werden können und daß er es bewußt in einer ziemlichen Anzahl von uns bewerkstelligt hatte. Aber da diese Aussage dem weitverbreiteten Glauben entgegensteht, daß Dichter nur geboren, aber nicht gemacht werden können, möchte ich mit einem Brief beginnen, den er im Jahre 1931 geschrieben hat und der eine definitive Aussage über Yogakräfte enthält, die zu klar und kategorisch ist, um von irgend jemandem außer acht gelassen werden zu können, der sich undogmatisch mit der Frage beschäftigt. Da er jedoch in diesem Brief, gewissermaßen nebenbei, über Dichtung schrieb, muß ich erst kurz den Zusammenhang erklären.

Mein Schwager Bhavashankar kam mit meiner Schwester Maya, meiner kleinen Nichte Esha, Saurin, einem Großonkel, und Sachin, einem Vetter in unseren Ashram. Er besaß einen Revolver, den er bei seiner Ankunft beim Police Commissioner von Pondicherry hinterlegte. Am Tag vor seiner Abreise ging er mit Sachin den Revolver abholen. Etwa eine Stunde später, als ich in meinem Zimmer gerade dabei war, ein Gedicht niederzuschreiben, stürzte Sachin erregt herein und berichtete mir, wie sie beide knapp einem Unfall entgangen waren. Hier ist seine Geschichte:

Als mein Schwager zusammen mit Sachin zu dem Police Commissioner ging, wurde er von diesem sehr freundlich empfangen. Nach einer kleinen Plauderei zeigte ihm letzterer eine französische Pistole und erklärte etwas über den Auslöser, den er zufällig berührte, als unvermittelt zwei Schüsse kurz hintereinander losgingen, an ihnen vorbeizischten und die Motorhaube eines Autos durchlöcherten, das vor der Veranda stand, auf der sie saßen. Der plötzliche Schreck entnervte, wie man sich vorstellen kann, die beiden gänzlich.

Am Tag danach brachen sie alle von Pondicherry nach Bengalen auf, es war die letzte Augustwoche. Was als nächstes geschah, geht aus dem hervor, was ich am 1. 9. 1931 an Gurudev schrieb.

»O Guru«, schrieb ich, »erinnerst du dich an den Vorfall mit dem Revolver? Das ließ einem wahrlich die Haare zu Berge stehen; aber was dem nachfolgte, war sogar noch sensationeller! Saurin hat mir einen langen Brief geschrieben und ist davon überzeugt, daß es nur deine Kraft gewesen sein konnte, welche die beiden in dieser Situation, in der es lediglich um eine Haaresbreite ging, rettete. Aber ich greife vor.

Sie stiegen in Sheorapuli aus und nahmen eine Fähre, um nach Barrackpore überzusetzen. Da der Ganges jetzt nach dem Regen Hochwasser führt, schlingerte die Fähre etwas, und Bhavashankar wurde nervös. Seit der Revolverepisode war er etwas aus dem Gleichgewicht geraten und hatte außerdem schon immer etwas Angst vor dem Fluß – da er nicht schwimmen kann –, so daß er, als er aufstand, um sich zu meiner Schwester zu setzen, die Balance verlor und mitten im Fluß über Bord kippte. Meine Schwester, die auch nicht schwimmen kann, schrie auf: ›O Mutter, Mutter‹ und sprang, ohne zu überlegen, in den Fluß. Saurin rief: ›O Mutter, o Gurudev, rettet uns!‹...

Aber es war nicht so leicht, zwei korpulente Menschen aus der

Mitte eines Hochwasser führenden Stromes zu retten, und es schien, als wäre alles verloren, als Bhavashankars Sekretär eine Hand aus dem Ganges herausragen sah, sich hinausstreckte, sie ergriff und beinahe gleichzeitig ein Bootsmann den Haarschopf meiner Schwester nahe dem Heck erblickte und ergreifen konnte. Aber sage mir, Guru, was wir von all dem halten sollen? Ist es möglich, daß deine Kraft bei der Rettung eingegriffen hat? Sag mir bitte auch, ob du irgendeine Vorahnung dessen hattest, was geschehen würde. Du weißt, Guru, daß ich eine europäische Erziehung hatte und darum ziemliche Schwierigkeiten habe zu glauben, daß solche Dinge wirklich geschehen können, aber Saurin schwört, daß er deine Intervention spürte. Meine Schwester ist ebenfalls völlig davon überzeugt, daß du und die Mutter unsere Retter waren.«

Dann stellte ich ihm noch eine Reihe von Fragen über Hellseherei und welche Rolle okkulte oder yogische Kräfte in unserem alltäglichen Leben spielen könnten. Diese Fragen wird man leicht aus seiner Antwort entnehmen können, die zum erstenmal 1934 in meinem *Anami* veröffentlicht wurde.

»Dilip«, schrieb er, »es ist gewiß möglich, sich Dinge bewußt zu sein, die sich in der Ferne abspielen, und auf sie einzuwirken – die Mutter wird dir diesbezüglich von ein oder zwei Beispielen ihrer eigenen Erfahrung berichten. In diesem Fall hatten wir kein derartiges Wissen über den eigentlichen Unfall. Als sich Bhavashankar auf die Rückreise nach Bengalen vorbereitete, wurden sowohl die Mutter als auch ich, unabhängig voneinander, auf eine Todesgefahr aufmerksam, die ihn überschattete – ich selbst sah sie im Zusammenhang mit den Schwindelgefühlen, unter denen er leidet, aber ich sah nicht weiter. Wäre diese außergewöhnliche Kombination zwischen Schwindelgefühl, Boot und Fluß von uns vorausgesehen worden, wäre, wie ich denke, der Unfall gar nicht passiert, denn gegen etwas Spezifisches kann man immer eine besondere Kraft richten, die in den meisten dieser Fälle das Ereignis verhindert – es sei denn, es handelt sich tatsächlich um einen Fall unwiderstehlicher Vorausbestimmung, *Utkata Karma*, wie sie die Astrologen nennen. In diesem Fall errichteten wir um ihn einen starken Schutzschirm, was wir immer tun, wenn wir irgend etwas Derartiges sehen können. Ein allgemeiner Schutz dieser Art ist nicht immer unfehlbar, da es sein kann, daß der Betreffende ihn von sich wegstößt oder durch irgendeinen Gedanken oder irgendeine eigenwillige Tat aus seinem Wirkungskreis tritt; aber im allgemeinen haben wir festgestellt, daß der Schutz wirksam ist. In diesem besonderen Fall handelte es sich um zwei Personen, Maya und deinen Großonkel

Saurin, die zur Mutter offen waren und sie im Augenblick der Gefahr riefen; und Bhavashankar selbst war zumindest angerührt worden. Diesen Tatsachen schreibe ich die Rettung der beiden zu.

Die Vorstellung, daß wahre Yogis solche Kräfte nicht anwenden oder nicht anwenden sollten, erachte ich als asketischen Aberglauben. Ich glaube, daß alle Yogis, die über diese Kräfte verfügen, sie gebrauchen, wenn immer sie fühlen, daß sie von innen her dazu aufgerufen sind. Sie mögen sich zurückhalten, wenn sie den Eindruck haben, daß deren Gebrauch in einem bestimmten Fall dem Göttlichen Willen entgegensteht, oder sehen, daß die Verhinderung eines Übels das Tor für ein noch schlimmeres öffnet oder auch aus irgendeinem anderen triftigen Grund, aber sicher nicht wegen irgendeines allgemeinen Verbots. Was jedem verboten ist, der ein starkes spirituelles Empfinden hat, ist, als Wunderkrämer zu fungieren, der außerordentliche Dinge zur Schau stellt, um Gewinn zu machen, Ruhm zu erlangen, oder der aus Eitelkeit oder Stolz handelt. Es ist unzulässig, Mächte aus rein vitalen Motiven heraus anzuwenden, eine asurische Zurschaustellung derselben zu veranstalten oder sie zur Stütze für Arroganz, Betrug, Ehrgeiz oder jede der anderen liebenswürdigen Schwächen zu machen, für die die menschliche Natur anfällig ist. Eben weil halbgare Yogis so oft in diese Fallen der Widersachermächte geraten, wird die Anwendung der Yogakräfte manchmal als gefährlich für den Urheber abgelehnt.

Aber es sind vor allem Menschen, die stark im Vitalen leben, die so zu Fall kommen können; hat man einen starken und freien und ruhigen Geist und ein erwachtes und lebendiges Seelenwesen, werden solche Mängel kaum auftauchen. Was jene angeht, die im wahren Göttlichen Bewußtsein leben können, sind für sie gewisse Kräfte überhaupt nicht ›Kräfte‹ in dem Sinn, das heißt, nicht in diesem Sinn übernatürlich oder anormal, sondern vielmehr stellen sie *ihre normale Weise, zu sehen und zu handeln dar, sind Teil des Bewußtseins* – und wie kann man ihnen verbieten oder sie daran hindern, entsprechend ihrem Bewußtsein und dessen Natur zu handeln?

Ich nehme an, daß ich selbst eine sogar noch vollständigere europäische Erziehung genossen habe als du, und auch ich durchlief meine Periode der agnostischen Verneinung, aber sobald ich mich mit diesen Dingen beschäftigte, konnte ich niemals mehr die Haltung des Zweifels und des Unglaubens annehmen, die so lange in Europa schicklich war. Abnormale oder ansonsten supraphysische Erfahrungen und Kräfte, okkulter oder yogischer Natur, schienen mir immer etwas völlig Natürliches und Glaubwürdiges zu sein. Man kann Bewußtsein an sich nicht auf das gewöhnliche physische Mensch-Tier-Bewußtsein einschränken; es muß noch weitere Bereiche geben. Yogische oder okkulte Kräfte sind ebensowenig übernatürlich oder unglaubhaft wie es übernatürlich oder unglaublich ist, ein großes Gedicht hervorzubringen oder große Musik zu komponieren; nur wenige sind, wie die Sache heute aussieht, dazu fähig – kaum einer in einer Million: denn Dichtung und Musik haben ihren Ursprung im inneren Wesen, und wenn man große und wahre Dinge schreiben oder komponieren will, muß die Verbindung zwischen äußerem Geist und etwas des inneren Wesens durchlässig sein. *Das ist der Grund, warum sich dir die dichterische Kraft erschloß, sobald du mit dem Yoga begonnen hast – yogische Kraft öffnete den Durchgang. Ebenso verhält es sich mit dem yogischen Bewußtsein und seinen Mächten; wichtig ist, den Durchgang aufzuschließen – denn sie sind bereits da, im Innern von dir.* Natürlich ist die erste Notwendigkeit zu glauben, sich zu sehnen und sich mit Hilfe des echten inneren Antriebs zu bemühen.«*

Ich brauche kaum mehr über das Phänomen zu sagen, um so weniger, als ich nichts über das Wirken okkulter Kräfte weiß, die auf unsere Welt der Sinne übergreifen, so daß ich es vorziehe, meine Ignoranz davor zurückzuhalten, über Dinge jenseits meines Fassungsvermögens zu spekulieren. Darum will ich mich jetzt an dem versuchen, was ich etwas besser kenne und verstehe, nämlich Dichtung, und wie er mir tatkräftig geholfen und mich begeistert hat.

Aber ich werde hier innehalten und wieder einmal etwas autobiographisch werden müssen, da ich sonst wohl nicht in der Lage bin darzulegen, wie und warum ich, trotz meines angeborenen Skeptizismus, zu der Überzeugung gelangte, daß ich ohne seine aktive Hilfe, zusätzlich zu unsichtbaren yogischen Kräften, nie dichterische Ausdrucksfähigkeit hätte erlangen können.

Ich kann behaupten, daß ich schon früh einen Geschmack an Dichtung und Musik entwickelt habe. Für Musik hatte ich seit meiner Kindheit eine angeborene Begabung. Aber meine Vorliebe für Dichtung bildete sich später heraus, bis sie sich in meiner späteren Jugendzeit in eine beherrschende Leidenschaft verwandelte. Aber ich wußte nur sehr wenig über die Dichtkunst. Bevor ich in den Ashram kam, hatte ich zwar schon eine Reihe von Gedichten geschrieben und veröffentlicht, aber ich kann nicht behaupten, daß ich sehr stolz auf sie wäre. Mein Stil und Rhythmus waren holprig,

---

* Die Hervorhebungen stammen von mir (Dilip).

und zwar bis zu einem Grad, daß Tagore, der sich sehr löblich über meine musikalische Begabung äußerte (und mir später in einem Brief bescheinigte, daß ich einer der führenden Komponisten sei)[1], nie ein ermunterndes Wort über meine poetischen Äußerungen fallenließ. Darum verlor ich natürlich nach meinen ersten Versuchen den Glauben in meine dichterischen Fähigkeiten. Das war für mich wirklich eine große Enttäuschung, da ich von Natur aus eitel und empfindlich war; aber immerhin hatte ich meine Musik, auf die ich zurückgreifen konnte und mit der ich, noch bevor ich zwanzig wurde, gute Ergebnisse erzielt hatte.

Als ich in den Ashram kam, sagten mir Gurudev und die Mutter, daß Yoga ganz gewiß viele Wunder bewirken könne, wie zum Beispiel, praktisch über Nacht die Entwicklung eines vollkommenen Sinnes für Rhythmus. Ich war entzückt und betete anhaltend zu ihnen, daß ich ein Dichter werden möge. Dann komponierte ich einige Lieder, die in der Tat besser waren als mein früheres Geplapper, aber immer noch weit davon entfernt, überzeugend zu sein. Danach begann ich Gurudevs Gedichte zu übersetzen, und das »Wunder« geschah (ich kann es einfach nicht anders nennen – nicht einmal, um den Skeptiker in mir oder den kritischen Leser zu versöhnen!) Da ich außerdem von Natur aus der Aufrichtigkeit und Selbstsicherheit ziemlich geneigt bin, kann ich mich nur schlecht zu der konventionellen Bescheidenheit verstehen, die, wie ich oft zu meinem Ärger feststellte, einen Preis dafür aussetzt, Lügen zu erzählen, nur um makellos *comme il faut* zu sein. Kurzum, es war mir schon immer wichtiger, aufrichtig zu sein als einer sogenannten Demut zu frönen, die absichtlich sagt, was sie nicht meint. Mit diesem Maß an Entschuldigung im vorhinein will ich nun über das berichten, was ich nur als Wunder bezeichnen kann – nämlich das Unglaubliche, das dennoch auf eine Weise geschah, die man aus den äußeren Gegebenheiten nicht erklären kann.

Was ich mit diesen Worten andeuten will, ist eine Wahrnehmung, die ziemlich unvermittelt in mir sproß, die Wahrnehmung eines Kontaktes mit meinem Daimonion, den ich als zutiefst verbunden mit Sri Aurobindo empfand. Dieses Gefühl nahm dann rapide an Intensität zu, bis mir Sri Aurobindo, als er mich als »einzigartigen Übersetzer« lobte, tatsächlich schrieb: »Als du meine Gedichte übersetztest, geschah es, weil du innerlich in mein Licht eingetreten bist, daß du die Sache angerührt hattest und die Kraft in dir erwachte.«

---

[1] Dieser Brief wurde in der bengalischen Ausgabe meines Buches *Among the Great (Tirthankar)* veröffentlicht.

Dessen wurde ich später gewiß, aber zu jenem Zeitpunkt dachte ich, daß die Kunde zu schön sei, um wahr zu sein, da ich immer schon krankhaft selbstkritisch war. Darum schickte ich ein Bündel meiner Gedichte an Tagore und bat ihn, mir offen zu sagen, was er von ihnen halte. »Auch bitte ich Sie darum, mir noch einmal für meine dichterische Bestrebung Hinweise zu geben«, fügte ich hinzu, »und, falls vorhanden, auf Irrtümer in meinem *chhanda* (Rhythmus und Versmaß) aufmerksam zu machen. Ich lege auch Sri Aurobindos Bewertung bei.«

(Seine Beurteilung war in zwei Briefen enthalten. Im ersten schrieb er: »Du hast wieder ein schönes Gedicht geschrieben, aber es ist nicht besser als das andere.[2] Aber warum errichtest du mentale Theorien und paßt deine Gedichte diesen an, mögen sie auch von deinem Vater oder von Tagore stammen? Ich würde vorschlagen, daß du dich durch keinen der beiden einschränken läßt, sondern vielmehr schreibst, wie es am besten deiner eigenen Inspiration und deinem poetischen Genie entspricht. Jeder von ihnen schrieb auf die Weise, die seiner eigenen Inspiration und Substanz entsprach; aber es ist die Gewohnheit des menschlichen Geistes, eine bestimmte Art zur Regel für alle zu machen. Du hast eine ganz dir eigene dichterische Ausdrucksweise entwickelt, die ganz anders ist als die deines Vaters und absolut keine Widerspiegelung jener von Tagore darstellt. Außerdem findet sich, als ein Ergebnis deiner *sadhana*, eine neue Qualität in deiner Arbeit, *eine Befähigung, mit großer Glückseligkeit eine subtile psychische Feinheit und Tiefe des Denkens und des Fühlens ausdrücken zu können, die ich nirgendwo sonst in moderner bengalischer Dichtung ausmachen konnte.* Wenn du darauf bestehst, als mentale Regel engstirnig, simpel und direkt zu sein, kann es sein, daß du etwas von der Feinheit des Ausdrucks verdirbst, selbst wenn die Zartheit der Substanz erhalten bliebe. Obskurität, Künstlichkeit, Rhetorik müssen alle vermieden werden, aber was den Rest angeht, folge der inneren Bewegung.« (Die Hervorhebungen stammen von mir.)

In dem anderen Brief schrieb er:

»Dichtung kann ihren Ursprung auf jeder Bewußtseinsebene haben, obgleich sie, wie jede Kunst – oder man könnte sagen, jede Schöpfung – durch das Vitale hindurch muß, wenn sie lebendig sein will. Und da immer eine Freude in der Schöpfung enthalten ist, muß diese Freude zusammen mit einem gewissen *enthousiasmos* – nicht Enthusiasmus, wenn ich bitten darf, sondern *anandamaya avesh* –

---

[2] Beide Gedichte wurden später in meinem Gedichtband *Anami* veröffentlicht, den Tagore selbst so genannt und mit einem schönen Gedicht gesegnet hat.

immer vorhanden sein, gleichgültig, wo der Ausgangspunkt lag. Aber deine Dichtung unterscheidet sich von dem, was du zitiertest. Nishikanto schreibt aufgrund einer rein vitalen Inspiration; G – dito, obgleich er ein vitales Gefühl in die Form eines leidenschaftlichen Gedankens kleidet; B geht – in den Zeilen, die du anführst – von einem ziemlich losen und oberflächlichen Vital aus. Deine Inspiration hingegen entspringt der Verknüpfung des vitalen kreativen Instruments mit einer tieferen psychischen Erfahrung: dies ist die Ursache für die Originalität und besondere individuelle Kraft und subtile und zarte Vollkommenheit deiner Gedichte. Tatsächlich erwachte diese echte dichterische Fähigkeit plötzlich in dir, weil diese Verknüpfung stattfand; denn vorher war sie, zumindest an der Oberfläche, nicht vorhanden. Die Freude, die du empfindest, war darum zweifellos zum Teil die einfache schöpferische Freude, aber zu ihr hinzu kommt auch die Ausdrucksfreude des psychischen Wesens, das seit deinem Knabenalter nach einem Ausdruckskanal gesucht hat. Dies ist es, was dein Schreiben von Gedichten als Teil deiner *sadhana* rechtfertigt.«

Freundlich wie immer, beantwortete mir Tagore meine gezielten Fragen, eine nach der anderen, bis er schließlich am Ende meine Bengaligedichte wie folgt kommentierte:

»Laß mich jetzt von deiner Dichtung sprechen. Die Quantität, die du mir auf einen Schlag geschickt hast, brachte mir wahrlich das Fürchten bei! Ich habe früher schon manches Geschriebene von dir gesehen, von dem man sagte, es gehöre der Kategorie der Verse an. Aber diese Erzeugnisse vermittelten mir den Eindruck, daß du den Zugang zur innersten Melodie unserer bengalischen Sprache verfehlt hast und daß du ein Rhythmuskrüppel seiest ...

Aber was sehe ich hier? Du scheinst dem Rhythmus über Nacht anheimgefallen zu sein! Du gibst mir keine Chance, kräftig zu korrigieren. Wie hast du es nur angestellt, deine Ohren zum Hören zu bringen? Jetzt hast du wirklich keinen Grund mehr, schüchtern zu sein. Aber wie sich ein Krüppel eines schönen Morgens plötzlich seiner Krücken entledigen und loslaufen kann, scheint mir ein unergründliches Geheimnis. Bisweilen frage ich mich gar, ob das Ganze nicht jemand anderes für dich geschrieben hat? Aber jetzt, wo die Göttin *Saraswati* deine innere Zunge mit Ihrem Zauberstab berührt hat, sollst du alles, was du zu sagen hast, in deiner neugeborenen Sprache und mit deinem ureigensten Akzent mitteilen. Und dann wird das, was du zu sagen hast, schnell tief hineindringen in deine Mitte.«

Ich habe Tagores Brief zitiert, weil ich fürchte, daß sich meine

Leser sonst nicht richtig vergegenwärtigen können, von welcher Beschaffenheit und Durchschlagskraft das Wunder war, das Gurudev nicht nur in mir, sondern in einer ganzen Anzahl anderer, einschließlich Chadwick, vollbrachte. Aber ich will jetzt darauf zu sprechen kommen, wie er mich in die englische Dichtung einführte, wo er mir ganz natürlich noch mehr mit seiner yogischen Kraft beistehen konnte.

Nachdem ich die bengalischen Versmaße gemeistert hatte, für die ich fortan als eine Autorität angesehen wurde (ich schrieb auch ein Buch über Verslehre[3], worauf mich viele mit Fragen über die Feinheiten des bengalischen Rhythmus bedrängten), bat ich Gurudev, mich anzunehmen und mir englische Verslehre, einschließlich den quantitativen Metren, beizubringen. Es würde den Rahmen meiner Erinnerungen sprengen, wenn ich anfangen wollte zu erzählen, wie er mich Schritt für Schritt unterrichtete und mit welch peinlicher Genauigkeit. Aber ich bin sicher, daß ein paar Beispiele seiner Gedichte, die er für meine Ausbildung schrieb, nicht nur von allgemeinem Interesse sind, sondern auch viele Liebhaber englischer Dichtung erfreuen werden, ganz zu schweigen von jungen Aspiranten der Dichtkunst.

Das erste Gedicht, das er für mich in fünffüßigen Jamben schrieb, verstand er als »gelegentliche Improvisation« (am 25.4.1934) in dem Notizbuch, das ich täglich zu ihm hochzuschicken pflegte. Um mir zu erklären, wie Modulationen einzuführen sind, skandierte er für mich sorgfältig wie folgt:

All eye/has seen,/all that/the ear/has heard
Is a pale/illu/sion, by/that great/er voice,
That might/ier vi/sion. Not/the sweet/est bird
Nor the/thrilled hues/that make/the heart/rejoice
Can e/qual those/divi/ner ec/stasies.
(Siehe dazu den Abschnitt »Über Sri Aurobindo« in diesem Buch.)

Er erklärte, daß man in der ersten Zeile zwei Modulationen findet: einen Spondäus im ersten Fuß und einen Trochäus im dritten; in der zweiten Zeile einen Anapest im ersten Fuß und einen Pyrrhichius im dritten und so weiter.

Ich will nur ein Beispiel dafür geben, wie er unsere englischen Gedichte korrigierte – nicht nur meine, sondern auch die von Nirod,

---

[3] *Chhandisiki,* dessen zweite Auflage von der Calcutta University besorgt wurde.

Romen, Nishikanta und anderen.

Das erste Gedicht, das ich in Englisch schrieb (im April 1934), war eine wörtliche Übersetzung eines meiner Bengaligedichte:

> The sorrow of Autumn woos the absent Spring;
> Chill winter hushes the cuckoo's vibrant grove;
> To the Lord of vernal sweetness now I sing:
> »Let streams of friendship swell to seas of love.«

An den Rand machte er den handschriftlichen Vermerk:

»Das ist in Ordnung, aber die zweite Zeile ist, obgleich metrisch zulässig, nicht sehr rhythmisch. Es wäre besser, entweder ›Cold winter chills‹ oder ›Winter has hushed‹ zu schreiben. «

Als nächstes wollte ich seine Anweisungen darüber, wie man sechsfüßige Jamben schreibt (ich zitiere aus meinem dicken Notizbuch, das ich ihm täglich schickte, wobei ich einen generösen Rand für seine Bemerkungen und Richtigstellungen frei ließ):

»O Guru«, beschwor ich ihn, »bitte gib mir jetzt wenigstens zwei Zeilen Alexandriner. In diesem Maß habe ich zwei Zeilen eines meiner Bengaligedichte übersetzt, wobei ich in der zweiten Zeile zwei Spondäer verwendet habe – im ersten und zweiten Fuß. Ich dürste nach deiner Korrektur:

> For the bird/to find/such a ski/ey rap/ture!
> quoth/the Tree.
> Earth-free/to seek/peace shel/ter in/the rest/less
> winds!

Er setzte nur »said« anstelle von »quoth« und schrieb:

»Ja, das ist gut, aber ich werde dir einige Alexandriner schicken, die dir eine ganze Landkarte von Möglichkeiten aufzeigen (natürlich nicht alle), bei denen nur ein gelegentlicher Anapest auftaucht.« Er wollte, daß ich die Pausen variieren sollte.

Am nächsten Tag schickte er mir das versprochene Gedicht, zusammen mit einer kurzen Erklärung (25.4. 1934):

»Zu deiner Erbauung habe ich ein Gedicht in Alexandrinern geschrieben, da es sich jedoch in die Länge zieht, sende ich dir nur einen unüberarbeiteten Teil, damit du nicht zu warten brauchst.«

Er unterteilte die Zeilen unterschiedlich, indem er die Zäsur wie folgt variierte:

> I walked beside the waters//of a world of light
> On a gold ridge//guarding two seats of high-rayed night.
> One was divinely topped//with a pale bluish moon

And swam, as in a happy//deep spiritual swoon
More conscious than earth's waking;//the other's wide delight
Billowed towards an ardent orb//of diamond white.
But where I stood, there joined//in a bright marvellous haze
The miracled moons//with the lone ridge's golden blaze.
I knew not if two wakings//or two mighty sleeps
Mixed the great diamond fires//and the pale pregnant deeps,
But all my glad expanding soul//flowed satisfied
Around me and became//the mystery of their tide.
As one who finds his own eternal self,//content,
Needing naught else//beneath the spirit's firmament,
It knew not Space,//it heard no more Time's running feet,
Termless, fulfilled,//lost richly in itself, complete.
And so it might have been for ever//but there came
A dire intrusion//wrapped in married cloud and flame,
Across the blue-white moon-hush//of my magic seas
A sudden sweeping//of immense peripheries
Of darkness ringing lambent lustres;//shadowy-vast
A nameless dread,//a Power incalculable passed
Whose feet were death,//whose wings were immortality;
Its changing mind was time,//its heart eternity.
All opposites were there,//unreconciled, uneased,
Struggling for victory,//by victory unappeased.
All things it bore,//even that which brings undying peace,
But secret, veiled,//waiting for some supreme release.
I saw the spirit//of the cosmic Ignorance;
I felt the power besiege//my gloried fields of trance.«

(Ich ging zunächst den Wassern einer Welt des Lichts
auf einem Goldfirst hütend zwei Sitze hoch-strahl'ger Nacht.
Einer war göttlich gekrönt mit einem blaß-bläulichen Mond
und glitt, wie durch ein frohes tief spirituelles Träumen,
bewußter als irdisches Wachen; des anderen weite Wonne
wogte empor zu einem glühend Ball diamantenen Weiß'.
Doch wo ich stand, verschmolzen in hell wunderbarem
Schimmer
die Geheimnis-Monde mit des einsamen Firstes goldenem
Lodern.
Ich wußte nicht, ob doppelt Wachsein oder doppelt mächtiger
Schlaf
die großen Diamantenfeuer und die blaß trächtigen Tiefen
vermischten,

aber all meine froh sich weitende Seele strömte befriedigt
um mich und wurde das Geheimnis ihrer Gezeiten.
Wie einer, der findet sein eigen ewig selbst, zufrieden ist
und nichts weiter bedarf unter des Spirits Firmament,
kannte sie keinen Raum, hörte nicht mehr der Zeit eilende
Schritte,
bedingungslos erfüllt war sie, reich verloren in sich selbst,
vollständig.
Und so hätte es sein können für immer, aber es kam
ein schrecklich Einbruch, gehüllt in Wolke, vermählt mit
Flamme,
über den blau-weißen Mondschimmer meiner Zaubermeere,
ein plötzlich Stürmen immenser Peripherien der Dunkelheit,
umringend funkelnden Glanz; schattig-weit ging
eine namenlose Furcht, eine Macht, unberechenbar, vorbei,
deren Füße der Tod, deren Flügel Unsterblichkeit;
ihr bewegter Geist war Zeit, ihr Herz die Ewigkeit.
Alle Gegensätze waren da, unvereint, unbefriedet,
nach Sieg ringend, durch Sieg nicht Ruhe findend.
Alle Dinge trug sie, selbst, was bringt todlosen Frieden,
aber verborgen, verhüllt, auf höchste Befreiung wartend.
Ich sah den Geist der kosmischen Unwissenheit;
ich fühlte die Macht belagern meine Glorienfelder der Trance.)

Am Ende erklärte er:
»Einige dieser Zeilen kann man anders unterteilen, als ich es
getan habe; viel hängt davon ab, wie man sie lesen möchte. Aber die
Hauptsache ist, daß es eine Variation von gleichmäßigen und
ungleichmäßigen Unterteilungen (der Silben) geben kann; die
gleichmäßigen gibt es in drei Variationen, 4–8, 6–6, 8–4; die
ungleichmäßigen können 5–7, 7–5, 9–3 oder sogar 3–9 sein. Die
Unterteilung kann man durch eine Zäsur des Versfußes, eine Pause
im Satz oder eine Sprechpause machen. Handelt es sich um eine
Abfolge gleicher Zeilen (4–8, 6–6, 8–4 haben die Tendenz, immer
wiederzukommen), muß man sehr sorgsam darauf achten, kleinere
Variationen mit hineinzubringen, damit die ganze Sache nicht in
reines Monoton verfällt.
    Nebenbei gesagt, ist dies meine eigene Theorie über die Alexandri-
ner, die ich aus Notwendigkeit entwickelt habe. Ich weiß nicht, ob
sie mit der zeitgenössischen Verslehre in Einklang steht. Möglicherweise gibt es keine starre Verslehren-Theorie, da die Alexandriner ziemlich ins Abseits gedrängt wurden, nach dem sie keiner

der großen Schriftsteller verwendet hat.«

Am nächsten Tag schrieb ich ihm:

»Ich bedanke mich – besonders für die Zäsuren, auf die du hingewiesen hast. Ich stelle fest, daß du die Zäsur dazu verwendet hast, die Silben auf alle möglichen Arten zu unterteilen, z. B. 2–10, 4–8, 6–6, 8–4, 10–2, ja selbst 5–7, 7–5 und 9–3. Was fehlt, ist lediglich 3–9. Bitte schick mir doch eine solche Zeile, um die Lücke zu füllen.«

An den Rand schrieb er:

And in the silence of the mind//life knows itself
Immortal,//and immaculately grows divine.

(Und im Schweigen des Geistes weiß sich das Leben
unsterblich, und wird göttlich, unbefleckt.)

Ich brauche nicht mehr auf all das einzugehen, was er mit mir über englisches Versmaß und Modulationen diskutiert hat und auf seine Kommentare über quantitative Metren in Englisch – eine Diskussion, die auch zu technisch geführt wurde, um für jene von Interesse zu sein, die sich nicht mit einem besonderen Studium derartiger Subtilitäten beschäftigt haben. Aber um wenigstens eine Vorstellung davon zu vermitteln (wobei ich hoffe, daß es zumindest für einige wenige von Interesse ist), greife ich hier ein Beispiel von vielen heraus:

Ich fragte ihn, was im Englischen unte Zäsur verstanden wird, und zitierte Voltaires Definition: »La césure rompt le vers partout où elle coupe la phrase.

›Tiens, le voilà, marchons, il est à nous, viens, frappe.‹«

Dann schrieb ich: »Kann man aus diesem Beispiel, das Voltaire anführt, nicht schließen, daß er unter Zäsur jede Pause versteht, wie sie durch ein Komma angegeben wird? Aber soweit ich verstehe, ist dies nicht die Bedeutung von Zäsur in der englischen Verslehre? Bitte um Klarstellung.«

Dazu schrieb er in mein Notizbuch:

»Voltaires Dictum ist ziemlich verblüffend, es sei denn, er versteht unter Zäsur jede Art von Pause oder Unterbrechung in der Zeile; dann bewirkt ein Komma natürlich solch eine Unterbrechung oder Pause. Aber für gewöhnlich ist Zäsur ein technischer Begriff, der eine rhythmische (nicht notwendigerweise eine metrische) Unterteilung in zwei Teile meint, die gleich oder ungleich sein können, und die in der Zeilenmitte oder nahe der Mitte durchgeführt wird, das heißt, etwas davor oder danach. Ich glaube, daß ich in der Darstellung meiner Alexandriner selbst das Wort Zäsur im Sinne einer Pause verwendet habe, die irgendwo sein kann und die Zeile in zwei gleiche oder ungleiche Teile trennt, aber gewöhnlich würde man solch eine Unterbrechung nahe dem Zeilenanfang oder Zeilenende nicht als orthodoxe Zäsur ansehen. Im Französischen gibt es zwei Metren, die auf Zäsur bestehen – der Alexandriner und der Pentameter. Der Alexandriner setzt die Zäsur immer in der Zeilenmitte an, das heißt, nach der sechsten *sonnant* Silbe, der Pentameter immer nach der vierten, ein Komma ist dabei nicht nötig. Hier beispielsweise ein Alexandriner:

Ce que dit l'aube//et la flamme à la flamme

Das ist die Lage, und alle Voltaires der ganzen Welt können sie nicht leugnen. Ich weiß jedoch nicht, wie es mit den Modernisten aussieht, vielleicht haben sie auch diese Regel ebenso wie jede andere gebrochen.

Was die Zäsur im Englischen angeht, weiß ich nicht viel Theoretisches darüber, nur von der Praxis der Pentameter-Zehnsilber und Hexameter-Verse. Beim Blankvers-Zehnsilber würde ich es als Regel für die Variabilität des Rhythmus ansehen, die Zäsur bei der fünften, sechsten oder siebten Silbe zu machen, ein Beispiel von Milton:

(1)

For who would lose
Though full of pain,/this intellectual being, (4.)
Those thoughts that wander through eternity,
To perish rather,/swallow'd up and lost? (5.)

(2)

Here we may reign secure;/and in my choice (6.)
To reign is worth ambition,/though in hell; (7.)
Better to reign in hell than serve in Heaven.

Oder ein Beispiel von Shakespeare:

(1)

Sees Helen's beauty/in a brow of Egypt (5.)

To be or not to be,/that is the question (6.)

Aber ich weiß nicht, ob deine Verslehrer all dem beipflichten würden. Was den Hexameter angeht, ist die klassische lateinische Regel, die Zäsur entweder in der Mitte des dritten oder der Mitte des vierten Fußes anzubringen: z.B. (kümmere dich nicht um die lateinischen Worte, folge nur der Skandierung):

(1)

Quadrupe/dante pu/tream//cur/su quatit/ungula/campum.
(Virgil)

Horse-hooves/trampeled the/crumbling/plain/with a/four-footed gallop.

(2)

O pass/i gravi/ora,//dab/it deus/his quoque/finem.
(Virgil)
Fiercer/griefs you have/suffered;//to/these too/God will give/ending.
Nec fa/cundia/deseret/hunc//nec/lucidus/ordo
(Horaz)
Him shall not/copious/eloquence/leave//nor/clearness and/order.

Im ersten Beispiel kommt die Zäsur beim dritten Fuß; im zweiten Beispiel kommt sie beim dritten Fuß, aber achte darauf, daß sie eine trochäische Zäsur ist; im dritten Beispiel kommt die Zäsur beim vierten Fuß. Beim englischen Hexameter kannst du dich danach richten, aber du kannst dir auch größere Freiheit erlauben. Ich selbst habe den Hexameter bisweilen am Ende des dritten Fußes und nicht in der Mitte unterbrochen, z.B.:

(1)

Opaline/rhythm of/towers,//notes of the/lyre of the/Sun God ...
(Opalrhythmus der Türme, Klänge der Leier des Sonnengottes ...)

Even the/ramparts/felt her,//stones that the/Gods had e/
rected ...
(Selbst die Wälle fühlten sie, Steine, die die Götter errichteten...)

und es gibt auch andere Kombinationsmöglichkeiten, die dem
Zeilenfluß eine große Vielfalt geben können, so als würde
er ausgewogen zwischen der einen oder anderen Zäsurstelle
stehen.«

Zu der Zeit übersetzte ich einige englische Modulationen in
Bengaliverse, was er in dem Sinn sehr befürwortete, als er mir zur
Ermutigung hin und wieder ein englisches Gedicht als Gegenpol zu
meinem bengalischen Ausgangsvers schrieb. Ich bat dann Nishikanta darum, ebenfalls zu helfen. Da er mitmachte, konnten wir ihn
buchstäblich Tag um wonniglichen Tag mit unseren Gedichten
bestürmen. Einmal schrieb Nishikanta ein Bengaligedicht, das in
der ersten Zeile eine anapestische Bewegung aufwies, gefolgt von
Daktylen in den nächsten drei Zeilen:

$$UU—|UU—|UU—|UU—|UU—|$$
$$—UU|—$$
$$—UU|—$$
$$—UU|—UU|—UU|—UU|—*$$

Zu dem Gedicht schrieb ich ihm:
»Wie du zugeben wirst, ist es melodisch, wenngleich etwas
unorthodox in seinen Modulationen.«
Sogleich sandte er mir zwei Gedichte zurück und schrieb:
»Dilip,

Hier ist deine Strophe:

To the hill-tops of silence from over the infinite sea,
Golden he came,
Armed with the flame,
Looked on the world that his greatness and passion must free.

(Zu den Hügelgipfeln der Stille über die unendlichen Meere,
kam er golden,
flammengewappnet,
blickte auf die Welt, die seine Größe und Leidenschaft befreien soll.)

* U steht für eine kurze Silbe, — steht für eine lange Silbe.

Oder du kannst auch ein anderes haben, das, wenngleich im höchsten Maße unwissenschaftlich, wie du zugeben mußt, sehr farbenprächtig ist:

Oh, but fair was her face as she lolled in her green-tinted robe,
                    Emerald trees,
                    Sapphire seas,
Sun-ring and moon-ring that glittered and hung in each lobe.
(Oh, anmutig war ihr Gesicht, als sie sich rekelte in ihrem grünen Kleid,

                    smaragdgrüne Bäume,
                    saphirene Meere,
Sonnenring und Mondring glitzerten und hingen an jedem Ohr.)«

Nishikanta schrieb ein anderes Bengaligedicht:

$$UU-|UU-|UU-|UU-|$$
$$-UU|-$$
$$-UU|-$$
$$-UU|-UU|-$$

Sri Aurobindo antwortete mir:

»Zu Nishikantas Modell gebe ich dir auch zwei Strophen:

In the ending of time, in the sinking of space
    What shall survive?
    Hearts once alive,
        Beauty and charme of a face?
Nay, these shall be safe in the breast of the One,
    Man deified,
    World-spirits wide,
        Nothing ends all but began.

(Am Ende der Zeit, im Vergehen des Raums,
    Was soll überleben?
    Einst lebendige Herzen,
        Schönheit und Anmut eines Gesichts?
Nein, diese sollen sicher sein in der Brust des Einen,
    Gottmenschen,
    weite Weltgeister,
        nichts endet, alles hat erst begonnen.)«

Nishikanta schrieb in Bengali:

```
UU|——|
UU|——|
UU—|UU—|
UU—|UU—|
UU—|UU—|UU—|
```

»Das sind im Englischen keine handlichen Metren«, schrieb er zurück, »aber wie dem auch sei, hier kommt's:

> In some/faint dawn,
> In some/dim eve,
> 　Like a ges/ture of Light,
> 　Like a dream/of delight
> 　Thou comst near/er and near/er to me.
> (In einem blassen Morgenrot,
> an einem dämmrigen Abend,
> 　gleich einer Geste des Lichts
> 　gleich einem Seligkeitstraum
> 　kommst Du näher, immer näher zu mir.)«

Als nächstes sandte ich ein Gedicht zu ihm hoch, bei dem der dritte Päon wie folgt mit einem Molossus alternierte (dieses Gedicht wurde später in meinem Werk *Suryamukhi* auf Seite 338 veröffentlicht):

```
UU—U|UU—U|
　　———|
```

Er antwortete:

> »In a flaming/as of spaces
> 　Curved like spires,
> An epipha/ny of faces
> 　Long curled fires,
> The illumined/and tremendous
> 　Masque drew near,
> A God-pageant/of the aeons
> 　Vast, deep-hued,
> And the thunder/of the aeons
> 　Wide-winged/, nude,
> In their harmo/ny stupendous
> 　Smote earth's ears.

(In einem Flammenlodern, gleich Räumen
  spiralgewunden,
eine Epiphanie von Gesichtern,
  lang geringelter Feuer,
Kam das leuchtende und gewaltige
  Maskenspiel näher,
Ein Gott-Festzug der Äonen,
  weit, tieffarben,
und der Donner der Äonen,
  weitgeflügelt, nackt,
in ihrer Harmonie unfaßbar,
  schlug an die Erdenohren.)«

Dann schrieb ich ein Gedicht:

$$U—|U—|UU|U—|UU—|$$
$$U—|U—|UU|U—UU——|$$
$$U—|$$
$$——|U—|U——|$$
$$——|U—|U——|$$
$$U—| \qquad\qquad\qquad \text{und so weiter.}$$

Er antwortete: »Schließlich habe ich doch ein paar Zeilen gefunden:

O life,/thy breath/is but/a cry/to the light
Immor/tal out/of which/has sprung/thy delight,
    Thy grasp.
All things/in vain/thy hands seize,
Earth-s mu/sic fails ;/the notes cease
    Or rasp,
Aloud/thou call'st/to blind Fate:
›Remove/the bar,/the gold gate
    Unhasp.‹
But nev/er yet/hast thou/the goal/of thy race
Attained,/nor thrilled/to the/inef/fable Face
    And clasp.

(O Leben, dein Atem ist nichts anderes als ein Ruf zu
dem Licht unsterblich, aus dem deine Wonne entsprungen,
    dein Bereich.
Alle Dinge vergeblich ergreifen deine Hände,
der Erde Musik versiegt; die Klänge vergehn
    oder krächzen.

Laut rufst du zum blinden Schicksal:
›Die Barriere beseitige, das Goldtor
        entriegele.‹
Aber noch nie hast du das Ziel deines Rennens erreicht,
noch erlebt das unbeschreibliche Antlitz, die unfaßbare
        Umarmung.)«

Ich schrieb dann ein Bengaligedicht wie folgt (später in *Suryamukhi*
auf S. 332 veröffentlicht):

—U—|— —|UU|—U—

Sri Aurobindo schrieb dazu ein langes Gedicht mit dem Titel
»Denken, der Paraklet« (veröffentlicht in dem engl./deutschen
Band *Gedichte* von Sri Aurobindo auf S. 159/160, Auroville Verlag), darum brauche ich es hier nicht vollständig zu zitieren: es
genügen die ersten zwei Zeilen zur Illustration:

As some bright/arch-an/gel in/vision flies
Plunged in dream/-caught spi/rit im/mensities ...
(Wie fliegt ein heller Erzengel in der Vision,
        eingetaucht in traumumfangene Spiritgewaltigkeit ...)

Dann schrieb ich folgendes Bengaligedicht:

— —|U—|— —|U—|— —|U—
— — —|U—|— —|U—
— — —|U—

und nachfolgende Zeilen waren sein englisches Antwortgedicht:

Vast-winged/the wind/ran, vi/olent,/black-cowled/the waves
    O'er topped/with fierce/green eyes/the deck,
        Huge heads/upraised.
Death-hunted, wound-weary, groaned like a whipped beast
the ship
Shrank, cowered, sobbed, each blow like Fate's
        Despairing felt.
(Weitgeflügelt tobte der Wind, brutal, schwarzgekuttet über-
türmten
mit schrecklich grünen Augen die Wellen das Deck,
        riesige Schädel hocherhoben.
Vom Tode verfolgt, wundenmüde, knurrte wie ein gepeitsch-
tes Tier

das Schiff, zuckte zurück, kauerte, winselte, fühlte jeden
Schlag wie Schicksals Verzweiflung.)

Als nächster schickte Nishikanta ein Bengaligedicht:

—U|—UU|—UU
—U|—UU|—UU
U—|U—|UU
UUU|—UU

Dazu schrieb er:
»Diesmal ist dein Modell für die englische Sprache außerordentlich schwierig – und zwar deshalb, weil, außer bei Zeilen, die mit
dreifachen Reimen abschließen, die Sprache sich einem regelmäßigen daktylischen Ende entzieht ... Trotzdem habe ich folgenden
Versuch gemacht:

Winged with/dangerous/deity,
Passion/swift and im/placable
    Arose/and storm/-footed
    In the dim/heart of him
Ran insatiate,/conquering,
Worlds de/vouring and/hearts of men
    Then pe/rished bro/ken by
    The irre/sistible
Occult/masters of destiny,
They who/sit in the/secrecy
    And watch/unmoved/ever
    Unto the/end of all.

(Geflügelt mit gefährlicher Gottheit,
erhob Leidenschaft sich schnell und unerbittlich
    und sturmbewehrt
    in seinem dämmrigen Herz,
        rann unersättlich, erobernd,
Welten zerfetzend und Menschenherzen
    und verlosch dann gebrochen
    durch die unbesiegbaren
okkulten Meister der Bestimmung,
sie, die sitzen in der Verborgenheit
    und sehen ungerührt immer
    bis an das Ende von allem.)«

Das letzte Versmaß, das ich ihm in Bengali sandte, werde ich nicht ausführlich zitieren, da es zu kompliziert und technisch ist. Ich werde nur sein Antwortgedicht zitieren, das er mir zusammen mit einer Erklärung schickte:

»Ich habe mit deinem gestrigen Trickrätsel gerangelt und nach gewaltiger Mühsal fast gesiegt – aber nicht ganz und gar, denn der erste Päon am Ende einer Zeile war zu viel für mich: ich mußte ihn in einen Choriambus umwandeln (Trochä-Jambus)... Außerdem war mein erster Versuch, die Sache in gereimten Versen durchzuziehen, ein Fehlschlag, nicht im Sinne des Versmaßes, sondern bezüglich des Rhythmus und der dichterischen Qualität; es fiel einfach schwerfällig und flach aus. Darum habe ich einen nichtreimenden Vers gemacht, den man als Fortsetzung der drei Strophen, im Arnoldstil oder griechischen Kehrreimstil ansehen kann: ›Winged with dangerous deity.‹ Eine derartige Metrenveränderung wäre bei dieser Stilrichtung durchaus zulässig, wenn sie in regelmäßigen Abständen durchgeführt wird. Diese Strophen sehen wie folgt aus:

> Outspread a/wave-burst, a/Force leaped from/the Unseen,
> Vague, wide, some/veiled maker,/masked Lighter/of the Fire.
> With dire blows the/Smith of the World/
> Forged strength from/hearts of the weak;/
> Earth's hate the/edge of the axe,/
> Smitten/by the Gods,/
> Hewn, felled, the/Form crashed that/touched Heaven/and its stars.

> (Eine Wellenexplosion, ausgebreitet, sprang aus dem Ungesehenen,
> Vagen, Weiten, eine Kraft, ein verhüllter Schöpfer,
> maskierter Entfacher des Feuers.
> Mit schrecklichen Schlägen formte der Schmied der Welt
> Stärke aus den Herzen der Schwachen;
> der Erde Haß die Schneide der Axt,
> von den Göttern getroffen,
> zerschmettert, gefällt, brach zusammen die Form, die berührt den Himmel und seine Sterne.)

Ich habe mich oft gefragt, warum er soviel seiner kostbaren Zeit darauf verwandte, uns selbst bei unserem dichterischen Probieren zu helfen, wo doch so viele anscheinend wichtigere Dinge vergeblich um seine Aufmerksamkeit rangen! Hier nur ein Beispiel von vielen: Als das *Goldene Buch* von Tagore zusammengestellt wurde, schrieb mir Sri Pramatha Choudhuri einen drängenden Brief, Gurudev dazu zu bringen, einen Beitrag zu liefern. Aber Gurudev antwortete mir (1931):

»Ich fürchte, Pramatha Choudhuri verlangt etwas psychologisch Unmögliches. Du weißt, daß ich es mir schon seit einiger Zeit und für noch weitere Zeit untersagt habe, etwas für Veröffentlichung zu schreiben. Ich habe mich selbst von der Presse, der öffentlichen Plattform und der Allgemeinheit ausgeschlossen. Selbst wenn dem nicht so wäre, könnte ich unter den gegenwärtigen Umständen unmöglich innerhalb von einer Woche etwas schreiben. Du wirst ihm meine Entschuldigung auf die bestmögliche und taktvollste Weise unterbreiten.«

Aber Sri Pramatha Choudhuri wollte nicht hören und bat nochmals dringend um Zusage: »Tagores *Goldenes Buch* wird ohne Sri Aurobindos Beitrag unvollständig sein. Selbst eine zweizeilige Botschaft oder ein Verspaar von ihm würden als Geschenk der Gnade angesehen werden«, etc.

Aber Sri Aurobindos Gunst war, unähnlich der von Cäsar, durch Schmeicheleien nicht zu gewinnen.

»Ich fasse Pramatha Choudhuris Bemerkung – daß Tagores *Goldenes Buch* ohne meinen Beitrag unvollständig sei — als höfliche Übertreibung auf. Das *Goldene Buch* wird golden und Tagores Arbeit und Ruhm ebenso solide auch ohne gelehrsamen Beitrag meinerseits bleiben, der dazu dienen soll, den einen zu vergolden und den anderen zu stützen.«

Aber während er »unmöglich« auch nur ein paar Minuten für solch wichtige Arbeit aufbringen konnte – denn Tagore war zu jener Zeit auf dem Gipfel seines Ruhmes angelangt –, fuhr er nicht nur damit fort, Gedichte von Leuten wie uns zu loben, sondern korrigierte auch weiterhin unsere englischen Verse – und mit welcher Genauigkeit und Sorgfalt! Ich allein habe mehr als sechshundert Seiten englischer Verse geschrieben und wenigstens zweitausend bengalische, und er fand nicht nur Zeit, sie *alle* sorgfältig zu lesen, sondern auch die meisten von ihnen zu kommentieren und Ratschläge für Verbesserungen zu geben. Trotzdem widerstand er fest und entschlossen, als er gebeten wurde, für einen Dichter vom Range eines Tagore zu schreiben. Ich möchte aber nicht den Eindruck vermitteln, daß er keine Sympathie für ihn und andere empfand, in deren Auftrag er oft gebeten wurde, von Zeit zu Zeit Beiträge zu leisten. Denn er war jemand, der einen oft an A. E.'s Vierzeiler erinnerte:

Wenn der Spirit erwacht,
hat er nicht weniger
als die ganze weite Welt
für seine Zärtlichkeit.

Ja, »Zärtlichkeit« ist das *mot juste*. Denn einmal, als ich ihm schrieb,
daß Tagore kürzlich – in einem Brief, der in meinem *Anami*
veröffentlicht wurde – seinen Glauben an das Göttliche, überwältigt
durch die moderne Verrücktheit nach der Humanität (mit einem
ganz großen H geschrieben), als irrig widerrufen hatte, bat er mich
beinahe mit mütterlicher Besorgnis, Tagore wegen seines *volte face*
nicht bösartig zu kritisieren.

»Ich glaube nicht«, schrieb er, »daß wir übereilt zu dem Schluß
gelangen sollten, daß Tagores Seitenwechsel ins andere Lager so
sicher ist. Er ist sensibel und möglicherweise ein wenig beeinflußt
von der positiven, kraftmeierischen, schlagwortgefütterten Nütz-
lichkeitshaltung des Augenblicks – er war durch Italien und Persien
gereist und ist dort gefeiert worden. Aber ich kann mir nicht
vorstellen, wie er sich von all den Ideen eines ganzen Lebens schroff
abwenden kann. Schließlich war er ein Wanderer, der zum gleichen
Ziel strebte wie wir, auch wenn er seinem eigenen Weg folgte – das
ist ausschlaggebend; wo man sich genau auf dem Weg befindet und
wie man im einzelnen voranschreitet, sind Nebensächlichkeiten.
Ich hoffe, daß man ihn nicht angreifen wird. Außerdem hatte er
einen langen und strahlenden Tag – ich würde ihm wünschen, daß
er auch einen so friedvollen und ungestörten Sonnenuntergang wie
nur möglich erlebt. Wo er genau als Dichter oder Prophet oder was
auch immer eingestuft wird, wird die Zeit nach ihm bestimmen, wir
brauchen nicht in Eile zu sein, dem endgültigen Urteilsspruch
vorzugreifen. Das augenblickliche Urteil nach seinem Abtritt, oder
bald danach, kann gut bösartig ausfallen, denn dies ist eine Genera-
tion, die Vergnügen daran findet, beinahe mit Nazibrutalität die
Körper ihrer Ahnen zu zertrampeln, besonders aber die unmittelbaren Vorfahren. Ich habe mit interessierter Überraschung vernommen, daß Napoleon nur ein Wüstling und selbstgefälliger Trottel
gewesen sei, dessen große Taten von anderen vollbracht wurden;
daß Shakespeare ›nicht der Rede wert sei‹ und daß die meisten
anderen großen Menschen ganz und gar nicht so großartig gewesen
seien, wie sie der dümmliche Respekt und die Hochachtung vergangener ignoranter Zeitalter darstellt! Welche Aussichten bestehen
dann für Tagore? Aber diese Ungerechtigkeiten des Augenblicks
sind nicht von Dauer – letztlich bildet sich eine weise und faire

Beurteilung und überdauert die Wandlungen der Zeit.

Was deine Frage angeht, gehörte Tagore selbstverständlich einer Epoche an, die an ihre Vorstellungen glaubte, in der selbst die völligen Verneinungen kreative Bekräftigungen waren. Das macht einen gewaltigen Unterschied. Deine scharfe Kritik an seiner jüngsten Entwicklung (an seiner Abwendung vom Göttlichen hin zur Demokratie) mag oder mag auch nicht passend sein, jedenfalls war selbst diese Mixtur Ausdruck der Tagestendenz und drückte eine greifbare Hoffnung einer Fusion in etwas Neues und Wahres aus – darum konnte sie schöpferisch sein. Jetzt ist all dieser Idealismus durch die gewaltige Heraufkunft des Bösen in Stücke geschlagen worden, und jedermann ist eifrig damit beschäftigt, seine Kraftlosigkeit zu zeigen – aber niemand weiß, was man an dessen Stelle setzen soll. Eine Mixtur aus Skeptizismus und Slogans, ›Heil Hitler‹ und der Faschistengruß und der Fünf-Jahres-Plan und das Prügeln eines jeden in eine amorphe Form, eine ernüchterte Verneinung aller Ideale einerseits und andererseits ein Habe-nichts-gesehen-und-niemand-hat-etwas-gesehen-Kopfsprung in den Morast, in der Hoffnung, dort irgendeine feste Grundlage zu finden, wird uns nicht sehr weit bringen. Und was gibt es sonst? Bevor nicht neue spirituelle Werte entdeckt sind, ist keine große und dauerhafte Schöpfung möglich.«

Er bestand immer darauf, daß wir unserem eigenen Weg folgen – und jene spirituellen Erkenntnisse, psychischen Gefühle und Wahrheiten zum Ausdruck bringen, die die Seele auf ihrem Weg zu dem Licht erblickt, das er durch seine übermenschliche *sadhana* hervorbrechen ließ. Er pflegte oft zu sagen, daß psychische Dichtung (das heißt, Dichtung, inspiriert durch psychische Empfindung) selten sei auf der Erde, und darum widersprach er, als Tagore einmal an mich schrieb, daß man alle Arten von Versen schreiben muß, um ein großer Dichter zu sein, und erinnerte mich daran, daß wir nicht gekommen seien, um groß in irgend etwas zu werden, sondern nur, um das Göttliche zu verwirklichen und Sein bescheidenes Instrument auf Erden zu sein. Dazu muß, wie er betonte, das psychische Wesen hervortreten. Und der Grund dafür, warum er mich ermutigte, Gedichte zu schreiben, enthüllte sich in einem seiner Briefe an mich:

»Wenn du dichtest, steht das psychische Wesen immer dahinter – selbst wenn du dich in den Schlünden mentaler und vitaler Verzagtheit befindest, greift das psychische Wesen, sobald du schreibst, ein und wirft seinen Selbstausdruck in die geschriebenen Zeilen. Das veranlaßt Leute mit einem gewissen inneren Leben,

Leute, die vom Spirituellen berührt worden sind, dazu, deine Gedichte so stark zu empfinden.«

Beurteilungen dieser Art wurden oft von vielen herabgewürdigt, aber Worte wie »viele«, »Masse« oder »Mehrheit« erschreckten ihn nie. Einerseits war er einer der sanftesten und tolerantesten Bewerter; und andererseits konnte ihn die ganze Welt nicht einen einzigen Millimeter von einem Weg abbringen, den er einmal als Weg zu seinem Ziel erkannt hatte. Aus diesem Grund fiel er gelegentlich wie ein tonnenschwerer Hinkelstein auf Nirod herab. Da es zu meinem Thema paßt, werde ich nachfolgend die Korrespondenz zwischen den beiden aus dem Jahr 1935 zitieren.

»Für Kreativität und wirksamen Ausdruck, Sir«, schrieb Nirod, »ist Stil sehr wichtig. ›Le style – c'est l'homme‹, sagt man. Und damit man sich einen effektiven Stil zulegen kann, muß man lesen und lesen und nochmals lesen. So kannst du zum Beispiel kaum abstreiten, daß dein Stil, der unvergleichlich ist, zum Teil aus der enormen Quantität hervorgegangen ist, die du gelesen hast?«

»Ich stimme dem zu«, antwortete er, »daß es ohne Stil keine Literatur gibt, außer bei Romanen, wo jemand mit schlechtem Stil, wie Dickens oder Balzac, durch Vitalität und Kraft der eigenen Substanz glänzen kann. Aber ich kann dir nicht beipflichten, wenn du sagst, ich hätte meinen Stil mühsam ausgearbeitet; Stil, der auch nur ein Fünkchen Leben besitzt, kann man nicht ausarbeiten. Er wird geboren und wächst wie jedes andere lebendige Ding. Natürlich erhielt meiner Zuschuß aus dem, was ich gelesen habe, gar keine enorme Quantität – es gibt in Indien Leute, die hundertmal mehr gelesen haben als ich, der Unterschied ist nur, daß ich aus dem Wenigen viel gemacht habe. Was den Rest angeht, ist es der Yoga, der meinen Stil durch die Entwicklung des Bewußtseins entwickelt hat, Feinheit und Genauigkeit des Denkens und der Vision, wachsende Inspiriation und eine ständig stärker werdende Intuition, Unterscheidungsvermögen (selbstkritisches) zwischen richtigem Gedanken, Wortform und treffendem Bild und Figur.«

Aber Nirod gab nur selten ohne ein tapferes Gefecht auf.

»Mir scheint«, schrieb er ironisch, »du übertreibst ein wenig die Bedeutung der Yogakraft. Deren Potenz bezüglich spiritueller Angelegenheiten ist unbestreitbar; aber was die Kunst angeht, kann man da wirklich so sicher sein? Nimm Dilip zum Beispiel. Könnte man nicht sagen: Warum eine fremdartige Kraft annehmen? Wäre er in seinen literarischen Bemühungen irgendwoanders ebenso emsig, aufrichtig und ernsthaft gewesen, wäre er geradeso überzeugend erfolgreich geworden.«

»Willst du mir wohl erklären«, kam Gurudevs schlagfertige Antwort, »wie Dilip, der nicht ein einziges gutes Gedicht schreiben konnte und, bevor er hierher kam, keine Gewalt über Rhythmus und Versmaß besaß, plötzlich, und zwar nicht nach langen ›emsigen Bemühungen‹ zu einem Dichter erblühte, nachdem er sich hier niedergelassen hatte, zu einem Rhythmiker und Metriker? Warum stand Tagore sprachlos vor einem lahmen Mann, der seine Krücken weggeworfen hat und ungehemmt und sicher auf dem Pfad des Rhythmus läuft? Und dann sag mir, wie kommt es, daß ich, der noch nie etwas von Malerei verstand, noch sich darum geschert hat, plötzlich, in einer einzigen Stunde, durch ein Öffnen der Vision, die Augen zu sehen und das Verständnis für Farbe, Linie und Gestaltung erhielt? Wie kommt es, daß ich, der unfähig war, ein metaphysisches Argument zu verstehen und ihm nachzugehen, und den eine Seite Kant oder Hume oder selbst Berkeley entweder benommen machte oder unverständig und müde oder gänzlich desinteressiert ließ, plötzlich begann, seitenweise dieses Zeug zu schreiben, sobald ich den *Arya* anfing, und jetzt als großer Philosoph gerühmt werde? Wie kommt es, daß ich zu einer Zeit, als ich Schwierigkeiten hatte, mehr als einen Abschnitt Prosa dann und wann und mehr als ein kurzes und mühsam hervorgebrachtes Gedicht etwa alle zwei Monate zu produzieren, plötzlich, nachdem ich mich täglich konzentriert und *pranayama* (Atemtechnik) geübt hatte, Seiten um Seiten an einem Tag zu schreiben begann und trotzdem noch genug Kapazität hatte, eine große Tageszeitung herauszugeben und später jeden Monat 60 Seiten Philosophie zu schreiben? Denk doch bitte erst etwas nach und fasele keinen gefälligen Unsinn. Selbst daß man eine Sache durch Yoga in einem Augenblick oder wenigen Tagen tun kann, für die man normalerweise lange, fleißige, ehrliche und ernsthafte Kultivierung aufbringen müßte, würde bereits die Macht der Yogakraft zeigen. Aber eine Befähigung, die nicht existiert hatte, taucht schnell und spontan auf, oder Unfähigkeit wandelt sich in höchste Fähigkeit oder ein blockiertes Talent mit ebenso großer Schnelligkeit in gewandte und mühelose Souveränität. Leugnest du diese Beweise, kann dich kein Beweis überzeugen, denn es würde zeigen, daß du dich entschlossen hast, einfach nicht zu glauben.«

»Aber Sir«, bohrte Nirod, immer noch nicht überzeugt, »meine graue Substanz öffnet sich nicht unvermittelt. Darum ist es schwierig für mich, zu begreifen, bis zu welchem Grad die Yogakraft ohne emsiges, ehrliches und ernsthaftes Bemühen deinerseits für die Vervollkommnung unseres Stils verantwortlich ist.«

»Du hast vielleicht Schwierigkeiten, es zu verstehen«, kam es zurück, »aber ich nicht, da ich meine eigene Entwicklung Schritt für Schritt mit äußerster Wachsamkeit und Erkennen der Prozedur beobachtet habe. Ich habe es einfach Der Höheren Kraft überlassen zu arbeiten, und wenn sie das nicht tat, mischte ich mich in keiner Weise mit einer Bemühung meinerseits ein. Es passierte in den alten intellektuellen Tagen bisweilen, daß ich versucht hatte, die Dinge zu erzwingen, aber nicht, nachdem ich begonnen hatte, Dichtung und Prosa durch Yoga zu entfalten. Laß dich auch daran erinnern, daß ich, als ich den *Arya* schrieb oder auch wenn ich diese Briefe oder Antworten schreibe, niemals denke oder nach Worten suche oder danach strebe, einen großartigen Stil zu produzieren; aus einem schweigenden Geist heraus schreibe ich, was immer vorgefertigt aus der Höhe kommt. Selbst wenn ich dies korrigiere, dann deshalb, weil die Korrektur auf dem gleichen Weg kommt. Wo ist dann der Platz selbst für die geringste Bemühung oder überhaupt noch Platz für ›meine großen Bemühungen‹? Nun?

Versuche nebenbei, tunlichst auch zu verstehen, daß das Supra-Intellektuelle (nicht nur das Supramentale) das Betätigungsfeld einer spontanen und selbständigen Wirkungsweise ist. Es sich zu erschließen oder sich ihm zu öffnen, verlangt Bemühung, aber wenn es einmal wirksam ist, bedarf es keiner Bemühung mehr; es verschließt sich auch zu schnell wieder, so daß man jedesmal eine erneute Anstrengung aufbringen muß – vielleicht zuviel der Anstrengung –, mir scheint, wenn sich deine graue Substanz sensibel auf den automatischen Strom einstellen würde, gäbe es keine Schwierigkeiten, und es bestünde nicht jedesmal die Notwendigkeit für solch ›emsige, ehrliche und ernsthafte Versuche‹. Nun?«

»Ich vermute nur, Sir«, plädierte Nirod, noch immer unbesiegt, »daß die Yogakraft in ihrem eigenen Heimatbereich wirkungsvoller sein könnte, nämlich im spirituellen und nicht auf dem literarischen Feld, welches mental ist.«

»Aber nein«, parierte Gurudev, »ich bezweifle deine Behauptung, daß Die Kraft eher befähigt ist, spirituelle als mentale (literarische) Ergebnisse zu zeitigen. Es scheint mir gerade umgekehrt zu sein. In meinem eigenen Fall plagte ich mich, nachdem ich zum erstenmal mit Yoga, *pranayam* etc. begonnen hatte, für lange Zeit fünf Stunden täglich und konzentrierte und mühte mich fünf Jahre lang, ohne auch nur das geringste spirituelle Resultat zu erhalten (wenn sich spirituelle Erfahrungen einstellten, waren sie so unberechenbar und automatisch wie – Flackern), aber Dichtung kam wie ein Fluß und Prosa wie eine Flut, ebenso auch andere Dinge, die mentale, vitale oder physische Angelegenheiten und nicht spirituelle Schätze oder Durchbrüche waren. Ich habe in vielen Fällen eine Aktivierung des Geistes in verschiedenen Richtungen als das erste oder zumindest als eines der ersten Ergebnisse wahrgenommen. Warum? Weil die verdammten niederen Wesensteile bei diesen Dingen eher mitmachen und weniger widerspenstig sind als gegenüber einem psychischen oder spirituellen Wandel. Das kann man zumindest leicht verstehen. Nun?«

Ich habe diese etwas zu unliterarischen und persönlichen Briefe zitiert (Briefe, deren Veröffentlichung er wahrscheinlich nicht gestattet hätte, wäre er heute noch bei uns), um klarzustellen, wo er von der gewöhnlichen Sicht der Dinge Abstand nahm. Denn in solchen Briefen, in denen er sich ganz ungezwungen zu geben schien – ohne den geringsten *arrière pensée* –, bricht seine Auffassung vom Leben und den Dingen auf eine Weise durch, die uns schon fast beunruhigt, und zwar aus dem einfachen Grund, weil wir, die wir gelernt haben, gänzlich in unserem Oberflächenbewußtsein zu verharren, dadurch unser Geburtsrecht auf die innere Sicht der Dinge, die dem Yogi so vertraut ist, verspielt haben. Darum finden wir es etwas zu aufregend, wenn Menschen in und aus einem tiefgründigeren Bewußtsein leben und handeln und uns von Werten berichten, die unser dürftiges Bewußtsein nicht zu schätzen weiß. Nicht umsonst warnte der erste Schöpfer, Brahma, den ersten Weisen, Narad:

> »Die Weisen, deren Herzen und Sinne befreit sind
> vom Joch der Leidenschaften – sie kennen die mystische
> Kunde:
> Aber wenn die wortreichen Stürme erneut toben,
> zieht sich das empfindsame Licht der Wahrheit wieder zurück.«[4]

Sri Aurobindo schrieb einmal: »Wenn ich schreibe oder andere dazu ermutige zu schreiben, habe ich nicht persönliche Glorifizierung im Sinn, sondern den Ausdruck spiritueller Wahrheit und Erfahrung aller Art in Dichtung erfolgreich zustande zu bringen ... Du hast recht, wenn du sagst, daß die Engländer bislang indische Dichter nicht ermutigt haben, englische Verse zu schreiben. Aber die zukünftige Geisteshaltung wird internationaler sein als die augenblickliche. In diesem Fall wird der Ausdruck verschiedener Temperamente in englischer Dichtung eine Chance haben.«

---

[4] Rishe vidanti munayah prashantatmendriyashayah Yade tadevasattarkaistirodhiyeta viplutam. (Aus der *Bhagavat Gita*, 2.6.40)

Als mir schließlich ein betont intellektueller Freund schrieb und den Rat gab, nur Verse in Bengalisch, meiner Muttersprache, zu schreiben, kam stracks Gurudevs Erwiderung:

»Meine Auffassung bezüglich deiner Dichtung sieht anders aus als die von A. Einige deiner Gedichte schienen mir von hoher Qualität zu sein, und einige, besonders aber neuere, wirklich sehr fein und apart in Gedanke und Stil, und wenn du weiterhin deine Höhe und Kraft des Ausdrucks steigerst, wie du es kürzlich getan hast, sehe ich gar nicht ein, warum du nicht Erstklassiges schreiben sollst, wenn du es nicht schon getan hast. Trotz A. würde ich es als eine Art psychischer Kalamität ansehen, wenn du auf jedermanns Geheiß sofort auf dem guten Weg innehältst. Wenn sonst für nichts, wären sie es wert, als Ausdruck der *bhakti* (indischer Art) geschrieben zu werden, die bislang in englischer Dichtung noch keinen Platz gefunden hat.«

(1. Oktober 1943)

10. Kapitel

EINGESTANDENERMASSEN PERSÖNLICH

Im 8. Kapitel lag die abschließende Betonung auf Sri Aurobindos Vision der Erde als engdültigem Treffpunkt für »heldenhafte Seelen«,[1] die bestimmt sind, ein großes Experiment durchzuführen, denn die Erde ist auserwählt, »die Schmiede zu sein, wo der Erz-Baumeister seine Werke formt«. Dies Experiment ist von zweifacher Natur: Da ist zum einen die Sehnsucht des Tierhaften im Menschen nach Göttlichkeit und zum anderen der Regenschauer Seiner antwortenden Gnade, die kommt, um des Menschen scheinbar unveränderliche Animalität zu transformieren, die Träumer und Idealisten schon immer verzweifeln ließ. Aus diesem Grund spricht Sri Aurobindo sonemphatisch (wenn nicht gar etwas nostalgisch) von der Herabkunft der Macht Göttlicher Liebe in unsere verdorbene Menschheit – einem Herabströmen himmlischen Lichts in irdisches Leben, das eine neue Ära der Freiheit und Harmonie anbrechen läßt.

Aber die Göttliche Macht für die Erlösung der Welt anzurufen, ist eine Sache, die Macht anzuwenden, um das »Elend« des unwissenden Menschen zu lindern, eine gänzlich andere. Wie schwierig dieses Unterfangen in der Praxis ist, können die meisten von uns nur schwer begreifen, denn zum einen haben nur wenige von uns auch nur ein wenig Wissen über die okkulten Kräfte, und viel weniger noch besitzen den Schlüssel zum Know-how, das heißt, wie man derartige Kräfte anwenden soll, hat man sie – was gelegentlich vorkommt – erhalten, bevor man wirkliche Einsicht in die geheimnisvollen Ursprünge menschlicher Natur in Aktion gewonnen hat. Sri Aurobindo hat mir 1924 einen deutlichen Hinweis auf diese tiefsitzende Problematik gegeben, als er sagte, daß er durch sein yogisches Wissen erkannt hat, daß »wenn man der Menschheit aus dem Graben helfen will, es nicht ausreicht, daß ein einzelner, wie groß er auch sein mag, eine endgültige individuelle Lösung findet«, denn »selbst wenn das Licht bereit ist herabzukommen, kann es nicht hier unten bleiben, bevor die niedere Ebene ihrerseits bereitet ist, den Druck der Herabkunft auszuhalten ... Konsequenterweise ist das Äußerste, das du hier und jetzt tun kannst, bruchstückhaft

---

[1] *Savitri*, Buch XI, Canto 1. Siehe dazu das Zitat im 8. Kapitel.

das Licht deiner Verwirklichung in dem Maße mitzuteilen, bis zu dem die Menschen empfänglich sind.«[2]

Was er damit meinte, will ich mit Hilfe des Lichtes zu erklären versuchen, das ich während meiner eigenen *sadhana* von ihm erhielt.

Während ich in seinem Ashram lebte und zu meiner großen Betrübnis in meiner pathetischen Ignoranz mit ihm haderte und immer wieder in Bereiche hineinplatzte, die zu betreten Größere als ich nicht wagten, fühlte ich, wie eine große Last mein Gewissen niederdrückte. Denn während die Tage verstrichen, ging mir in zunehmendem Maße auf, wie wenig vollkommen ich doch war: Tag für deprimierenden Tag konnte ich sehen, wie ich mich immer mehr auflöste, obgleich er die Zügel immer geduldiger lockerer ließ, je widerspenstiger ich wurde. Er tat dies nicht, um meinem widerborstigen Ego den Balsam seiner Weisheit aufzudrängen, sondern um mir den Weg zu meiner eigenen höheren Natur zu zeigen, die der Gewittersturm meiner lauten Selbstsucht so wirksam vor meinen »rationalen Augen« verbarg, wie ich es selbstgefällig formulierte. Einen trostlosen Monat nach dem anderen forderte ich ihn dazu auf, seine These zu beweisen, von der ich im Innersten meines Herzens wußte, daß sie richtig war, aber dennoch kurioserweise nicht bereit war, ihm auf halbem Wege entgegenzukommen, wenn immer er sich herabbeugte, um mir einen warmen Händedruck zu geben. Ich ließ meine primitiven Sticheleien auf ihn los, aber er kam unerschütterlich herab auf mein Niveau und begegnete mir mit seiner lächelnden Schlagfertigkeit. Ich zweifelte, und er segnete mich als Antwort. Jahr um Jahr widerstand ich ihm, aber er befriedete nur den Alten Adam in mir. Jene, die in ihrer schrillen Ignoranz den Dogmatismus spiritueller Lehrer geißeln, mögen dem Nicht-Informierten angenehm undogmatisch erscheinen, aber diejenigen, die auch nur einmal einem echten Guru begegnet sind, werden nicht anders können, als seine unglaubliche Geduld und Toleranz zu bestätigen.

Aber was ich hier verdeutlichen will, ist nicht nur seine Toleranz und Geduld, nicht einmal sein makelloses Talent dafür, den Standpunkt des Rebellen zu verstehen, sondern eine Begabung, die man genial nennen kann, mit phantasievoller Sympathie des letzteren Position als fragender Sucher zu würdigen, um dann auf dessen Intelligenzebene herabzukommen und auf sein Maß an Rezeptivität einzugehen. Hier ein Beispiel:

---

[2] Zitiert aus *Among the Great* (amerikanische Ausgabe), S. 219–220.

Ich trat dem Ashram mit einer ausgeprägten mentalen Neigung zum Asketentum bei. Obgleich ich also *karma* (Gesetz der Tat; im *karma yoga* das Gesetz der Göttlichen Tat. Anm. d. Übers.) liebte – da ich von Natur aus unausrottbar *rajasisch* bin (Rajas ist in der östlichen Yogapsychologie das Prinzip der Leidenschaft. Anm. d. Übers.) –, wollte ich in die Tatenlosigkeit *sattwischer* Art abwandern (Sattwa ist das Prinzip klarer, leidenschaftsloser Erkenntnis. Anm. d. Übers.), um als lebendiges Beispiel der Inaktivität, der *bhakti* und der Weisheit dazustehen. Ein *gurubhai* (Schüler-Bruder) hatte mir gesagt, daß Gurudev dynamische Spiritualität und *karma* der statischen Weisheit vorziehe. Dies machte mich gleichzeitig froh und verstimmt. Froh, weil ich von Natur aus energisch war; verstimmt, weil ich befürchtete, daß mich *karma* unentwirrbar mit der Welt verknüpfen und darum, *a fortiori*, auch an meinen gegenwärtigen Zustand der Nichterfahrung binden würde statt an transzendente Gotteserfahrung. Aber warum nur mußte er Nirod, den charmanten Pessimisten, mit seinem aurobindianischen Evangelium unermüdlicher *Tat*, Jnana (weise Erkenntnis) beiseite schieben, einschüchtern und über jene herziehen, die, wie Dilip, die traditionelle Durchgangsstraße der *bhakti* (der Liebe zum Göttlichen) bevorzugten, die wenigstens irgendwohin führte? Hatte nicht sogar der große Sri Ramakrishna den spirituellen Aspiranten davor gewarnt, den Plackereien des *karma* zu verfallen, als er das Gleichnis der Frau erzählte, die ein Kind austrägt und von der er sagt, daß ihr, je näher die Entbindung rückt, desto mehr Arbeit abgenommen wird, bis sie, nach der Geburt des Kindes, nur noch für das Kind und nichts anderes mehr zu leben habe?

Während ich mich so redegewandt über die Seligkeit der Tatenlosigkeit ausließ, ging ich oft zu weit: meine Impulse katapultierten mich zu einem Anti-Klimax und ich sah oft wie ein Schüler aus, der seinem Guru Anweisungen geben will. Darum entschuldigte ich mich in einem Nachsatz: Würde er mir meine unverzeihliche Frechheit verzeihen? Denn wenn er mir gram wäre, wo würde ich dann landen? Und schließlich, war ich nicht in der Praxis ein fleißiger Arbeiter, auch wenn ich in idealistischer Theorie ein Gegner von *karma* war ...?

Dazu schrieb er, nachsichtig wie immer (1934):

»Ich verstehe nicht, warum du meinen solltest, daß ich über die *karma*-Frage verärgert bin. Ich züchtigte oder verprügelte Nirod nicht aus Unmut und nicht einmal ›mehr traurig als böse‹, sondern aus Vergnügen und auch aus einem hohen Verantwortungsgefühl: denn dieser irrende Sterbliche war kühn genug, aufgrund seiner beschränkten Erfahrung zu verallgemeinern und sie als endgültiges Gesetz im Yoga aufzuzwingen, nebenbei meine eigene unsterbliche Philosophie mißachtend! Was blieb mir da anderes übrig, als mich im Geiste urwüchsiger Lust zum Massaker über ihn herzumachen?«

Nirod pflegte in jenen Tagen mein Nest beinahe täglich heimzusuchen, da es sich so traf, daß wir zwei Vögel der gleichen Schattierung himmelsfeindlichen Gefieders waren. Während wir so zusammenhockten, ertränkten wir viele Male unser Unbehagen an der Welt in unseren Klageliedern zum Tee. So glucksten wir über diesen Punkt, wenngleich leider etwas zu früh!

»Ich fürchte«, fügte Sri Aurobindo hinzu, »daß auch dein Brief so ziemlich das gleiche versucht. Denn trotz deines Leugnens gelangst du praktisch zu dem Schluß, daß der ganze Unsinn, den ich über integralen Yoga erzähle – daß er ein ebensoguter Weg zur Verwirklichung sei wie *jnana* und *bhakti* –, entweder ein glimmerndes Irrlicht oder nur durchführbar für Avatare (Inkarnationen des Göttlichen. Anm. d. Übers.) oder sonst eine reine, mühsame Überflüssigkeit sei (da man durch die offenen Tore der *bhakti* ins Göttliche springen oder majestätisch in Ihn auf dem einfachen Weg der Meditation eintreten kann), wozu also dies Geklettere durch den Karma-Dschungel, das niemanden irgendwohin bringt? Die alten Yogas sind wahr, oder nicht? Warum dann einen neuen, überspannten und noch schwierigeren Yoga mit diesem noch nie gehörten Gerede über Supramentales und weiß Gott was noch? Es gibt darauf keine Antwort; denn ich kann als Antwort nur die Beschreibung meines eigenen Wissens und meiner Erfahrung wiederholen. Das habe ich in meiner heutigen Antwort an Nirod getan, und möglicherweise stellt dies lediglich eine perverse Hartnäckigkeit dar, weiter auf meinem glimmernden und verwirrenden Irrlicht zu reiten und meinen Unsinn einer Überflüssigkeit einer Welt aufzwingen zu wollen, die ihrer selbst müde ist und nichts lieber möchte als eine bequeme Abkürzung zum Göttlichen. Unglücklicherweise *glaube ich nicht an Abkürzungen* – zumindest hat mich keine von ihnen je dorthin geführt, wo ich hin wollte. Dennoch, lassen wir die Sache hier auf sich beruhen.

Ich habe die Wahrheit der alten Yogas nie bestritten – ich hatte selbst die Erfahrung der Vaishnava *bhakti* und des *Nirvana* im Brahman (des Aufgehens im All-Sein. Anm. d. Übers.), ich erkenne ihre Wahrheit in ihrem eigenen Bereich und für ihren besonderen Zweck an – soweit die Wahrheit der Erfahrung reicht –, obgleich ich in keiner Weise verpflichtet bin, die Wahrheit der mentalen Philosophien zu akzeptieren, die sich auf der Erfahrung gründen. Genauso finde ich, daß mein Yoga in seinem eigenen Bereich wahr ist – ein umfassenderer Bereich, wie ich denke – und für seinen eigenen Zweck. Anliegen des alten Yoga ist es, vom Leben weg zum Göttlichen zu kommen – darum laßt uns klarerweise *karma* ablegen. Zweck des neuen Yoga ist es, das Göttliche zu erreichen und die Fülle des Erreichten *in* das Leben zu bringen – dafür ist der Yoga der Arbeit unerläßlich. Daran scheint mir nichts Geheimnisvolles zu sein oder irgend etwas, das irgend jemand vor den Kopf stoßen sollte – es ist vernünftig und unumgänglich. Du sagst nur, daß die Sache unmöglich sei; aber das sagt man von allem, bevor es getan ist.

Ich darf jedoch darauf hinweisen, daß *Karmayoga* kein neuer, sondern ein sehr alter Yoga ist; die Gita[3] (Sri Aurobindo bezieht sich hier auf die *Bhagavat Gita*, das große spirituelle Unterweisungsbuch aus dem Altertum Indiens, das auch das »Evangelium des Karmayoga – des Yoga der Arbeit« genannt wird. Anm. d. Übers.) ist nicht gestern geschrieben worden, und *Karmayoga*, den *Yoga der Arbeit*, gab es sogar schon vor der Gita. Deine Vorstellung, daß die einzige Rechtfertigung für Arbeit in der Gita die Erkenntnis sei, daß es sich dabei um einen unvermeidlichen Unfug handle und man darum das Beste daraus machen soll, ist ziemlich allgemein und grobschlächtig. Wenn das alles wäre, könnte man von der Gita sagen, daß sie das Produkt eines Schwachsinnigen ist, und ich hätte kaum Grund dafür gehabt, zwei Bände darüber zu schreiben, oder die Welt, sie als eine der größten Heiligen Schriften zu lesen, und zwar gerade in bezug auf ihre Aussage über die Rolle, die Arbeit bei der spirituellen Bemühung spielt. Sie hat sicher mehr zu bieten als das. Wie dem auch sei, widersprechen deine Vermutungen darüber, ob Arbeit zu Verwirklichung führen kann – oder vielmehr deine platte und völlige Verneinung dieser Möglichkeit – der Erfahrung jener, die dies vermeintlich Unmögliche vollbracht haben. Du sagst, daß Arbeit das Bewußtsein herabzieht, daß sie dich aus dem Innern in das Äußerliche bringt – ja, wenn du einwilligst, dich in ihr zu veräußerlichen anstatt von innen her zu arbeiten; aber genau das ist es, was man lernen soll zu vermeiden. In diesem Zusammenhang

[3] Siehe dazu: *The Gita*, vollständige engl. Übersetzung der Gita unter Anleitung von Sri Aurobindo, zusammen mit erklärenden Texten von Sri Aurobindo zu den einzelnen Versen. Die Botschaft der Gita ist nach Ansicht von Sri Aurobindo »die Grundlage der großen spirituellen Bewegung, welche die Menschheit bisher und weiterhin mehr und mehr zu ihrer Befreiung führt, das heißt, zu ihrer Befreiung von Falschheit und Unwissen und zu ihrem Auftauchen in der Wahrheit.« Seitdem die Gita existiert, hatte sie eine gewaltige aktive spirituelle Ausstrahlung, aber durch die neue Interpretation, die ihr Sri Aurobindo gab, hat ihr Einfluß beachtlich zugenommen und ist entscheidend geworden. (Auroville Verlag, Planegg)

können uns Gedanken und Gefühle auf die gleiche Weise veräußerlichen; aber es geht darum, Denken, Empfinden und Tat stabil mit dem inneren Bewußtsein zu verknüpfen, indem man dort lebt und den Rest zu ausführenden Organen macht. Schwierig? Selbst *bhakti* ist nicht leicht, und *nirvana* ist für die meisten Menschen noch schwieriger.

Du versuchst schon wieder, mich mit Ramakrishna aufs Kreuz zu legen. Aber da ist etwas, das mich ebenso verdutzt wie Shankaras gewaltige Entfaltung von *karma*, bei dem Apostel der Tatenlosigkeit! – Wie du siehst, bist du nicht der einzige verdutzte Mensch auf der Welt! Ramakrishna gab auch das Gleichnis vom Krug, der zu gluckern aufhörte, als er voll war. Nun, dennoch verbrachte Ramakrishna seine letzten Lebensjahre damit, über das Göttliche zu sprechen und Schüler zu empfangen – war das nicht Aktivität, keine Arbeit? Wurde Ramakrishna zu einem halbvollen Krug, nachdem er bereits ein voller war, oder war er nie voll gewesen? Hat er sich weit von Gott entfernt und begann darum zu arbeiten? Oder hatte er einen Zustand erreicht, in dem er weder an *rajasische* Arbeit und mentales Geplapper noch an Tatenlosigkeit und Stille gebunden war, sondern aus der göttlichen Verwirklichung heraus die göttlichen Arbeiten verrichten und aus dem inneren Bewußtsein der göttlichen Welt heraus sprechen konnte? Ist letzteres der Fall, dann steht zumindest sein Vorbild trotz des geflügelten Wortes eher auf meiner Seite.

Ich weiß nicht, warum du Humanitäres, X's Aktivismus, philanthropische Dienstleistungen etc. mit hineinzerrst. Sie sind nicht Teil meines Yoga oder stehen in Einklang mit meinen Arbeiten und berühren mich deshalb nicht. Ich habe nie geglaubt, daß die Kongreßpolitik oder Almosen für die Armen oder das Verfassen schöner Gedichte geradewegs zu Vaikuntha oder dem Absoluten führen. Wäre dem so, würden Romesh Dutt auf der einen Seite und Baudelaire auf der anderen Seite die ersten sein, die das Höchste erlangen und uns dort willkommen heißen. Nicht die Form der Arbeit an sich oder bloße Aktivität sind es, die die Essenz des *karma yoga* ausmachen, sondern das Bewußtsein und der auf Gott gerichtete Wille; die Arbeit ist lediglich die nötige Instrumentation für die Vereinung mit Dem Meister der Werke, der Durchgang von dem Willen und der Macht der Unwissenheit zu dem reinen Willen und der Macht des Lichts.

Und schließlich, warum mußt du argwöhnen, daß ich gegen Meditation oder *bhakti* sei? Ich habe nicht die geringsten Einwände dagegen, daß du eines dieser Hilfsmittel oder beide zusammen als

Sprungbrett in das Göttliche benützt. Ich sehe nur nicht ein, warum irgend jemand mit Arbeit in Konflikt kommen und das Zeugnis jener verleugnen sollte, die, wie die Gita sagt, durch Arbeit vollkommene Verwirklichung und Vereinung der Natur mit dem Göttlichen erlangten – *samsiddhim sadharmyam* (wie Janaka und andere es taten) –, nur weil er deren tieferes Geheimnis nicht finden kann oder es noch nicht gefunden hat; deswegen meine Verteidigung der Arbeit.«

Seine Freizügigkeit ermutigte mich. So paradox es auch klingen mag, ich selbst liebte *karma* um seiner selbst willen, aber dennoch ertappte ich mich dabei, daß ich jedesmal das Banner für den Quietismus hochhielt, sobald er von Aktivismus sprach, obgleich mir die ganze Zeit völlig klar war, daß *seine* Art Aktivismus etwas ganz anderes war als unsere. An diesem Beispiel wird deutlich, daß ich mir, gerade wenn ich am meisten seine Größe fühlte, einer Spaltung in mir bewußt war, und darum brachte ich damals auf der Stelle einen langen Brief an ihn zu Papier und versuchte auf meine linkische Art, eine Attacke gegen seine Theorie bezüglich *karma* zu reiten. Ich schrieb, daß ich erfreut darüber sei, daß er den Bann über den *bhakti* aufgehoben habe; daß ich wirklich dankbar für die kleinsten Gnadenakte sei; daß er uns auf schöne Weise mit seinen Paradoxen verwirrt habe – war dies nicht der Grund, warum er seine »Verdutztheit« erwähnte? und so weiter. Ich fragte dann noch, ob es wirklich möglich sei, all unser Tun an das Göttliche weiterzugeben. Ich erinnerte ihn nochmals daran, daß ich, obgleich ich versucht hatte, mich bei der Arbeit an Krishna zu »erinnern«, den Eindruck hatte, völlig versagt zu haben, diese Haltung länger als ein paar Minuten durchgehend beizubehalten, da ich mich hurtig in dem verlor, was ich gerade unternahm. Darum gelangte ich schließlich zu der Frage, ob »Überantwortung unserer Arbeit« wirklich ein praktikabler Vorschlag sei. Kurzum, ich folgerte, daß *bhakti* und *jnana* Hand und Fuß hatten, wogegen *karma* uns nur in eine zwicklige Lage brachte, denn in dem Augenblick, wo die Arbeit interessant wird, ergreift sie vom Verstand völlig Besitz und kann darum nicht dem Göttlichen übergeben werden. Um es direkt zu sagen: Durch Arbeit ist bisher noch keiner an das Ziel gelangt, während durch *bhakti* und *jnana* wenigstens die eine oder andere strahlende Galaxie den Rand des Universums überschritten hat. Warum um alles in der Welt soll man sich deshalb an das Mantra klammern: *Yat karomi Jaganmatastadeva tava pujanam* (Was immer ich tue, o Welten-Mutter, ist eine Opfergabe an Dich!)? Zum Schluß fragte ich ihn, ob sein neuer, ins Weite zielende

Integral-Yoga ohne weiteres bei jemandem Erfolg haben könne, der kein geborener Herkules sei? »*Nayamatma valahinena labhyah*«, sagt die Upanishad. Aber wenn »niemand als der Starke der Schönen Seele Gunst verdient«, welche Hoffnung gibt es dann für Leute unseres Schlags, die nicht behaupten können, so stark wie ein Ramakrishna, ein Shankar, ein Ramana Maharshi oder ein Vivekananda zu sein? So blies ich meine Kummer-Seifenblasen, fasziniert von ihrem Phantomgeschillere.

Aber dieses Mal entschloß er sich nicht dazu, meine Spöttelei mit Spöttelei zu beantworten, und schrieb in tiefem, wenn nicht gar strengem Ernst zurück:

»Nochmals muß ich klarstellen, daß ich nie irgendeinen Bann über *bhakti* ausgesprochen habe, so daß es keinen Sinn ergibt, wenn du sagst, ich habe einen Bann aufgehoben, der nie existiert hat. Auch ist mir nicht bewußt, jemals Meditation verbannt zu haben – die satirische Huldigung meiner Gnadenakte ist darum fehl am Platz. Ich stelle mir vor, daß ich beide, *bhakti* und Wissen, in meinem Yoga ebenso wie die Arbeit betont habe, auch wenn ich keinem von ihnen das ausschließliche Lehnsrecht zugesprochen habe, wie es Shankara oder Chaitanya tun. Auch glaube ich, daß ich niemandem bezüglich der *sadhana* meine eigene Wahl über die Maßen aufgedrängt habe. Die sich ganz der Meditation verschreiben wollten, habe ich ohne Widerspruch ziehen lassen, wenngleich nicht ohne die Hilfe, die ich geben konnte. Seit kurzem habe ich vollständige Zurückgezogenheit vom Programm gestrichen, aber der Grund dafür war, daß ich eine Wiederholung dessen verhindern wollte, was N und anderen widerfahren ist, die sich trotz meiner Warnungen in die Abgeschiedenheit begaben und denen es schlecht erging. Ich habe, wenn mich Leute gefragt haben, geschrieben, was ich denke; aber wenn sie mit meiner Sicht der Dinge nichts anfangen können, warum fragen sie mich dann?

Meine Bemerkungen über mein Verdutztsein waren, nebenbei gesagt, mehr sokratische Ironie. Natürlich bin ich nicht im geringsten verdutzt über Shankaras oder Ramakrishnas Fall.

Die Schwierigkeit, der du oder jeder *sadhaka* bezüglich der *sadhana* gewahr wirst, ist nicht wirklich ein Problem von Meditation im Gegensatz zu *bhakti* und diese wiederum im Gegensatz zur Arbeit; es ist ein Problem der Haltung, die man annehmen soll, der Annäherungsweise, oder wie immer sonst du es nennen willst. Deine Haltung scheint einerseits durch eine ungeheuerliche mentale Bemühung gekennzeichnet zu sein und auf der anderen Seite durch eine düstere Gewißheit im Vitalen, das zu beobachten und

leise, wenn nicht überhaupt laut, zu murren scheint: ›Ja, ja, mach'
nur weiter so, lieber Freund, aber – nichts wird dabei herauskom-
men‹, und dann am Ende der Meditation: ›Hab' ich es dir nicht
gesagt, nichts ist dabei herausgekommen?‹ Ein Vital also, das so
bereitwillig ist zu verzweifeln, daß es selbst nach einer ›glorreichen‹
Flut der Dichtung die Gelegenheit ergreift, das Evangelium des
Défätismus zu predigen! Ich habe die meisten der Schwierigkeiten
der *sadhakas* durchlaufen, aber ich kann mich nicht daran erinnern,
daß ich die Freude dichterischer Schöpfung oder die Konzentration
auf sie als etwas Ungöttliches und einen Grund zur Verzweiflung
angesehen habe. Das scheint mir exzessiv zu sein. Selbst Shankara-
charya würde hier nicht mit dir übereinstimmen.

Wenn du dich, wie du schreibst, nicht ständig an das Göttliche
erinnern kannst, so spielt dies keine große Rolle. Am Anfang sich
erinnern und hingeben und am Ende danksagen, sollte ausreichen.
Oder höchstens, sich auch zu erinnern, wenn man eine Pause
macht. Deine Methode erscheint mir ziemlich quälend und schwierig, du scheinst dich mit ein und demselben Teil deines Geistes zu
erinnern und zu arbeiten versuchen. Ich weiß nicht, ob das möglich
ist. Wenn die Leute versuchen, sich dauernd während der Arbeit zu
erinnern (was durchführbar ist), geschieht es gewöhnlich im Hintergrund des Geistes, oder es bildet sich allmählich eine Fähigkeit
zweifachen Denkens oder sonst ein zweifaches Bewußtsein – eines
im Vordergrund, das arbeitet, eines im Innern, das sich erinnert. Es
gibt auch noch einen anderen Weg, dem ich selbst lange Zeit gefolgt
bin – ein Zustand, bei dem sich die Arbeit automatisch abwickelt,
ohne daß sich persönliches Denken oder mentale Aktivität einmi-
schen und das Bewußtsein still im Göttlichen bleibt. Aber dies ist
nur eine Erläuterung – ich erwarte nicht, daß du es versuchst. Denn
für gewöhnlich kommt es nicht so sehr durch Probieren als durch
eine sehr einfache, beständige Aspiration und einen Willen zur
Hingabe – oder sonst durch eine Bewußtseinsbewegung, die das
Innere vom ausführenden Wesen trennt. Aspiration und Wille zur
Hingabe, die eine größere Kraft herabrufen, die Arbeit zu tun, ist
eine Methode, die großartige Ergebnisse zeitigt, selbst wenn einige
lange Zeit brauchen, sie zu aktivieren. Dies ist ein großes Geheimnis
der *sadhana* – wissen, wie man die Dinge durch die im Hintergrund
stehende Macht oder durch die Macht in der Hölle vollbringen läßt,
anstatt alles durch Anstrengung des Geistes zu tun. Laß mich jedoch
gleich klarstellen, daß ich nicht dogmatisiere – ich will damit nicht
sagen, daß geistige Anstrengung überflüssig sei oder nichts bewirke
– nur wird es, wenn man alles selbst machen will, für die meisten,

ausgenommen die spirituellen Athleten, ein anstrengendes Unterfangen. Ebenso will ich nicht den Eindruck erwecken, daß es sich bei der anderen Methode um die ersehnte Abkürzung handelt; es mag, wie gesagt, lange dauern, bis sich das Ergebnis zeigt. Geduld und feste Entschlossenheit sind für jede Methode der *sadhana* nötig.

Stärke ist das Richtige für die Starken – aber Aspiration und die Gnade, die ihr antwortet, sind nicht nur Mythen; sie sind vielmehr große Wirklichkeiten des spirituellen Lebens. Wie du siehst, verwirre ich schon wieder den menschlichen Verstand – so wie Krishna in der Gita –, indem ich gegensätzliche Dinge in einem Atemzug gutheiße – ich kann nichts dafür – es ist meine Natur.

Aber ich kann heute nicht weiter erklären – ich lasse darum von diesen Abschweifungen ab. Ich bin neuerdings zu sehr mit ›Arbeit‹ überhäuft, um noch viel Zeit dafür zu haben, ›Wissen‹ auszudrükken. Dies ist einfach eine aufs Geratewohl gegebene Antwort.«

Der allgemeine Leser wird, so ist meine Empfindung, den Wert von Briefen wie diesen wahrscheinlich entweder im Sinn der Bedeutung ihres Inhalts oder der Tiefe ihrer Weisheit zu schätzen wissen. Aber wir, seine Schüler, schätzen jede derartige Mitteilung viel mehr als Geschenk seiner Gnade als wegen ihrer anderen Werte, und zwar wegen des Lichtes, das sie aus dem Quell seiner strahlenden Persönlichkeit brachten, die wir lieben gelernt hatten. Mir persönlich schenkten seine Briefe, die erfüllt waren von Zuneigung, sogar noch etwas Überzeugenderes – vielleicht, weil einem Skeptiker wie mir nur solche persönlich gehaltenen Briefe das Licht des Sehers, das ihn umgab, vermitteln konnten, und zwar durch eine empfangsbereite Emotion, die nichts weniger als ein intimer Kontakt mit seiner mitfühlenden Seele hervorbringen konnte. Hatte er mir nicht außerdem geschrieben: »Ganz gewiß helfe ich dir nicht nur mit Briefen, sondern tue es, wenn immer ich etwas Zeit zur Konzentration habe, wobei ich feststelle, daß, wenn ich dies mit ausreichender Energie und für eine bestimmte Zeit tun kann, auch eine Reaktion da *ist*.« Außenstehenden mag die Bedeutung des hier Gesagten nicht klar sein, aber nachdem ich die Wirkungen der Konzentration auf und für mich Tag um geduldigen Tag erkennen konnte, mußte ich an ihre konkrete Effektivität glauben. Wie hätte es anders sein können, wo ich immer wieder die Erfahrung machte, daß mein Trübsinn wie Nebel vor der aufgehenden Sonne vertrieben wurde und Kraft in mich durch seine Ermahnungen zurückkehrte, die jedesmal mit der tiefen Zärtlichkeit seiner Abgeschiedenheit durchtränkt waren?

In einem Fall löste sich meine Niedergeschlagenheit in einem

Augenblick auf – es war beinahe wie ein Es-werde-Licht-und-es-wurde-Licht-Wunder. Ich war damals einer völligen geistigen Niedergeschlagenheit verfallen und schrieb, daß ich gut verstehen könne, daß er mir nicht aus meinem Jammertal helfen könne, da er wohl kaum Zeit für jemanden übrig habe, der sich so sehr seiner Kraft widersetzt. Dazu schrieb er: »Zeitmangel ist kein Hindernis, da kein Tag vergeht, an dem ich nicht einige Zeit an dich denke und mich für dich konzentriere. Das Problem ist, wie man die Hindernisse im physischen Geist beseitigen kann – was du als den toten Punkt empfindest. Aber er wird verschwinden, wenn du ausdauernd bleibst. Was mir jahrelang verweigert und unmöglich schien (ein Zustand hilfloser Stagnation und Hoffnungslosigkeit und Ungläubigkeit selbst in den Gutwillen und die Macht des Göttlichen, die spirituelle Kraft und den Guru), passiert plötzlich doch noch – wenn diejenigen, die jahrelang keine einzige Erfahrung hatten, plötzlich den Durchbruch schaffen. Die Schwierigkeit ist groß und die Dunkelheit des materiellen Bewußtseins hartnäckig, aber dennoch kommt Das Licht, wenn man durchzuhalten oder. auch nur zu warten weiß ...«

Und dann fuhr er versichernd fort:

»Es ist nicht wahr, daß du nie Kraft von uns erhalten hast. Du hast sie *in jeder Menge* erhalten; man kann nur sagen, daß du ihrer nicht bewußt warst, aber so geht es mit vielen. Ganz gewiß empfängt oder verwendet keiner der *sadhakas* alle Kraft, die die Mutter sendet, aber das ist eine allgemeine Tatsache und keine besondere Eigenschaft von dir. Ich hoffe, daß du deine Idee, plötzlich wegzugehen, nicht in die Tat umsetzt ... *Was immer sonst du bezweifeln magst, solltest du nicht daran zweifeln, daß unsere Liebe und Zuneigung immer bei dir sind.* Aber ich hoffe immer noch, daß du diese Verzweiflung und diesen Impuls zur Flucht bewältigen kannst und die große Kraft intensiven Willens entwickelst, die das Licht bringt, das gewiß kommt.«

Und er schrieb in einem Postskriptum als Antwort auf meinen Seufzer, daß er vor allem mit den höchsten Himmeln beschäftigt sei: »Nein, ich bin nicht mit den höchsten Himmeln beschäftigt: ich wünschte, es wäre so! Vielmehr bin ich mit dem anderen Ende der Dinge beschäftigt: ich muß in den Abgrund eintauchen, um eine Brücke zwischen den beiden zu errichten.«

Was er genau damit meinte, eine Brücke zu bauen, und wie der Widerstand aussah, dem er sich ständig stellen mußte, werden wir wahrscheinlich nie erfahren, aber wir können seinem schönen, wenngleich etwas traurigen Gedicht *A God's Labour* sicher entnehmen, daß er sich völlig klar darüber war, daß es sich bei dem Brückenbau kaum um eine simple yogische Ingenieuraufgabe handeln würde:

> I had hoped to build a rainbow bridge
> Marrying the soil to the sky
> And sow in this dancing planet midge
> The moods of infinity.
> But too bright were our heavens, too far away,
> Too frail their ethereal stuff;
> Too splendid and sudden our light could not stay;
> The roots were not deep enough.

(Ich hatte gehofft zu bauen eine Regenbogenbrücke
vermählend die Erde dem Himmel
und in diesen tanzenden Planetenzwerg
die Stimmungen zu säen der Unendlichkeit.
Aber zu hell waren unsere Himmel, zu weit entfernt,
zu zerbrechlich ihr ätherischer Stoff;
zu herrlich und plötzlich, konnt' unser Licht nicht bleiben;
die Wurzeln waren nicht tief genug.)

Wie konnten die »Wurzeln tief genug« sein, wenn wir, anstatt den jungen Baum zu pflegen, so leichtfertig die Samen des Glaubens und der Aspiration verwarfen, die er immer wieder in uns hineinsetzte? Hier nur ein Beispiel: Einer seiner Schüler, den er förmlich mit Liebe überschüttet hatte, weigerte sich, sich zu ändern, und ging. Ein Jahr später schrieb mir dieser Mann und protzte nicht nur mit einem fragwürdigen Erfolg in einem banalen Unternehmen, sondern rationalisierte es außerdem auch in eine tiefgründige (?) Philosophie um:

»Leben ist ein Spiegel, Dilip«, poetisierte er selbstgefällig, »und da es ein Spiegel ist, muß es Lächeln mit Lächeln und Fratze mit Fratze beantworten.« Ich gab den Spruch an Gurudev weiter und erhielt am nächsten Morgen seinen Kommentar:

»Was seine ›Philosophie‹ angeht, ist sie Phrasendrescherei und nichts anderes: was er ausdrücken will, ist, wie ich vermute, daß man fröhlich sein kann, wenn man erfolgreich ist – was keine Philosophie, sondern ein Allgemeinplatz ist, nur stellt er die ganze Sache auf den Kopf und gibt ihr den Anstrich von Weisheit. Oder vielleicht meint er, daß, wenn du Mussolini und Hitler zulächelst, sie dir Rizinusöl oder Knüttel ersparen: aber selbst das ist nicht gewiß, denn es kann sein, daß sie erst wissen wollen, was das

Lächeln zu bedeuten hat – Schmeichelei oder Satire.«

Aber Lächeln oder nicht, fügte er hinzu, man muß den Defätismus abweisen und den teuren Luxus der Verzagtheit meiden:

»Erlaubt dem Angreifer (heimtückischen Herrn Zweifel) nicht, zu einem Weggefährten zu werden, erlaube ihm nicht einzutreten und biete ihm nicht den Platz am Ofen an. Vor allem jage nicht den eintretenden Göttlichen mit diesem ernüchternden nassen Handtuch der Traurigkeit und Verzweiflung davon! Oder, um es schmuckloser zu sagen, akzeptiere ein für allemal, daß diese Sache getan werden *muß*, daß es das einzige ist, das dir auf der Erde bleibt. Draußen sind Erdbeben und Hitlers und eine zusammenstürzende Zivilisation und, allgemein gesagt, der Esel und die Flut.* Um so mehr Grund, sich der einen Sache zuzuwenden, die getan werden muß, der Sache, die zu tun du geschickt worden bist, und sie zu vollbringen. Sie ist schwierig und der Weg lang und die Aufmunterung, die gegeben wird, sparsam? Na und? Warum solltest du glauben, daß eine so große Sache einfach sei oder daß es entweder einen schnellen Erfolg oder gar keinen gibt? Man muß sich den Schwierigkeiten stellen, und je heiterer man sich ihnen stellt, desto eher werden sie bewältigt. Notwendig ist, den festen Entschluß immer weiter zu stärken: ›*Hab ich, dann muß ich, und hab ich, so will ich.*‹ Unmöglich? So etwas wie eine Unmöglichkeit gibt es nicht: Schwierigkeiten gibt es und Angelegenheiten von *longue haleine*, aber Unmöglichkeiten, nein. Was man fest entschlossen ist zu tun, wird vollbracht – jetzt oder später wird es möglich. Treibe die dunkle Mutlosigkeit hinaus und mache tapfer mit deiner Dichtung weiter, deinen Romanen und deinem Yoga. Während die Dunkelheit verschwindet, werden sich auch die inneren Tore öffnen.«

Tagore sagte einmal über die Dichtung meines Vaters, Dwijendra Lal Roy, daß er mit erstaunlicher Leichtigkeit vom Ernsten zum Heiteren übergehen konnte. Das gleiche könnte man auch von Sri Aurobindos Briefen sagen, wenngleich nicht von seinem anderen schriftstellerischen Werk, das sich mehr mit einer erleuchteten Klarheit beschäftigt als mit dem Feuerwerk von Witz und Humor. *Wir wurden in den Ashram von seinem magnetischen Licht gezogen*, das seine Botschaften erfüllte. Aber meistens stellte sich unseren ungeübten Augen dieses Licht viel mehr als blendender Strahl denn als Glanz dar. Als er darum in den dreißiger Jahren einigermaßen freizügig begann, seine Briefe zu schreiben, bejubelten wir sie alle gleichermaßen wegen des befreienden Gefühls und

---

* Er bezieht sich hier auf eine Parabel, die in Kürze folgen wird.

des Entzückens, das seine heiteren Stimmungen in unserem etwas vorbelasteten Gemüt verbreiteten, das immer noch unter dem Eindruck der Huldigung eines früheren englischen Premierministers stand:

»Ich besuchte den, dessen Name von Mund zu Mund geht, als der Name eines wilden Extremisten, über dessen Weg der Schatten des Henkers fällt ... Er sprach von Dingen, die die Seele des Menschen beunruhigen; er wanderte ziellos in die dämmrigen Regionen der Sehnsucht, wo der Geist einen beruhigenden Ruheplatz findet. Er war weitaus mehr Mystiker als Politiker. Er sah Indien auf einem Tempelthron sitzen ... Der Mensch muß Gott verwirklichen, hat er geschrieben, und das ist nur möglich, indem er sich selbst verwirklicht, was wiederum nur durch Nationalismus möglich ist ... Der *Matripuja* – die Anbetung Der Mutter – ist zu einem politischen Ritual geworden ... Er kehrt zu seinen Göttern zurück und zum Glauben seines Landes, denn es gibt kein Indien ohne seinen Glauben und keinen Glauben ohne Indien.«[4]

Wir empfanden eine gewisse Erleichterung, denn wenn wir uns Lobpreisungen wie obige vergegenwärtigten, riefen sie eine Ehrfurcht hervor, die gegen die Empfindung der Vertrautheit mit dem Guru anging, derer wir uns so oft vergeblich befleißigten: er ist zu hoch und erhaben für unsereins, nicht wahr? – so fragten wir uns mit einem heimlichen Ziehen im Herzen. Aber gottlob – wenn so eine herzerwärmende Persönlichkeit mit Briefen zu uns herabsteigt, die durchtränkt sind mit Liebe und einem menschlichen Verständnis, das uns zugänglich ist, dann wird die große Begeisterung wach, denn das Unglaubliche scheint geschehen zu sein: selbst so ein Gigant kann sich gelegentlich verkleinern, damit wir seine Menschlichkeit fühlen dürfen! Ich kann die Begeisterung, die seine ersten Briefe in uns wachriefen, beinahe noch einmal erleben und die mystische Danksagung, die aus unseren Herzen wie der Dunst eines friedvollen Sees bei Sonnenaufgang aufstieg, hoffnungsvoll und gleichzeitig irisierend wie ein Märchen. Daß solch ein großer Revolutionär, der sich später in einen noch größeren Yogi entwikkelte, ungebrochen die menschliche Lust am Lachen, am Spaß und Geplänkel beibehalten hatte! Von seinem Humor hatten wir nur Kostproben in Form von Anekdoten und vorsichtigem Gerücht erhalten, wobei ich zu meiner großen Erleichterung erfuhr, daß er sich, obgleich er sich in Gesellschaft hinter seiner tiefen, angeborenen Zurückhaltung verbarg, zusammen mit seinen näheren Be-

---

[4] Zitiert aus J. Ramsay Macdonalds *The Awakening of India*, das 1910 in London erschien.

kannten immer der Neckerei, dem Gelächter und Spaß jeglicher Art hinzugeben liebte. Ein alter Freund von ihm gab einmal ein Beispiel seines vor-yogischen Humors. »Der Prinz von Baroda«, sagte er, »sollte heiraten. Sri Aurobindo war zu der Zeit Vizeprinzipal des Gaekwar-Colleges. Als sich die hochehrwürdigen Gäste zum Hochzeitsmahl versammelt hatten, kam der königliche Bräutigam gemessen und ernst zu ihm. Der gewichtige Vizeprinzipal, von allen hochgeachtet, aber schüttelte dem ehrwürdigen ›Mittelpunkt des Interesses‹ einfach die Hand und wünschte ihm ›Viele herzliche Glückwünsche zum heutigen Tag!‹«

Wie ich bereits sagte, erzählte man mir im Ashram oft, wie fröhlich er mit seinen alten Kameraden rangelte. Ich neidete ihnen immer das Privileg, das sie genossen hatten, bis er anfing, mir ganz ungezwungen zu schreiben. Dazu muß ich hier den ersten Brief, den er mir 1932 schrieb und der den Trost seines Humors über meinen schlimm angeschlagenen Kopf ausgoß, vollständig zitieren:

»Du hast dir deinen Kopf am Oberbalken der Türe angestoßen, die unser Ingenieur Chandulal in deinem Zimmer angebracht hat? Zweifellos ein Jammer. Aber vergiß nicht, daß Chandulals Beschäftigung Türe für Türe wissenschaftlich einwandfrei war: das einzige, was er vergessen hat, war, daß Menschen – verschiedener Größe – sie durchschreiten sollten. Wenn du die Türe vom russellianisch *objektiven* Standpunkt als äußerliche Sache ansiehst, an der man sich um ihrer selbst willen freuen soll, dann wird dir dies klargeworden sein und du wirst sehen, daß sie ganz in Ordnung ist. Nur wenn du irrelevante *subjektive* Überlegungen mit ins Spiel bringst, wie etwa die Erwartungen, die man in eine Türe setzt, und die Schmerzen, die ein angeschlagener Kopf verursacht, kann man Bedenken äußern. Dennoch wird die Mutter, trotz der Philosophie, am Vormittag mit Chandulal sprechen und ihn dazu bewegen (praktisch, nicht philosophisch) zu tun, was getan werden muß. Darf ich jedoch, falls es dich irgendwie tröstet, sagen, daß unser liliputanischer Ingenieur möglicherweise die Dinge nach seinem eigenen Kopf bemessen hat, übersehend, daß es im Ashram höhere Schädel und breitere Schultern gibt? ... Was das göttliche Entzücken angeht, kann man einen Schlag auf den Kopf oder Fuß oder an irgendeine andere Stelle mit der physischen *Wonne* (Ananda) des Schmerzes oder mit Schmerz und *ananda* oder reinem physischen *ananda* aufnehmen – denn ich habe oft, ganz unwillentlich, selbst den Versuch gemacht und dabei mit Ehren die Prüfung bestanden. Das fing, nebenbei gesagt, schon im Alipore-Gefängnis an, als ich in meiner Zelle von einigen sehr roten und wild aussehenden Kriegerameisen gebissen wurde und zu meiner Überraschung feststellte, daß Schmerz und Vergnügen Gewohnheiten unserer Sinne sind. Aber ich erwarte diese ungewöhnliche Reaktion nicht von anderen. Und ich vermute, daß es Grenzen gibt, z. B. im Fall der Streikposten in Madras oder im Fall von Dr. Noel Paton.« (Sie wurden von der Polizei geschlagen, wobei es viele Schädelbrüche gab.) »Auf jeden Fall streicht man ihre Art des Entzückens besser von der Liste, und auch diese Zwergentür war kein gelungenes Meisterstück.«

Dann kam 1934 sein Kommentar zu der Parabel vom Esel und der Flut, die ich ihm hatte zukommen lassen:

»Einst, Guru, lebte ein dummer Esel in der Nachbarschaft eines weisen Yogi. Eines Tages ließ eine plötzliche einsetzende Flut einen nahe gelegenen Fluß über die Ufer treten und das Land überschwemmen. Der weise Yogi rannte, da er weise war, auf den sicheren Gipfel eines Hügels, an dessen Fuß er in einer Höhle Tag und Nacht zu meditieren pflegte. Aber der Esel – der eselhaft, wenn nicht gar unmeditativ war – wurde von den reißenden Fluten fortgeschwemmt. ›O je‹, schrie er, ›die Welt ertrinkt!‹ ›Sei kein Esel‹, verwies ihn der Yogi hochverächtlich von der Hügelspitze. ›Nur du bist es, der ertrinkt – nicht diese ganze weite Welt.‹ ›Aber Sir‹, argumentierte der Idiot, ›wie kann ich, wenn ich ertrinke, sicher sein, daß die Welt überleben wird?‹ Und der Yogi war tief betroffen und fragte sich zum erstenmal, welche die größere Weisheit sei – die menschliche oder die eselische! Und auch ich habe mich begonnen zu fragen, Guru!« fügte ich hinzu. »Darum bitte ich um dein Urteil: Sag mir, welcher Fall ist bedauernswerter: der des Yogi oder der des Esels? Und sag mir auch nebenbei, ob ich nicht ganz bei Trost bin, weil ich des törichten Esels Argument für beinahe so weise wie das Argument des Yogi halte?«

Dazu antwortete er: »Dein weiser, aber nicht übermäßig weiser Esel hat eine Frage gestellt, die man nicht mit zwei Zeilen beantworten kann. Laß mich jedoch zur Verteidigung des arg beschimpften Esels sagen, daß er ein sehr kluges und praktisches Tier ist, und die bösartige Unterstellung, daß er dumm sei, zeigt nur menschliche Dummheit in voller Blüte. Weil der Esel, selbst wenn er geschlagen wird, nicht tun will, was der Mensch von ihm verlangt, wird er als dumm bezichtigt.

Aber in Wirklichkeit verhält sich das Tier zum einen so, weil es einen Sinn für Humor hat und es liebt, das zweibeinige Untier zu irrationalen Mätzchen zu verleiten; zum anderen ist er der Ansicht, daß die Forderungen des Menschen eine ziemlich lächerliche und beschwerliche Belästigung darstellen, die man von keinem Esel verlangen sollte, der etwas von sich hält. Beachte auch, daß der Esel ein Philosoph ist. Wenn er I-A't, so tut er es aus höchster Verachtung für die Welt im allgemeinen und besonders aus Verachtung für den menschlichen Dummkopf. Ich zweifle nicht im geringsten daran, daß Mensch in der Eselsprache das gleiche bedeutet wie Esel in unserer. Diese tiefschürfenden und originellen Betrachtungen sind jedoch, ganz nebenbei gesagt – nur dazu gedacht, dir anzudeuten, daß dein Schwanken zwischen einem weisen Menschen und einem weisen Esel gar kein so bedenkliches Symptom ist.«

Einmal geschah eine recht ulkige Sache. Es war im Jahre 1933. Damals veranstalteten wir im Ashram etwa alle zwei Monate ein Musikprogramm. Während ich bei einer solchen Gelegenheit ein Lied über Krishna sang, wobei die Mutter, in *samadhi* (tiefe Trance) versunken, vor mir saß, bemerkte ich hinter mir, wo die anderen saßen, einen plötzlichen Aufruhr. Ein Senioren*sadhaka* von beachtlichem Umfang, Purushottam – wie man mir nachträglich erzählte –, stand plötzlich auf, um zu tanzen, als Ambu, ein recht dünner, wenngleich starker junger Mann aufsprang, um des anderen unbezwingbare Ekstase zu bändigen, was notwendigerweise einen Ringkampf zur Folge hatte. So war die musikalische *soirée* teilweise verdorben. Das bekümmerte mich, und ich fragte Sri Aurobindo, ob ich in irgendeiner Weise verantwortlich gewesen sei oder ob ich eine *bhakti* simuliert hatte, die nicht wirklich in meinem Herzen war. Darauf erwiderte er:

»Deine Anrufung Krishnas hatte keinen falschen Zug an sich; wenn überhaupt jemand verantwortlich war, dann Anilkumar mit seiner *tabla* (indischen Trommel). Aber es war nichts Verkehrtes gegenwärtig und keine Besessenheit im schlimmen Sinn des Wortes – nichts Böses. Der Rhythmus der *tabla* ließ – mehr als alles andere – eine Vibration entstehen, die von einer gewissen rhythmischen materiellen Energie aufgegriffen wurde, die wiederum von Purushottams Körper aufgegriffen wurde, der sich einem Zwang unterworfen empfand, den Rhythmus durch einen Tanz auszudrücken. Darin liegt die ganze (okkulte) Wissenschaft und Genesis der Geschichte begründet. Purushottam dachte, er sei inspiriert und befände sich in einer Trance; Ambu dachte, Purushottam würde sich seinen Schädel und den anderen die Beine brechen; einige von den anderen dachten, Purushottam würde verrückt oder sei bereits verrückt; wieder andere dachten, Purushottam würde Ambu umbringen, was Ambu wiederum verachtungsvoll von sich weist, darauf hinweisend, daß er in der Lage war, Purushottam ganz allein festzuhalten, und aus diesen sich in den Haaren liegenden mentalen

Bewertungen – wenn man sie so nennen kann – ging die ganze Kettenreaktion hervor. Eine größere Ruhe im Geist der Leute hätte ermöglicht, den Vorfall auf weniger aufschäumende Weise zu ›bereinigen‹ – aber die Mutter war in die Musik versunken und konnte erst später eingreifen, als Champaklal sie ansprach. Das ist alles.«

Und manchmal, wenngleich selten, hatten wir unsere reine Freude – einfach nur Gelächter und Fröhlichkeit. Dafür ein oder zwei Beispiele:

Ich hatte einen Freund, den wir Bindu nannten. Er schrieb (1934) einen langen Brief an Gurudev, in dem er ihn mit einer Reihe weltbewegender Fragen überschüttete und auf den unvermeidlich die Antwort kam:

»Bindu,

Lieber Himmel! Aber was! Aber wann! Aber welches! Du erwartest von mir, daß ich ›kurze und bündige‹ Bemerkungen über all das mache, daß ich die ›Beschaffenheit und die hervorstechenden Merkmale‹ jedes gesegneten Dinges festhalte? Es würde mir einige Sonntage abverlangen, die gänzlich dem Gerangel mit dieser gewaltigen Aufgabe geweiht wären! Und wie zum Teufel soll ich dir auf ›kurze und bündige Weise‹ sagen, was Bewußtsein ist oder Geist oder Leben? Denkst du, daß diese verdammten Entitäten selbst kurz und bündig seien oder irgendwelche ›hervorstechenden Merkmale‹ aufweisen? Sie sind nur in dem lateinischen Sinn ›hervorstechend‹, daß sie die ganze Zeit herumspringen und in jedem Augenblick zu etwas anderem werden. Was ›Bewußtsein‹ angeht, könntest du mich ebensogut bitten, die Welt zu definieren. Natürlich könnte ich das, indem ich antworte – ›ein verfluchtes Durcheinander‹, und das wäre für mich sehr zufriedenstellend und außerdem ›kurz und bündig‹, aber es würde kaum der Sache dienen.«

Bindu verfügte jedoch über einen besonderen Humor, der vermählt war mit einer angeborenen Begabung für Hartnäckigkeit, die er wie ein meisterlicher Handwerker vervollkommnete, bis sie kaum mehr unterscheidbar vom Genialen war. Ich kann es nicht anders nennen, denn zu jener Zeit erlaubten es Gurudev oder Mutter Außenstehenden nie, für sie zu kochen. Aber sein gänzlich lästiges Genie gewann die Oberhand, und es wurde ihm erlaubt, das zu kochen, was wir *prasad* nennen (eine der Gottheit geweihte Speise. Anm. d. Übers.). Dies schickte er pünktlich zu Gurudev hoch, der davon aß, jedoch nicht viel, worauf Bindu einen beleidigten Brief an ihn zu Papier brachte, von dem ich heute noch eine Kopie besitze:

»Gurudev«, schrieb er, »Nalina brachte mir die Gerichte zurück. Ich war wie vom Blitz getroffen, als ich feststellen mußte, daß du sie kaum angerührt hast. Ich bin zutiefst mit Schmerz erfüllt, entsetzlich enttäuscht, völlig niedergeschlagen und zu Tode verwundet und kann mir nicht vorstellen, warum du so widerwärtig zu mir bist.«

Gurudev schrieb einen lieben Trostbrief zurück:

»Bindu!

Sei nicht absurd! Unsere Zuneigung zu dir ist tief und vollkommen, aber man kann sie nicht mittels unserer Zuneigung zu deinen Speisen messen. Gewöhnlich kosten wir *prasad*, den uns die Leute schicken, nur; manchmal essen wir mehr davon, aber nie, wenn er sehr süß oder sehr außergewöhnlich ist. Von deinem Fadennudel-Pudding könnten wir ohne weiteres in der Sprache des leidenschaftlichen Liebhabers, der sich an seine Geliebte wendet, sagen: ›O süß! O viel, viel zu süß!‹ (Was jedoch nicht heißen will, daß er nicht gut zubereitet gewesen wäre.) Und das Schmorgericht war außerordentlich, obgleich von einer anderen Welt – und zwar so sehr, daß, wenn ich die erste Gabel voll mit Spannung kostete, dann die zweite mit Ehrfurcht, wonach ich nicht tiefer in diese unbekannten Gefilde eindrang. Nebenbei gesagt, aß ich von den Fadennudeln viel mehr als sonst von diesen konzentrierten Puddings. Du bist also im Unrecht, wenn du meinst, ich hätte dein *prasad* nicht angerührt.«

Bindu kam triumphierend zu mir, den Brief als tödliche Waffe schwenkend.

»Du magst ihm Ries um Ries an Briefen und Gedichten und was sonst noch schreiben«, frohlockte er, »aber für ihn *kochen*, das getraust du dich nie.«

»Sei nicht albern«, gab ich zurück, »jeder Dummkopf kann das.«

»Ich fordere dich auf, es zu beweisen, Neider!« kam die rachelüsterne Antwort.

Um mein Gesicht zu wahren, mußte ich die Herausforderung annehmen. Aber es gab einen Haken bei der Sache, denn die Abmachung lautete, daß ich selbst schälen, kochen, braten sollte – kurz gesagt, ich mußte alles mit eigener Hand bereiten.

Nachdem ich also übermütig den Fehdehandschuh angenommen hatte, den er warf, ängstigte ich mich jetzt: Wie kann einer, der während seines ganzen Lebens noch nicht einmal ein Ei gekocht hatte, ein eßbares Mahl auf dem Ofen entstehen lassen? Nichts gegen Scherze, aber ich konnte kaum einen entsetzlichen Fraß als *prasad* zu Gurudev und Mutter hochschicken! Plötzlich kam mir ein Gedanke: Ich bekniete eine erfahrene Matrone, Amiya, mein Retter und Heiland zu sein. Ich bat sie, mir mündlich Anweisungen zu geben, ohne jedoch selbst Hand anzulegen. Und siehe da, es klappte! Das große Wunder geschah! Ein Gemüse-*entrée*, bestehend aus Kartoffeln, Erbsen und Tomaten, wurde von meinen eigenen Händen in weniger als 90 Minuten zubereitet! Als ich es zu Gurudev hochschickte, legte ich auch einen erklärenden Brief über die ganze Entstehungsgeschichte bei, in dem ich nebenbei erwähnte, daß, obgleich das Mahl im buchstäblichen Sinn »ganz von mir gekocht worden ist«, ich mich einiger »geflüsterter Anweisungen« von Amiya bedient hatte.

Am nächsten Morgen kam prompt sein herzlicher Brief.

»Deine Kochkunst ist bemerkenswert und wunderbar«, schrieb er. »Hättest du nicht dein Geheimnis bezüglich Amiyas ›Geflüster‹ verraten, hätte ich es wohl als *yogisches Wunder* aufgefaßt! Selbst mit dem Geflüster ist es ein erstaunlicher Anfangserfolg.

Ashcharyavat pashyati kashchidenam, wie die Gita sagt! (Ein Ausspruch Krishnas, der lautet: ›Manche sehen es als unglaublich an.‹) Mein Gaumen und Bauch ebenso wie meine Feder sind dem Ereignis völlig gerecht geworden.«

»Guru«, schrieb ich einmal, »Lady Ungehalten sagte mir gestern, daß sie dir kürzlich berichtet habe, daß sie von mir und Saurin dazu gezwungen worden sei, unsere Einladung zum Tee anzunehmen. Dazu ein Wort zur Selbstverteidigung. Wir hätten nie vermutet, daß sie unsere – wie soll ich sagen – ›Ritterlichkeit‹ nicht mochte. Tatsächlich war es so, daß sie nach einigen ›Neins‹ nachgab, die wir als ›Ja‹ interpretierten, da sie, als sie lächelnden Gesichts zum Tee kam, keineswegs sparsam mit dem Tee und noch weniger mit dem Kuchen umging! ›Laune!‹ philosophierte ich reuevoll, ›dein Name ist Weib!‹ Aber von jetzt an – nachdem das Eisen in meine Seele gedrungen ist – muß sie auf eigene Gefahr zu uns zum Tee kommen, wehe ihr!«

Applaudierend schrieb er zurück: »Nun, das ist in Ordnung. Falls Lady Ungehalten eine Anhängerin der Großen *Cha*(Tee)-Göttin ist – wird sie herbeieilen und sich auf den Altar werfen, ohne besonders dazu aufgefordert zu werden; falls nicht, wird sie, frei von Einladungen, in teeloser Meditation sitzen. Was jedoch die Ritterlichkeit angeht, ist es mehr als ein Jahrhundert her, daß Burke lamentierte: ›Die Zeiten der Ritterlichkeit sind vorbei‹! Und im Jahr der Gnade, 1932, wo Feminismus überall triumphiert – außer in Frankreich und Bokhara –, wie willst du da den Kult wiederbeleben?«

Manchmal schrieben wir ihm zum Spaß im Telegrammstil, wenngleich das an Respektlosigkeit, wenn nicht gar Blasphemie grenzte. Hier ein Beispiel.

»O Guru«, schoß ich los, »ich sende dir ein Bengaligedicht von mir, das den Titel *Akuti* trägt, das ich letzte Nacht ins Englische übersetzte. Kannst du es überarbeiten? Ist es gut? Mittelmäßig? Wertlos? Klare Meinung, bitte! Aber wie steht es mit Raihanas Brief? Willst du ihn nicht zurückgeben? Du schweigst. Was geht vor sich? Brückenbau? Supramentales? Wollesammeln?«

Seine Erwiderung war wie ein Echo des Liedes:

»Ich werde sehen, ob ich ein paar Minuten für die Überarbeitung deiner englischen Übersetzung finde. Aber du scheinst bei deinen englischen Versen große Fortschritte gemacht zu haben – (Wie so schnell? Yogakraft? Innere Verbrennung? Das subliminale Selbst?). Ich sende dir Raihanas Brief und Zeichnung zurück, die unerklärlicherweise wieder bei mir aufgetaucht sind. Poltergeist? Deine Unachtsamkeit? Meine?«

»O Guru«, schrieb ich, »ich konnte in letzter Zeit dank Bergen von Korrekturfahnen nicht meditieren. Aber bald werde ich wie Pahari Baba loslegen. Nimm dich also in acht!«

Er antwortete prompt am nächsten Tag:

»Nach Bergen von Korrekturfahnen der Berg der Meditation, mit dir, dem BABA, auf der Spitze? Gut: ich bin bereit, mich dem zu stellen.«

»O Guru«, schrieb ich, »drei handfest erfreuliche Nachrichten: Als erstes kommt ein Muslimschriftsteller, namens Abul Fazl, um mir zu gratulieren, weil bei meiner jüngsten Auseinandersetzung, seiner Meinung nach, Tagore den kürzeren gezogen hat. Dann kommt ein Gelehrter, der meine bengalische Novelle *Dola* lobt. Als letzter, aber nicht als schlechtester, kommt ein Zamidar, der mich bekniet, für ihn eine Ansprache an einen Ortsdoktor zu verfassen, der von einem Rajah geehrt wurde. Sag mir nun, lächelst du darüber oder runzelst du die Stirne?«

Er schrieb zurück: »Ich sympathisiere. Dreifaches Hurra für Abul Fazl und den Gelehrten. Für den Doktor kann ich mich nicht begeistern, wennschon durch einen Rajah geehrt! Eine Ansprache zu Ehren eines Doktors! Wie weit ist man gekommen! (Sag dies bitte nicht Nirod.) Vielleicht jedoch geschieht es nach dem Prinzip: ›Ehre den Doktor, auf daß dein Leben lang im Lande währe!‹ Dann wäre es immerhin angemessen, einen gewichtigen Schriftsteller wie dich herbeizuholen. Du kannst ihnen eine lange Ansprache über die Romanze der Medizin liefern, die mit Dhanwantari, Charaka und Galen beginnt und mit Nirod Taluqdar oder Dr. Ramchandra endet.«

Als in unserem Ashram diese Korrespondenz unverschämte Proportionen annahm, und er sich ganz allein nur damit jede Nacht von 9 Uhr abends bis 5 Uhr morgens auseinandersetzen mußte, griff die Mutter ein und entschied, daß von nun an nur *einige wenige* die Erlaubnis hatten, ihm mit *besonderer* Genehmigung zu schreiben. Aber da die Zahl der Privilegierten von Tag zu Tag größer wurde, schrieb ich ihm (1935):
»Wie vielen hast du besondere Erlaubnis gegeben, dir täglich zu schreiben? Nirod vertraute mir an – es seien 121. Bindu sagt – unmöglich, es sind nur 97 von den insgesamt hier lebenden 150.«
Die Antwort:
»Die offiziell akzeptierte Zahl ist in stillschweigendem Einverständnis zwei, zwei nach ausdrücklicher Anweisung und zwei aufgrund selbstgegebener Erlaubnis. Wären es 97 oder 121, hätte ich mich selbst in die Wüste Gobi oder den Manasa-See, im Stile von Sri Bijoy Krishna Goswami, versetzt.«

»O Guru«, schrieb ich einmal, »Lady Zimperlich besteht darauf, zutiefst schockiert zu sein, wenn immer jemand beim Lügen ertappt wird, vergessend, daß sie selbst lügt – und zwar reichlich. Aber schließlich lügen wir *alle*, Guru! Warum sind wir dann so tief erschüttert, wenn andere ebenfalls unserer liebsten Freizeitbeschäftigung frönen? Bitte erkläre.«
»Lügen?« antwortete er. »Nun, ein Punjabi-Student in Cambridge raubte uns einmal den Atem mit der Direktheit und klarsichtigen Tiefgründigkeit seiner Behauptung: ›Lügner! Aber wir sind alle Lügner!‹ Es stellte sich heraus, daß er ›Rechtsanwalt‹ sagen wollte, aber seine Aussprache gab seiner Bemerkung eine tiefschürfende Kraft philosophischer Beobachtung und Verallgemeinerung, die er gar nicht beabsichtigt hatte! (Anm. d. Übers.: Lügner heißt in der englischen Sprache *liars* und Rechtsanwälte *lawyers*. Da die Aussprache der beiden Wörter sehr ähnlich ist, kam die ›tiefgründige‹ Verwechslung zustande.) Aber es scheint mir das letzte Wort über die menschliche Natur zu sein. Nur ist das Gelüge manchmal beabsichtigt, manchmal vage halb-beabsichtigt, manchmal gänzlich unbeabsichtigt, vorübergehend und unbewußt. So steht die Sache!«

»O Guru«, teilte ich mit, »Mr. Überheblich hielt mir eine beinahe halbstündige feierliche Ansprache darüber, daß er Tag und Nacht eine wundervolle Kraft in sich am Wirken fühle, die ihn zu einer wundervollen Selbstüberantwortung befähigt! Ich bin beeindruckt. Du auch?«

Dazu kommentierte er:

»Wenn er von der Kraft in sich und seiner Selbstüberantwortung spricht – nun, man kann nur wünschen, daß, falls und wenn die Leute so wundervoll sind, sie sich etwas weniger beredsam über ihr Wunderbarsein verbreiten würden. Man weiß nie, wohin diese exzessive Selbstgefälligkeit führt, und die Beispiele aus der Vergangenheit sind nicht ermutigend.«

»O Guru«, berichtete ich, »Mr. Überschwenglich, der einer deiner Bewunderer ist, hat mir gerade ein Bengaligedicht geschickt und bekniet mich, es dir ›unverzüglich‹ vorzusingen. Aber ich frage mich, wie du reagiertest, würde ich dem Wunsch entsprechen, denn er hat tatsächlich die Totenglocke des Rishitums geläutet (Rishi: der Weise, der Seher. Anm. d. Übers.), da er dich praktisch den letzten Großen nennt. Ich will nur die ersten zwei Zeilen ins Englische übersetzen, damit die Mutter, als Vorwarnung, auch Bescheid weiß:

> ›Heil Dir, sehnsuchtsvollen Indiens letzter und bleibender Seher!
> Laß mich mit Dir vergehen, mein Gebieter, der Du niemals wieder
> erscheinen wirst.‹

Man weiß kaum, ob Lachen oder Weinen hier *de rigueur* ist? Was meinst du? Und bedenke, er will auch deine Segnungen!«

»Dilip«, ermahnte Gurudev, »du verstehst nicht! Was er sagen will, ist, daß alle meine *shishyagan* (Schüler) Übermenschen werden; folglich bestehen kaum Aussichten, daß eine so geringe Angelegenheit wie das Erscheinen eines Rishis noch einmal geschieht – ich bin gewiß der letzte jener Menge. Trotzdem kannst du ihm meine Segnungen schicken – er verdient sie reichlich dafür, daß er uns eine solch prächtige Aussicht beschert.«

»O Guru«, schrieb ich, nachdem ich zwei Autobiographien gelesen hatte, die mich wieder nachdenklich stimmten, »im Yoga haben, wie ich verstehe, Gebete eine sehr wichtige Funktion zu erfüllen, selbst wenn sie von der bittstellerischen Art sind. In seinen Erinnerungen mit dem Titel *Vale* sagt Dean Inge mit wahrer Demut, daß, obgleich die unbezahlbare Perle nur für die ist, die alles auf den Ein- und-Alles setzen, dennoch kein ehrliches Gebet unerhört bleibt. Aber, so frage ich mich, warum gibt es dann soviel vermeidbares Elend, wenn *les misérables* ständig beten? Ich habe selbst so viele beten sehen (verbunden mit Fasten), bis sie blau und grün im Gesicht wurden, aber nichts geschah – kein Wunder stellte sich ein! Dean Inge mag beschwören, daß seine Gebete erhört wurden, aber wie steht es mit Jawaharlal, der ebenso kategorisch erklärt, daß er mehr als einmal alles für ein wenig Frieden gegeben hätte, aber völlig vergeblich! Was wiederum seinen Atheismus verstärkt (kein Wunder!) und er weiterhin die Religiösen verdammt. Sein Wüten mag dem Sehermystiker in der Tat kindisch erscheinen, aber kann man behaupten, daß er wirklich so kindisch ist, wie er aussieht – fest am Platze verharrend, wo er sich gerade befindet, wenn es um seine Bewunderung für Gandhiji geht, und gleichzeitig die tiefschürfend-sten Neigungen seines Gurus zum Mystizismus kritisierend? Oder kann es sein, daß er den Eindruck vermittelt, weil er einfach nach Frieden dürstete, aber niemals gebetet hat?«

»Was das Gebet angeht«, antwortete er, »kann man keine harte und starre Regel aufstellen. Manche Gebete werden beantwortet, aber nicht alle. Die älteste Tochter meines Onkels mütterlicherseits, Sri Krishna Kumar Mitra (der Herausgeber von *Sanjivani* – ganz gewiß keine romantische, okkultistische, supra-physische oder auch nur phantasievolle Person), wurde von den Ärzten aufgege-ben, nachdem man auf alle Mittel zurückgegriffen hatte und man alle Medikamente als nutzlos fallengelassen hatte. Der Vater sagte: ›Jetzt gibt es nur noch Gott, laßt uns beten.‹ Er tat es, und von diesem Augenblick an erholte sich das Mädchen wieder, das typhoide Fieber und alle Symptome, einschließlich dem Tod, machten sich aus dem Staub. Ich kenne eine Vielzahl ähnlicher Fälle. Nun? Du könntest fragen, warum sollten dann nicht alle Gebete beantwortet werden? Aber warum sollten sie? Es ist keine Maschinerie: stecke ein Gebet in den Schlitz und du bekommst, was du dir wünschst. Zieht man außerdem alle die widersprüchlichen Dinge mit in Betracht, um die die Menschheit in jedem Augenblick gleichzeitig betet, würde sich Gott in einer ziemlich ungemütlichen Lage befinden, müßte er sie alle erfüllen; es hätte keinen Sinn. Was Jawaharlal angeht, hat er vielleicht einen gewissen Zug in seinem Temperament, der auf das Supraphysische ansprechen könnte, aber durch seinen Intellekt hat er ihn so sehr unterdrückt, daß er kaum auf irgendeine direkte Weise zum Ausdruck gelangen wird.«

»O Guru«, appellierte ich, »Lady Ungehalten fällt schon wieder über uns Männer her! Sie sagt, der Mann sei ein so übler Verführer und die arme Frau (arm? eine moderne Frau? Großer Gott!) ein so argloses, simples und zutrauliches Gewächs! Ich rächte mich spöttisch und erinnerte sie daran, welchen Seufzer Tagore in den zwanziger Jahren ausgestoßen hatte: ›Wir sind ein arg verleumdetes Geschlecht, Dilip! Die schöne Maid beschwert sich, daß wir ihr nachstellen und sie quälen. Aber unter uns gesagt, meinst du, daß der löwenhafteste unter den Löwen es wagen würde, sich einer Frau zu nähern, wenn sie *wirklich* seinen Annäherungsversuchen mit einem Stirnrunzeln begegnen würde?‹ Darum fälle das Urteil, Guru: Wer verführt zuerst – der Mann oder die Frau? Oder soll man *à la* Sir Roger de Coverley sagen: ›Man kann viel über beide Seiten sagen?‹«

»Dilip«, antwortete er, »sechs gehören zur einen und ein halbes Dutzend zur anderen Seite. Alles den Frauen in die Schuhe schieben, wäre Adamismus. Den Beitrag des Mannes zu ignorieren, ist Feminismus. Beide sind im Unrecht. Ja, Sir Roger hat recht.«

»O Guru«, wehklagt der Schmerzensmann in mir. »So sei es nun. Da ich schon zu lange in der Luft hänge und irgendwie irgendwo doch einmal landen muß – schlage ich vor – sofern du zustimmst –, daß meinem langleidenden, nicht gesund werden wollenden Selbst eine bittere Medizin verpaßt wird.

Nummer eins. Ich werde den Tee aufgeben: Ich liebe ihn.

Nummer zwei. Ich werde ohne Käse auskommen: Ich bete ihn an.

Nummer drei. Ich werde allen schmackhaften Speisen entsagen und periodisch fasten.

Nummer vier. Werde dem Haaröl abschwören und meinen Kopf glattrasieren. (Damals hatte ich noch keine Glatze.)

Nummer fünf. Ich werde nur auf einer einzigen Decke ohne Kissen schlafen. Aber notiere bitte: Ich habe dies bereits früher versucht und erinnere dich daran, daß ich, obgleich du mir Komfort in vernünftigen Maßen zukommen hast lassen, mit der Bereitschaft kam, jeder Art von Entsagung entsprechen zu wollen.

Nummer sechs. Ich werde ohne Moskitonetz schlafen, was, wie ich fürchte, von allen Kunststücken das schwierigste sein wird, da es mir noch nie gelungen ist, dem Gesinge der Moskitos mit einem Schläfchen zu antworten.

Nur glaube mir bitte, wenn ich sage, daß, obgleich ich diese Resolution in einer Sprache ausdrücke, die unparlamentarisch erscheinen mag, mein Herz wirklich schwer und tränenerfüllt ist, da ich keinen kürzeren Weg zur Erleuchtung erblicken kann. Würden du und die Mutter unter diesen Umständen also bitte meine Resolution ratifizieren oder abändern?«

Mein Brief war vom 14. September 1935 datiert.

Er schrieb in großer Eile zurück: »Entgeistert starre ich auf deine detaillierten Vorschläge! Fasten? Ich glaube nicht daran, obgleich ich es selbst getan habe. Du würdest dich nachher sicher wie ein Menschenfresser aufführen. Glattrasierter Kopf? Herr im Himmel! Bist du dir über die Konsequenzen im klaren? Ich stelle mir den ästhetischen Schock vor, der mir am *darshan* des 24. November zustieße, von dem ich mich möglicherweise nie mehr erholen würde – und stell dir die Schlange vor, die sich vom Kap Comorin bis zu den Himalayas bilden würde! Du wärest auf eine neue Art berühmt, die all deine vorangegangenen Glorien in den Schatten stellen würde. Und das in einem Augenblick, wo du dich gerade vom Ruhm und all den Dingen des Ego abwendest! Nein: viel zu gefährlich. Ohne Moskitonetz schlafen? Das würde keinen Schlaf bedeuten, was ebenso schlecht ist wie keine Nahrung. Nicht nur deine Augen, sondern auch du als Ganzes würdest schwach werden – und obendrein bedrückt, grau und grausig – grausiger noch als das Supramentale deiner schlimmsten Befürchtungen! Nein und nochmals NEIN. Was den Rest angeht, habe ich einige der Punkte der Mutter gezeigt, und sie hat sie mißbilligend gemustert.

Letztlich ist wirkliches Asketentum kaum möglich, außer in einer Hütte oder in den Himalayas. Worum es beim Asketentum zentral geht, ist, nebenbei gesagt, kein Verlangen oder Anhangen mehr zu haben, indifferent zu bleiben, fähig zu sein, mit nichts auszukommen, zufrieden mit dem zu sein, was kommt. Wenn du äußerlich ›herumasketisierst‹, wird es zu einer Lebensregel und du hältst daran fest, weil es eine Regel ist, aus Prinzip oder wegen des *kudos* der Regel oder – der Ehre wegen. Aber ich habe über Asketen aus Prinzip gelernt, daß sie sich, wenn man die Einschränkung fallenläßt, genauso wie andere Menschen verhalten – natürlich mit einigen wenigen Ausnahmen –, was beweist, daß die Transformation nicht echt war. Eine feinere Methode, die einige anwenden, ist, für eine Zeitlang aufzugeben, dann sich wieder mit dem Gegenstand des Verlangens zu beschäftigen und so weiter hin und her, bis man sich sorgfältig getestet hat; du gibst z. B. deine Kartoffeln auf und ißt für eine Zeitlang nur das Ashramessen – wenn der Ruf nach Kartoffeln oder von ihnen kommt, bist du nicht geheilt: kommt kein Ruf, kannst du dennoch nicht sicher sein, bevor du nicht noch einmal die Kartoffeln probiert und festgestellt hast, ob sich das Verlangen, das Anhangen oder die Empfindung eines Bedürfnisses wiederbelebt. Passiert dies nicht und die Kartoffeln fallen von selbst von dir ab, besteht eine gewisse Hoffnung, daß die Angelegenheit bereinigt ist.

All dies mag dich jedoch dazu verleiten zu denken, daß ich wohl kaum als Guru auf dem Asketenpfade brauchbar bin, und da magst du wahrscheinlich recht haben. Du mußt wissen, daß *ich eine starke Vorliebe für das innere Wirken habe* und überzeugt davon bin, daß, wenn du dem psychischen Wesen eine Chance gibst, es dich von den Einschränkungen befreien wird, über die du dich erzürnst, und zwar ohne all diese Strenge und Mühsal.«

»O Guru«, antwortete ich, »ich danke dir ehrlich dafür, daß du dich geweigert hast, meinem Untergang zuzustimmen. Und doch empfinde ich paradoxerweise zusammen mit der Befreiung eine klare Enttäuschung. Denn ich hegte den geheimen Verdacht, daß mir deine supramentale Weisheit doch noch Asketentum auferlegen wolle, da ich, ob ich will oder nicht, deinen *Supramentalen Yoga* und keinen anderen praktizieren muß; darum entschloß ich mich, nach einem gewaltigen Kampf, alles zu verbannen, was mein *Mentalwesen* liebte oder auch nur guthieß. Aber jetzt bist du es selbst, der meine Vorschläge zunichte macht, die Leidenschaften zu überwinden, die mich anketten. Ich will jedoch wiederholen, daß ich immer noch ›mitspiele‹, falls du dein Veto überdenkst und mich einer weiteren Prüfung unterziehen willst.«

Darauf antwortete er am nächsten Morgen:

»Aber wie um alles in der Welt kommst du auf diese seltsame Idee, daß wir dir Asketentum aufzwingen wollen? Wann? Wie? Wo? Ich habe es nur als Möglichkeit zugelassen, nachdem du immer wieder darauf gedrängt hast, daß du diese gewaltige Sache vollbringen wollest, und das geschah nur mit großem Herzenskummer meinerseits und furchterregenden Angstvisionen von einem asketischen Dilip, der, mit wild verrückten Augen, Erdnüsse und Nägel essend, in ein Leinentuch gehüllt auf einem Nagelbrett vor einem verdutzten Gott Shiva schläft! Ich habe dir die Sache niemals verschrieben: *Du* warst es, der danach heulte, weshalb ich nachgab und versuchte, das Beste daraus zu machen, hoffend, daß du wieder zu dir kommen würdest. Was die Mutter angeht, wischte sie die Angelegenheit mit dem emphatischst möglichen ›Unsinn‹ vom Tisch, als sie zum erstenmal davon hörte. Tatsächlich war dein Vorschlag noch ungeheuerlicher als meine Vision – ein glatzköpfiger und moskito-zerbissener Dilip in Lumpen und alles, was dazugehört (du hast zwar letzteres nicht vorgeschlagen, aber es ist das logische Ergebnis der radikalen Glattrasur!). Sieg über Leidenschaften ist eine ganz andere Angelegenheit – man muß lernen, seinen Tee und seine Kartoffeln zu sich zu nehmen, ohne nach ihnen zu winseln oder sie auch nur zu vermissen, wenn es sie nicht gibt. Aber wir haben dir wiederholt gesagt, daß du sie nicht abzulegen und nicht dem Weg zu folgen brauchst, den einige andere eingeschlagen haben. Was Abgeschiedenheit angeht, habe ich mein Mißtrauen gegenüber Zurückgezogenheit mehrere Male kundgetan: Es sind nur wenige, die das tun und davon profitieren können, aber sie sind nicht der Maßstab für alle anderen ... Wenn ich in meinem Zimmer lebe, dann nicht wegen einer Leidenschaft für Abgeschiedenheit ... Du brauchst dich also nicht zu beunruhigen: Abgeschiedenheit wird nicht von dir verlangt, denn eine asketische Dürre oder isolierte Einsamkeit können nicht deine Bestimmung sein, da sie nicht in Einklang mit deiner *swabhava* (Natur) stehen, die für Freude geschaffen ist, für Größe, Ausdehnung, für eine umfassende Bewegung der Lebenskraft. Darum war deine subtile Auslegung unserer Absichten oder Wünsche ein arger Mißgriff. Wie dem auch sei, ist alles gut, das gut ausgeht, und trotz deines Vorschlages, daß du ›mitspielen‹ willst, betrachte ich die Gefahr als verflüchtigt. *Laus Deo*!«

Der Maharaja von Dewas, der damals als Flüchtling in Pondicherry lebte, lud mich einmal zum Abendessen ein. Gurudev schrieb:
»Ich hoffe, daß sich dein Abendessen nicht so abspielte wie meine erste Begegnung mit der Maharatta-Kochkunst – als aus irgendeinem Grund mein Abendessen *non est* war und jemand zu meinem Nachbarn, einem Maharatta-Professor, ging, um etwas zu essen zu holen. Ich nahm nur einen Bissen, und dabei blieb es. O Gott! Plötzliches Feuer im Mund hätte nicht weltumstürzlerischer sein können! Es reichte aus, um ganz London in einem tödlichen Flammenmeer aufgehen zu lassen!«
Zurück zur Ernsthaftigkeit.

Ich schrieb ihm einmal, Vivekananda zitierend. Griff er nicht oft den formalistischen Glauben an, der, so fühlte er sich gedrängt zu sagen, zum Teil für unsere Dekadenz verantwortlich sei? Aber hier war ein Haken bei der Sache, fügte ich hinzu, und zwar in dem Sinn, daß die Menschenverdammung oft eine Art Überlegenheitsgefühl hervorbringt: war das nicht der Grund, warum die Traditionalisten Vivekananda des Hochmuts, wenn nicht gar der erwiesenen Überheblichkeit bezichtigten? Toleranz soll doch gepflegt werden, nicht wahr?

Er antwortete mir mit einem langen Brief:

»Was das Gefühl der Überlegenheit angeht, ist es etwas schwierig, es zu vermeiden, wenn sich dem Bewußtsein weitere Horizonte erschließen, es sei denn, man hat bereits eine heilige und demütige Veranlagung. Es gibt Leute wie Nag Mahashya (einer von Sri Ramakrishnas Schülern), bei denen spirituelle Erfahrung immer mehr Demut hervorbringt; es gibt andere, wie Vivekananda, in denen sie das Gefühl großer Stärke und Überlegenheit bewirkt – europäische Kritiker haben ihm dies ziemlich heftig vorgeworfen; es gibt andere, in denen sie ein Gefühl der Überlegenheit gegenüber den Menschen und Demut gegenüber dem Göttlichen hervorruft. Jede Position hat ihren Wert. Nimm zum Beispiel Vivekanandas berühmte Antwort auf die Einwände eines Madras-Pundits, der einige seiner Behauptungen anzweifelte: ›Aber Shankara sagt es nicht so.‹ Vivekananda erwiderte: ›Nein, aber *ich, Vivekananda, sage es so*‹, und der Pundit war sprachlos. Dieses ›ICH Vivekananda‹ erhebt sich vor der gewöhnlichen Betrachtungsweise wie ein Himalaya selbstgefälliger Egozentrik. Aber an Vivekanandas spiritueller Erfahrung ist nichts falsch oder ungesund. Denn dies war nicht einfach Egoismus, sondern der Ausdruck von dem, für das er stand, und die Haltung des Kämpfers, der, als Repräsentant von etwas sehr Großem, nicht zulassen konnte, überwältigt oder herabgemindert zu werden. Das soll keine Verneinung der Notwendigkeit von Nichtegoismus und spiritueller Demut sein, sondern zeigen, daß die Angelegenheit nicht so einfach ist, wie sie auf den ersten Blick zu sein scheint. Denn wenn ich meine spirituellen Erfahrungen ausdrücken soll, muß ich dabei wahrhaftig sein – ich muß sie mit ihrer *bhava* (Idee, die dahintersteht. Anm. d. Übers.), ihren Gedanken, Gefühlen und Bewußtseinsausdehnungen aufzeichnen, die mit ihnen einhergehen. Was soll ich tun, wenn ich die Erfahrung habe, in der man die ganze Welt in sich fühlt oder spürt, wie die Kraft des Göttlichen im eigenen Wesen und der eigenen Natur strömt, oder die Gewißheit des eigenen Glaubens hat, der gegen jeglichen Zweifel oder Zweifler aufsteht, oder die eigene Einheit mit dem Göttlichen erkennt oder die Kleinheit des menschlichen Denkens und Lebens im Vergleich mit diesem größeren Wissen und Dasein sieht? Und ich muß das Wort ›Ich‹ verwenden – ich kann mich nicht dorthin flüchten, ›dieser Körper‹ oder ›diese Erscheinung‹ zu sagen, besonders weil ich kein *Mayavadin* bin (einer, der die Welt nur als Trugbild sieht. Anm. d. Übers.). Muß ich nicht darum zu

Ausdrucksweisen greifen, die einige darüber zum Kopfschütteln veranlassen mögen, daß meine Behauptungen voller Stolz und Ego seien? Ich stelle mir vor, daß dies schwer zu vermeiden wäre.

Etwas anderes: Ich habe den Eindruck, daß du Glaube sehr betont mit mentaler Gläubigkeit gleichsetzt, aber echter Glaube ist etwas Spirituelles, ein Wissen der Seele. Was du in deinen Briefen zitierst, sind die harten Behauptungen der mentalen Gläubigkeit, die zur vehementen Rechtfertigung der eigenen mentalen Glaubenshaltung und des eigenen mentalen Ziels führen, weil sie die eigenen sind und deshalb größer als die von anderen sein müssen – eine Haltung, die universell in der menschlichen Natur ist. Selbst der Atheist ist nicht tolerant, sondern erklärt sein Natur- und Materie-Glaubensbekenntnis als die *einzige* Wahrheit und überschüttet alle, die nicht daran glauben wollen oder an andere Dinge glauben, mit Spott und bezeichnet sie als unerleuchtete Schwachsinnige und abergläubische Halbtrottel. Ich nehme es ihm nicht übel, wenn er so von mir denkt, aber ich stelle fest, daß sich diese Haltung nicht nur auf religiösen Glauben beschränkt, sondern ebenso natürlich für diejenigen ist, die frei von religiösem Glauben sind und nicht auf Götter und Gurus vertrauen. Ich hoffe, daß du nichts dagegen hast, daß ich die andere Seite des Problems betonte; ich möchte darauf hinweisen, daß die andere Seite da *ist*, daß es viel mehr zu sagen gibt, als man im ersten Augenblick vermuten möchte.«

Ein anderer Charakterzug beeindruckte mich, obgleich ich ihn im Laufe der Zeit als selbstverständlich hinnahm. Es war seine Zurückhaltung, seine Ansichten anderen aufzuzwingen. Er erweckte beinahe immer den Eindruck, als würde er seine Sache verteidigen, selbst wenn es offensichtlich war, daß die Ansicht seines Gegenübers untragbar war, und sei es nur vom logischen Standpunkt her. Hier ein Beispiel. Einmal kam eine Prinzessin als mein Gast in den Ashram. Sie liebte Musik und bat mich, für sie zu singen. Ich stimmte bereitwillig zu und sagte ihr, daß ich für sie am nächsten Abend eine reguläre musikalische Soirée veranstalten würde. Am nächsten Morgen kam ihr Sekretär zu mir und stellte eine Reihe von bohrenden Fragen, wobei er mir zu verstehen gab, daß die Prinzessin wohl kaum im gleichen Zimmer mit anderen *sadhakas* sitzen könne, worauf ich schlankweg erwiderte: »Sage ihr, daß sie nicht zu kommen braucht. Denn ich fühle sehr stark, daß dies nicht *ihr* Staat, sondern ein Ashram ist, wo alle den gleichen Status haben, und wenn sie darum dabei beharrt, mit besonderer Ehrerbietung empfangen zu werden, muß ich davon Abstand nehmen, vor solch einer Person zu singen.«

Am nächsten Morgen ließ sie mich persönlich rufen, um mir zu erklären. Aber ich weigerte mich, zu ihr zu gehen. Dies wurde Gurudev von einem Wichtigtuer mitgeteilt, der außer sich war, daß ich unhöflich, wenn nicht gar verletzend, zu einer reichen und schönen Prinzessin gewesen sei! Gurudev jedoch lächelte und schickte mir Nachricht, daß ich nicht nur recht, sondern auch seine volle Unterstützung habe, denn jeder *sadhak* hat ein völliges Recht darauf, sich zurückziehen zu können, wenn und falls er keine Besucher empfangen wolle. (Schließlich kam die Prinzessin doch, und ich sang vor ihr, da sie erklärt hatte, daß die ganze Angelegenheit ein Mißverständnis sei, das der gleiche Wichtigtuer verursacht hatte.)

Aber wie es das Schicksal will, geschah es einige Monate später, daß ein *guru-bhai* (Schüler-Bruder) zu einem Besucher grob war. Sogleich vergaß ich meinen eigenen Fehlgriff und schrieb an Gurudev, den armen Sünder in Grund und Boden verdammend. Ich fragte, ob denn spirituelle Verwirklichung die Leute nicht demütig und höflich anstatt grob und flegelhaft machen sollte. Dieses Mal wies er mich höflich, aber entschieden zurecht:

»Aber seit wann werden Höflichkeit und gutes gesellschaftliches Benehmen als Teil oder Test für spirituelle Erfahrung und echte yogische *siddhi* (Verwirklichung) angesehen? Sie sind nicht mehr ein Test als die Fähigkeit, gut tanzen und sich hübsch kleiden zu können. Ebenso wie es sehr gute und wohlwollende Menschen gibt, die flegelhaft und grob in ihren Umgangsformen sind, gibt es auch sehr spirituelle Menschen (ich meine hier mit spirituellen Menschen solche, die tiefe spirituelle Erfahrungen hatten), die kein Verständnis für das physische Leben oder die Tat haben (viele Intellektuelle sind übrigens genauso) und in ihren Umgangsformen überhaupt nicht wählerisch sind. Ich vermute, daß ich selbst als grobschlächtig und arrogant bezeichnet werde, weil ich mich weigere, Leute zu empfangen, Briefe nicht beantworte und mich eines ganzen Haufens anderer Unartigkeiten schuldig mache. Ich habe von einem berühmten Einsiedler gehört, der jeden, der sich seiner Einsiedelei näherte, mit Steinen bewarf, weil er keine Schüler wollte und sich nicht anders zu helfen wußte, die Flut der Bewerber abzuweisen. Ich zumindest würde vorsichtig mit Aussprüchen sein, daß solche Leute kein spirituelles Leben führten oder keine Erfahrung hätten.

Natürlich habe ich es lieber, daß die *sadhakas* angemessen

rücksichtsvoll zueinander sind, aber das ist gemeint, um kollektives Leben und Harmonie zu ermöglichen, nicht als *siddhi* (Verwirklichung) des Yoga oder als unerläßliches Zeichen für innere Erfahrung.

Und wie können überhaupt die Seitensprünge der *sadhakas* hier, von denen keiner Vollkommenheit erreicht hat oder sich irgendwo in der Nähe davon befindet, ein Beweis dafür sein, daß spirituelle Erfahrung gleich Null ist? Du schreibst so, als müßte man von dem Augenblick an, an dem man irgendeine spirituelle Erfahrung oder Verwirklichung hat, sogleich zu einem vollkommenen Menschen werden, der keine Fehler und Schwächen mehr aufweist. Das bedeutet, eine Forderung zu stellen, die unerfüllbar ist, und es heißt auch, die Tatsache zu übersehen, daß spirituelles Leben ein Wachstumsprozeß und kein plötzliches und unerklärliches Wunder ist. Kein *sadhaka* kann beurteilt werden, als wäre er bereits ein *siddha*-Yogi (ein Erleuchteter), und am wenigsten diejenigen, die erst ein Viertel oder noch weniger von einem sehr langen Weg zurückgelegt haben, wie es der Fall bei den meisten ist, die sich hier befinden. Selbst große Yogis behaupten nicht, vollkommen zu sein, aber du kannst nicht sagen, daß ihre Spiritualität deshalb falsch oder nutzlos für die Welt sei, weil sie nicht absolut vollkommen sind. Außerdem gibt es alle Arten von spirituellen Menschen: einige, die damit zufrieden sind, spirituelle Erfahrung zu haben, und nicht nach einer äußeren Vollkommenheit oder Fortschritt suchen, einige, die Heilige sind, andere, die nicht nach Heiligkeit streben, andere, die zufrieden sind, im kosmischen Bewußtsein, in Berührung oder Einheit mit dem Allsein zu leben, es jedoch zulassen, daß alle Arten von Kräften durch sie hindurchfliegen, z. B. in den typischen Beschreibungen des Paramhansa. Das Ideal, nach dem sich unser Yoga richtet, ist eine Sache für sich, aber es schränkt deshalb nicht jegliche Art spirituellen Lebens und spiritueller Bemühung ein. Das spirituelle Leben ist keine Sache, die man mittels einer engstirnigen Definition darstellen kann oder die gebunden ist an eine starre mentale Regel; es ist ein weiter Entfaltungsbereich, ein immenses Königreich, das in seinem Potential größer als die niederen Königreiche ist, das Hunderte von Provinzen, Tausende von Arten, Stufen, Formen, Wege und Variationen des spirituellen Ideals, der Grade spirituellen Fortschritts aufweist. Von der Grundlage dieser Wahrheit aus, die ich in nachfolgenden Briefen erklären werde, muß man Fragen bezüglich der Spiritualität und ihrer Anhänger behandeln, wenn man es mit Wissen tun will. Nur durch diese Art zu verstehen, kann man Spiritualität wirklich begreifen, sei es in ihrer Vergangenheit oder ihrer Zukunft, oder kann an ihre Stelle die spirituellen Menschen der Vergangenheit und der Gegenwart stellen oder die verschiedenen Ideale, Stufen etc. vergleichen, die im Laufe der spirituellen Evolution des Menschen entstanden sind.«

Aber da er nur zu gut wußte, wie die menschliche Natur beschaffen und wie sehr sie nur allzu bereit war, auf das Verderben zuzueilen, versuchte er immer, das Nachspiel eines Kampfes zu vermeiden, den oft selbst eine sanfte Korrektur bewirkte. Darum zeigte er sich immer wieder mit dem Gruß seines Humors und seiner Ironie, nachdem er einen Schlag ausgeteilt hatte. Ich konnte nicht anders als dies als Zeichen seiner unfehlbaren Kenntnis der Egohürden aufzufassen, die wir zu nehmen hatten, wenn wir in den sauren Apfel einer Entschlackung von unserer Selbstsucht zu beißen hatten. So entschuldigte er sich beispielsweise nach einer dieser sanften Tadelungen dafür, daß er nicht in der Lage sei, zwei versprochene Briefe in den frühen Morgenstunden zu Ende zu bringen – einer für mich und einer für einen meiner Freunde, für den ich mich eingesetzt hatte.

»Die Lichter erloschen, die Lichter erloschen!« schrieb er eilends am nächsten Morgen. »Darum muß ich bis morgen warten. Der Mensch denkt, aber die Pondicherry-Stadtverwaltung lenkt. Aber Gnade wird morgen sein, Pondicherry-Stadtverwaltung *volente*.« Dann fügte er noch in derselben Nacht hinzu: »Freude! Freude! Freude!!! Ich hab' es geschafft – beide Briefe sind geschrieben – geschafft habe ich es dieses Mal!«

Aber trotz des Spielraums, den er mir einräumte, konnte ich Korrekturen nur schwer ertragen, da ich aus Veranlagung hypersensitiv war. Konsequenterweise mußte er mich schonen und oft seine Worte auf eine Art abwägen, woran er nicht einmal im Schlaf denken würde, wenn er sich, sagen wir, mit Nirod oder Rajani abgab. Denn er wußte, daß sie, gleichgültig, was von ihm kommen würde, nie gekränkt wären. Jedem, was er braucht, erklärte er mir einmal im Zuge einer Antwort auf meine Frage bezüglich Folgerichtigkeit.

»Es ist etwas schwierig«, schrieb er, »für das umfassendere spirituelle Verständnis, deine Fragen auf die Weise zu beantworten, die du möchtest und die jedes mentale Wesen will, nämlich mit einem schneidigen ›Du-sollst‹ oder ›Du-sollst-nicht‹ – besonders wenn *du alle* bedeuten soll. Denn obgleich es eine Identität des zentralen Ziels gibt, obgleich es allgemeine, weit gefaßte Entwicklungslinien gibt, findet man dennoch keine im einzelnen allgemeinverbindliche Zusammenstellung von Gesetzen für innere Dinge, die auf *alle* Sucher anwendbar ist. Du fragst: ›Ist nicht diese oder jene Sache schädlich?‹ Aber was schädlich für den einen ist, mag hilfreich für einen anderen sein; was hilfreich auf einer bestimmten Entwicklungsstufe ist, mag auf einer anderen nicht länger hilfreich sein, was unter gewissen Umständen schädlich ist, mag unter anderen Umständen nützlich sein; was in einer bestimmten Haltung getan wird, mag verhängnisvoll sein, während die gleiche Sache, in einer gänzlich anderen Haltung vollbracht, harmlos oder sogar segensreich sein würde. Ich fragte die Mutter, was sie zu deiner Frage bezüglich Vergnügungen und gesellschaftlichen Erfahrungen (die in einem allgemeinen Sinn gestellt war) sagen würden, und sie antwortete: ›Unmöglich, einfach so zu beantworten; es hängt von der Haltung ab, in der etwas getan wird.‹ Man muß also viele Dinge beachten: die Haltung, die Umstände, die Person, das Bedürfnis, die natürlichen Veranlagungen, das Entwicklungsstadium ... und das ist auch der Grund, warum wir sagen, daß der Göttliche nicht mit dem Geist verstanden werden kann, denn der Geist funktioniert entsprechend harter und strenger Gesetze und Normen, wogegen der Spirit die Wahrheit von allen und die Wahrheit von jedem einzelnen sieht und ganz verschiedenartig, entsprechend seiner eigenen umfassenden und vielschichtigen Schau der Dinge, handelt. Das ist auch der Grund, warum wir sagen, daß niemand aufgrund seiner persönlichen mentalen Beurteilungen die Aktionen der Mutter und ihre Beweggründe begreifen kann: man kann sie nur verstehen, indem man in das weitere Bewußtsein eintritt, von dem aus sie die Dinge sieht und auf sie einwirkt. Das macht den Verstand sprachlos, denn er gebraucht seine kleinlichen mentalen Maßstäbe, aber trotzdem ist dies der springende Punkt bei der ganzen Angelegenheit.«

Und ich kann hinzufügen, daß dies auch der Grund ist, warum er uns allen in jedem Augenblick eine neue Spielart seiner unergründlichen Persönlichkeit offenbarte – jedem, entsprechend seinem Temperament. Gegenüber Nirod beispielsweise würde er immer einen Ton anschlagen, den er nicht ein einziges Mal bei mir verlauten ließ. Dazu ein Beispiel:

»Nirod«, schrieb er einmal, »da mich heute eine ganze Reihe von Klageliedern bestürmen, habe ich heute nur wenig Zeit, mich jeder Jeremiade einzeln zuzuwenden. Aber habe ich recht mit der Annahme, daß du folgende Überzeugung teilst: ›Ich kann nicht glauben, daß der Göttliche alles für mich tut, denn es sind meine eigenen mächtigen und oft ergebnislosen Bemühungen, daß ich Gedichte

schreibe und mich zu einem Dichter entfaltet habe?‹ Nun, das ist an
sich schon *épatant* (verblüffend), unglaublich und noch-nie-dage-
wesen! Seit den Kindertagen der Menschheit hat man immer schon
die Ansicht vertreten, daß, wenngleich man einen Verseschmied
machen oder er sich selbst machen kann, man dies nicht mit einem
Dichter tun kann. *Poet a nascitur non fit* – ein Dichter ist geboren,
nicht gemacht, lautet ein Diktum, das die Jahrhunderte und Jahrtausende überdauert hat und das mir auf den ersten Seiten meiner
lateinischen Grammatik ins Ohr gedonnert wurde. Die Tatsachen
der Literaturgeschichte scheinen dies strenge Wort zu rechtfertigen. Aber hier in Pondicherry haben wir versucht, nicht Dichter
herzustellen, sondern ihnen zur Geburt in einem Körper zu verhelfen, zu einer spirituellen, nicht einer physischen. Bei einer Anzahl
von Fällen sagt man, daß wir erfolgreich waren – einer dieser Fälle
ist dein eigenes nobles Selbst, oder wenn ich dem Schmerzensmann
in dir glauben soll – dein gemeines, schauerliches, hoffnungsloses
und unfähiges Selbst. Aber wie wurde es zustande gebracht? Es gibt,
wie es scheint, zwei Theorien: eine, daß es von der Yogakraft getan
wurde, die andere, daß es durch deine Aufsehen erregenden, feuri-
gen und ächzend herkuleshaften Anstrengungen getan wurde.
Nun, mein Herr, trifft letzteres zu, hast du also das noch nie
Dagewesene vollbracht, hast dich selbst mit Hilfe deiner eigenen,
emsigen Stärke zu einem Dichter gemacht (denn deine früheren
Bemühungen waren nur äußerst bescheidene literarische Übungen). Mein Herr, warum zum Teufel seid Ihr dann so schäbig,
selbstzerstörerisch und hoffnungslos? Sag nicht, daß es sich ja nur
um einen Dichter dreht, der nicht mehr als eine Handvoll Gedichte
in so vielen Monaten hervorbringen kann. Selbst wenn man das
vollbracht hat, wenn man überhaupt ein Dichter geworden ist, ein
selbstgemachter Dichter, ist dies ein Wunder, zu dem man nur
unaufhörlich ›Bravo! Bravo!‹ sagen kann. Wenn deine Anstrengungen das vollbracht haben, was gibt es dann, das sie nicht
vollbringen können? Alle Wunder können durch sie vollbracht
werden, und ein gigantischer, selbstzufriedener Glaube ist das
einzig logische Ergebnis. In jedem Fall gibt es also nur Platz für
Halleluja, keinen für Jeremiaden.

Die Tatsache, daß du keine Kraft fühlst, beweist nicht, daß sie
nicht da ist. Die Dampfmaschine fühlt nicht die Kraft, die sie
bewegt, aber die Kraft ist trotzdem da. Ein Mensch sei keine
Dampfmaschine? Er ist nur wenig besser, denn er ist sich nur
irgendeines Blubberns an der Oberfläche bewußt, die er als ›er
selbst‹ bezeichnet, und ist sich all der unterbewußten, subliminalen

und überbewußten Kräfte, die ihn bewegen, völlig unbewußt. (Dies ist eine Tatsache, die zunehmend von der modernen Psychologie bestätigt wird, obgleich sie nur die niederen Kräfte und nicht die höheren erkannt hat, du brauchst also deine rationale Nase nicht zu rümpfen.) Er zwitschert intellektuell und dümmlich über die Oberflächenergebnisse und rechnet sie alle seinem ›noblen Selbst‹ an, ignoriert dabei aber die Tatsache, daß dies noble Selbst weit weg von seinem eigenen Sehen, hinter dem Vorhang seines schwachfunkelnden Intellekts und dem schwelenden Nebel seiner vitalen Empfindungen, Gefühle, Impulse, Sinneswahrnehmungen und Impressionen verborgen ist. Deine Argumente sind deshalb vollständig absurd und überflüssig. Unser Ziel ist es, die geheimen Kräfte ganz und gar an das Tageslicht zu bringen, so daß sie herabregnen und in Strömen fließen mögen, anstatt sich nur als irgendein Schatten oder Lichtblitz ihrer selbst darzustellen, den man durch den Vorhang erhascht oder der durch den Vorhang völlig verborgen bleibt. Aber das alles auf einen Schlag zu erwarten, ist eine überhebliche Forderung, die der Beweis für ungeduldige Ignoranz und Unerfahrenheit ist. Wenn sie anfangs zu tröpfeln beginnen, ist dies ausreichend, um den Glauben an einen zukünftigen Wolkenbruch zu rechtfertigen. Du gibst zu, daß du ein- oder zweimal eine Kraft herabkommen spürtest, die ein Gedicht aus dir hervorholte (deine Meinung über dessen Wert oder Wertlosigkeit ist keinen roten Heller wert: dieses Urteil müssen andere fällen); das genügt, um deine Klagelieder in Fetzen zu hauen; es beweist, daß die Kraft da war und da ist und wirkt und es nur deine schwitzende Herkulesmühe ist, die verhindert, daß du sie fühlst. Auch ist es das Tröpfeln, das die Gewißheit eines möglichen Wolkenbruchs gibt.

Man muß nur weitermachen und durch seine Geduld den Wolkenbruch verdienen oder sonst, ohne ihn zu verdienen, weiterschlittern, bis man ihn bekommt. Im Yoga ist die Erfahrung an sich eine Verheißung und ein Vorgeschmack, wird aber wieder abgestellt, bis die Natur für die Erfüllung bereit ist. Dies ist ein Phänomen, das jedem Yogi vertraut ist, wenn er seine vergangene Erfahrung betrachtet. Von der Art waren die kurzen Besuche der *ananda* (der Seligkeit), die du vor einiger Zeit hattest. Es spielt keine Rolle, wenn du keine ›blutegelhafte Anhänglichkeit‹ besitzt – Blutegel sind nicht die einzige Art von Yogis. Wenn du irgendwie bei der Sache bleiben oder in ihr steckenbleiben kannst – das genügt. Die Tatsache, daß du nicht Sri Aurobindo bist (wer hat gesagt, du seiest es?), ist eine alberne Belanglosigkeit. Man braucht nur auf annehmbare Weise man selbst zu sein und den Buckel, wenn vorhanden, abzuschütteln oder zuzulassen, daß er abgeschüttelt wird, ohne daß man sich mit blutegelhafter Anhänglichkeit, die einer besseren Sache wert wäre, an ihm festhakt ...

Was du tun sollst? Wühl dich heraus, wenn du kannst; kannst du nicht, rufe nach Seilen und warte, bis sie kommen. Wenn ›Gott weiß, was geschehen wird, wenn die Gnade herabkommt‹, sollte das genügen, nicht wahr? Daß du es nicht weißt, mag eine verblüffende Tatsache für deine – nun, sagen wir, *deine* Intelligenz sein, aber es ist, ebenso wie deine vermeintliche Unfähigkeit, nicht von großer Bedeutung.«

Aber obgleich er immerzu so fortfahren konnte – rangelnd, Erinnerungen auftischend, funkelnd, falls und wenn der Spirit ihn dazu bewegte, werden nur wenige, die ihn kannten, nicht mit mir übereinstimmen, wenn ich sage, daß er zentral ein Mann äußerster Zurückhaltung war, ein Bewohner des Unergründlichen. Das erinnert mich an einen Witz, den ich mit ihm vor beinahe fünfzehn Jahren gerissen habe. Dreimal (später viermal) im Jahr pflegte er sich uns und den Besuchern öffentlich zu zeigen, und wir konnten einen Blick auf ihn werfen, leider jedoch nur einen kurzen Blick. Seine Augen ruhten gerade einige Sekunden auf jedem von uns – denn die ganze Prozedur mußte in nur einer Handvoll Stunden abgewickelt sein. Mir pflegte er einen freundlichen Blick zu schenken, aber ich suchte sein Gesicht vergeblich nach einem Lächeln ab. Ich war in der Tat von seinem ernsten Gesicht beeindruckt, aber mir fehlte das Lächeln herzlichen Wiedererkennens, das mir alles in der Welt bedeutete. Als ihm meine Enttäuschung zu Ohren kam, versuchte er sich zu ändern, aber leider vergeblich. Auf jeden Fall, so schien es mir, blieb ich hartnäckig. Aber eine Dame, die zufälligerweise bei mir stand (und die mich mühelos im Hartnäckigkeitsspiel schlagen konnte), trieb mich mit ihrer Beteuerung, daß er mich angelächelt *hatte*, ins Abseits. Darum schrieb ich ihm, mehr beschämt als kummervoll. »O Guru! Wieder bringst du mich aus der Fassung – möglicherweise, um die letzten Überreste meiner Selbstzufriedenheit zu pulverisieren. Denn Lady Überschwenglich schwört – und niemand kann sie, wie du weißt, überschwören –, daß sie sah, wie sich deine Lippen zu einer Kurve krümmten, die man nur mit einem Lächeln gleichsetzen könne. Daraus folgt, ebenso wie dem Regen die Dürre, daß ich selbst das Recht vertan habe, dem Zeugnis meiner eigenen Sinne glauben zu können, oder ist es vielleicht so, daß du mir nur ein supramentales Lächeln schenktest?

Wenn dem so ist, warum hast du dann solch ein Geschenk für uns Menschen verschwendet, deren Mentalität es wohl kaum als solches erkennen kann?«

Dazu schrieb er zurück: »Aber Lady Überschwenglich hat recht. Denn ich lächelte wahrhaftig – obgleich es nicht das breite Lächeln eines Tagore oder das kindhafte Lächeln eines Gandhi war. Aber ich versichere dir, daß ich in Zukunft versuchen werde, überzeugender zu sein.« (Das tat er später – mit Erfolg. Gott sei gelobt!)

Aber wenn – und hier ist des Pudels Kern – selbst sein Lächeln erst lärmend beanstandet werden mußte, bevor man sich dessen Authentizität gewiß sein konnte, wie konnte man ihn dann je als irgend etwas anderes als einen zurückhaltenden Mann bezeichnen?

Und dennoch sprach er zu mir wie zu einem »*Freund und einem Sohn*« und zu Nirod wie zu einem alten Kameraden, den er beinahe dazu aufforderte, Gleiches mit Gleichem zu erwidern! Dies war mir einigermaßen unerklärlich, aber dennoch meine ich, daß ich mit Gewißheit behaupten kann, daß es, wenn er uns beiden seine Briefe schrieb, den Eindruck erweckte, als wäre plötzlich ein Vorhang hochgezogen worden: das alte abgedroschene Gleichnis einer Steinplatte, die eine lebendige Quelle überdeckt, fiel mir immer wieder ein! Irgendwie war er mit uns beiden so frei, wie man es sich nur vorstellen kann. Aber heute kann ich nicht umhin, mir Gewissensbisse zu machen, weil mir klar wird, daß ich nicht wirklich beanspruchen kann, wonach ich dürstete, nämlich vollständige Offenheit seinerseits: mir wird klar wie nie zuvor, daß meine Reaktionen auf seine Offenheit in keiner Weise das gewesen sind, was sie hätten sein sollen.

Was geschah, und was hätte geschehen können? Es ist gewiß nicht falsch zu sagen, daß ich gekommen war, um ihm zu dienen, nachdem ich zuvor auf seinen Aufruf zur Selbstveränderung angesprochen hatte. Aber auf dem steilen Yogapfad führt uns eine nur fromme Absicht leider nicht sehr weit: man muß entschlossen derb zu seinem Ego sein, wenn man einer Aufgabe wirklich und aufrichtig entsprechen will. Ich war nicht wenig stolz auf meine Ehrlichkeit und Aufrichtigkeit gewesen, wenig begreifend, daß nur der ein wirklich ehrlicher Aspirant für den Yoga ist, der unermüdlich selbstkritisch ist, der entschlossen ist, sich nicht auf die Einflüsterungen seiner Selbstsucht einzulassen – dieser ewigen Grundlage der Selbstliebe. Heute, wo es den nicht mehr gibt, dessen tiefes Mitgefühl so bereit war, mich aus den Fängen des Ego herauszuholen, ist dieser Gedanke mit einer zusätzlichen Pein beladen, weil er es mir ermöglicht hat, klar zu erkennen, wie ich auf seine unermüdlichen Aufmunterungen, meine Egozentrik zu überwinden, hätte reagieren *können* – hätte ich nur *wollen* –, hätte ich mich entschlossen, etwas fügsamer und bescheidener zu sein. Aber vielleicht war es meine überhebliche Selbstsicherheit, angeschirrt an einen unglaublichen Stolz auf die Richtigkeit meiner rationalen Natur und meiner Ansprüche, die immer wieder meinen Sturz bewirkten. (Ist nicht unser rationaler Stolz oft blinder als blinder Glaube?) Hier ein ziemlich überzeugendes Beispiel, und sei es auch nur zu dem Zweck aufzuzeigen, wie ich ihn auf Schritt und Tritt behinderte, indem ich ihn dazu verleitete, seine kostbare Zeit dafür einzusetzen, den Alten Adam in mir zu erlösen:

»Ich habe deinen ersten Brief erhalten«, schrieb er einst in der Blütezeit meiner Selbstsucht, »und da ich immer zuerst deine Briefe anschaue, wenn welche dabei sind, und den Rest auf später verschiebe, habe ich mich nach meinem täglichen Spaziergang und meiner Konzentration hingesetzt, um ihn zu beantworten. Mir ist dein zweiter ›dringender‹ Brief völlig entgangen, und ich habe von ihm erst durch deinen dritten Brief erfahren – später in der Nacht. Hätte ich ihn in Händen gehabt, hätte ich ihn natürlich sofort beantwortet. Es tut mir leid, daß du die ganze Nacht ohne Antwort verbringen mußtest.

Ich war etwas bestürzt über deinen ersten Brief, denn meine Bemerkungen über W waren ganz beiläufig, und ich habe ihnen in dem Augenblick, als ich sie geschrieben habe, wenig Bedeutung beigemessen. Ich hätte sie gewiß nicht geschrieben, hätte ich vermutet, daß sie von beunruhigender Beschaffenheit für dich sind. Während ich sie niederkritzelte, hatte ich nicht die Absicht, dir meine Ansichten über W aufzudrängen – ich hatte nicht die Absicht, dir als Guru an einen Schüler zu schreiben oder ein Gesetz aufzustellen, sondern vielmehr als Freund an einen Freund, der seine Ideen ausdrückt und sie mit völliger Unkompliziertheit und Zutrauen diskutiert. Sowohl die Mutter als auch ich haben die natürliche Tendenz, mit dir auf diese Weise zu sprechen oder so dir zu schreiben, wobei wir die Idee, die kommt, ausdrücken, ohne die Worte besonders abzuwägen und ohne irgendeinen *arrière-pensée* (Hintergedanken) zu haben, denn wir fühlen uns deinem psychischen Wesen immer nahe, und dies ist die Beziehung, die wir ganz natürlich zu dir haben. Darum habe ich so geschrieben und aus keinem anderen Grund.

Ich glaube nicht an menschliche Beurteilungen, weil ich sie immer fehlbar gefunden habe – vielleicht auch deshalb, weil ich selbst durch menschliche Beurteilungen so angeschwärzt worden bin, daß ich keinen Wert darauf lege, durch sie bezüglich anderer gelenkt zu werden. All dies schreibe ich jedoch, um meine eigene Ansicht zu erklären; ich stelle sie nicht als Gesetz für andere auf. Ich hatte noch nie die Gewohnheit, daß jeder so denken muß wie ich – ebensowenig wie ich darauf bestehe, daß jeder mir und meinem Yoga folgt.

Das alles sage ich, um ein offensichtliches Mißverständnis beiseite zu räumen. Nun zu X, Y, Z: Hier solltest du dich daran erinnern, daß, was ich über sie geschrieben habe, keine nachträgliche Erfindung oder eine Idee war, die als Ergebnis ihres Weggehens entstanden ist – alles, was ich beispielsweise über X festgestellt habe, habe ich lange, bevor er ging, geschrieben – und ebenso verhält es sich mit den anderen, denen ich nicht verschwiegen habe, was mit ihnen nicht in Ordnung ist, außer bei Y und Z, bei denen es nicht notwendig war. Ich habe weder aus ganzem Herzen versichert und gelobt und ermutigt, solange sie hier waren, noch aus ganzem Herzen verdammt, als sie gegangen waren. Auch hätte ich nichts über sie gesagt, wäre ich nicht von allen Seiten gefragt worden. Warum nur solltest du annehmen, daß ich dich angreifen würde, falls du weggingst – du, zu dem ich immer ermutigend und freundlich gesprochen habe und, wie ich meine, nie mit strenger Mißbilligung oder warnend, wie ich es bei X, Y, Z tat? Würdest du fortgehen, sollte ich vielleicht, falls ich etwas sagen müßte, schreiben, was ich dir schon immer zukommen ließ: ›Dilip hatte seine Schwierigkeiten und er war dabei, sie allmählich zu überwinden, aber seiner einen großen Schwierigkeit des Zweifels und des mangelnden Selbstvertrauens ist er nicht entschlossen genug entgegengetreten‹; und ich würde hinzufügen: ›und in einem schwachen Augenblick hat er ihr erlaubt, ihn zu übermannen. Aber er wird feststellen, daß er seine Seele nur hier finden kann, und dann wird er wieder zurückkommen.‹

Aber all dies ist wirklich nicht notwendig, weil du nicht, so wie X, Y, Z, von dem Verlangen durchdrungen bist, fortzugehen oder den Ruf zur Tat irgendwoanders vernimmst. Aber warum dies ständige Zurückfallen auf die Vorstellung des Versagens? Warum diese Idee, daß ich beleidigt sei? Habe ich je Anstoß genommen oder auch nur das geringste Zeichen bekundet, daß ich dich aufgeben will? Wie kommt es, daß du immer noch einer Einflüsterung Glauben schenkst, der deine ganze Erfahrung unserer Beziehungen widerspricht? Deine Perioden des Zweifels und des mangelnden Selbstvertrauens sind eine Schwäche, die ich wahrgenommen habe, und ich weigere mich, sie als Schranke aufzufassen, die dich daran hindert, das Ziel zu erreichen. In voller Aufrichtigkeit bestätige ich dir deine Möglichkeiten.«

Da aber auch die schwärzesten Wolken einen silbernen Rand haben, tröste ich mich heute mit dem Gedanken, daß selbst meine verkehrtesten Stimmungen einen doppelten Zweck erfüllten: einen objektiven, weil sie sein großes Verständnis für und sein Mitleid mit der menschlichen Natur zeigten, die selbstmörderisch darauf besteht, die Hand zu schlagen, die gereicht wird, um zu retten (ein Verständnis, das ihn einmal dazu veranlaßte, mir zu schreiben: »*Meine Erfahrung zeigt, daß die Menschen weitaus weniger besonnen und verantwortlich für ihre Taten sind, als es die Moralisten, Novellisten und Dramatiker hinstellen, und ich versuche vielmehr herauszufinden, welche Kräfte sie angetrieben haben als mich darauf zu verlassen, was der Mensch selbst, aufgrund seiner Schlußfolgerung, beabsichtigt oder bezweckt hat – unsere Folgerungen sind oft falsch und berühren, selbst wenn sie richtig sind, nur die Oberfläche der Dinge*«), und dann einen subjektiven, denn man kann kaum abstreiten, daß ich, wäre ich von Natur aus weniger widerspenstig gewesen, heute reicher an Yogaerfahrung sein könnte, aber wäre ich dann nicht um ebensoviel ärmer an meinem intimen Wissen über diese, seine menschliche Seite gewesen, die mir so unendlich viel bedeutet: das Menschliche im Göttlichen, das Krishna zu dem machte, was Er für die dankbaren Pandavas war – nicht nur der Guru und Leiter, sondern auch der Freund und der Wachtposten, der während der Schlacht von Kurukshetra nicht weniger tat als sein Gelübde zu brechen, von seinem Kampfwagen zu springen und Bhishma zu töten, als er sah, daß das Leben seines Schützlings Arjuna bedroht war? Ein Muslimfreund rezitierte einst ein persisches Couplet, das ich während einer meiner hellen Perioden der Dankbarkeit und der Hochstimmung übersetzte und das mir die lebendige Empfindung dafür vermittelte, daß bei einer großen Unternehmung selbst Versagen weitaus besser ist als Erfolg bei kleinlichen Ambitionen:

> *Wenn ich meine Jahre damit verschwende, dich zu gewinnen, Freund,*
> *so erreiche ich gerade dann am besten mein Ziel:*
> *Nur jenes Leben tätigte reiche Ernte,*
> *das strebte und strebte vergeblich nach Dir.*

Und es war gerade eine meiner anderen Hochstimmungen, die, inspiriert durch meine Dankbarkeit für seine Nachsicht, zu meiner Freude einen seiner seltensten Ausbrüche bewirkte – eine Gemütsverfassung, auf die er, wegen seiner lebenslangen Beschäftigung mit uns Plagegeistern, fast nie eingehen konnte. Ich will sie nicht nur deshalb beschreiben, um mit einer schönen Note abzuschließen, sondern es auch wegen der reinen Freude tun, in ihm einen Impuls des ungezügelten Lachens und Spaßes aufzudecken, was, wie ich hoffe, alle erfreuen wird, die in ihrem Herzen die Erinnerung an seine von Liebe durchstrahlte Persönlichkeit tragen. Folgendes geschah.

Es war im Jahre 1934, einige Tage vor seinem Geburtstag, dem 15. August. Ich las Chadwick einen Brief von ihm vor, den er gerade als Antwort auf meine Lästigkeiten geschrieben hatte.

»Sonette?« schrieb er. »Ich habe keine Zeit, Sonette zu schreiben – meine Energie ist zu sehr mit sehr dringenden und eiligen Dingen beschäftigt – von der Korrespondenz ganz abgesehen –, um ›mit der rhythmischen Zeile schäkern zu können‹.«

In unseren Herzen verfluchten wir beide die gänzlich krumme Beschaffenheit dieses von göttlicher Vorsehung bewirkten Dispenses von seiner Arbeit und rätselten, was er wohl »Dringendes« zu tun habe, als mir Gurudevs Sekretär ein Telegramm brachte, das an Gurudev adressiert war und lautete: »Telegrafiere mir Genehmigung, dich am 15. August sehen zu können. Mein Freund Dilip wird mich empfehlen. Gezeichnet: Aurobindo.« Am Rand konnte man in Gurudevs Handschrift lesen: »Bitte um Empfehlung und Aufklärung.«

Es war diese kleine Anfrage, die glücklicherweise die böse Gottheit – *Dushta Saraswati* – dazu veranlaßte, sich ganz und gar meiner frechen Zunge zu bemächtigen. Ich ließ also sogleich ein Bengaligedicht vom Stapel, das ich in der Hoffnung zu Gurudev hochsandte, ihn aus der Reserve zu locken. Hier mein bösartiges Spottlied:

»Du fragst mich, Guru, wer dieser Aurobindo ist, der zu kommen wünscht,

um an deinem Geburtstag deinen Segen zu erhalten? Stumm wäre ich am liebsten:

Denn ich stelle fest, vier Persönlichkeiten kenn' ich, ausgeprägt und groß,

die Namensvettern sind von dir, und ich frag mich nun, welcher ist dieser Kandidat!

Will darum die Taten von jedem erzählen, wie sie eingeprägt sind in meine Erinnerung,

denn dein Supramentales mag erleuchten, wo ich lichtlos hoffnungslos tappe!

Der erste war ein Aristokrat, dessen Gepflegtheit nur wenige zu überbieten wagen:

Seine Locken kämmte er stundenlang – ein Dandy voll und ganz, bis hin zu den Fingerspitzen;

verliebt in Pomade, Puder, Seiden, Düfte und Putz,

summte er allen und jedem Indiens amouröse Melodien zu.

Arbeit war nichts für ihn, aber wie das Leben spielt – erhielt er eine Mühle zu überwachen.

Aber er nahm den Abschied und heiratete Mammon – ebenso reich wie er schlau!

Es ist unwahrscheinlich – aber wer weiß –, deinen mystischen Ruf hat er vielleicht gehört!

Und überdrüssig der Welt flüchtigen Geklingles, jammert er nun nach der Musik der Sphären!

Und hier Nummer zwei: Er hat sich verliebt in eine, die er nannte ›seinen Liebestraum,

wahr geworden auf Erden‹ – aber sie blieb leider ungerührt, keine Romanze kam ihr zu nah.

Sie lächelte ihn an wie Frau von Stein dereinst Goethe: Hat nicht sie

den Dichter eingeladen? – Und dann: ›O nein, nicht zu nah‹ – in warnendem Ton!

Während Goethe jedoch für seine Flamme in Gedichten zu zahlen hatte, nicht in Gold,

gab ihr dieser moderne ›Hansdampf‹ aus ›liebestollem‹ Herzen sein Bargeld, unverlangt.

Bankrott sodann mich in London herzend, ächzte er, ertrinkend in Tränen:

›O Kamerad, wer außer dir kann je ergründen, was mein Herz versengt?‹

Man kann nie wissen – vielleicht hat er seitdem deine Botschaft Des Einen gelesen,

der sagen kann, warum Liebe verdammt ist zum Schatten und niemals erhält einen Platz an der Sonne?

Dein Namensgefährte Nummer drei, ein Bursche, der in Paris sein Leben fristete,

nahm mich ins Schlepptau und führte mich durch der Ewigen Stadt süße Schlupfwinkel.

Ein Spezialist für Klatsch über Propheten, Dichter, Schauspielerinnen,

prahlte er: ›Was ich nicht kenne, braucht man nicht zu kennen – ich weiß, was sich lohnt.‹

Und er ließ es mich wissen, obgleich ich zahlte, soviel ich konnte –
für ihn,

während er mir offenbarte, was meinem Verstand unerklärlich,
verschwommen erschien.

Vielleicht hat ihn sein ›Wissen‹ sitzenlassen, und er dürstet jetzt
nach größerem Licht

als seine kontinentalen Leuchtkäfer-Blinker – hilflos in seiner
Seele schwarzen Nacht!

Der letzte deiner Namensgenossen, doch nicht der Schlechteste,
o großer Meister, war so tapfer,

daß wir alle sprachlos waren, nachdem er einen Vortrag hielt:
›Jeder muß seine Seele retten.‹

Er freite eine alte belgische Jungfer, die, obgleich nicht so weise
wie Salomon,

genauso reich und ›furchtlos‹ war, als er sie zum Altar in
Boulogne führte.

Ich mußte ihm zur Seite stehen, obgleich es keine Brautjungfern
gab,

aber der große Philosoph verkündete: ›Ohne Liebe wäre selbst
der Himmel eine Hölle!‹

So führte ihn der Schutzengel seiner Seele auf die Rennbahn in
mystischem Frohsinn,

und dann spielte und verlor er in den Himmeln von Monte Carlo
überschwenglich.

Ich frage mich: Hat ihn sein auserwähltes Eden letzten Endes
fallenlassen?

Warum sollte sonst sein tapferes Schiff einlaufen wollen in
deinen supramentalen Hafen?

Ich weiß nichts über menschliche Bestimmung und kenne nicht
deine himmlischen Mysterien.

Ich kenne nur deine königliche Seele, reich an Sternengeheim-
nissen.

So bete ich zu dir: O laß mich die Größe deiner Namensvettern
jetzt erkennen,

sage mir, wie kommt es, daß sie deinen Namen tragen und
dennoch bleiben, wo sie sind – O sag' es mir?

Und noch etwas nebenbei: Was soll ich erwidern? – und bitte teile
mir seine Anschrift mit.

Ich wage nicht alle zu empfehlen, Guru, aber segnen kannst *du* sie
alle.

Und schließlich noch, o Mitleidsvoller, vergib mir meine
schreckliche Frivolität:

sich lustig gemacht zu haben über jene, die deinen Namen tragen? Oh, verdamme mich nicht auf ewige Zeit.«

Chadwick kicherte, als ich ihm dies vorlas, aber er schüttelte seinen Kopf. »Das lockt ihn kaum aus der Reserve, Dilip«, seufzte er. »Er ist zu beschäftigt. Aber dennoch wünsch' ich dir viel Glück.«

Am nächsten Tag jedoch eilte ich zu ihm, denn das Wunder war geschehen – Gurudev hatte geantwortet.

»Dilip«, lasen wir gemeinsam, »dein Epos der vier Aurobindos ist glänzend, informativ und läßt einem die Haare zu Berge stehen! Aber es kann kein Zweifel darüber bestehen, wer dieser Aurobindo ist – es ist, wie ich meine, Aurobindo der Vierte, ›ein Vollbringer schlimmer Taten‹. Ich beziehe mich auf den Ausdruck *bhima-karma Brikodara* (ein Sanskritausdruck, der wörtlich übersetzt lautet: Wolfsmagen schrecklicher Taten) – hören wir jedoch mit den unziemlichen Späßen auf; sprechen wir über ernsthafte praktische Fragen.

Seine Adresse? Wie, im Namen des Wunderbaren, soll ich sie wissen? Seine Anschrift auf dem Telegramm lautet ›Aurobindo, Bombay‹, so wie meine ›Aurobindo, Pondicherry‹ lauten könnte. In seinem früheren Brief hat er geschrieben, daß er nach Bombay gehen wolle, um von dort geradewegs nach Pondicherry zu tanzen. Vielleicht hat er seine Bombayadresse angegeben, aber ich glaube nicht. Nolini, der seinen Brief hat, kann dir vielleicht weiterhelfen. Ich weiß nicht, ob er erwartet, daß wir ihn auf die Liste setzen – ich vermute nicht, denn obgleich er Aurobindo ist, kennt ihn Aurobindo nicht schon seit Adams Zeiten. Was ich jedoch tun will, ist, dir sein bezahltes Antwort-Telegramm-Formular zu schicken und meine Verantwortung auf deinen Schultern abladen. Du wirst deine Entscheidung selbst, entsprechend der reifen Weisheit deiner vielen aurobindoschen Erfahrungen, treffen. Ob du telegrafierst ›Komm und sei gesegnet‹ oder ›Bleib, wo du bist, in deinem Eden‹ – sei dein letzter Schrei – ich halt' mich raus. Um die Sache in zwei weitströmenden Alexandriner-Couplets zusammenzufassen:

> *Sag ihm telegrafisch: ›Nur zu‹ mit gütigem Nicken,*
> *oder laß ihn fahren zum Teufel oder zu Gott,*
> *entscheide für den anderen Aurobindo, was du willst,*
> *diesen Namensgenossen-überschwemmten Aurobindo laß in*
> *Ruh.*

Tatsächlich ist mein Supramental beinahe unglaublich unfähig, unter dem Ansturm all dieser Aurobindos und anderer irgendeine Auswahl zu treffen. Man hat mir gesagt, es gäbe 400 von ihnen in

Familien und als einzelne, abgesehen von den 200, die hier leben, und wir werden daher auch nach drei Uhr nachmittags noch Leute empfangen müssen, es sei denn, die göttliche Gnade steigt mit größerer Kraft als nur einem ›sanften Rieseln‹ aus dem Himmel herab. Darum spielt ein Aurobindo mehr oder weniger für mich keine Rolle. Du bist es, der sich freuen kann oder leiden muß – je nachdem, ob er wie ein Felsblock über dich herfällt oder dich wie ein lieblicher Westwind im Frühling umschmeichelt.

Aber beachte die Ironie menschlicher Entscheidungen und menschlicher Hoffnungen. Mein Vater, der sich wünschte, daß alle seine Söhne große Männer werden sollten – und in kleinem Maßstab mit dreien von ihnen Erfolg hatte –, gab mir in einer plötzlichen Inspiration den Namen Aurobindo, den bis dahin noch niemand in Indien oder der ganzen Welt erhalten hatte, so daß ich unter den Großen einzigartig durch die einzigartige Glorie meines Namens dastehen möge. Und siehe jetzt den Schwarm von Aurobindos mit ihren mächtigen Taten in England, Deutschland und überall! Sage nicht, es sei mein Fehler, weil ich so indiskret war, berühmt zu werden. Als ich dem National College in den Swadeshi-Tagen beitrat, was mein erster öffentlicher Schritt auf die Schändlichkeit des Ruhmes zu war, wartete dort bereits ein Aurobindo Prakash auf mich, den zynischen Kommentar der Götter auf seine gelehrsame Stirn geschrieben. In der Tat, Aurobindo Prakash!

Zur Erklärung: Dein Epos der vier Aurobindos hat mir plötzlich offenbart, warum sich der Name Aurobindo verbreitet hat und warum dessen Träger nach Pondicherry eilen. Ich hab's – heureka! Und ich bin von allem *kshobha* (Ärger) bezüglich der mißbrauchten Einzigartigkeit meines Namens erlöst. Deine Beschreibung zeigt, daß jeder Aurobindo einen Welttyp repräsentiert, und die Vermischung und Verfeinerung von großen Welttypen ist es, aus der das Supramental-Irdische gemacht wird. Du magst ihre Größe nicht erkannt haben, aber das ist nicht ihr Fehler. Auch mag dir die Formel für das Supramentale, wie die Formel für eine Patentmedizin, zu chemisch vorkommen, aber hier ist sie. Nebenbei bin ich mehr denn je davon überzeugt, daß du unter Augustus Cäsar gelebt, geschrieben und geseufzt hast. (›Ich befinde mich zwischen Tränen und Seufzern‹, sagte Mäcenas, als er zwischen dem schwachen und triefäugigen Virgil und dem ästhetischen Horaz saß.) Du hast den Geist und die Haltung und sogar das meiste der Ausdrucksweise beibehalten.

Deine ›epistolarische Frivolität‹ war in Ordnung. Man lacht im Himmelreich, obgleich es dort keine Heiraten geben mag.«

11. Kapitel

DER SEHER-DICHTER

Ich habe im 9. Kapitel einen Brief von Sri Aurobindo zitiert, den er an mich geschrieben hatte und in dem er die Haltung des Sehers rechtfertigt, die anderen möglicherweise wie Überheblichkeit erscheint. Aber der Schein trügt oft. So mögen beispielsweise viele seine Antworten auf meine Sticheleien als übertrieben empfinden. (Ich hatte ihn gefragt, ob das Supramentale wirklich wahr sein könnte? Vermittelt es nicht sehr stark den Anschein eines Taschenspielers, dessen Kunststücke uns irgendwann ermattet im Nirgendwo zurücklassen?):

»Hier geht es überhaupt nicht um Taschenspielertricks. Was nicht wahr ist, ist nicht Supramental. Was Frieden und Stille angeht, braucht man, um sie zu erlangen, das Supramentale nicht. Man erlangt sie schon auf der Ebene des Höheren Mentalen, die die nächste über der menschlichen Intelligenz ist. Ich habe diese Dinge vor 27 Jahren, 1908, erlangt, und ich kann dir versichern, daß sie wahrhaftig solide und wunderbar genug waren, ohne daß irgendeine Notwendigkeit für Supramentalität bestanden hätte, um sie noch wunderbarer zu machen. Ferner ist mir ein Phänomen eines ›Friedens, der nur wie Tätigsein aussieht und sich wie Bewegung verhält‹, unbekannt. Ein Frieden oder eine Stille, das ist es, was ich erlangte – der Beweis ist, daß ich aus einer Absoluten Stille des Geistes die *Bande Mataram*-Zeitung vier Monate lang herausgab und sechs Bände des *Arya* geschrieben habe, ganz zu schweigen von den vielen Briefen, Botschaften et cetera, die ich seither geschrieben habe. Wenn du sagst, daß Schreiben keine Tätigkeit oder Bewegung sei, sondern nur etwas, das so aussieht – ein Taschenspielertrick des Bewußtseins –, nun, dennoch habe ich aus dieser Ruhe und Stille eine ziemlich anstrengende politische Aktivität entfaltet und habe ebenso meinen Teil für die Erhaltung eines Ashrams beigetragen, der zumindest den physischen Wahrnehmungsorganen den Eindruck von etwas Solidem und Materiellem vermittelt! Wenn du bestreitest, daß diese Dinge materiell oder solide sind (was du metaphysisch natürlich kannst), dann beförderst du dich mit Sack und Pack in Shankaras Illusionismus, und dort werde ich dich sitzenlassen.«

Oder betrachten wir seine Aussage: »Meine Erfahrung beschränkt sich nicht auf einen strahlenden Frieden. Ich weiß sehr wohl, was Ekstase und *ananda* vom *Brahmananda* (Wonne des Überseins) bis zur *sharira ananda* (physische Wonne) bedeuten, und ich kann sie jederzeit erfahren. Aber von diesen Dingen möchte ich erst sprechen, wenn mein Werk vollbracht ist – denn es ist in einem transformierten Bewußtsein hier in dieser Welt, daß ich ihre dauerhafte Grundlage suche, und nicht nur in der Höhe, wo *ananda* (die Wonne) immer gegenwärtig ist.«

Oder seine Erwiderung auf meinen Vorwurf, daß er bereit sei, mentale Fragen zu beantworten, während er gleichzeitig dem Geist auf Gottes guter Erde jeglichen *Lebensraum* verweigerte.

»Aber ich sehe nicht ein, wie mich all das daran hindern kann, mentale Fragen zu beantworten. Nach meinem eigenen Dafürhalten meine ich, daß, wenn es für das Göttliche Werk nötig ist, es auch getan werden muß, und, wie ich glaube, hat Sri Ramakrishna selbst Tausende von Fragen beantwortet. Aber die Antworten müssen von dem Kaliber sein, wie er sie gab und wie ich sie zu geben versuche: Antworten aus einer höheren spirituellen Erfahrung, aus einem tieferen Quell des Wissens, keine Gelehrsamkeiten des logischen Verstandes, der seine Ignoranz zu ordnen versucht; noch weniger kann man Göttliche Wahrheit vor den Richterstuhl der intellektuellen Maßstäbe zerren, damit sie durch deren Autorität verdammt oder erlaubt wird – denn die hiesige Autorität verfügt nicht über genügend Rechtsempfinden oder Kompetenz.«

Solche Aussagen laufen, wenn sie aus dem Zusammenhang gerissen und kahlgeschoren präsentiert werden, Gefahr, vom Durchschnittsmenschen mißverstanden zu werden, der von seiner niedrigen Plattform aus argumentiert – oder soll ich sagen, aus seinem Abgrund des Nichtsehens heraus – und darum leicht die erhabenen Höhenzüge als Wahngebilde oder etwas Unwirkliches bezeichnet. Einige andere, die noch dogmatischer in ihrer Unwissenheit sind, mögen noch einen Schritt weitergehen und alle derartigen Äußerungen als Überheblichkeit abtun.

Aber er war alles andere als überheblich und immer völlig aufrichtig. Tatsächlich war es sein völliges Achten auf Wahrheit, das die Leute dazu veranlaßte, ihn so oft mißzuverstehen. Er würde nie platte Komplimente oder Übertreibungen äußern, denen geringere Geister so leicht anheimfallen. Das soll nicht heißen, daß er von Natur aus ungesellig oder weltfern war: er konnte lachen und Späße treiben und sich ins Zeug werfen. Aber er war nie ein Schaumschläger oder Wichtigtuer. Er konnte lieben und tief lieben, aber er würde nie um Popularität heischen oder Anerkennung für seine Herzensgaben erwarten. Es war immer schwierig, ihn einzuordnen oder ihm mit unserem gesellschaftlichen Maßstab beizukommen. Denn während er einerseits ein nichtaggressives Temperament hatte, war er andererseits ein zu weitblickender Realist, um unbesehen *ahimsa* oder der Lehre der Nachgiebigkeit beipflichten zu können. Er hatte guten Grund zu sagen, daß das Leben zu komplex sei, um mit einer dogmatischen Verhaltensanweisung ausgelotet werden zu können. Wir leben in einer Zeit schnell wechselnder Ereignisse, und das Arbeitstempo erhöht sich beinahe täglich. Darum muß man bereit sein, seinen Blick immer wieder neu zu schärfen, damit man fähig ist, das Leben in jedem Moment als das zu erkennen, was es ist, und mehr noch muß man dazu bereit sein, wenn man auf das Leben einwirken und es verändern will. Er liebte es, Wirrköpfigkeit und falsche Sentimentalität aufzudecken. Sein funkelnder Verstand vermittelte den Eindruck einer selbstleuchtenden Intelligenz, die er selbst, als er über Krishnaprems Scharfsinn sprach, als *pashyanti-buddhi* charakterisierte, das heißt, als Intellekt, der *sieht*. Wenn immer ich mit ihm von Angesicht zu Angesicht sprach, hatte ich die Empfindung, daß sein durchdringender Blick jeden Teil meines Wesens sehen konnte und mich völlig umkrempelte. Seine analytische Macht war wie ein Skalpell, und dennoch war sie kein bösartiges Seziermesser, das sich in das Fleisch verbeißt, sondern vielmehr ein heilender Lichtstrahl, der zerstörtes Gewebe wiederbelebte – wie Radium.

All dies habe ich immer wieder gespürt, aber dennoch ist die Macht menschlicher Widerborstigkeit, die sich auf Selbstliebe gründet, so groß, daß ich ihn jedesmal mißverstanden habe, wenn die Dinge nicht nach meiner Nase tanzten. Hier ein Beispiel.

Eines Tages geschah es, daß einer seiner würdevollen Schüler in den höchsten Tönen seinen »wunderbaren yogischen Ernst« pries, und zwar gerade nachdem ich einen Witz gerissen hatte und lauthals mit einigen anderen gutgelaunten Freunden lachte. Da der Kommentar meines weihevollen Freundes auf mich gezielt war, faßte ich den Entschluß, mich bei dem zu beklagen, auf dessen Inspiration, wie ich vermutete, dieser Angriff zurückzuführen war. Darum schrieb ich an Gurudev und protestierte gegen den Schuß, den mein Freund auf meine »vitale Fröhlichkeit«, wie sie von vielen genannt wurde, losgelassen hatte, und fügte hinzu, daß ich bezweifeln würde, ob sein entmenschlichter psychischer Ernst, den er guthieß, jemals so warm und lebendig sein könne wie die vitale *Lebensfreude* – und so weiter. (Ich kann hinzufügen, daß ich viele Male angegriffen habe, was er das »Psychische« nennt, und damit endete, das Supramentale zu beargwöhnen – und zwar immer, wenn der eine oder andere an meiner geselligen Fröhlichkeit herumgekrittelt hatte.) Dazu schrieb er zurück:

»Etwas anderes in dir hatte die Neigung, als einzige Alternative irgendein hartes, grimmiges asketisches Ideal zu erblicken, das reine, gestaltlose Brahman, und stellte sich vor, daß dies das Supramentale sei; etwas im Vitalen betrachtete die Überwindung falscher Regungen als harte, verzweifelte *tapasya*, nicht als Durchgang in die Reinheit und Freude des Göttlichen – selbst jetzt scheint etwas in dir darauf zu beharren, die psychische Haltung als etwas Außergewöhnliches, Schwieriges, Unmenschliches und Unmögliches anzusehen! Diese und andere dahinsiechenden Tendenzen des Geistes und des Vitalen waren da; du mußt sie ausfegen und der Simplizität der Wahrheit gerade und einfach in die Augen schauen. Die russellianische Angst vor der Leere ist die Gestalt, die der aktive Verstand der Stille gibt. Dennoch war es das, was du Leere nennst, die Stille, auf der mein ganzer Yoga gegründet wurde, und durch sie kam später der ganze unerschöpfliche Reichtum eines größeren Wissens, eines größeren Willens und einer größeren Freude, alle die Erfahrungen größerer geistiger, psychischer und vitaler Bereiche, alle die Bereiche bis zum Obermental und darüber hinaus zu mir. *Die Schale muß oft geleert werden, bevor sie erneut angefüllt werden kann;* der Yogin, der *sadhaka,* sollte sich vor Leere oder Stille nicht fürchten. Es stimmt nicht, daß diese Schwierigkeiten deine Besonderheit sind; jeder *sadhaka,* der sich auf diesen Weg begibt, sieht sich ähnlichen Behinderungen gegenüber. Ich brauchte vier Jahre inneren Mühens, um einen gangbaren Weg zu finden, obgleich die Göttliche Hilfe immer mit mir war, und selbst dann schien ich durch ein Versehen auf ihn zu stoßen; und es benötigte weitere zehn Jahre intensiven Yogas unter einer höchsten inneren Führung, ihm nachzuspüren, und der Grund war, daß ich meine Vergangenheit und die Vergangenheit der Welt aufzuarbeiten und zu übersteigen hatte, bevor ich die Zukunft finden und gründen konnte.«

Aber der Alte Adam in mir war in jenen Tagen nicht so leicht zu beruhigen – damals, Anfang der dreißiger Jahre. Darum schrieb ich ihm zurück:

»O Guru,

du bringst unschuldige Leute vom Lande wie uns genauso aus der Fassung, wie Krishna es damals mit *seinen* Zeitgenossen durch *seine vyamishrand vakyani* (widersprüchlichen Aussagen) tat. Denn je nach Laune sagst du, daß der Göttliche alle ehrlichen

Sehnsüchte erwidern muß, um uns gleich im nächsten Augenblick mit deiner rätselhaften Aussage zu verwirren, daß die ›Göttliche Hilfe‹ selbst zu dir durch ein ›Versehen‹ zu kommen schien. Aber habe wenigstens etwas Mitleid mit uns Menschen, die dich gerne beim Wort nehmen würden, wenn du nur so freundlich wärest, dies nicht gänzlich unmöglich zu machen. Und weiter, Guru, wie können wir mit deinem Göttlichen zu Rande kommen, wenn man selbst auf seine Hilfe, die während aller Zeiten mit so vielen Worten gepriesen worden ist, in verdummender Passivität warten soll, da sie ja nur ›durch ein Versehen‹ kommen kann?«

Unerschütterlich wie immer antwortete er:

»Ich meine, du hast zuviel mit meiner Redewendung ›ein Versehen‹ herumgespielt und dabei die wichtige Beifügung, ›*schien* ich durch ein Versehen auf ihn zu stoßen‹, übersehen. Nach vier Jahren *pranayam* und anderen Übungen, die ich ohne Anleitung durchführte und die kein anderes Ergebnis zeitigten als verbesserte Gesundheit und gesteigerte Fähigkeit zur Energieabgabe, einige psycho-physische Phänomene, einen gewaltigen Strom dichterischer Schöpfung und, in begrenztem Rahmen, die Fähigkeit zur subtilen Schau (leuchtende Muster und Figuren etc.), mit zumeist offenen Augen, kam die Entwicklung zu völligem Stillstand, und ich wußte nicht, wie es weitergehen sollte. An diesem entscheidenden Punkt wurde ich veranlaßt, einen Mann zu treffen, der nicht berühmt war, den ich nicht kannte, ein *bhakta* mit einem beschränkten Geist, der aber einige Erfahrung und eine gewisse evokative Macht besaß. Wir saßen zusammen, und ich befolgte mit absoluter Genauigkeit seine Anweisungen, wobei ich nicht im geringsten verstand, wohin er mich führte oder wohin ich selbst ging. Das erste Resultat war eine Reihe von ungeheuer mächtigen Erfahrungen und radikalen Bewußtseinsveränderungen, die er überhaupt nicht beabsichtigt hatte – denn sie waren ihrem Wesen nach advaitisch und vedantisch, und er selbst war gegen Advaita Vedanta eingestellt – und die ziemlich im Gegensatz zu meinen eigenen Vorstellungen standen, denn sie veranlaßten mich, die Welt mit einer unglaublichen Intensität als filmartiges Schattenspiel leerer Formen in der unpersönlichen Universalität des absoluten Brahman zu erblicken. Das Ende war, daß er von einer inneren Stimme angewiesen wurde, mich dem Göttlichen in mir zu übergeben und mir absolute Überantwortung an dessen Willen aufzuerlegen – ein Prinzip oder vielmehr eine Samenkraft, der ich mich, ohne zu schwanken, und immer stärker anvertraute, bis sie mich durch alle Wirrnisse einer unberechenbaren yogischen Entwicklung führte, die an kein einziges Gesetz oder Stil oder Dogma oder *shastra* gebunden ist, und mich dorthin brachte und zu dem machte, was ich jetzt bin, und weiterführen wird zu dem, das nach dieser Zeit sein soll. Dennoch verstand er so wenig von dem, was er tat, daß er höchst besorgt war, als er mich ein oder zwei Monate später wiedertraf und versuchte, ungeschehen zu machen, was er getan hatte, und mir erzählte, daß es nicht der Göttliche, sondern der Teufel sei, der Besitz von mir ergriffen habe. Ist all dies nicht Rechtfertigung genug für meine Redewendung ›ich schien durch ein Versehen darauf zu stoßen‹? Aber was ich sagen will, ist, daß die Wege des Göttlichen nicht denen der Menschen gleichen oder in Einklang mit unseren Verhaltensmustern stehen, so daß es unmöglich ist, sie zu bewerten oder Ihm vorzuschreiben, was er tun oder nicht tun soll, denn der Göttliche versteht die Dinge besser als wir. Wenn wir überhaupt zugeben, daß es das Göttliche gibt, dann scheinen mir der wahre Verstand und die echte *bhakti* eins darüber zu sein, unbedingten Glauben und Überantwortung zu verlangen. Ich kann nicht erkennen, wie es ohne sie *avyabhicharini bhakti* (völlig zielgerichtete Anbetung) geben soll.«

Im Laufe der Zeit wurde diese Art der spontanen Selbstenthüllung und, verbunden mit ihr, seine freundschaftliche Diskussionsbereitschaft fast zu einer Gewohnheit von ihm, und zwar so sehr, daß es beinahe den Anschein hatte, als würde er meine Widerspenstigkeit schlankweg ernst nehmen. Nicht, daß er nicht Bescheid wußte, oder daß seine Kenntnis menschlicher Natur lückenhaft gewesen wäre. Er wußte sehr wohl, wie ungeschlacht sie sich besonders dann aufführte, wenn sie sich, wie es kommen mußte, durch ihre pervertierten Stimmungen von der richtigen Spur ablenken ließ. Er stieg aus dem einfachen Grund zu uns herab, weil er eine simple Regung der Freigiebigkeit empfand, die durch seine tiefgründige Weisheit gelenkt wurde. Als überzeugendes Beispiel will ich einen langen Brief anführen, den er mir geschrieben hat und der mich zutiefst bewegte, denn ich hatte bekrittelt, was ich seine fundamentale Unfähigkeit nannte, die Mentalität des Durchschnittsmenschen im Gegensatz zu jener von spirituellen Riesen zu verstehen, wie er einer war. Aus diesem Grund konnte er, so hatte ich gewinselt, ständig zungenfertig davon reden, alle Zweifel abzuweisen oder den reinen, sonnenbeschienenen Weg zu gehen. Während ich mich so weiter ausließ, geriet ich zunehmend in Fahrt, bis ich eine leidenschaftliche Verurteilung vom Stapel ließ:

»Guru, du schreibst ruhig, daß wir lediglich von den egoistischen Regungen Abstand zu nehmen brauchen. Da kann ich nur traurig lächeln. Denn findest du nicht reine Freude daran, uns ebenso ruhig zu versichern, daß wir den Schmerzenstyrann nicht loswerden können, weil wir es nicht wollen – da wir von Anfang an in das Drama verliebt sind, das die Tyrannei mit sich bringt. Derartige Feststellungen verwirren uns arme Menschen! Denn wenn es stimmt, was du sagst, müßte man zu dem Schluß gelangen (oder etwa nicht?), daß alles Leiden lediglich Einbildung sei, eine *maya* (Vortäuschung), weil wir es so gerne mögen? – warum es also nicht gutgelaunt willkommen heißen und das Ganze als Witz auffassen? Das ist der Grund, weshalb ich mich oft frage, ob sich das supramentale Bewußtsein deiner idealen Stratosphäre jemals auf dieser unserer Welt mentaler Menschen heimisch fühlen kann! Denn ich kann dir versichern, daß wir – gewöhnliche Sterbliche, die so sind, wie wir sind – nichts weniger mögen als Schmerz und Leid, Selbstmitleid und Verzweiflung. Ich habe nämlich immer wieder bemerkt, daß mein Geist nur tiefes Unbehagen erfährt, wenn ich sehe, wie jemand leidet oder stöhnt oder sich vor Schmerzen krümmt. Wie kann ich dann dem Verdacht ausweichen, daß dich dein steiler Gipfel yogischen Bewußtseins notgedrungen etwas weltfern gemacht hat, etwas beziehungslos gegenüber den tatsächlichen Geschehnissen hier unten in unseren Niederungen aus Blut, Schweiß und Tränen? Und das geschieht nicht einfach aus bloßer Freude am Zweifeln. Denn wie immer auch deine Diagnose ausfällt, fordere ich dich heraus, mich davon zu überzeugen, daß ich wirklich irgendein Vergnügen daran finde, dich bei jeder Gelegenheit in die Enge zu treiben – dich, dessen Botschaft mich veranlaßte, meine liebsten Bande zu kappen, um auf die Reise in das Unbekannte zu gehen! Nur weil ich deine Rezepte zu fremdländisch finde, muß ich mich auf Wortgefechte mit dir einlassen, selbst wenn mir dabei klar ist, daß ich letztlich kaum mit deinem glänzenden Verstand zu Rande kommen werde. Aber, Guru, was nützt es dir, wenn du auf der Liste von Wortgefechten einen weiteren Sieg verzeichnen kannst? Hast nicht du selbst immer wieder gesagt, daß selbst gewichtigste Argumente niemals yogische Freude und Friede und Liebe ersetzen können – jene Güter, für die wir in dem Glauben gekommen sind, daß du fähig wärest, sie uns zu geben, wenn wir nur deiner Führerschaft folgten. Aber – und hier ist der Haken bei der Sache – wie kann ein Mensch, der ja nur Mensch ist, einer so gänzlich göttlichen Führerschaft wie deiner folgen, die dem Verstand so verwirrend fremdartig erscheint und außerdem völlig unzugänglich? Es gibt ein englisches Sprichwort, das sagt, daß man eine Schwalbe fangen könne, wenn man Salz auf ihren Schwanz streue. Ganz ähnlich scheinst du zu verordnen: ›Mache dich frei von Anhangen, höre nicht auf negative Stimmen, öffne dich und tue das unermüdlich die ganze Zeit, bis du eines schönen Morgens dein Schiff gesund und munter im Hafen der Glückseligkeit jenseits der düsteren Stürme findest!‹ Aber wie soll man sich frei machen, wie sich öffnen – wie kann man nur die richtigen Dinge denken? Wir stellen immer wieder diese Fragen – und erhalten immerfort die gleichen Antworten! Nun, Guru, hier hast du in einer Nußschale meine Schwierigkeiten oder vielmehr die typischen Unpäßlichkeiten eines Durchschnittsaspiranten. Aber du kommst mir sehr wie jene großen Doktoren vor, die zu einem armen Wurm gehen und Medizinen verschreiben, die sich nur Prinzen leisten können. Kein Wunder, daß wir nicht gesund werden – daß wir nicht mehr Fortschritt aufzuweisen haben!«

Nachdem ich den Brief abgeschickt hatte, fühlte ich mich noch schlechter – noch deprimierter als je zuvor, was mich wiederum fürchten ließ, daß er diesmal doch noch dazu gezwungen sei, mich wegzuschicken; denn hatte ich nicht die Grenzlinie überschritten und die Verweisung herausgefordert, indem ich ihm schlechterdings die Fähigkeit abgesprochen hatte, ein Führer zu sein, ganz zu schweigen von einem gottverwirklichten Guru? Aber auch diesmal ließ er mir unerschütterlich seinen Balsam der Sympathie zukommen, die nur ein wirklich verständnisvoller Guru jemandem entgegenbringen konnte, der sich so vollständig und absichtlich von ihm abgewendet hatte.

»Ich habe nie gesagt«, schrieb er zurück, »daß Befreiung vom Zweifel leicht wäre, es ist schwierig, weil es das Merkmal von etwas im physischen Mental des Menschen ist, sich an den Zweifel um seiner selbst willen zu klammern. Es ist nicht leicht, Niedergeschlagenheit, Depression, Kummer und Leid zu überwinden, weil sich etwas im menschlichen Vital an sie klammert und ihrer fast als Teil des Lebensdramas bedarf. Darum habe ich nie behauptet, daß Sex, Wut, Eifersucht etc. leicht zu überwinden seien. Ich habe gesagt, es sei schwierig, weil sie in das menschliche Vital eingeschrieben waren und wurden, selbst wenn sie herausgeworfen worden sind, immer wieder durch dessen eigene Gewohnheit oder durch die Invasion der allgemeinen Natur und der Wiederbelebung seiner alten Reaktionsweise in das Vitalwesen zurückgebracht. Deine Vorstellung, daß meine Schwierigkeiten anders ausgesehen haben als diejenigen der menschlichen Natur, ist eine mentale Konstruktion oder Schlußfolgerung, die jeglicher echten Grundlage entbehrt. Wenn ich wirklich die menschlichen Schwierigkeiten nicht kennte und deshalb unduldsam wäre, wie kommt es dann, daß ich, wie du nicht bestreiten kannst, so geduldig mit ihnen umgehe? Warum argumentiere ich jahrelang mit deinen Zweifeln und gebe soviel Zeit dafür, um ständig Licht auf deine Schwierigkeiten zu werfen, um aufzuzeigen, wie die Sache steht, um dir ein Wissen zu erklären, das durch lange und unbestreitbare Erfahrung gewonnen wurde? Schreibe ich dir jede Nacht diese Briefe, weil ich kein Verständnis, keine Sympathie für dich habe, wenn du in Zweifeln und Schwierigkeiten steckst? Warum toleriere ich diese Frauen und helfe ihnen und schreibe beruhigende Briefe an sie, die in Hungerstreik gehen und alle vierzehn Tage mit Selbstmord drohen? Warum ertragen wir all diese Belästigung und *tracas* und *facas* und Widerstand und Schmähung und harte Kritik der *sadhakas*, warum waren wir mit Leuten wie B und H und anderen so geduldig, wenn wir kein Verständnis und keine Sympathie für die Schwierigkeiten der menschlichen Natur haben? Ist es, weil ich immer auf Glaube dränge und Zweifel als Weg zu spiritueller Verwirklichung verwerfe? Aber welcher spirituelle Führer mit Achtung vor der Wahrheit könnte etwas anderes tun?«

Dann argumentierte er mit mir bezüglich seiner Diagnose und seinem Rezept erneut und zum hundertsten Mal:

»Was deine Feststellung über Drama und Etwas in dir angeht, das es liebt zu leiden, bezweifelt niemand, daß dein äußeres Bewußtsein Leid nicht gerne hat. Der physische Geist und das physische Bewußtsein des Menschen haßt sein eigenes Leiden und hat es, wenn es sich selbst überlassen bleibt, auch nicht gern, andere leiden zu sehen. Aber wenn du versuchen willst, die Bedeutung deines Eingeständnisses auszuloten, daß du das Drama oder die Neigung zum Drama liebst – dem nur wenige Menschen entgehen –, und wenn du tief genug eindringst, wirst du entdecken, daß es im Vitalwesen etwas gibt, das Leid gerne hat und sich um des Dramas willen an es klammert. Es ist etwas, das sich unter der Oberfläche befindet, aber es ist stark, beinahe universell in der menschlichen Natur und schwer zu beseitigen, es sei denn, man erkennt es und löst sich innerlich davon. Der Geist und das Physische des Menschen mögen kein Leid, denn wenn sie es täten, wäre es nicht länger Leid, aber diese Angelegenheit im Vital möchte es, damit das Leben Würze erhalte. Das ist, obgleich der Geist danach dürstet, sie loszuwerden, der Grund, warum anhaltende Depressionen ständig wiederkehren können, weil diese Vorliebe im Vitalen reagiert und ständig die gleiche Regung, geradeso wie ein Plattenspieler, sobald er angeschaltet wurde, wiederholt und darauf besteht, alle Rillen der oft gespielten Platte zu durchlaufen. Die Gründe, die das Vitale dafür angibt, daß es die Runde zu drehen beginnt, sind nicht wirklich von Bedeutung, sie sind oft von trivialster Beschaffenheit und gänzlich ungenügend, um den Aufwand zu rechtfertigen. Nur durch einen starken Willen, sich frei zu machen, nicht zu befriedigen, abzulehnen und nicht willkommen zu heißen, kann man diesen äußerst lästigen und gefährlichen Wesenszug menschlicher Natur loswerden. Wenn wir darum von der vitalen Komödie sprechen, vom vitalen Drama, dann sprechen wir von einem psychologischen Wissen, das sich nicht mit der Oberfläche der Dinge zufriedengibt, sondern einen Blick auf diese versteckten Regungen wirft – es ist unmöglich, sich mit Dingen im Sinne des Yoga auseinanderzusetzen, indem wir uns auf das bloße Oberflächenbewußtsein beschränken. Es entspricht auch der Gepflogenheit dieser Reaktionen, daß deine Niedergeschlagenheit unmittelbar nach beachtlichem Fortschritt in *bhakti* und der Bereitschaft zur Überantwortung im inneren Wesen kommen mußte – denn sie entspringt dem Geist der Dunkelheit, der den *sadhaka* angreift, wenn immer er kann, und dieser Geist nimmt jeden erlangten Fortschritt bitter übel und haßt überhaupt die Idee des Fortschritts, und seine ganze Politik besteht daraus, den Sucher mittels seiner Angriffe und Suggestionen davon zu überzeugen, daß er keinen Fortschritt gemacht habe oder daß der Fortschritt, den er erlangt hat, letzten Endes null und nichtig und ohne Überzeugungskraft sei.«

Zu meiner Rechtfertigung hatte ich in meinem Brief auf das Versagen seiner übermenschlichen Medizin im Falle eines begabten Mannes, den ich Mr. Philo nennen will, hingewiesen (Philo als Abkürzung für Philosoph), der des Ashrams verwiesen werden mußte, weil er sich geweigert hatte, das Trinken aufzugeben. Was soll man nun von dessen Ansicht halten, daß Gott geradesosehr durch seine eigenen Gesetze gebunden sei wie seine Geschöpfe durch deren jeweiliges Karma (Gesetz von Ursache und Wirkung)?

Seine Antwort kam stracks am nächsten Morgen.

»Was Philo angeht«, schrieb er, »haben die Mutter und ich sein Denkvermögen schon immer als nicht der Rede wert empfunden: er war nie in der Lage gewesen, irgend etwas anderes als die orthodoxen advaistischen Vorstellungen in ihrer allgemeinsten und gewöhnlichsten Form geistig zu erfassen. Was seine Idee angeht, daß der Göttliche ebenso durch sein Gesetz gegeißelt sei wie Philo selbst oder seine Katze, nun, das war eine alte Lieblingsvorstellung von ihm ... eine Idee, die nur jene annehmen können, die unfähig sind, philosophisch zu denken oder die nötigen spirituellen Unterscheidungen zu treffen. Die Gesetze dieser Welt, so wie sie ist, sind die Gesetze der Ignoranz, und der Göttliche in der Welt hält sie so lange aufrecht, wie die Ignoranz da ist; würde er dies nicht tun, würde die Welt in Stücke zerfallen – *utsideyur ime lokah*, wie die Gita sagt. Es gibt natürlicherweise auch Bedingungen, die erfüllt sein wollen, damit man aus der Unwissenheit in das Licht steigt. Eine davon ist, daß der Geist des *sadhaka* mit der Wahrheit kooperieren sollte und daß sein Wille mit der Göttlichen Kraft zusammenarbeiten sollte, die, gleichgültig wie langsam ihr Wirken dem Vital oder dem physischen Verstand erscheint, die Natur dem Licht entgegenhebt. Ist diese Zusammenarbeit vollständig, kann der Fortschritt schnell genug sein; aber der *sadhaka* sollte die Zeit und die Anstrengung, die nötig sind, damit diese Kooperation für die Blindheit und Schwäche der menschlichen Natur möglich wird, nicht mit Zähneknirschen aufbringen.

Jeder Aufruf zum Glauben, zur Ehrlichkeit und zur Überantwortung, der an dich geht, ist nichts anderes als eine Einladung, diese Kooperation leichter zu gestalten. Wenn der physische Verstand aufhört, alles und jedes, einschließlich der Dinge, die er noch nicht kennt oder die jenseits seines Fassungsvermögens liegen, zu beurteilen, wie beispielsweise die tiefgründigeren Dinge des Spirits, dann wird es für ihn einfacher sein, das Licht zu empfangen und das, was er jetzt noch nicht kennt, durch Erleuchtung und Erfahrung zu erhalten. Wenn sich der Geist und das Vitalwesen den Händen des Göttlichen uneingeschränkt anvertrauen, wird es für die Kraft einfacher sein, zu wirken und greifbare Ergebnisse zu tätigen. Ist Widerstand vorhanden, ist es natürlich, daß es mehr Zeit benötigen und daß die Arbeit von innen her getan werden sollte oder, wie es den Anschein haben könnte, im Untergrund, damit die Natur vorbereitet und der Widerstand unterminiert wird. Lies den Brief deines Freundes, Professor Mohinmohan, den er über Yoga und das spirituelle Leben geschrieben hat. Wunderbar idealistisch, was er da sagt, aber ohne Empfindung für das harte Mühen spirituellen Ausarbeitens, und darum fliegt er der Erfüllung mit zu strahlenden und ätherischen Schwingen entgegen.«

»Das harte Mühen spirituellen Ausarbeitens« – diese Charakterisierung vergegenwärtigte ich mir wahrlich oft in meinen dunklen Stunden der Anspannung und der Schwere, aber vielleicht nie mit der gleichen enthüllenden Kraft wie damals, als ich meine erste Lektion in spiritueller Demut erhielt. Der Anlaß und der Zusammenhang meiner Demütigung stellen sich mir rückblickend wie ein Markierungspunkt meiner yogischen Entwicklung dar. Ich möchte die Geschichte hier erzählen, da diese Erfahrung an das Wunderbare grenzte und ich bisher nur wenige Wunder erlebt habe (d. h. bis zum Jahr 1950, denn danach war ich Zeuge beinahe einer Unmenge von Wundern, von denen ich einige in meiner Novelle *Miracles Do Still Happen* beschrieben habe).

Es geschah im Mai des Jahres 1936. Ich war im Ashram seit November 1928 und sehnte mich danach, ein wenig wegzufahren, um etwas Abstand von meinem ermüdenden Ringen mit dem Ego zu gewinnen. Aber es verletzte meinen Stolz, wegen einer vorübergehenden Erleichterung zum Fortgehen gezwungen zu sein. Ich wollte etwas Dauerhaftes verwirklichen, bevor ich mich auf Zerstreuung einließ. Ich wußte, daß die einzige Methode, etwas der Rede Wertes zu erlangen, war, den Willen zum Ich an den Willen des Guru zu überantworten. Aber ich wollte dies Wissen als Mär abtun. »Welch Unsinn!« trotzte mein rationales Vitalwesen. »Was du brauchst, ist ein starkes Tonikum – einen Überschwang an herzerwärmender, mannhafter *sadhana*: oder anders gesagt, *sie vollbringen*. Aber deine Überantwortung ist ein Mythos – gleichbedeutend damit, daß sie *nicht getan wird*, und jegliche Resignation ist lediglich eine Tarnung, eine respektable Bezeichnung für Trägheit. Erinnere dich an die Ermahnung der Upanishad: ›*Nayam atma valahinena labhyah*.‹ (Nur der Starke gewinnt Zutritt in das Königreich der Seele!)«

Nicht, daß ich mir in meinem innersten Herzen nicht bewußt gewesen wäre, daß ich nur Zeit gewinnen wollte, um das Unvermeidliche vor mir herschieben zu können, und daß ich letzten Endes meinen Willen zum Ich doch würde überantworten müssen. Aber je mehr ich danach verlangte, mich zu überantworten, desto weniger rosig erschienen mir die Aussichten. Gab es denn keinen anderen Weg – so fragte ich mich in reiner Agonie, bis ich mich verzweifelt zur Alternative entschloß: dem Weg der *tapasya*. Wenn ich ausdauernd bin, muß der Göttliche antworten, warum also sollte ich mich dem Willen eines anderen unterwerfen? Ich stellte die ganze Grundlage der Guruvada, der Guruschaft, in Frage und bezeichnete sie als unverhohlene Selbstherrlichkeit. Kein Wunder also, daß sich mein ungezähmtes Vitalwesen über den gefälligen Trugschluß hermachte: »Schluß mit den Verneigungen«, brüllte es, »vor dem, was dir von außen auferlegt wird: die einzige Gottheit ist in dir – Ihn allein bete an, ›*zerstöre alle anderen Idole*‹. Auf diese Weise eignete ich mir das Mantra des großen Vivekananda an, ohne mich jedoch zu fragen, ob ich aus dem gleichen heroischen Material zusammengesetzt sei! »Den rauhen Weg, den mannhaften Weg gehen!« – Ich schmeichelte meinen Lebensgeistern, damit ich Herr im eigenen Haus sei.

Ich zog mich also von allen gesellschaftlichen Vergnügungen zurück und lebte Tag für kärglichen Tag in der Abgeschiedenheit und steigerte die Anzahl der Stunden, die ich mit Meditation und Gebet verbrachte, und ließ selbst das Lesen und Schreiben sein. Dies war von allen Kunststücken das schwierigste, aber je schwieriger es wurde, desto weniger wollte ich von dem Vorhaben lassen; je mehr ich von Gurudev umschmeichelt wurde, doch den »sonnenbeschienenen Pfad der Seele« einzuschlagen, desto heftiger wiederholte ich mir ein berühmtes *Yoga-vashistha*-Couplet, das wie folgt lautete:

Param purusham ashritya dantair dantan vichurnayan
Shubhenashubhamudyuktam praktanam purusham jayet.
(Verlasse dich auf deine eigene Stärke und trotze
zähneknirschend mit heroischen Taten dem Tyrannen,
Schicksal.)

Aber leider »prüft dich Krishna«, wie der Rishi sagt, »durch deine Haltung, nicht durch deine Taten.« (»*Bhavagrahi Janardana*« – wobei Janardana ein Name Krishnas ist.) Auch kann man Gott nicht zum Narren halten. Je intensiver ich mich deshalb darauf einschwor, die Sterne vom Himmel mittels meiner herkulischen *Japa* (Wiederholung heiliger Silben oder Mantren) und Meditation zu pflücken, desto mehr verflüchtigten sich alle Lebensfreude und Begeisterung für *sadhana*, bis ich mich tatsächlich als in einer Katakombe herumkriechend empfand. Das Leben schien elend bis zur Unerträglichkeit zu sein, und ich wußte nicht, wo ich mich hinwenden sollte, jetzt, wo ich die Hilfe des Gurus als Gerücht abgetan hatte. Aber es war gar nicht die Niedergeschlagenheit an sich, die mich am meisten peinigte, sondern deren heftige Unangemessenheit im Zusammenhang mit meinem Eifer und meiner Aspiration. Ich konnte weder begreifen, weshalb mein heldenhafter Versuch zu fliegen mit gestutzten Flügeln beantwortet werden sollte, noch konnte ich mir erklären, wie es kommt, daß ein Voranschreiten nach Osten mich zurückgestoßen hatte zum Sonnenuntergang der letzten Hoffnungsschimmer. Ja, da gab es eben nichts anderes zu tun, als mit den Zähnen zu knirschen, und zwar noch heftiger. Aber je mehr ich dies tat, desto weniger konnte ich das Geheimnis meiner schlimmen *Schmerzen* ergründen, die sich nur noch mehr verstärkten, bis – es geschah, das große Wunder! Was es war – nun, mag der geneigte Leser selbst aufgrund der Korrespondenz urteilen, die zwischen uns hin und her ging.

»O Guru«, schrieb ich, nachdem ich alles aufgezählt hatte, was ich, hartnäckig meiner Torheit verhaftet, durchgestanden hatte, »ich wollte alles durch meine höchst eigenen Anstrengungen erlangen und meditierte und konzentrierte mich tagelang wie nie zuvor. Aber je mehr ich mich bemühte, desto intensiver wurden die Niedergeschlagenheit und die geistige Agonie, bis ich letzten Abend, als ich gänzlich vom Licht ausgeschlossen war und mir völlig verlassen vorkam, weinend auf meiner verlassenen Terrasse betete. ›O Krishna‹, sagte ich, ›du weißt, daß ich während meines ganzen Lebens nur dich wollte oder zumindest danach strebte, nur Deine Gnade zu wünschen. Du weißt auch, daß ich mich kürzlich dazu entschlossen habe, durch *tapasya* an das Ziel zu gelangen, weil man mir gesagt hat, du würdest niemals ein ehrliches Gebet unbeantwortet lassen. Aber wie kommt es, daß du meiner eifrigen Umarmung wie ein zerrinnender Schatten entfliehst, je mehr ich dir nachhange? Ich versteh' dein *lila* (Spiel) nicht, Herr, aber sei gnädig mit einem, der am Ende seiner Weisheit ist! Mir ist endlich klar, daß meine vielgerühmte Intelligenz den Schlüssel zu dem Rätsel nicht findet. Nur eines habe ich gelernt: Es ist keine Schmach, nicht alles zu begreifen, und daß wahres Verstehen nur kommen kann, wenn man erkennt, daß man alleine völlig unfähig ist. Wie dem auch sei, ich flehe zu dir in dieser düsteren Stunde, mir zu antworten – gib mir ein Zeichen, daß du kein Trugbild bist.‹

O Guru, sobald dieses Gebet aus meinem demütigen Herz aufstieg, erfuhr ich eine samtene Sanftheit im Innern und das Gefühl einer unbeschreiblichen Plastizität, die sich so schnell zu etwas sehr Konkretem verdichtete, daß ich beinahe den Eindruck hatte, ich könne sie mit den Fingern *berühren!* Aber damit nicht genug. Sobald mein Stolz die Niederlage eingestanden hatte, löste sich all meine aufgestaute Bedrücktheit und Verzweiflung und Frustration wie durch ein Wunder auf: meine Ruhelosigkeit wurde von Friede abgelöst und meine Dunkelheit durch eine Strahlkraft, die zu unglaublich erschien, um wahr zu sein, aber dennoch zu lebendig war, um als Wunschdenken erklärt werden zu können. Und mir erschien dies alles so gänzlich überzeugend, weil es wie eine Lawine aus dem Nichts auf mich herniederzukommen schien – um mir den Boden unter den Füßen wegzuziehen, als ich es am wenigsten erwartet hatte. Kanai beglückwünschte mich und behauptete hartnäckig, daß ich, ohne es zu wissen, eine echte und wichtige *psychische Erfahrung* gemacht hatte. Was hast du dazu zu sagen, Guru? Zu denken, daß selbst ich eine Erfahrung haben sollte, und sogar eine seelische!« – und so weiter und so fort.

Getreu kam seine Antwort am nächsten Morgen.

»Es war ganz gewiß eine Erfahrung«, schrieb er, »und wie Kanai sehr treffend sagte, eine Erfahrung von großem Wert: eine psychische Erfahrung *par excellence*. Die Empfindung von ›*samtener Sanftheit*‹ und einer ›*unbeschreiblichen Plastizität im Innern*‹ ist eine seelische Erfahrung und kann nichts anderes sein. Es bedeutet eine Veränderung der Bewußtseinssubstanz, besonders im vital-emotionalen Wesensteil, und eine derartige Veränderung würde, wenn sie durchgehalten wird oder sich wiederholt, bis sie beständig ist, einen großen Schritt für das bedeuten, was ich die psychische Transformation des Wesens nenne. Eben diese Veränderungen in der inneren Substanz sind es, die Transformation möglich machen. Weiter war es eine Veränderung, die einen Anfang von Wissen möglich machte – denn unter Wissen verstehen wir im Yoga nicht Gedanken oder Vorstellungen über spirituelle Dinge, sondern seelisches Verstehen von innen her und spirituelle Erleuchtung von oben. Deshalb hattest du als erstes Ergebnis die Empfindung, daß ›*es keine Schmach ist, nicht alles zu begreifen, und daß wahres Verstehen nur kommen kann, wenn man erkennt, daß man alleine völlig unfähig sei.*‹ Das ist an sich bereits ein Anfang eines wahren Begreifens: ein seelisches Begreifen – etwas innerlich Gefühltes, das ein Licht wirft oder eine spirituelle Wahrheit hervorbringt, die bloßes Denken nicht ermöglicht hätte, auch ist es eine Wahrheit, die tatkräftig sowohl die Erleuchtung als auch den Trost brachte, derer du bedurftest, denn was das seelische Wesen mit sich führt, ist immer Licht und Glücklichsein, ein innerliches Verstehen und Erleichterung und Trost.

Ein weiterer vielversprechender Aspekt dieser Erfahrung ist, daß sie als unmittelbare Antwort auf eine Hinwendung zum Göttlichen kam. Du hast um Verstehen und den Ausweg gebeten, und sogleich hat dir Krishna beides gezeigt: der Ausweg war der innere Bewußtseinswandel, die Geschmeidigkeit, die das Wissen möglich macht und auch begreifen läßt, welche Verfassung des Geistes und des Vitalen es zulassen, daß wahres Wissen oder Wissensmacht kommen können. Denn das innere Wissen kommt aus dem Inneren und aus der Höhe (sei es vom Göttlichen im Herzen oder vom Selbst in der Höhe), und damit es komme, müssen der Stolz des Mentalen und des Vitalen, der in den oberflächlichen geistigen Ideen enthalten ist, und ihr hartnäckiges Festhalten an diesen Vorstellungen verschwinden. *Man muß wissen, daß man nichts weiß, bevor man beginnen kann zu wissen.* Dies zeigt, daß ich recht habe, wenn ich auf das psychische Öffnen als den einzigen Ausweg dränge. Denn wenn sich die Seele öffnet, werden solche Reaktionen und noch mehr als sie zum Normalzustand, und auch der innere Wandel, der sie ermöglicht hatte, schreitet voran.«

Darauf schrieb ich ihm wieder einmal die Frage, ob man ein »Gefühl« als »Erfahrung« bezeichnen könne. War ein bloßes Gefühl nicht etwas zu Beiläufiges und Subjektives, um den Status einer »Erfahrung« beanspruchen zu können? Auch darauf antwortete er ohne Verzögerung.

»Ich bezweifle«, schrieb er, »ob ich fähig bin, deine Frage zu beantworten, oder ob ich sie überhaupt richtig verstehe. Es gibt kein Gesetz, daß ein Gefühl keine Erfahrung sein könne. Erfahrungen sind von verschiedenster Beschaffenheit und nehmen im Bewußtsein jede denkbare Form an. Wenn das Bewußtsein irgend etwas Spirituelles oder Seelisches oder selbst Okkultes durchläuft, sieht oder fühlt, so ist dies eine Erfahrung (im technisch-yogischen Sinn), denn es gibt selbstverständlich alle Arten von Erfahrungen, die nicht diesen Wesenszug haben. Die Gefühle selbst sind von vielerlei Art. Das Wort ›Gefühl‹ wird oft für eine Emotion benützt, und es gibt auch psychische oder spirituelle Emotionen, die man unter yogische Erfahrungen rechnet, wie etwa eine Welle reiner *bhakti* oder der Aufschwung von Liebe zum Göttlichen. Ein Gefühl bezeichnet auch ein Erkennen von etwas Empfundenem – ein Erkennen im Vitalen oder Psychischen oder in der essentiellen Substanz des Bewußtseins. Ich finde sogar eine mentale Wahrnehmung, wenn sie sehr lebendig ist, oft als Gefühl beschrieben. Wenn du alle diese und verwandte Gefühle ausschließt und sagst, sie seien Gefühle und nicht Erfahrungen, dann läßt du wenig Spielraum für Erfahrungen übrig.

Gefühl und Vision sind die Hauptformen spiritueller Erfahrung. Man sieht und fühlt das Brahman überall; man fühlt, wie eine Kraft in uns tritt oder von uns ausgeht; man fühlt oder sieht die Gegenwart des Göttlichen in sich oder um sich; man fühlt oder sieht die Herabkunft von Licht; man fühlt, wie Friede oder *ananda* herabströmen. Fege all das mit der Feststellung vom Tisch, daß es nur ein Gefühl, aber keine Erfahrung sei (was in Gottes Namen *ist* dann eine Erfahrung?) und du hast die meisten Dinge, die wir Erfahrung nennen, des Platzes verwiesen. Auch fühlen wir eine Veränderung in der Bewußtseinssubstanz oder im Bewußtseinszustand. Wir fühlen, wie wir uns ausbreiten, und daß der Körper nur eine kleine Sache in dieser Weite ist (man kann dies auch sehen). Wir fühlen, daß das Herzbewußtsein weit ist anstatt eng, sanft statt hart, erleuchtet statt verdunkelt, ebenso das Kopfbewußtsein, das Vitale und selbst das Physische; wir fühlen Tausende von Dingen aller Art, und warum sollten wir sie nicht Erfahrung nennen? Natürlich ist es ein inneres Sehen, ein inneres Fühlen und nicht materiell wie das Fühlen von kaltem Wind oder einem Stein oder von jedem anderen Objekt, aber wenn sich das innere Bewußtsein vertieft, ist die Wahrnehmung nicht weniger lebendig oder konkret, sie ist es sogar in größerem Ausmaß.

Was du in diesem Fall fühltest, war keine Emotion – obgleich etwas Emotionelles damit einherging – du hast einen Zustand in der eigentlichen Bewußtseinssubstanz gefühlt – eine Zartheit, eine Plastizität, ja sogar *eine samtene Sanftheit, eine unbeschreibliche Plastizität.* Jeder Dahergelaufene, der auch nur ein wenig über Yoga weiß, würde sofort sagen: Was für eine feine Erfahrung – eine sehr deutliche spirituelle und psychische Erfahrung!«

Aber wie Tagore immer wieder zu sagen pflegte, kann ein Segen nie *gegeben* werden, man muß ihn sich *verdienen,* was bedeutet, daß man reif genug sein muß, damit man ihn verarbeiten kann. So blieb für viele weitere Jahre die »feine Erfahrung« aus – möglicherweise, weil das demütige Gebet nicht mehr mit der gleichen Intensität direkt aus dem innersten Herzen entsprang. Kein Wunder also, daß wieder Schatten nach diesem kurzen Lichtblick über meinen Weg fielen und die alte Anarchie der Dunkelheit und des Zweifels wieder das Zepter schwang, bis ich, wund und ermattet, einigermaßen dümmlich die Frage an ihn richtete, ob mir die Unpäßlichkeiten nun von außen oder durch den Guru selbst aufgebürdet wurden, damit sein *lila* (Spiel des Göttlichen) nicht unterbrochen werde. Ich beklagte mich auch darüber, daß er schweige, wenn wir etwas über das Wirken okkulter Mächte hören wollten. Was um alles in der Welt meinte er mit den Zeilen:

> *Diese Erde allein ist nicht unser Lehrer und Kindermädchen,*
> *die Mächte all der Welten haben Zutritt hier.*[1]

Zärtlich wie immer antwortete er:

»Für mich hat sich der Yogaweg immer sowohl als Kampf als auch als Reise dargestellt, eine Sache des Hoch und Tiefs, des Lichtes, gefolgt von Dunkelheit, gefolgt von größerem Licht, aber niemand freut sich mehr als ich, wenn ein Schüler aus dem Trubel zu dem geebneten und klaren Pfad heraus findet, nach dem sich der physische Verstand des Menschen ganz legitim sehnt.«

Und dann fuhr er, um mich noch mehr zu beruhigen, fort:

[1] Sri Aurobindo: *Savitri*, Buch II, Canto 5. Auroville Verlag, Planegg.

»Wenn ich über diese Angelegenheiten vom yogischen Standpunkt aus schreibe, wird, selbst wenn dies auf einer Grundlage der Logik geschieht, notwendigerweise viel dabei sein, was im Widerspruch zu landläufigen Ansichten steht, z. B. über Wunder, die Grenzen der Beurteilungsmöglichkeit aufgrund von Sinneswahrnehmungen etc. Ich habe so sehr wie möglich vermieden, über diese Themen zu schreiben, weil ich Dinge unterbreiten müßte, die nicht zu verstehen sind, es sei denn, man bezieht sich auf Daten anderer Beschaffenheit als jene der physischen Sinne oder der Vernunft, die sich lediglich auf diese gründet. Ich müßte von den Gesetzen und Kräften sprechen, die weder der Verstand noch die Naturwissenschaften anerkennen. In meinen allgemeinen Schriften und in meinen Briefen an *sadhakas* habe ich mich damit nicht beschäftigt, weil sie den Rahmen gewöhnlichen Wissens und der Verständnisweise, die sich daraus ergibt, überschreiten. Von diesen Dingen haben einige das Wissen, aber für gewöhnlich sprechen sie nicht darüber (Laotses berühmter Spruch: »Der das Geheimnis kennt, redet nicht; der spricht, kennt das Geheimnis nicht.«), während sich die allgemeinen Ansichten über viele dieser Dinge entweder auf Leichtgläubigkeit oder Ungläubigkeit gründen, aber in keinem Fall auf Erfahrung oder Wissen. Der Yogi erlangt eine Art Spaltung seines Wesens, wobei der innere *Purusha* (Meister) fest und ruhig auf die Unruhe des äußeren Menschen blickt, als würde man den Leidenschaften eines unvernünftigen Kindes zuschauen; ist diese Haltung erst gefestigt, kann er dann beginnen, auch den äußeren Menschen zu kontrollieren; aber die vollständige Kontrolle des äußeren Menschen bedarf einer langen und harten *tapasya*. Aber selbst von dem *siddha*-Yogi (dem gottverwirklichten Yogi) kannst du nicht in jedem Fall absolute Vollkommenheit verlangen: es gibt viele, die sich nicht einmal darum scheren, die äußere Natur zu vervollkommnen, was man aber nicht als Beweis für mangelnde Verwirklichung und Erfahrung ansehen kann. Würdest du diesen Standpunkt vertreten, müßtest du die größere Anzahl der alten Yogis und auch der Rishis vergangener Zeiten aburteilen.

Ich gestehe zu, daß das Ideal meines Yoga anders aussieht, aber ich kann andere spirituelle Menschen, was sie erreicht haben und ihre Disziplin nicht danach bemessen. *Mein eigenes Ideal ist Transformation der äußeren Natur, Vollkommenheit, so vollkommen wie irgend möglich.* Aber du kannst nicht sagen, daß diejenigen, die sie nicht erlangt haben oder sich gar nicht darum kümmern, sie zu erlangen, deshalb nicht spirituell gewesen wären. Schöner Lebenswandel – nicht Höflichkeit, die eine äußerliche Sache ist, gleichgültig wie wertvoll sie auch sein mag – aber Schönheit, die sich auf eine spirituelle Verwirklichung von Einheit und Harmonie gründet, die in das Leben projiziert wird, ist gewiß Teil der vollkommenen Harmonie.«

Immer wenn ich deprimiert oder gar widerspenstig war, schrieb er mir in diesem Ton – geduldig und fest, zärtlich und verständnisvoll. Während die Tage dahingehen, kann ich nur immer mehr seine unglaubliche Fähigkeit bewundern, in die Haut des anderen zu schlüpfen, um jedes Mal in der Lage zu sein, die Wurzel des Übels herauszufinden. Ich werde bis zu meinem letzten Atemzug nicht vergessen, was ich seiner liebevollen Unterstützung verdanke, die er mir bei einer Auseinandersetzung mit einigen Bruderschülern unerschütterlich zuteil werden ließ, die sich um die Interpretation von Yoga und Guruvad drehte. Es ist eine zu lange und weitverzweigte Geschichte, um hier vollständig ausgebreitet zu werden; auch ist dies nicht nötig, weil seine Briefe, die ich zitieren will, ganz gewiß so informativ und enthüllend sind, wie es sich der Leser nur wünschen kann. Ich werde also versuchen, mich so kurz wie möglich zu fassen.

Seit meiner Jugendzeit bin ich ein Anbeter von Krishna. Das berühmte Wort der *Bhagavat*: »*Anye chamshakalah pumsah Krishnastu Bhagavan svayam:* alle anderen Avatare (Verkörperungen des Göttlichen) sind nur teilweise Inkarnationen, wogegen Krishna der Herr selbst ist« – fand in meinem empfänglichen Herzen einen bleibenden Platz, als ich kaum fünfzehn Jahre alt war. Aber das geschieht nicht mit jedem Aspiranten. Darum musterte mich eine ziemliche Anzahl von Bruderschülern, die nie Seinen mystischen Flötenruf vernommen hatte, wegen meiner Begeisterung für solch eine altertümliche »mythologische Figur« mit scheelen Blicken. Sie waren sicher einigermaßen entsetzt, folgende Zeilen in einem seiner Sonette zu lesen, das nach seinem Tode unter dem Titel ›Krishna‹ veröffentlicht wurde (in dem Band *Last Poems*):

> *So find' ich schließlich einen Sinn für der Seele Geburt*
> *in dies Universum, schrecklich und süß,*
> *ich, der gespürt hat das hungrig' Herz der Erde,*
> *strebend über den Himmel hinaus zu Krishnas Füßen ...*
> *Für diesen einen Augenblick lebten die uralten Zeiten,*
> *die Welt pocht jetzt endlich erfüllt in mir.*[2]

[2] Sri Aurobindo: *Last Poems*. Auroville Verlag, Planegg.

Ich sage bewußt »entsetzt«; denn in jenen Tagen wußte keiner von uns, daß Guruder möglicherweise »zu Krishnas Füßen gestrebt« habe, um die höchste Erfüllung zu erlangen. Alles, was wir wußten, war, daß er Krishna sehr hoch achtete. Hatte er nicht in einem Brief vom 4. 1. 1936, in dem er Krishna und Christus gegenüberstellte, geschrieben:

»Die beiden stehen in zwei verschiedenen Welten. In Christus ist nichts von dem großen und grenzenlosen und überlegenen spirituellen Wissen und der Macht der Verwirklichung, die wir in der Gita finden, nichts von der emotionellen Kraft, Leidenschaft und Schönheit des Gopisymbols und all dem, das hinter ihm steht, nichts von der vielseitigen Manifestation der Krishnafigur.« In einem anderen langen Brief schrieb er mir am 2.12. 1946 (als Antwort auf eine Frage, die ein mir sehr lieber Freund, Sri Sanjiv Rao, gestellt hatte, der von mir wissen wollte, »ob der Krishna von Brindaban und die Details Seines *lila*, Seines göttlichen Spiels, als im buchstäblichen Sinn echt aufgefaßt werden sollten oder nur als schöne Symbole tiefer spiritueller Wirklichkeiten«):

»Diese Fragen und die Spekulationen, die sie hervorrufen, sind nicht zwangsläufig mit dem spirituellen Leben verknüpft. Was dort entscheidend ist, ist der Kontakt mit Krishna und die Entfaltung in das Krishna-Bewußtsein, die Gegenwart, die spirituelle Beziehung, das Einssein in der Seele und, bis dies erreicht ist, die Aspiration, die Intensivierung der *bhakti* und jeglicher Erleuchtung, derer man auf dem Weg teilhaftig werden kann. Für einen Menschen, der diese Dinge erlangt hat, in der Gegenwart gelebt hat, die Stimme vernommen hat, Krishna als Freund, Liebenden, Führer, Lehrer und Meister kennengelernt oder, mehr noch, erlebt hat, daß sein ganzes Bewußtsein durch den Kontakt verändert wurde, oder Seine Gegenwart in sich gefühlt hat, für den sind alle derartigen Fragen nur von äußerlicher und zweitrangiger Bedeutung. Und ebenso spielt für einen, der den Kontakt mit dem inneren Brindaban und dem *lila* der Gopis hatte, der sich überantwortet hat und dem Zauberspruch der Freude und der Schönheit anheimgefallen ist oder sich auch nur dem Ruf der Flöte hingegeben hat, der Rest kaum eine Rolle. Aber von einem anderen Standpunkt betrachtet, hat man, wenn man die geschichtliche Realität der Inkarnation akzeptiert (ich habe die Inkarnation immer als Tatsache angesehen und die historische Wirklichkeit von Krishna ebenso wie die von Christus akzeptiert), diesen großen spirituellen Vorteil, daß man einen *point d'appui* für eine konkretere Realisation in der Überzeugung hat, daß *einmal zumindest der Göttliche sichtbar die Erde berührt, die vollständige*

*Manifestation ermöglicht und es für die göttliche Übernatur mög-
lich gemacht hat, in diese sich entwickelnde, aber immer noch sehr
unvollkommene irdische Natur herabzusteigen.«*

Aber obgleich jene, die Schüler seiner großen Auslegung waren,
wußten, wie sehr er Krishna bewunderte, sprach die große Masse
grobschlächtig von seiner Überlegenheit gegenüber allen anderen
Heiligen, Weisen und sogar gegenüber den Avataren der Vergangenheit. Die Vorstellung kursierte, daß er Krishna ganz gewiß
überlegen sei, da letzterer nur ein Avatar der Overmind-Ebene (des
Obermentals) war, wogegen Sri Aurobindo der noch höheren
supramentalen Ebene angehöre. Diese Art primitiven und marktschreierischen Geschwätzes ging mir oft auf die Nerven und veranlaßte mich, kräftig den Ausruf der *Bhagavat* zu wiederholen, daß
Krishna der höchste Göttliche sei, gestärkt durch Gurudevs Bestätigung, die ich gerade zitiert habe, aber es war zwecklos; meine
Beredsamkeit ließ meine Kritiker nur lauter werden, bis ich beinahe
als schwarzes Schaf angesehen wurde. Einige meiner Bruderschüler
sagten öffentlich, daß es der *Unloyalität* gleichkomme, weiterhin
Krishna anzubeten, nachdem man einmal Sri Aurobindo kennengelernt habe. Da mich dies zutiefst erschütterte, erklärte ich, tapfer
mich selbst verteidigend, daß es mir unmöglich sei, meinen Standpunkt aufzugeben, daß ich Krishna als Göttliche Inkarnation und
meinen Guru als dessen menschlichen Stellvertreter ansehe, obgleich ich ihn im Tempel meines Herzens nicht nur als den größten
Seher-Dichter unserer Zeit, sondern auch als den weisesten Rishi
(Erleuchteten) unseres Zeitalters anbetete. »Aber hier ist die
Grenze«, fügte ich erregt hinzu, »und ich beneide jene nicht, die ihn
auf Kosten Krishnas, des Makellosen, vergöttlichen wollen. Meine
Würfel sind gefallen«, verkündete ich salbungsvoll, »und meine
Position ist, daß ich meinen Guru nur als Krishnas strahlenden
Stellvertreter, aber nicht als dessen Double und noch weniger als
einen ihm Übergeordneten akzeptieren kann.«

»Für all das, Guru«, schrieb ich ihm mehr als einmal, freizügig
improvisierend, wie mir der Schnabel gewachsen war, »*habe* ich
dich geliebt und von ganzem Herzen angebetet und mit einer
Begeisterung deine Führerschaft anerkannt, die bis in die Seele
drang. Wenn ich dennoch eine gewisse Zurückhaltung dabei nicht
loswerde, deine Anleitung zu akzeptieren, so nimm mir das bitte
nicht übel. Denn ich weiß, so wahr mir Gott helfe, wirklich nicht,
wie ich annehmen soll, wogegen meine Seele rebelliert, nämlich daß
du größer als Krishna sein sollst. Aber nachdem die Leute behaupten, daß es deine eigene Ansicht sei und ich mich deshalb zu beugen

habe, bin ich gezwungen zu fragen, ob es wirklich Pflicht für einen Schüler ist, dem Guru blindlings zu folgen und die Slogans der Herde im Mund zu führen? O Guru, vergib mir: Aber wie kann ich ja sagen, wo jede Faser meines Seins nein sagt? Wenn Gott die Wahrheit ist, wie kann ich dann hoffen, seine Gnade zu erlangen, indem ich mich der Falschheit verschreibe? Und als letztes«, schrieb ich in einem Brief, als ich es nicht länger mehr aushielt, »frage ich dich, ob du mir eine Unterredung gewährst, jetzt, wo ich mich gänzlich verloren in dieser Düsternis empfinde, jetzt, wo ich von vielen als abtrünnig gebrandmarkt werde, von einigen als Ungläubiger geschnitten und von einem der Hauptstützen deines Ashrams als ›verdammt‹ gegeißelt werde?«

Im Ashram knisterte es ... aber siehe da, zur großen Bestürzung der hundertprozentig »Gläubigen« gewährte er mir am 4. Februar 1943 die Unterredung:

Ich betrat seinen Raum, das Heiligtum, das er seit 1926 nicht ein einziges Mal verlassen hatte, und erwies ihm meine Ehrerbietung. Er segnete mich.

»Fühlst du dich besser?« fragte er mich mit sanften, freundlichen Augen.

»Ja«, antwortete ich mit einigen Schwierigkeiten. Ich war bewegt. Er richtete plötzlich seine strahlenden Augen auf mich. Aber er sprach kein Wort. Dies beunruhigte mich, denn ich war mit einem ganzen Bündel Fragen gekommen. Er kam mir zu Hilfe und brach das Schweigen, um die Spannung von mir zu nehmen. »Du hast mir heute morgen einige Fragen aufgeschrieben und zugesandt«, sagte er. »Angenommen, wir beginnen mit der ersten?«

Ich nickte und lauschte jedem einzelnen Wort ...

»Was deine erste Frage angeht«, sagte er, »gibt es im wesentlichen zwei Wege. Einer ist der des Buddha, der, wie du weißt, der Ansicht war, daß, obgleich du eine gewisse Hilfe oder Anleitung von anderen erhalten kannst, gleichgültig ob sie ein Guru sind oder nicht, du deinen Weg doch allein gehen mußt, das heißt, mittels deiner eigenen Bemühung den Weg durch das Unterholz schlagen mußt: anders gesagt, ist dies der uralte Pfad der *tapasya*. Der andere Weg ist, den Guru als Stellvertreter des Göttlichen anzusehen, der den Weg kennt und darum klarerweise in der Lage ist, anderen dabei zu helfen, ihn zu finden. Das ist der Weg, dem die hiesigen Aspiranten im Ashram folgen – der Weg der Guruvad.«

Ich nickte und sagte: »Das weiß ich. Aber ich wollte in einer meiner Fragen von dir wissen, welche Haltung man annehmen soll, wenn man sich durch gewisse menschliche Beschränkungen des Guru behindert fühlt?«...

»Aber ich glaube, daß ich schon früher auf diese Frage eingegangen bin und gesagt habe, daß, obgleich ein gewisser Determinismus durch die Kraft des Übermittlungskanals – das heißt, durch den Guru – ausgeübt wird, noch viel mehr durch die Kraft des Empfängers, durch den Schüler, bestimmt wird.« Er hielt inne und lächelte mir halb zu, als er fortfuhr: »Weißt du, die moderne Geisteshaltung stiftet bei solchen Fragen oft aus dem einfachen Grund Verwirrung, weil beim spirituellen Wirken die Kraft, die die Dinge ausarbeitet, ihre Ergebnisse nicht entsprechend der Richtlinien der mentalen Vernunft erlangt. Aus diesem Grund mangelt es ihr an Verständnis für die simple Tatsache, daß der Schüler, hat er erst einmal den Guru als Repräsentanten des Göttlichen angenommen, auch der Göttliche ihn durch den Guru annimmt: anders gesagt, öffnet er sich zum Guru, öffnet er sich zum Göttlichen, so daß der Guru trotz seiner ›menschlichen Beschränkungen‹ durch den einfachen Vorgang helfen kann, eine Kraft herbeizurufen, die durch die Persönlichkeit des Guru wirkt – eine Kraft, die durch dessen menschliche Beschränkungen *nicht* gemindert wird. Ich habe dir auch, wie ich meine, einmal geschrieben, daß die Unvollkommenheiten des Guru kein Stein des Anstoßes für den Schüler zu sein brauchen, der durch den Guru sogar noch vor dem Guru selbst mit dem Göttlichen in Verbindung treten kann; was also in der letzten Analyse entscheidend ist, ist die *spirituelle Befähigung* des Guru, dem Schüler die ersehnte Verbindung zu ermöglichen, nicht seine *menschlichen Beschränkungen* – denn sie blockieren den Weg nicht. Kannst du folgen?«

Die nächste Frage drehte sich um gewisse okkulte Phänomene, wie Materialisation und Levitation. Ich hatte mit einem Freund darüber diskutiert, dem er, als er über meinen Skeptizismus informiert wurde, gesagt hatte, daß es sich dabei absolut nicht nur um faule Tricks und Humbug handle, wie viele dogmatische Wissenschaftler behaupten...

»Aber du brauchst dich nicht zu beunruhigen«, meinte er milde. »Denn Yoga hat als höchstes Ziel die Verwirklichung des Göttlichen und die Manifestation des Göttlichen Lebens. Diese anderen Dinge sind Nebensächlichkeiten und brauchen nicht als wesentlich für spirituelle Erfahrung angesehen zu werden. Glaube an sie ist darum nicht nötig und viel weniger noch unerläßlich für Verwirklichung. In solchen Fragen hast du das Recht auf private Beurteilungen.«

Mein Herzschlag beruhigte sich, und ich sagte: »Ich bin sehr erleichtert. Denn ich hatte befürchtet, daß die Unfähigkeit, die Ansichten des Guru in jedem Fall zu akzeptieren, vom Guru als sicheres Zeichen dafür aufgefaßt würde, daß man unfähig sei, von der Führung durch den Meister zu profitieren.«

»Laß dich noch einmal beruhigen«, sagte er freundlich. »Denn du kannst mir glauben, daß ich, wenn ich irgend etwas sage oder schreibe, nur meine Entdeckungen zum Ausdruck bringe oder meinen Standpunkt erkläre. Ich bestehe nicht darauf, daß es ein Gesetz für andere sei. Und kannst du dir vorstellen, wo du mich schon so viele Jahre kennst, daß ich irgend jemandem meine Ansichten aufdrängen würde? Ich wollte noch nie ein Diktator sein; noch bestehe ich darauf, daß jedermanns Ansichten durch meine geprägt werden sollten, und ebensowenig bestehe ich darauf, daß jeder mir oder meinem Yoga folgen muß.« Er hielt inne und zeigte auf ein Bronzestandbild, das in seiner Nähe stand. »Beispielsweise«, sagte er, »finde ich dieses Standbild sehr schön. Aber wenn du anderer Ansicht bist, warum sollte mich das stören?« ...

»Aber«, beeilte ich mich hinzuzufügen, »ich verehre dich so sehr, daß mich selbst eine kleine Meinungsverschiedenheit schmerzt. Ich möchte, daß mein Mentales abdankt. Aber wo ist der neue Herrscher, den ich auf den Thron setzen kann?« ...

»Es würde dem Mentalen leichter fallen, das neue Licht zu empfangen, wenn es nicht auf der Überzeugung beharren würde, daß sein alter Herrscher, die Vernunft, wirklich vollständig der Lage gewachsen sei. Denn wenn man sich die Sache genau ansieht, stellt man fest, daß es tatsächlich ein hartnäckiges Daran-Festhalten ist, daß der Geist der höchste Richter jeglicher Erfahrung sei. Aber spirituelle Erfahrung ist dergestalt, daß du niemals hoffen kannst durch den Geist allein irgend etwas zu verstehen – der Sache auf die Spur zu kommen. Der Geist ist aufgrund seiner Beschaffenheit unfähig, mehr als einen sehr kleinen Ausschnitt der Göttlichen Realität und ihrer Wirkungsweise zu begreifen. Okkulte Phänomene sind ein Beispiel für diese Wirkungsweise. Du kannst die wahre Beschaffenheit solcher Erscheinungen nicht mit deinem Mentalen ausloten, und da dies eine Tatsache ist, wäre es besser, wenn du dein Urteil zurückstellen würdest, bis du wirklich ein kompetenter Richter bist, anstatt sie als Schwindel abzutun. Denn diese tiefgründigere Urteilsfähigkeit kommt durch das Hervortreten eines größeren Bewußtseins, durch dessen Licht allein du hoffen kannst, die göttliche Wirkungsweise hinter ihren irdischen oder okkulten Verkleidungen zu verstehen.«

»Nun – ja – theoretisch ist das alles in Ordnung«, widersprach ich immer noch, »aber wenn man tatsächlich konfrontiert wird – nimm zum Beispiel den Fall von Sri Bijoy Goswami, der sagte, daß sein Guru seine Frau durch die Luft an einen weitentfernten Platz versetzt habe. Willst du behaupten, daß es wirklich geschehen oder möglich sei?«

»Ob das, was er behauptet, im Falle seiner Frau tatsächlich geschehen ist , kann ich dir nicht sagen«, antwortete er. »Aber nachdem man Levitation als möglich *erkannt* hat, sie von Yogis als wahr bestätigt wird und auch von ihnen durchgeführt worden ist, sehe ich keinen Grund dafür, warum man sie als unmöglich von der Hand weisen soll. Tausende von Erfahrungen beweisen Phänomene, die den Geist völlig fassungslos lassen. Denn letzten Endes ist und muß Erfahrung der letzte Prüfstein der Wirklichkeit sein, und Erfahrung sagt, daß Levitation oder Materialisation möglich ist.«

»Damit«, warf ich ein, »hast du mir gerade vorgegriffen. Denn ich wollte dich eben über Materialisation befragen. Man hört von solchen Vorfällen, aber bis jetzt habe ich noch niemanden getroffen, der sie mit eigenen Augen gesehen hat. Man muß echte Beweise haben – nicht nur Gemunkle.«

Er lächelte und sagte: »Dann will ich dir erzählen, was ich mit eigenen Augen gesehen habe, und sei es auch nur, um deine Zweifel am Gemunkle beiseite zu räumen. Und es war ein Vorfall, der außerdem von wenigstens einem halben Dutzend Leuten beobachtet worden ist, die um mich waren . . .

Das Steinewerfen begann ganz harmlos mit ein paar Steinen, die – dem Anschein nach von der gegenüberliegenden Terrasse – auf die Gästehausküche geworfen wurden – aber auf der Terrasse war niemand. Das Phänomen stellte sich jeweils mit ausklingender Abenddämmerung ein und hielt zuerst für eine halbe Stunde an, aber die Menge, Gewalt und Größe der Steine nahmen ständig zu, ebenso die Dauer des Angriffs, der manchmal mehrere Stunden anhielt, bis er sich schließlich eine oder ein halbe Stunde vor Mitternacht zu einem regelrechten Bombardement ausweitete; und jetzt wurden nicht nur auf die Küche, sondern auch an anderen Stellen Steine geworfen: zum Beispiel auf die äußeren Veranda. Anfangs hielten wir es für eine menschengemachte Angelegenheit und ließen die Polizei rufen, aber die Nachforschungen währten nur kurze Zeit, und als einem der Beamten auf unerklärliche Weise ein Stein zwischen den Beinen hindurchschoß, räumte die Polizei fluchtartig das Gelände. Wir stellten unsere eigenen Untersuchungen an, aber an den Stellen, von wo die Steine zu kommen schienen, fand sich kein menschlicher Steinewerfer. Schließlich begannen die

Steine, wie um uns freundlicherweise von unseren Zweifeln zu befreien, auch innerhalb geschlossener Räume zu fallen; einer von ihnen – es war ein gewaltiger Brocken, den ich im Augenblick, nachdem er gefallen war, erblickte – ließ sich platt und bequem auf einem Peddigrohr-Tisch nieder, als wäre dort sein angemessener Ruheplatz. Und so ging es weiter, bis die Geschosse mörderisch wurden. Bis dahin waren die Steine, abgesehen von einem täglichen Bombardement von Bijoys Türe, das während der letzten Tage einsetzte und das ich in der Nacht vor dem Ende beobachtete, harmlos gewesen. Sie tauchten mitten in der Luft auf, ein, zwei Meter über dem Boden, und sie kamen nicht aus großer Entfernung, sondern erschienen plötzlich und hätten, entsprechend der Richtung, in der sie flogen, aus dem nahe gelegenen Gästehausbereich oder gar der Veranda kommen müssen, aber der ganze Bereich war hell beleuchtet, und ich sah, daß sich dort kein Mensch aufhielt und auch niemand dort sein konnte. Schließlich wurde der halb-verblödete Dienerjunge, der das Hauptziel der Attacke war und in Bijoys Zimmer unter dessen Schutz untergebracht war, schwer getroffen und blutete aus einer Wunde, die durch Steine verursacht worden war, die sich innerhalb des verschlossenen Zimmers materialisiert hatten. Auf Bijoys Rufen hin betrat ich das Zimmer und sah, wie der letzte Stein auf den Jungen fiel: Bijoy und er saßen nebeneinander, und der Stein wurde von vorne auf sie geworfen, aber es war niemand zu sehen, der sie hätte werfen können – die beiden waren allein im Zimmer. Es sei denn, es war Wells' ›unsichtbarer Mann‹!

Bis dahin hatten wir beobachtet oder umhergelugt, aber das war etwas zuviel, es wurde gefährlich, und man mußte etwas unternehmen. Die Mutter kam aufgrund ihres Wissens über die Vorgänge bei diesen Dingen zu dem Schluß, daß der hiesige Vorgang auf einer Verbindung zwischen dem Dienerjungen und dem Haus beruhen mußte; würde man also diese Verbindung unterbrechen und den Diener aus dem Haus entfernen, würde auch das Steinewerfen zu einem Ende kommen. Wir schickten ihn zu Hrishikehs Wohnung, und sogleich hörte das ganze Phänomen auf; von jetzt an wurde kein einziger Stein mehr geworfen, und der Friede kehrte wieder ein.

Das zeigte …, daß diese okkulten Phänomene real sind und daß ihnen ein Gesetz oder ein Prozeß zugrunde liegt, der so eindeutig ist wie der irgendeines wissenschaftlichen Vorgangs, und daß Kenntnis dieses Prozesses diese Phänomene nicht nur verursachen, sondern sie auch beenden oder aufheben kann.«

(Hier muß ich kurz innehalten, um dem Leser die ganze Episode zu erklären. Mir wurde später von Amrita, der ein Augenzeuge des ganzen Dramas war, berichtet, daß all dies im Winter des Jahres 1921 tagtäglich passiert war. Und glücklicherweise hatte er einen Bericht über das ganze Ereignis angefertigt, den er mir zeigte. Daraus entnahm ich, daß ein Koch namens Vattal Hauptursache für den üblen Scherz war. Wütend darüber, daß er entlassen wurde, hatte der Bursche damit gedroht, daß er den Einwohnern den Platz verleiden werde. Hilfesuchend wendete er sich an einen Moslem-Fakir, der in schwarzer Magie bewandert war, und dann fing alles an. Ich fragte Amrita, ob es sich bei den Steinen um eine Vortäuschung hätte handeln können. Er lächelte und sagte, er habe sie gesammelt und monatelang ausgestellt, und sagte auch, daß sie ein sehr auffallendes Merkmal hatten, sie waren nämlich alle mit Moos überzogen. Man hatte mir auch berichtet, daß sich unter den Augenzeugen auch der unentwegte Rationalist Upendra Nath Banerji befand, der sich zuerst über die Schwarzmagiegeschichte lustig machte und seine Lenden gegürtet hatte, um die Schurken ausfindig zu machen, die für das Ganze verantwortlich waren. Aber selbst er mußte schließlich klein beigeben, da er sich die merkwürdige Episode nicht erklären konnte. Aber die ganze Angelegenheit wurde klar, als Vattals Frau in äußerster Verzweiflung kam und sich vor Sri Aurobindo und die Mutter warf. Ihr Gatte hatte bemerkt, daß strafende Gerechtigkeit über ihn hereingebrochen war, denn er hatte genug von Okkultismus verstanden, um zu wissen, daß Sri Aurobindo und die Mutter die Kraft zurückgeschleudert hatten. Wenn solche Kräfte gegen jemanden aufgebracht werden, der sie abwehren kann, fallen sie unweigerlich zurück auf den Urheber. Darum war ihr Gatte schrecklich krank geworden. Sri Aurobindo vergab dem Burschen generös und sagte in Amritas Gegenwart: »Deswegen braucht er nicht zu sterben.« Der Schwarzmagier erholte sich dann wieder.)

»Du siehst also«, sagte er am Ende seiner Erzählung, »daß die Mutter, die in Nordafrika Okkultismus studiert hatte, die ganze Sache aufgrund ihres tiefen okkulten Wissens verstehen konnte.«

»Und du?«

Er lächelte, hielt sich aber für einen Augenblick zurück, bevor er antwortete: »Auch ich hatte Hunderte von persönlichen Erfahrungen über okkulte Kräfte.«

»Wie steht es mit Levitation?«

»Ich fasse Levitation als annehmbare Idee auf, weil ich die Erfahrung der Naturenergie hatte, die, würde man sie entwickeln, Levitation bewirken könnte. Außerdem hatte ich auch physische

Erfahrungen, die nicht möglich gewesen wären, wäre das Prinzip der Levitation unwahr.«

»Aber wie kommt es dann«, fragte ich nach einer kurzen Pause, »daß sich die moderne Geisteshaltung so entschieden dagegen ausspricht, solche Erfahrungen anzuerkennen?«

»Ich habe diese Frage in meinen verschiedenen Werken beantwortet«, erwiderte er, »und habe dort gesagt, daß der Geist ein Instrument der Ignoranz ist, die sich dem Wissen entgegenentwickelt. Das will nicht heißen, daß der Geist überhaupt keinen Platz im spirituellen Leben hat; aber es heißt, daß er nicht einmal das Hauptinstrument und viel weniger noch die Autorität sein kann, dessen Urteil sich alles, einschließlich des Göttlichen, zu beugen habe ...

Die landläufige Meinung, daß man beurteilen könne, was jenseits des gewöhnlichen Bewußtseins liegt, während man gleichzeitig noch in diesem gewöhnlichen Bewußtsein steckt, ist unhaltbar. Darum ist der beste Weg der, seinen Geist so passiv wie möglich zu machen und sich zu der Wahrheit zu öffnen, die jetzt von dessen Vorurteilen befreit ist. Wichtig ist, im Bewußtsein zu wachsen, damit man fähig sei, die höheren Wahrheiten zu verwirklichen. Wenn du das tun kannst und deinem psychischen Wesen erlaubst, die Führung zu übernehmen, wird es dich in angemessener Zeit zu dem Öffnungsvorgang führen, bei dem der Geist nicht länger mehr mit seinem halbwachen Bewußtsein deine Vision beschneidet, weil jetzt ein höheres Licht, das von oben herabkommt«, er zeigte auf einen Bereich über seinem Kopf, »seinen Platz einnimmt und jetzt Wissen aus den höheren Bereichen des Geistes bis zum Overmind (Obermental) und zum Supramentalen in ihn herabsteigt. Wie du weißt, ist dies mein Yoga.«

Ich nickte ohne Begeisterung. »Ich weiß«, antwortete ich, »und ich sehe auch, daß ›mentale Passivität‹ höchstwahrscheinlich von Nutzen ist, wenn man sie nur bewerkstelligen könnte. Aber mein Problem ist, daß mein Geist zu widerborstig ist, um willig abzudanken. Und dann«, ich zögerte für einen Moment und fügte hinzu, »ist das Problem keineswegs geringer geworden, wenn ich mich dabei ertappe, daß ich mich frage ... ob nicht auch mentales Fragen von gewissem ... Nutzen ist! In solchen Augenblicken frage ich mich, ob ... ob nicht selbst unsere Zweifel durch das Leiden, das sie verursachen, von Nutzen sind ...«

»Was das Zweifeln angeht, glaube ich nicht, daß bloßes Zweifeln irgendeinen Nutzen bringen kann; mentales Fragen nützt, wenn es die Wahrheit anstrebt, aber Fragen nur um des skeptischen Fragens willen oder nur, um zu widersprechen, kann, wenn es sich gegen die Wahrheit des Spirits richtet, nur entweder Irrtum oder anhaltende Ungewißheit hervorrufen. Wenn ich ständig das Licht in Frage stelle, wenn es kommt, und sein Angebot der Wahrheit ablehne, kann das Licht nicht in mir verweilen, kann es sich nicht niederlassen; möglicherweise nicht willkommen geheißen und keine Grundlage im Mentalen findend, wird es sich zurückziehen. Man muß vorwärts in das Licht drängen und nicht ständig in die Dunkelheit zurückfallen und die Dunkelheit umarmen, weil man meint, sie sei das wahre Licht. Gleichgültig, welche Erfüllung man durch Schmerz und Elend und Zweifel fühlen mag, sie gehört immer der Ignoranz an: die wirkliche Erfüllung ist in Göttlicher Freude und der Göttlichen Wahrheit und ihrer Gewißheit, und danach strebt der Yogi. Während er sich durchkämpft, mag er vorübergehend dem Zweifel anheimfallen, aber nicht, weil er es will, sondern weil sein Wissen immer noch unvollkommen ist.«

Als nächstes fragte ich, ob mentale Ausweitung nicht gelegentlich die psychische Entwicklung behindere.

»Es kann sein und ist auch sehr oft der Fall«, antwortete er, »besonders, wenn die Haltung verkehrt ist; das heißt, wenn der Geist meint, er sei das Maximum unserer Persönlichkeit. Den Grund dafür habe ich dir zuvor erklärt. Wenn das höhere Licht kommt, um unsere Entwicklung zu beschleunigen, lädt es uns zur Mitarbeit ein. Wenn darum der Stolz des Mentalen und des Vitalen in den oberflächlichen mentalen Ideen nicht weichen will, kann es auch nicht eintreten. Aus diesem Grund habe ich dir, wie ich meine, mehr als einmal gesagt, daß man im Bereich des Spirits erst dann beginnt, wirklich zu wissen, wenn man weiß, daß man nichts weiß. Denn solange man nicht dazu bereit ist, über den Geist hinauszugehen, wird man kaum in der Lage sein, auch nur die geringste Vorstellung darüber zu gewinnen, wie die höheren Funktionen des Bewußtseins aussehen. Beispielsweise verstehen sich Menschen, die im Mentalen leben und damit zufrieden sind, im allgemeinen als physische Wesen oder Geschöpfe der Lebensenergie oder geistige Wesen, ohne die Notwendigkeit zu verspüren, eine Seele anzunehmen. Denn sie können sie nicht empfinden, es sei denn vielleicht in der Hoffnung, daß es sich dabei um etwas handle, das die Auflösung des Körpers überdauert. Aber zu mehr als dem sind sie aus dem einfachen Grund nicht bereit, daß sie ihre Seele niemals als etwas anderes als ihren Geist erfahren haben. Sie identifizieren sich darum«, fügte er hinzu, »mit ihrem mentalen Wesen und behaupten, daß die Seele ein Trugbild sei, weil sie nicht das Gefühl haben, eine Seele zu besitzen. Und so geht es weiter, solange das psychische Wesen noch verhüllt im Hintergrund verweilt ...«

Ich nickte einigermaßen traurig und antwortete: »Aber es ist eine Sache zu verstehen und eine ganz andere, dem Verstandenen zu gehorchen. Was ich sagen will, ist, daß ich es, obgleich ich begreife, daß es weise ist, den Geist zum Helfer zu machen, dennoch ungeheuer schwierig finde, die Geschmeidigkeit zu erlangen, die du empfiehlst. Könntest du mir nicht ein paar praktische Ratschläge geben, wie ich am besten anfangen kann?«

»Habe ich dir nicht in so vielen Briefen den Rat gegeben, mit deinem inneren Wesen in Verbindung zu kommen, zu versuchen, im Inneren zu leben und beispielsweise deine Dichtkunst und Musik zu Hilfe zu nehmen, weil sie deine Hingabe – *bhakti* – fördern und dir helfen, die richtige Haltung anzunehmen? Ich habe dir gesagt – und du hast es auch selbst erkannt –, um wieviel leichter man den psychischen Weg, den sonnenbeschienenen Pfad, gehen kann, wenn man die richtige Haltung hat, da es dann dem psychischen Wesen so viel leichter fällt, sich zu zeigen. Und ich habe dir auch so viele Male gesagt, daß es, je mehr dein psychisches Wesen hervortritt, um so leichter wird, die menschliche Natur in ihr Göttliches Absolut umzuwandeln. Darum habe ich dir immer empfohlen, diesem Weg zu folgen – dem Weg der Hingabe, des Dienstes und der Arbeit –, denn es fällt deiner Natur leichter, diesem als jedem anderen Weg zu folgen.«

»Du kannst gewiß sein, daß ich all dies intellektuell begreife«, antwortete ich kläglich. »Nur – nun, ich finde diesen Weg alles andere als leicht, wie ich dir ja schon so oft gesagt habe. Meine mentale und vitale Selbstsucht platzt einfach immer wieder herein und verdirbt alles, und ich sitze in der Patsche und sehe die Dinge immer verkehrt ...

Mein Problem ist – was ich sagen will, ist –, ich kann die psychische Haltung einfach nicht beibehalten. Warum kann ich das nicht?«

»Darauf kann ich dir antworten: weil dein Vitales durch Ungeduld ruhelos wird und dann dein Geist beginnt, herumzuzappeln und in Frage zu stellen – habe ich dir all das nicht schon längst gesagt?« ...

»Aber wie sieht es mit dem Weg des Wissens aus, um den Geist ruhig zu machen?«

»Nun, da gibt es verschiedene erprobte Techniken – ich meine für diejenigen, die bestimmt sind, diesen Weg zu beschreiten. Einer davon ist der, dem beispielsweise Vivekananda folgte. (›Als erstes sollst du für einige Zeit sitzen und den Geist seiner Wege laufen lassen. Der Geist sprudelt ununterbrochen. Er ist wie ein umherspringender Affe. Laß ihn springen, soviel er kann; du wartest einfach und schaust zu... Wenn du nicht weißt, was der Geist macht, kannst du ihn auch nicht kontrollieren. Laß die Zügel schleifen... Du wirst merken, daß er von Tag zu Tag ruhiger wird..., bis der Geist schließlich völlig der Kontrolle unterliegt.‹)

Nun, das ist ein Weg zur Meisterschaft über deine Gedanken zu gelangen«, sagte Sri Aurobindo, nachdem er den Vorgang erklärt hatte. »Es gibt auch andere. Lele, beispielsweise, zeigte mir einen. ›Mache deinen Geist still‹, sagte er mir, ›denke nicht aktiv. Dann wirst du feststellen, daß die Gedanken, von denen du meinst, es seien deine eigenen, von außen kommen; stoße sie von dir weg, so wie sie kommen, und dein Geist wird still werden.‹ So etwas hatte ich noch nie zuvor gehört. Aber ich stellte die Möglichkeit nicht in Frage, noch bezweifelte ich deren Wahrheit. Ich akzeptierte, was er sagte, und machte meinen Geist inaktiv und beobachtete lediglich, welche Gedanken auftauchten und von wo sie kamen. Dann sah ich eine wunderbare Sache, der Geist als Ganzes still und einzelne Gedanken, die tatsächlich von außen kamen! Und sie wies ich von mir ab, bevor sie in die Aura meines Geistes eindringen konnten. Auf diese Weise wurde ich innerhalb von drei Tagen frei von allen Gedanken, und mein Geist wurde universal und befreit. Ebenso wurde ich der Meister der eintretenden Gedanken und war nicht länger ihre Puppe, da ich wählen konnte, welche ich wollte, und den Rest abweisen ... Aber in deinem Fall wäre es besser, wenn du, wie ich dir bereits gesagt habe, dem psychischen Weg folgst.«

»Aber ich versuche es«, erwiderte ich. »Ich versuche es mit Hilfe meiner Musik und Dichtung, wie du es genauer gesagt hast, und du weißt auch sehr gut, wie hart ich daran gearbeitet *habe*. Aber die Schwierigkeit ist – und sie nimmt, wie ich fürchte, an Bedeutung zu –, daß mich diese Tätigkeiten nicht länger befriedigen, wie ich dir ja schon so oft geschrieben habe. Denn, was ich auch tue, ich werde das Gefühl einfach nicht los, daß solche Betätigungen – wie soll ich sagen – nun, letzten Endes sinnlos wie Spiele sind, die man nicht mag, aber wo man doch so tun muß, als würde man sie mögen.«

»Ich weiß«, antwortete er nach einer gedankenvollen Pause, »das ist die alte Tendenz zur *vairagya* (Abscheu vor der Welt), die sich irgendwo in deiner Natur eingegraben hat.« Er hielt inne und blickte mich gerade an, als er hinzufügte: »Wie du weißt, kümmere ich mich persönlich nicht um *vairagya*. Ich habe immer den Weg der *samata* – des Gleichmuts – vorgezogen, der in der Gita beschrieben ist, bei dem man an nichts verhaftet oder gefesselt durch irgendetwas ist.«

»Und andererseits«, fügte ich hinzu, »ist da die kuriose und einigermaßen verwirrende Sache, daß andere das Gefühl zu haben scheinen, ich sei ein leuchtender Kristall der Freude und des Glaubens und der Stärke, selbst wenn ich, in bitterem Ernst, nur traurig und schwach und einsam bin. Wie kommt das?«

»Nichts Einfacheres als das«, sagte er. »Sie kommen nur mit deinem inneren Wesen in Berührung, wo all dies wonniglich glitzert.«

Als er dies sagte, erinnerte ich mich an eine seltsame Erfahrung im Jahre 1936 (die bereits an anderer Stelle in diesem Buch erzählt wurde) ...

Er schien meine Gedanken zu lesen, denn er sagte: »Solche Dinge kommen im spirituellen Bereich vor – Dinge, die sich der Geist nur schwer vorstellen kann. Ich will dir ein Beispiel geben. Es ist eine Tatsache spiritueller Erfahrung, daß der Guru sogar geringer sein kann als der Schüler und dennoch in der Lage ist zu helfen; er kann sogar ein Instrument dafür sein, dem Schüler zu geben, was er selbst nie verwirklicht hat.«

»Nun«, entschuldigte ich mich etwas beschämt, »ich wollte nicht wirklich die Richtigkeit deiner Worte bezweifeln, ich hatte mich nur gefragt – wie soll ich es sagen –, ich hatte mich gefragt, ob du von einer konkreten Kraft gesprochen hast.«

»Konkret? Was meinst du mit ›konkret‹? Spirituelle Kraft hat ihre eigene Konkretheit. Sie kann eine Form annehmen – beispielsweise wie ein Strom –, derer man sich gewahr ist und die man ganz konkret auf jedes beliebige Objekt richten kann. Dies ist die Feststellung einer Tatsache der Macht, die dem spirituellen Bewußtsein innewohnt. Aber es gibt auch so etwas wie ein willentliches Anwenden subtiler Kräfte – die spiritueller, mentaler oder vitaler Natur sein können –, um an einem bestimmten Punkt der Welt ein bestimmtes Ergebnis zu sichern. Ebenso wie es Wellen unsichtbarer physischer Kräfte gibt (kosmische Wellen etc.) oder Elektrizitätsströme, gibt es auch Geistwellen, Gedankenströme, Gefühlswellen – wie beispielsweise Wut, Traurigkeit etc. –, die sich ausbreiten und andere ergreifen, ohne daß diejenigen wissen, von wo sie kommen, oder daß sie überhaupt von irgendwo kommen; sie fühlen nur das Ergebnis. Jemand, dessen innere oder okkulte Sinne wach sind, kann fühlen, wie sie kommen und in ihn eindringen. Gute oder schlechte Einflüsse können sich so ausbreiten; das kann unbeabsichtigt und natürlich passieren, aber man kann sie auch bewußt anwenden. Man kann auch absichtlich eine spirituelle oder andere Kraft erzeugen. Ebenso kann man auch den zielgerichteten Willen oder die zielgerichtete Idee, die direkt ohne äußerliche Hilfe, Sprache oder andere Instrumentation einwirken, anwenden, die zwar nicht im eigentlichen Sinn konkret, aber dennoch wirksam sind. Dabei handelt es sich nicht um Imaginationen oder Trugbilder oder Humbug, sondern um Wirklichkeiten.«

Während er so sprach, war sein Gesicht strahlender als je anzublicken, und ich fühlte ein Entzücken durch mein Rückgrat strömen. Und plötzlich wurde ich von seiner Kraft ergriffen und fühlte mich, als wäre ich in ein Wesen der Gewißheit verwandelt worden! Die Dunkelheit des Zweifels schien plötzlich so fern zu sein! Aber jenseits all dieses Staunens und dieses Hochgefühls, jenseits des berauschenden Gefühls, seine Worte von Angesicht zu Angesicht einsaugen zu dürfen, empfand ich Scheu, daß solch eine Inkarnation der Macht und Weisheit von Angesicht zu Angesicht mit mir wie mit einem *Freund* spricht! Aber in mir erwachte kein Stolz, nur tiefe Demut, die so schüchtern ist, daß sie beinahe die Einladung ablehnt, daß mir solch ein Lichtwesen der Liebe das Recht einräumt, mit ihm zu lachen, zu argumentieren – ja selbst mit ihm zu plänkeln, wie man es mit einem Kameraden tut!

Eine Pause setzte ein, und ich fragte mich, was als nächstes kommen würde. Aber er sagte nichts. Ich blickte in seine Augen und schaute wieder weg. Aber er sagte nichts. Dann ließ ich mich zu einer seltsamen Regung hinreißen, die ich mir nicht erklären konnte. Ich platzte mit einer einfach aus der Luft gegriffenen Frage heraus. Ich warf einen Blick auf ihn und fragte: »Wann kommst du aus deiner Abgeschiedenheit heraus?«

Er lächelte und antwortete: »Ich weiß es nicht.«

»Was soll das bedeuten? Sicher wirst du es wissen?«

Er lachte. »Nicht in der Art, wie du etwas weißt«, sagte er, während er mich aufmerksam anblickte.

Er hielt für einen Augenblick inne und fügte dann zu meiner Pein hinzu: »Denn ich befinde mich nicht mehr auf der mentalen Ebene. Ich bestimme nicht aus dem Geist.«

»Aber dennoch«, blieb ich hartnäckig, »kannst du doch nicht sagen wollen, daß eine strahlende Persönlichkeit wie du in diesem kleinen Zimmer bis – bis an das Ende aller Zeiten eingezwängt bleibt?«

»Aber ich habe dir gesagt, daß die Dinge bei mir nicht vorherbestimmt sind«, sagte er mit ruhiger Stimme. »Im Augenblick genügt es, wenn ich sage, daß ich nicht tun kann, was ich zu tun habe, wenn ich weiterhin Leute empfange etc. . . .«

»Ich habe dir zum Teil in meinen letzten Briefen erklärt, womit ich beschäftigt bin«, fuhr er nach einer kleinen Pause fort. »Aber du wirst dir gut vorstellen können, daß es viele andere Hindernisse gibt, die ich zu überwinden habe.«

In einem anderen Brief – am 20.12.1946 – schrieb er mir: »Ich weiß und habe hundertfach erfahren, daß sich jenseits der schwärzesten Dunkelheit für einen, der ein göttliches Werkzeug ist, das Licht von Gottes Sieg befindet.«

»Hast du irgendeinen unmittelbaren Beweis, der für solch eine Prognose spricht?« fragte ich wieder.

Ein leises Lächeln spielte um seine Lippen. Er hielt meinen Blick für einige Sekunden fest, ohne zu antworten, und sagte dann: »Das habe ich.«

»Verstehe ich richtig, daß dein Supramentales schließlich doch eine ernsthafte Angelegenheit ist – ich meine, in dem Sinn, daß es endlich für uns Menschen herabkommt?«

Sein Lächeln wurde jetzt zu Lachen. »Ja«, erwiderte er, »nur sage ihnen, wenn du mit den anderen sprichst, daß es nicht ihre Angelegenheit ist.«

»Verstehe ich recht«, fragte ich weiter, nachdem das Gelächter abgeklungen war, »daß der Sieg über die asurischen Kräfte die Herabkunft des Supramentalen bewirken wird?«

»Das allein genügt nicht«, sagte er mit einem Blick, der von weither zu kommen schien, »aber er wird Bedingungen schaffen, die die Herabkunft möglich machen.«[3]

Es war etwas im Klang seiner Stimme und in seinem Blick enthalten, das einen Akkord tief in meinem Innersten erklingen ließ. Ich zögerte etwas und wagte dann die Frage, vielleicht nur, um es von seinen Lippen zu hören? Ich weiß es nicht. Ich weiß nur, daß mich etwas Unwiderstehliches dazu drängte.

»Ist deine wirkliche Arbeit dies Hervorbrechen des Supramentalen?«

»Ja«, sagte er schlicht. »Ich bin dafür gekommen.«

Und ich lachte mit ihm, ich argumentierte mit ihm, überprüfte seine Ansichten . . ., weil er mir das Recht dazu gegeben hatte, indem

---

[3] Die Herabkunft des Supramentalen fand 1956 statt, sechs Jahre nachdem er sich aus seinem Körper zurückgezogen hatte. Von dieser Herabkunft und den folgenden Konsequenzen berichtet Die Mutter in verschiedenen Gesprächen. Siehe dazu: *Für die Zukunft*, Nr. 6/1977 »Erfahrungen des Supramentalen«, Auroville Verlag, Planegg, sowie Fischer Taschenbuch, Band 1700: »Auroville – Stadt des Zukunftsmenschen« und »Die Sonnenrevolution« (in Vorbereitung).

er mich in seiner unendlichen Güte »einen Freund und Sohn« nannte! Mir kamen unvermeidlicherweise die Gewissensbisse von Arjuna aus der Gita in den Sinn:

>»Oft habe ich dich als menschlichen Gefährten angesprochen und mit dir gelacht – unfähig, deine unendliche Größe zu begreifen, während ich meinen Sitz oder Liege mit dir teilte – aus Liebe zu dir als Freund: für all diese Mißgriffe der Ehrfurchtslosigkeit bitt' ich in Reue um Vergebung dich …«

(An dieser Stelle ist es angebracht, auch einen Abschnitt aus seiner *Synthesis of Yoga* zu zitieren, der sehr gut zu meinem Thema paßt: »Aber der weise Lehrer wird nicht versuchen, sich oder seine Ansichten der passiven Hinnahme des empfänglichen Geistes aufzudrängen; er wird nur ins Feld führen, was produktiv und als Samenkraft, die unter der inneren göttlichen Pflege zur Entfaltung gelangen wird, sicher wirksam ist. Er wird viel mehr versuchen, zu erwecken als anzuweisen. Sein Werk … ist eine Aufgabe, die aus der Höhe kommt, er selbst ein Verbindungskanal, ein Gefäß oder ein Stellvertreter. Er ist ein Mensch, der seinen Brüdern hilft, ein Kind, das Kinder führt, ein Licht, das andere Lichter entfacht, eine erwachte Seele, die Seelen erwachen läßt, und als Höchstes eine Kraft oder Gegenwart des Göttlichen, die andere Kräfte des Göttlichen zu sich ruft.«)

Und der überzeugendste Beweis dafür, daß er jedes Wort davon auch meint, ist die Tatsache, daß mich meine »Widerspenstigkeit« näher zu ihm führte und zum großen Entsetzen der hundertprozentigen Eiferer unseres Ashrams nicht einfach zurückgewiesen wurde.

All dies stimulierte mich, wie es oft im Yoga geschieht, auf eine seltsame Weise, und zwar in dem Sinn, daß ich gerade das Gegenteil befürchtet hatte, nämlich, daß mir Gurudev nur noch die kalte Schulter zeigen würde, nachdem ich zu feurig gebeichtet hatte, daß ich nicht einmal im Traum daran denken könne, ihn auf die gleiche Stufe wie Krishna als Messias oder Gottesmann zu stellen, der mit uns Sterblichen Verstecken spielt.

Und eben weil er wirklich groß war, konnte er mir seine ergötzliche Vertraulichkeit auch dann noch so verschwenderisch zukommen lassen, als ich mich so entschieden geweigert hatte, ihn, so wie die anderen es taten, blindlings zu vergöttern. Es tut mir wirklich leid, daß so viele in unserem Ashram darauf bestanden, ihm die Krone der Avatarschaft selbst dann noch zuzusprechen, nachdem er an Nirod (am 8.3.1935) geschrieben hatte: »Laß mich klarstellen, daß ich alles, was ich geschrieben habe, nicht zu Papier gebracht habe, um zu beweisen, daß ich ein Avatar sei! Du hast es bei deiner Vernünftelei mit der persönlichen Frage zu tun; ich beschäftige mich mehr mit der allgemeinen. Ich versuche etwas des Göttlichen, dessen ich mir bewußt bin und das ich fühle, zu manifestieren – es ist mir völlig gleich, ob mich dies zu einem Avatar oder irgend etwas anderem macht. Mit Manifestation meine ich natürlich, das Bewußtsein auszudrücken und es auszubreiten, so daß es auch andere fühlen, in es eintreten und in ihm leben können.«

Aber all das sei nur am Rande erwähnt. Wenn A B C ... X Y Z völlig davon überzeugt sind, daß er tatsächlich ein größerer Avatar *war* als Krishna, ist es ihre Angelegenheit, und ich räume ein, daß sie jedes Recht dazu haben, ihre Überzeugung von den Dächern herab zu verkünden. Was ich nur einwenden will, ist, daß sie mich nicht als abtrünnig verdammen sollen, wenn ich meine Überzeugung zum Ausdruck bringe, die nicht ihrer entspricht. Und der Hauptgrund, warum ich all dies erzähle, ist nicht, Sri Aurobindo herabzuwürdigen, sondern vielmehr die Größe seiner unglaublichen Toleranz und seines Verständnisses hervorzuheben, die es mir ermöglichte, ihm, nach all diesem Umtrieb, alles mitzuteilen, was ich über ihn und seine Aufgabe, so wie ich sie mir vorstellte, empfand, und *ihn* zu bitten, mich bei all den Auseinandersetzungen zu unterstützen, die ich mit meinen bösartigen Kritikern hatte. Ich will deshalb dieses Kapitel mit einer Reihe von Auszügen aus seinen Briefen beenden, die sich mit dieser Verwirrung beschäftigen. Denn eine Verwirrung war es tatsächlich gewesen, und zwar so sehr, daß Krishnaprem – dem ich über das Ganze geschrieben hatte – zur Feder griff, um meine Düsternis mit dem Sonnenschein seines strahlenden Lachens zu vertreiben:

»Aber was ist denn das für eine bedrohliche Nachricht, daß du das Lachen aufgeben willst? Gib auf, was du willst: Argumentieren, Besucher, Lesen, Schreiben – aber wenn du das Lachen aufgibst, werde ich zumindest weinen. Wenn du einer derartig entsetzlichen Ketzerei nicht abschwörst, werde ich es nicht wagen, dich noch einmal zu treffen. Du würdest still in mein Zimmer kommen, vielleicht eine Träne von deinen Augen wischen und mir gemessenen Tones verkünden: ›Bruder, sollen wir gemeinsam ein wenig meditieren?‹ Widerlich! Und dann würden wir mit niedergeschlagenen Augenlidern heimlich einer zum anderen schielen, um festzustellen, wer am tiefsten meditiert! Und dann: ›Sollen wir ein kleines heiliges Gespräch führen, Bruder?‹ Erschreckend! Ich kann mir nicht wirklich vorstellen, daß du dir etwas so Furchterregendes ausgedacht hast!«

Ich sandte diesen Brief zu Gurudev und bat ihn um seine Meinung: Hat Sinn für Humor überhaupt irgendeinen Platz im Yoga? Am nächsten Morgen kam die Antwort: »Sinn für Humor? Er ist das Salz des Lebens. Ohne ihn wäre die Welt schon völlig aus dem Gleichgewicht geraten – sie ist schon wacklig genug – und schon vor langer Zeit zum Teufel gefahren.«

Mag dies als Einleitung zu seinen Briefen genügen, die er über Krishna schrieb und die gewiß von allen Krishna-Liebenden willkommen geheißen werden.

18.6.1943

»Ich dachte, ich hätte dir bereits gesagt, daß deine Hinwendung zu Krishna kein Hindernis war. Wie dem auch sei, will ich sie, in Antwort auf deine Frage, abermals gutheißen. Wenn wir die große und beherrschende Rolle in Betracht ziehen, die er in meiner *sadhana* gespielt hat, wäre es merkwürdig, Einwände gegen die Rolle zu erheben, die er in deiner spielt. ›Sektierertum‹ ist eine Angelegenheit von Dogma, Ritual etc., aber nicht von spiritueller Erfahrung; die Weihung an Krishna ist eine Selbstüberantwortung an Ishta Deva (die höchste Gottheit). *Wenn du zu Krishna kommst, kommst du zum Göttlichen; wenn du dich Krishna geben kannst, gibst du dich mir.* Auf jeden Fall spielt es keine große Rolle. Wir haben deine Loyalität und Hingabe, deine Arbeit und deinen Dienst akzeptiert. *Was immer sonst nötig ist, wird später von selbst kommen.* An deiner Selbsthingabe in der Arbeit und im Dienen ist nichts Falsches; sie ist ziemlich genau so, wie sie sein sollte; es gibt keinen Grund dafür, deshalb in Sorge zu sein. Sei nicht zu schüchtern und zu leicht entmutigt. Mehr Widerstandskraft in Schwierigkeiten und mehr Vertrauen in deine spirituelle Bestimmung.«

16.9.1944

»Was Krishna anbelangt und Hingabe, habe ich dir diese Frage, wie ich glaube, schon mehr als einmal beantwortet. Ich habe absolut nichts gegen die Anbetung Krishnas oder die Vaishnava-Art der Hingabe, ebenso wie es keine Unvereinbarkeit zwischen der Vaishnava-*bhakti* und meinem Supramentalen Yoga gibt. Tatsächlich gibt es keine spezielle und ausschließliche Art des Supramentalen

Yoga: alle Wege können zum Supramentalen führen, ebenso wie alle Wege zum Göttlichen führen können.

Ganz gewiß werde ich dir helfen und helfe ich dir bereits und werde dir immer helfen; die Vorstellung, daß ich dies nicht mehr tun könnte oder dich fortschicken würde (weil du so stark nach Krishna dürstest), hat gar keinen Sinn. Wenn du ausdauernd bist, kann es gar nicht anders kommen, als daß du die ständige *bhakti* und die ersehnte Verwirklichung erlangst, aber du solltest lernen, dich vollständig darauf zu verlassen, daß Er dir all dies gibt, wenn Er alles bereitet findet und die Zeit für gekommen hält. Wenn Er von dir erwartet, daß du zuerst Unvollkommenheiten und Unreinheiten beseitigst, ist dies doch verständlich. Ich sehe nicht ein, warum du dazu nicht in der Lage sein solltest, jetzt, wo deine Aufmerksamkeit ständig dieser Aufgabe zugewendet ist. Sie klar zu sehen und sie anerkennen, ist der erste Schritt.«

17.9.1944

»Sicherlich spricht man Krishna viel Eigensinn, schwieriges Verhalten und eine Verspieltheit *(lila)* zu, welche diejenigen, mit denen gespielt wird, nicht sogleich begeistern mag. Aber es ist Sinn und eine versteckte Methode in seinem Eigensinn enthalten, und wenn Er ihn ablegt und Spaß daran findet, nett zu dir zu sein, besitzt Er eine höchste Anziehungskraft, einen Charme und Verführungskraft, die alles wiedergutmachen, was du erlitten hast. Dein Entschluß, die Zurückgezogenheit fortzusetzen, hat selbstverständlich unsere volle Zustimmung.«

2.10.1944

»Was soll man über Dummheit sagen? Es ist ein universeller menschlicher Fehler. Deine Bemerkung über Krishna war nicht so sehr dumm als haarsträubend unlogisch. (Ich hatte Gurudev geschrieben, daß ich *als Neuestes* entdeckt habe, daß ich dumm und empfindlich sei.) Wenn Krishna von Natur aus kalt und fern wäre (mein Gott, was für eine Entdeckung – der Krishna aller Menschen!), wie könnte dann menschliche Hingabe und Aspiration Ihm nahekommen – Er und sie würden bald wie der Nord- und Südpol sein, die immer eisiger werden und sich gegenüberstehen, sich aber wegen der Erdkrümmung niemals sehen können! Und wenn außerdem Krishna die menschliche *bhakti* nicht ebenso mögen würde wie der menschliche *bhakta* Ihn mag, wer könnte Ihn dann je erreichen?

Er würde für immer wie Shiva auf den Schneegipfeln der Himalayas verharren!«

Aber der Höhepunkt war erreicht, als mir ein loyaler Anhänger von Gurudev zu meinem höchsten Unbehagen einen Brief schrieb, in dem er mich wegen meiner falschen Gefühlslage zurechtwies. Er empfahl mir – zweifellos mit den wohlmeinendsten Absichten –, Sri Aurobindo und nicht Krishna anzubeten. Er begründete dies damit, daß ich, wenn ich mich Sri Aurobindo zuwenden würde, Krishna ganz leicht auf dem Weg zum Supramentalen finden könne, während ich, wenn ich nur Krishna anbetete, von Ihm nur zum Obermentalbereich und nicht zum höhergelegenen Supramentalen gebracht würde, da Krishna nur bis zum Obermentalen gelangen könne, nicht zum Supramentalen, das nur Sri Aurobindo herabbringen kann. Der lange Brief meines Freundes endete damit, daß er mich, Unheil ahnend, warnte und sagte, daß, obgleich Krishna im Supramentalen »enthalten« sei, Er das Supramentale nicht in Sich Selbst enthalten könne! Gehorsam sandte ich diesen Brief zu Gurudev hoch, der mir (am 10. 2. 1944) antwortete:

»Ich bin verwirrt und verwundert über diese Affäre mit Krishna und dem Supramentalen. A. B. C. D. E. F. etc. aus Bombay, Nagpur und Delhi und P. Q. R. bis zu X. Y. Z. aus Kalkutta und Pondicherry werden in der Lage sein, das Supramentale beim Schopf oder am Schwanzende zu packen, um es in sich zu ›enthalten‹ und nur der arme Krishna soll es nicht können? Er kann nur Selbst in ihm ›enthalten‹ sein? Harte Worte über Bhagavan Vaseduva! Was ich gesagt habe, war, daß Krishna in *Seiner* Inkarnation das Obermentale in den menschlichen Möglichkeitsbereich brachte, weil dies *zu jener Zeit* sein Anliegen war und alles war, was *damals* getan werden konnte; Er hatte das Supramentale nicht herabgebracht, weil dies *auf jener Stufe menschlicher Entwicklung* nicht möglich, zumindest aber nicht beabsichtigt war. Ich wollte nicht sagen, daß Er das Supramentale nicht hätte herabbringen können, wenn dies zu jener Zeit beabsichtigt gewesen wäre. Du hörst zu leichtfertig auf jedermann, G. H. oder Q. beispielsweise, und betrachtest deren geistreiche Haarspaltereien oder unangemessen autoritäre Ideen als biblische Wahrheiten; das bewirkt mentale Konfusion. Ich glaube, daß Krishna weiterhin Absichten mit uns hat und daß Er nicht davonlaufen wird, wenn das Supramentale herabkommt; warum also sollten Mutter und ich dich wegen Ihm wegschicken? Es wäre eine höchst unlogische Prozedur. So ist es.«

Aber da ich nichts mehr fürchtete als Unloyalität, fragte ich Krishnaprem (dem ich jeweils Gurudevs Briefe über Krishna zukommen ließ), ob es unloyal oder nicht ratsam sei, wenn ich Krishna durch den Guru auf die traditionelle Vaishnavaweise verwirklichen wolle, da diese *sadhana* sehr anziehend auf mein Temperament wirke. Darauf antwortete er:

»Ich denke, daß ich es schon einmal gesagt habe, aber ich will es dennoch wiederholen: wenn dir dein Guru deine *bhava* (Neigung) zu Krishna erlaubt, und mehr noch, dich dazu ermutigt, gibt es keinen Grund für dich, darüber zu grübeln, was andere sagen oder fühlen mögen. All dies Gerede der ›anderen‹, daß du dies oder jenes nicht erlangen wirst, wenn du weiter diesem Weg folgst, ist Unsinn. Es gibt überhaupt nichts, das man nicht zu Krishnas Füßen bekommen könnte. Würde dich dein Guru darin nicht bestärken, hätte ich vielleicht gezögert, dies zu sagen, da ein Weg, der vom Guru nicht gutgeheißen wurde, niemals erfolgreich gegangen werden kann: wie gut er an sich auch sein mag, es wäre *paradharma* (gegen die eigene Natur). Aber in deinem Fall sieht es ganz anders aus. Aus dem, was er geschrieben hat, geht klar hervor, daß er völlig zufrieden mit dem ist, was du tust. Es mag sein, daß ich all dies in meinem Brief geschrieben habe, den ich dir kurz nach ›Ma's‹ Tode schickte, aber da ich mich nicht mehr erinnern kann, was ich damals geschrieben habe, bitte ich dich, die mögliche Wiederholung zu entschuldigen.

Zweifellos gibt es viele Wege, um über den Geist hinauszugelangen, weil genau dorthin alle Wege führen müssen, die echte Wege sind. Ich will nur zwei erwähnen. Der eine ist, den Geist dazu einzusetzen, den Geist zu negieren, um so die Seele zu veranlassen, über ihn hinauszugehen. Das ist der Weg von Nagarjuna und, obgleich weniger rein, der von Shankara. Es ist ein gerader Pfad, aber er nimmt, ebenso wie ein gerader Weg auf einer Landkarte, keine Rücksichten auf natürliche Hindernisse und ist deshalb sehr hart. Auf jeden Fall ist er nicht ratsam für dich. Der andere Weg ist jener der Liebe und Überantwortung. Krishna zu kontemplieren, führt geradewegs über den Geist hinaus. Erst kürzlich begriff ich während eines Gesprächs mit einem Vedanti-Freund, einem sehr guten *sannyasi*, der in der letzten Zeit hier lebt, wie sehr jenseits des Geistes die Kontemplation Krishnas ist. Auf seine Argumente, warum dies oder jenes wahr sein sollte, konnte ich nur antworten, daß es zweifellos wahr sei. Alles, was Krishna angeht, ist jenseits des geistigen Zugriffs, und ich stellte fest, daß ich keine einzige seiner rationalen Feststellungen und Kompromisse, die seinem Geist entsprangen, annehmen konnte. Sie waren einfach unangemessen. Auch er wollte über den Geist hinausgehen, aber nur auf seine eigene nüchtern *philosophische* Art. Aber warum? An Krishna findest du nichts Nüchternes. Er versetzt in taumelndes Entzücken, wo und wen Er berührt, und so springen Seine Anbeter, wo andere – oder wenigstens einige andere – nur einherschreiten können, gewissermaßen, als hätten sie einen Stock verschluckt!

Aber wozu all dieser Trubel? Es gibt Leute, die nicht mit dir übereinstimmen? Nun, laß sie. Warum sollte es dich, selbst wenn es *fortgeschrittene sadhakas* sind, kümmern? Du sollst dich lediglich um die Zustimmung oder Ablehnung kümmern, die von deinem Guru oder Krishna stammen. ›Aber‹, wirst du vielleicht sagen, ›es sind meine *Bruderschüler.*‹ Laß sie es sein, Gurus lehren verschiedene Schüler verschiedene Dinge. Sorge dich nicht um das, was er andere gelehrt hat. Du sollst tun, was er *dich* gelehrt hat.

Dein Krishnaprem.«

Ich habe diese Briefe ohne Gewissensbisse oder Angst vor der Hölle (weil ich Vertrauliches veröffentliche) zitiert, und zwar einmal deshalb, weil ich fühlte, daß sie manchem Sucher helfen würden, besser die Größe Gurudevs zu würdigen, und zum anderen, weil Krishnaprems Hingabe an seinen Guru für Hunderte, die immer noch im Dunkel trostlosen Zweifels verharrten, nichts weniger als ein unerschütterlicher Leuchtturm war. Auch sollte ich hinzufügen, daß er mir und vielen anderen nicht nur dadurch geholfen hat, daß er uns Mut in unseren Stunden der Verzweiflung zusprach, sondern auch dadurch, daß er über unseren Wankelmut den Glanz der beständig leuchtenden Flamme ergoß, die er in seinem Herzen durch seine ausdauernde *sadhana* und Treue zu seinem Guru entfacht hatte.

12. Kapitel

BOTSCHAFTER DES UNMITTELBAREN*

Die Gita sagt, daß alles, was einen Anfang hat, auch ein Ende haben muß. Nachdem mir Gurudev die Gewißheit gegeben hatte, daß er mich wegen meines beharrlichen Festhaltens an Krishnas Einzigartigkeit um keinen Deut weniger liebte, glätteten sich die Wellen allmählich wieder, und die Wirrnis kam zu einem Ende.

Aber wehe mir Elendem! Die Frist war ebenso kurz, wie sie ergötzlich war. Denn ich hatte kaum einen Schimmer davon erhascht, was Gurudev den »sonnenbeschienenen Pfad« nannte, als unvermittelt ein Donnergrollen hereinbrach und sich mein Horizont wieder einmal verdunkelte, diesmal mehr als je zuvor.

Es geschah wie folgt:

1946 wurden in Ostbengalen Tausende von Hindus niedergemetzelt, ihre Frauen vergewaltigt, Häuser niedergebrannt und Mädchen entführt. Ich war verzweifelt, und zwar um so mehr, als mir meine Freunde ständig schrieben, wie wichtig die Notstandsarbeiten für die überlebenden Hindus seien. »Warum soll ich nicht an dem Hilfswerk teilnehmen, Guru?« schrieb ich ihm, nachdem ich ihm einen langen Bericht über den verödeten Zustand meines Herzens gegeben hatte: »Ich werde dadurch nicht viel verlieren, da ich nicht das Gefühl habe, daß ich eine große Leuchte bei deinem Supramentalen Yoga bin und mich darum wieder oft Tagores Bemerkung aus dem Jahr 1938 erinnere, als er sagte: ›Du und ich, Dilip, sind aus Veranlagung Künstler, keine Yogis.‹ Erlaubst du mir also zu gehen?« – und so weiter.

Darauf antwortete Gurudev:

»Nachdem ich deinen Bericht über deinen gegenwärtigen Zustand erhalten habe, für den ich volles Verständnis habe, bleibt mein Ratschlag unverändert: ausdauernd durchhalten, bis die Morgenröte kommt – was sie ganz gewiß tun wird, wenn du der Versuchung widerstehst, in eine äußere Dunkelheit zu entfliehen, die sie nur mit viel größerer Mühe durchdringen könnte. Die Einzelheiten, die du anführst, überzeugen mich überhaupt nicht, daß Tagore recht mit

---

* *Ich sah Des Allmächtigen flammende Pioniere ...*
  Botschafter des Unmitteilbaren,
  Die Architekten der Unsterblichkeit.
  (Savitri, Buch III, Canto 4)

seiner Vermutung hatte, daß deine *sadhana* nicht mit meinem Yoga übereinstimmen würde, oder daß du recht mit deiner Schlußfolgerung hast, daß du nicht für diesen Yoga bestimmt seiest. Ganz im Gegenteil handelt es sich hier um Dinge, die bis zu einem gewissen Grad beinahe unvermeidlich auf einer gewissen kritischen Stufe auftauchen, die fast jeder zu durchlaufen hat und die für gewöhnlich unerfreulich lange anhält, die aber überhaupt nicht niederschmetternd oder endgültig zu sein braucht. Wenn man ausdauernd ist, ist es gewöhnlich die Periode dunkelster Nacht vor der Morgenröte, die auf jeden oder auf fast jeden spirituellen Sucher zukommt. Das geschieht, weil man einen Sprung in bloßes physisches Bewußtsein machen muß, ohne Unterstützung durch irgendein wahres mentales Licht oder irgendeine vitale Freude am Leben zu erhalten, denn diese ziehen sich gewöhnlich hinter den Schleier zurück, obgleich sie nicht, wie es den Anschein hat, für immer verloren sind. Es ist eine Periode, während der Zweifel, Verneinung, Dürre, Farblosigkeit und verwandte Dinge mit einer großen Kraft hochkommen und oft für einige Zeit die Herrschaft übernehmen. Wenn man diese Stufe erfolgreich hinter sich gelassen hat, beginnt das wahre Licht zu erscheinen, das Licht, das nicht dem Geist, sondern dem Spirit entstammt. Das spirituelle Licht kommt zweifellos auf den früheren Entwicklungsstufen zu einigen bis zu einem gewissen Grad, und zu einigen wenigen in einem großen Maß, obgleich das nicht bei allen so ist – denn einige müssen warten, bis sie das behindernde Material im Geist, im Vitalen und im physischen Bewußtsein ausfegen können, und bis das geschehen ist, werden sie nur hie und da berührt. Aber selbst wenn es sehr gut geht, ist dieses frühe spirituelle Licht nie vollständig, bevor man nicht der Dunkelheit des physischen Bewußtseins ins Gesicht geschaut und sie überwunden hat. Man verfällt diesem Zustand nicht durch die eigenen Fehler; er kann kommen, wenn man das Beste gibt, um voranzukommen. Er ist kein wirklicher Hinweis auf irgendeine radikale Unfähigkeit in der Natur, aber gewiß ist er eine harte Prüfung, und man muß sehr hartnäckig sein, damit man sie besteht. Es ist schwierig, diese Dinge zu erklären, weil der menschliche Verstand Schwierigkeiten hat, die psychologische Notwendigkeit dafür zu verstehen oder zu akzeptieren. Ich werde versuchen, der Sache auf den Pelz zu rücken, aber es mag einige Tage dauern. Inzwischen sende ich dir diese kurze Antwort, da du mich nach meinem Rat gefragt hast.«

Krishnaprem, dem ich diesen Brief zukommen ließ, schrieb mir:

»Es schmerzt mich zu sehen, daß es dir nicht gut geht und um so mehr, wenn ich die Ursache für den Kummer sehe, von dem du sprichst. Beiß die Zähne zusammen und halte aus, so gut du kannst: die Dunkelheit wird vorübergehen, wenn du ihr beständig ins Gesicht schaust. Kümmere dich nicht um die Geschehnisse: konzentriere deinen Geist auf Sri Krishnas Füße, erinnere dich immer daran, daß du Ihm gehörst und nicht dir, und folge weiter dem Weg, so wie *Er* es will, im Licht oder in Dunkelheit, freudig oder traurig. Aber folge Ihm. Da es dein Gurudev genehmigt, nimm dir einen freien Tag, fahre zum Raman-Ashram oder zu Ramdas oder wohin sonst du willst, aber erlaube keinen Augenblick dem Gedanken Zutritt, in das alte Leben zurückkehren zu wollen ...

Für uns, Dilip, gibt es kein Zurückgehen: was wir hinter uns gelassen haben, ist entschwunden, und es ist reine Illusion zu meinen, wir könnten es wieder auffinden. Es ist vorbei und wir müssen, gleichgültig, ob wir wollen oder nicht, in Kummer oder in Freude, weiter vorwärtsdrängen. Versuche nicht einmal zurückzublicken: es macht uns nur leichtfertig, und was wir erblicken, sind nur betrügerische Phantombilder.

Wir sollten vielmehr in die Zukunft mit ihrem Versprechen von etwas gänzlich anderem als jetzt ist blicken. Jetzt, in diesem Augenblick, sollten wir die immerwährenden Füße Krishnas ergreifen und nicht hoffen, sie in irgendeiner Zukunft zu fassen – ›falls wir brav sind‹, wie man uns zu sagen pflegte, als wir Kinder waren. *Jetzt, jetzt, jetzt!* Laß die Vergangenheit dahinfahren und die Zukunft für sich selbst Sorge tragen.

Es ist natürlich, daß dich angesichts des Grauens in Bengalen Schmerz ergreift, aber auch das liegt in Krishnas Händen. *Er, der sich Krishna gegeben hat, muß seine Augen unerschütterlich auf Seine Füße richten, selbst wenn die dreifache Welt zusammenstürzen sollte.*«

Dazu sagte Gurudev abschließend:

»Krishnaprems Brief ist von Anfang bis Ende bewundernswert, und jeder Satz trifft die Wahrheit mit großer Kraft und großem Nachdruck. Er hat offensichtlich ein genaues Wissen sowohl über die psychologischen als auch die okkulten Kräfte, die im Yoga wirksam sind; alles, was er sagt, deckt sich mit meiner eigenen Erfahrung, und ich stimme dem zu. Seine Darstellung der Ursache deiner augenblicklichen Schwierigkeiten ist völlig korrekt, und es bedarf keiner anderen Erklärung – außer dem, was ich in meinem unvollendeten Brief über den Abstieg der *sadhana* in die Ebene des physischen Bewußtseins geschrieben habe, und dies steht nicht im Widerspruch zu dem, was er sagte, sondern ergänzt es lediglich. Er hat völlig recht, wenn er sagt, daß die Schwere dieser Angriffe darauf zurückzuführen ist, daß du die *sadhana* ernsthaft begonnen hast und, wie man sagen könnte, dabei warst, dich den Toren des Königreiches des Lichts zu nähern. Das läßt diese Kräfte immer wüten, und sie belasten jeden Nerv und verwenden oder schaffen Gelegenheiten, um den *sadhaka* fortzulocken oder, wenn möglich, völlig vom Weg mittels ihrer Einflüsterungen, mittels ihrer brutalen Einflüsse und ihrem Verschanzen hinter allen Arten von Ereignissen herunterzujagen, die sich immer öfter einstellen, wenn diese Verfassungen von Dauer sind, damit er die Tore nicht erreichen möge. Ich habe dir schon mehr als einmal bezüglich dieser Kräfte geschrieben, aber ich habe keinen besonderen Nachdruck darauf verwendet, weil ich sah, daß du, wie die meisten Leute, deren Geist durch die moderne europäische Erziehung rationalisiert wurde, nicht geneigt warst, an dieses Wissen zu glauben oder ihm wenigstens irgendeine Bedeutung beizumessen. Die Menschen suchen heutzutage die Erklärung für alles in ihrem unwissenden Verstand, ihrer Oberflächenerfahrung und in äußerlichen Ereignissen. Sie sehen nicht die versteckten Kräfte und inneren Ursachen, die das alte indische und yogische Wissen gut kannte und dargestellt hat. Natürlich finden diese Kräfte ihren *point d'appui* im *sadhaka* selbst, in den unwissenden Teilen seines Bewußtseins und dessen Zustimmung zu ihren Suggestionen und Einflüssen; wäre es nicht so, könnten sie nicht agieren, oder zumindest könnten sie es nicht erfolgreich tun. In deinem Fall waren die hauptsächlichen *points d'appui* die extreme Empfindlichkeit des niederen vitalen Ego und jetzt auch das physische Bewußtsein mit all seinen starren oder sturen Meinungen, Voreingenommenheiten, voreiligen Verurteilungen, gewohnheitsmäßigen Reaktionen, persönlichen Neigungen, seinem Anklammern an alte Ideen und Assoziationen, seinen hartnäckigen Zweifeln und dem Aufrechterhalten dieser Dinge als behindernde und opponierende Front gegen das größere Licht. Diese Tätigkeit des physischen Geistes ist es, die die Leute Intellekt und Verstand nennen, obgleich es sich dabei nur um die maschinenhafte Kreisbewegung mentaler Gewohnheiten handelt, die etwas ganz anderes ist als die wahre und freie Vernunft, die höhere *buddhi* (Verstandeskraft), die der Erleuchtung fähig ist und noch weniger Ähnlichkeit mit dem höheren spirituellen Licht oder jener Einsicht und dem Taktgefühl des psychischen Bewußtseins hat, das sofort erkennt, was wahr und richtig ist und es von dem unterscheidet, was unwahr und falsch ist. Diese Einsicht hattest du sehr regelmäßig, wenn immer du dich in einer guten Verfassung befunden hast, und besonders dann, wenn *bhakti* in dir stark erwachte. Wenn der *sadhaka* in das physische Bewußtsein herabkommt und die mentalen und höheren vitalen Bereiche zurückläßt, von denen aus er sich anfangs dem Göttlichen zugewendet hat, werden diese opponierenden Angelegenheiten sehr stark und klebrig, und es fällt schwer, aus diesem Zustand herauszukommen, da sich die hilfreicheren Bewußtseinszustände und Erfahrungen hinter den Schleier zurückziehen und man kaum glauben kann, daß man sie überhaupt je gehabt hat. Das einzig Richtige ist also, wie Krishnaprem dir sagte und wozu auch ich dich drängte, durchzuhalten. Wenn man erst einmal den Entschluß fassen und an ihm festhalten kann, die Einflüsterungen dieser Kräfte abzuweisen, und zwar gleichgültig, wie einleuchtend sie klingen mögen, dann kann dieser Zustand entweder schnell oder allmählich entschärft werden und wird schließlich überwunden und verschwindet. Den Yoga aufzugeben, ist keine Lösung; du wärest nicht wirklich in der Lage dazu, wie dir sowohl Krishnaprem als auch ich gesagt haben und wie es dir auch dein Verstand sagt, wenn er klar ist.

Ein vorübergehendes Verlassen des Ashrams, um Erleichterung von den Mühen der Auseinandersetzung zu finden, ist eine andere Sache. Ich glaube jedoch nicht, daß dir der Beitritt in den Raman-Ashram wirklich helfen wird, außer daß er dir einen geistigen Frieden zurückgibt; Raman Maharshi ist ein großer Yogi und seine Verwirklichung in ihrer eigenen Art sehr hoch; aber ich habe nicht den Eindruck, daß du dieser Art erfolgreich nachgehen kannst, wogegen du dem Weg der *bhakti* ganz gewiß folgen kannst, wenn du bei der Sache bleibst, so daß die Gefahr bestehen könnte, daß du zwischen zwei Stühle fällst, daß du deinen eigenen Weg verlierst und nicht in der Lage bist, einem andersgearteten Weg zu folgen.

Was Bengalen angeht, sind die Dinge gewiß sehr schlimm; den Hindus dort geht es entsetzlich, und es mag sogar trotz der Interims *mariage de convenance* in Delhi noch schlimmer werden. Aber wir dürfen nicht zulassen, daß unsere Reaktionen darauf exzessiv werden oder Verzweiflung sich ausbreitet. Es gibt mindestens 20 Millionen Hindus in Bengalen, die man nicht einfach ausrotten kann – selbst Hitler konnte mit seinen wissenschaftlichen Vernichtungsmethoden die Juden nicht ausrotten, die nach wie vor sehr lebendig sind, und was die Hindukultur angeht, ist sie nicht eine so schwache und aufgeplusterte Sache, daß man sie leicht ausradieren könnte; sie hat mindestens um die fünftausend Jahre gewährt und wird noch viel länger währen und hat genug Macht akkumuliert, um zu überleben. Was geschehen ist, hat mich nicht überrascht. Ich habe es vorausgesehen, als ich in Bengalen war, und habe die Leute gewarnt, habe ihnen gesagt, daß es wahrscheinlich und beinahe unvermeidlich sei und daß sie sich vorsehen sollten. Zu jener Zeit hat sich niemand um meine Warnung gekümmert, obgleich sich später einige erinnerten und, als die Gefahr losbrach, zugaben, daß ich recht gehabt hatte; nur C. R. Das war zutiefst besorgt, und er sagte mir sogar, als er nach Pondicherry kam, daß er sich wünschte, daß die Engländer blieben, bis dies gefährliche Problem gelöst ist. Aber ich wurde durch die Geschehnisse nicht entmutigt, denn ich weiß und habe hundertmal erfahren, daß jenseits der schwärzesten Nacht für jemanden, der ein göttliches Instrument ist, das Licht von Gottes Sieg ist. *Noch nie hatte ich erlebt, daß etwas* – und ich spreche hier nicht von persönlichen Dingen –, *von dem ich stark und ausdauernd wünschte, daß es in der Welt geschehe, nicht doch eintrat, selbst wenn dies erst nach Verzögerungen, Niederlagen oder sogar Katastrophen geschah.* Es gab eine Zeit, als Hitler überall siegreich war und es den Anschein hatte, daß der ganzen Welt die schwarze Geißel des Asuras auferlegt würde; aber wo ist Hitler jetzt und wo sein Gesetz? Berlin und Nürnberg waren die Meilensteine für das Ende dieses grauenvollen Abschnitts menschlicher Geschichte. *Andere Dunkelheiten drohen die Menschheit zu überschatten oder sogar zu verschlingen, aber auch sie werden so enden, wie dieser Alptraum geendet hat.*«

»Guru«, fing ich nochmals an, »ich schreie wie der keuchende Goethe: ›Mehr Licht‹! Denn gerade jetzt fehlt es mir wie nie zuvor. Ich habe soviel von der Göttlichen Gnade gehört, aber bislang so wenig davon gesehen! Aber ich weiß schon, daß du mich zum Schweigen bringen wirst, indem du sagst, daß ich mir in einer besseren Stimmung zum hundertsten Male widersprechen werde, und du wirst recht damit haben. Sage mir aber trotzdem, was man tun soll, wenn man, selbst nachdem man von der Richtigkeit des Glaubens überzeugt ist – sei er blind, einäugig oder hellwach –, feststellt, daß er in der eigenen Persönlichkeit so gut wie nicht vorhanden ist? War nicht Glaube die Bestätigung für Krishnas Ruf, die Zusage, daß man von Ihm erwählt wurde? Was mich schon immer verwundert hat, ist, daß ich trotz meines mangelnden Glaubens angeblich über beinahe unerschöpfliche Schätze an *vairagya* verfügen soll! Aber leider ist *vairagya*, anders als die positive *bhakti* oder Wissen, im wesentlichen negativ, und Glaube fehlt mir, obgleich ihr beide, du und Krishnaprem, mich mit Argumenten, die für ihn sprechen, an die Wand gedrückt habt, auf die ich nichts zu antworten weiß. In meiner gegenwärtigen Verfassung ertappe ich mich jedoch oft dabei, daß ich mir kläglich denke, daß der Gläubige –

ebenso wie sein Gegenpol, der Zweifler – geboren und nicht gemacht wird. Warum würde mein Glaube sonst so hartnäckig auf so langsamen Füßen einhergehen?«

Darauf antwortete Gurudev wieder einmal mit einer Geduld, die so unerschöpflich anmutet wie meine Fähigkeit, spirituelle Wahrheit in Frage zu stellen und, paradoxerweise, gleichzeitig die Ansicht der *vairagya* zu vertreten, daß das Leben ohne das Licht des Spirits ein trostloses Haschen nach Trugbildern bleiben muß.

»In deinem Fall ist der Glaube nicht im Mentalen vorhanden und auch nicht im Vitalen, dafür aber in deinem psychischen Wesen. Dieser Glaube war es, der dich aus der Welt riß und nach Pondicherry führte; dieser Glaube ist es, der dich an das bindet, was die Seele will, und er weigert sich, etwas anderem zuzustimmen. Selbst das Fragen des Geistes war ein tappendes Suchen nach irgendwelcher Rechtfertigung, durch die er eine Entschuldigung dafür findet, trotz seiner Schwierigkeiten glauben zu können. Das Eifern des Vitalen nach Verwirklichung und sein *vairagya* sind Schatten dieses Glaubens, Formen, die er angenommen hat, um das Vitale davor zurückzuhalten, wegen des Drucks der Verzagtheit und des Mühens aufzugeben. Selbst im Geist und Vital von Menschen mit stärkstem mentalen und vitalen Glauben tauchen Perioden auf, während derer das Wissen im Seelenwesen verdeckt wird – aber es bleibt unter der Verhüllung intakt. In dir lebt, trotz deiner Schwierigkeiten, immer das Wissen oder die Intuition in der Seele, das dich auf den Weg geführt hat. Ich habe dir die Notwendigkeit des Glaubens so stark ans Herz gelegt, weil die Einwilligung wieder eine positive Form annehmen muß (*vairagya* ist lediglich die negative Form deiner inneren Einwilligung), damit die Göttliche Kraft ungehindert strömen kann; aber der ausdauernde Antrieb in der Seele (der durch einen äußerlich unterdrückten Glauben im Hintergrund gehalten wird) ist an sich schon eine ausreichende Rechtfertigung dafür zu erwarten, daß Die Gnade kommen werde.«

Ich habe diese Briefe veröffentlicht, da sie, obgleich sie in einem persönlichen Zusammenhang geschrieben wurden, wie ich meine, unweigerlich ihren Widerhall in den Herzen von vielen Suchern nach Wahrheit finden werden. Es kann gar nicht anders sein, weil er – um es biblisch auszudrücken – »mit Autorität sprach« –, mit der überzeugenden Autorität eines Seher-Dichters, der in den Veden als *Kavih* besungen wird, das heißt, als echter Verkünder, der auch der Vorläufer eines neuen Sonnenaufgangs des Spirits ist. Darum spricht er mit dem mantrischen Klang, der in seinen prophetischen

Äußerungen so vieler Gedichte und vor allem in seinem Meisterwerk *Savitri* pulsiert (nachfolgende Zeilen sind dem 11. Buch von *Savitri*, ›dem Buch des Immerwährenden Tages‹, entnommen):

> *Eine mächtigere Rasse soll des Sterblichen Welt bewohnen.*
> *Auf der Natur leuchtenden Gipfeln, auf des Spirits Grund*
> *soll der Übermensch regieren als König des Lebens,*
> *die Erde beinahe zur Gefährtin und zum Ebenbild des Himmels machen*
> *und des Menschen unwissend Herz zu Gott und Wahrheit führen*
> *und seine Sterblichkeit zur Gottheit emporheben ...*

Oder anders, in der intensiven Sprache seiner *Essays On The Gita*[1], ausgedrückt:

»Wir Menschen des neuen Tages stehen an der Spitze eines neuen Zeitalters der Entfaltung, das zu solch einer neuen und umfassenderen Synthese führen muß. Wir sind nicht aufgerufen, orthodoxe Vedantins oder Angehörige irgendeiner der drei Tantraschulen zu sein oder einer der theistischen Religionen der Vergangenheit nachzufolgen oder uns hinter den vier Ecken der Lehre der Gita zu verschanzen. Das würde bedeuten, daß wir uns begrenzen und versuchen, unser spirituelles Leben aus dem Sein, dem Wissen und der Natur anderer herauszuentwickeln, die Menschen der Vergangenheit waren, anstatt es aus unserem eigenen Sein und Potential aufzubauen. *Wir gehören nicht den vergangenen Morgenröten an, sondern dem Mittagslicht der Zukunft.*«

Ein derartiger Aufruf spricht wahrlich etwas in unserem Herzen an, aber mehr wegen seines Klanges der Echtheit als wegen seines ermahnenden Tons. Gleichzeitig wird es gerade die Echtheit nicht erlauben, daß wir uns auf unseren Lorbeeren ausruhen. Ängstlicher Konservatismus, der sich der Scheinsicherheit verschrieben hat, scheut vor solcher Einladung zurück, die als Bildersturm verdammt wird. Aber Sri Aurobindo könnte nie ein Bilderstürmer sein: er verehrte zu sehr die Wahrheit, die ihn gerufen und auserwählt hat. Er liebte Wahrheit mehr als alles andere im Leben und empfand keinen Preis als zu hoch auf seiner unermüdlichen Suche nach ihrem Licht, das keine Verhüllungen duldet. Dies wurde ihm klar, als er vor mehr als vierzig Jahren, als er noch ein bürgerliches Leben führte, an seine Gattin über seine drei »Verrücktheiten« schrieb:

---

[1] Sri Aurobindo: *Essays on The Gita*. Auroville Verlag, Planegg.

»... Die zweite Verrücktheit, die mich ergriffen hat, ist, daß ich um jeden Preis Gott von Angesicht zu Angesicht sehen muß, irgendwie – unter allen Umständen ... Wenn es Gott gibt, muß es auch einen Weg geben, der uns in Seine Gegenwart führt. Dieser Weg ist es, dem ich nachgehen will, gleichgültig, welche Widrigkeiten sich gegen mich stellen.«[2]

Aber dieser unersättliche Geist folgte vielen Wegen oder vielmehr jedem Weg, der sich vor ihm auftat – wie er mir in einem seiner langen Briefe geschrieben hat, den ich in einem der vorangegangenen Kapitel zitierte; es mußte so sein, denn er war bei aller Entschlossenheit niemals engstirnig. Seine lichtbegierige Seele verneigte sich vor der Wahrheit, wo immer ihr Sonnenaufgang die Nebel menschlicher Ignoranz herausforderte, und er liebte es, alle Aspiranten, durch die sie sich manifestierte, anzuerkennen, gleichgültig, wann oder wo dies geschehen sein mag. Es konnte nicht anders sein, denn er hatte tief den Nektar des Ewigen Wissens in sich eingesogen, das ewige Erbe des Universellen Menschen. Oder, um es mit seinen eigenen Worten zu sagen, lebte seine Seele »als Abgesandter der Ewigkeit, aufgenommen in kosmischen Raum und Zeit«. »Er war«, schreibt einer seiner bedeutendsten Biographen, »einer dieser gewaltigen Geister, die bisweilen diese Zwergenwelt aufsuchen und ein neues Licht ausgießen, das neues Leben gibt und die Grenzen menschlicher Vision und menschlichen Bewußtseins ausdehnt.«[3] Und er konnte dies wegen seiner ozeanischen Größe vollbringen, die das Wasser aller Ströme der Welt aufnehmen konnte, und wegen seiner Entdeckerleidenschaft, die danach dürstete, den Ursprung jeder Einzelheit zu finden. In diesem Geist hatte er lange Jahre über die mystische Lehre der Welt meditiert, bis er die Universalität ihrer Weisheit in seinen strahlenden Würdigungen bestätigen konnte. Hier nur als Beispiel:

»Tatsächlich gab es beinahe überall ein Zeitalter der Mysterien«, schrieb er, »in dem Menschen tieferen Wissens und Selbsterkenntnis ihre Übungsweisen, bedeutungsvolle Riten, Symbole und geheimen Lehren innerhalb oder an den Grenzen der primitiveren veräußerlichten Religionen festigten. Dies nahm in verschiedenen Ländern verschiedene Formen an: in Griechenland gab es die orphischen und eleusischen Mysterien, in Ägypten und Chaldäa die Priester und ihre okkulte Lehre und Magie, in Persien den Magi, in

---

[2] Auszug aus einem seiner drei berühmten Briefe an seine Frau Mrinalini Devi. Veröffentlicht in: *The Life of Sri Aurobindo* von A.B. Purani. Auroville Verlag, Planegg.

[3] Zitiert aus der Einleitung zu einer Biographie Sri Aurobindos, die den Titel *Mahayogi* trägt und von Sri R.R. Divakar geschrieben wurde (Bhavan Publication).

Indien die Rishis. Die Mystiker beschäftigten sich vor allem mit Selbsterkenntnis und einem tiefgründigeren Weltwissen; sie entdeckten, daß es im Menschen ein tieferes Selbst und inneres Wesen hinter der Oberfläche des äußeren physischen Menschen gab, das zu entdecken und zu kennen seine höchste Aufgabe war. ›Erkenne dich selbst‹ war ihre große Anweisung, ebenso wie in Indien das Selbst, den Atman, zu erkennen, zur großen spirituellen Notwendigkeit wurde, was für das Menschenwesen das Höchste ist.«[4]

Vor vielen Jahren, als ich an Romain Rolland über ihn zu schreiben pflegte und ihm einige seiner flammenden Aufrufe schickte, war dieser zutiefst bewegt und beglückwünschte mich dafür, daß ich das Glück hatte, von solch einem Guru angenommen worden zu sein. Und später schrieb er: » *Aurobindo hat die bislang vollständigste Synthese zwischen dem Genie des Ostens und des Westens verwirklicht. Er will die spirituelle Bemühung Indiens und die Aktivität des Westens harmonisieren, und auf dem Weg zu diesem Ziel entwickelt er alle Kräfte des Spirits, damit sie Meister der Tat seien.*«

Leider kann ich nicht behaupten, daß ich damals die ganze Tragweite derartiger Aussagen begriffen hätte. Obgleich ich von Natur aus den westlichen Ideen und Einflüssen nicht ablehnend gegenüberstand, konnte ich mir zu jener Zeit nicht recht darüber klarwerden, ob eine uns fremde Ideologie wirklich erfolgreich dem indischen Lebensstil eingegliedert werden kann. In seinen *Essays on the Gita* las ich beispielsweise einmal: »Eine Masse neuen Materials strömt in uns hinein; wir müssen nicht nur die Einflüsse der großen theistischen Religionen Indiens und der Welt und eines neuerwachten Gefühls für die Bedeutung des Buddhismus verarbeiten, sondern auch vollständig die potenten, wenngleich begrenzten Enthüllungen modernen Wissens und Strebens aufnehmen; und, darüber hinausgehend, kehrt die ferne und nicht datierbare Vergangenheit, die tot zu sein schien, mit einer Fülle vieler leuchtender Geheimnisse zu uns zurück, die für das Menschheitsbewußtsein lange Zeit verloren schienen, die aber jetzt wieder hinter dem Schleier hervorbrechen. All dies weist auf eine neue, eine sehr reiche, eine sehr umfassende Synthese hin; eine frische und weitumarmende Harmonisierung all dessen, was wir erlangt haben, ist sowohl eine intellektuelle als auch eine spirituelle Notwendigkeit der Zukunft.«

Ich las in der Tat mit echter Bewunderung strahlende Gedanken

4 Zitiert aus dem Vorwort zu Sri Aurobindos Übersetzung eines Teils des *Rig Veda*, die den Titel *Hymns To The Mystic Fire* trägt. Auroville Verlag, Planegg.

wie diese. Was mir damals jedoch nicht ganz klar wurde, war die Art und Weise, *wie* man sie im Bereich des Karmayoga in eine Philosophie der Tat übersetzen konnte. Legte uns nicht selbst die Gita nahe, so argumentierte ich, uns vor den verderblichen Einflüssen weltlicher Beschäftigungen und menschlicher Motive in acht zu nehmen? Und konnte es nicht passieren, fragte ich mich, daß wir einen großen Teil der erhabensten Werte unseres kompromißlosen spirituellen Weltverständnisses schmälern würden, wenn wir zulassen, daß sie durch die weltliche Sicht der Dinge, die Sri Aurobindo »modernes Wissen und Streben« nannte, modifiziert, wenn nicht gar entstellt werden? »Synthese« – schön und gut, aber ist es möglich, Öl und Wasser miteinander zu vermischen?

Natürlich war mir klar, daß man die Welt nicht einfach ausschließen konnte, wenn man wirklich vorankommen wollte. Denn, was immer man auch sagen mag, gibt es, da die Welt eins ist, nichts auf der Erde, das für alle Ewigkeit die Macht hätte, Ost und West getrennt voneinander, versiegelt in wasserdichten Verpackungen, zu halten. Aber das Paradoxe bei der ganzen Sache ist, daß wir uns entwickeln wollen und uns gleichzeitig vor Veränderungen fürchten. Darum bekämpfte ich in der Praxis das, was ich theoretisch anerkannte, sobald es darum ging, daß dies Akzeptieren eine Veränderung des *Status quo* forderte, dem ich anhing. Aus diesem Grund kläfften so viele von uns gegen »die Tyrannei aufgezwungener Disziplin«. Wir wollten Herren im eigenen Haus sein. Aber das ist in einem Yoga-Ashram oft unmöglich, wo man seinen eigenen Willen dem Willen des Guru unterordnen soll. Was konnten wir also anderes tun, als die äußere Disziplin mit Mißtrauen zu mustern, murrend, daß sie kaum von Autoritarismus, wenn nicht gar Despotismus zu unterscheiden sei? Warum nur sollte ein abendländischer Innendekorateur, ein Eindringling, in das gemütliche Wohnzimmer unserer Selbstsucht und unseres *Laisser-faire* eingeladen werden? Disziplin wurde im Westen auf das Podest erhoben, aber seht, was geschieht: Männer wie Frauen werden immer unglücklicher und unfreier bei ihrer Tag und Nacht währenden Sklavenarbeit in einer entseelten Maschinerie, die als Staat vergöttert wird, und die sie wie leblose Roboter ausführen. Indien verehrte die Individualität als heilig, und unsere spirituellen Menschen hielten sich an das innere Leuchtfeuer anstelle der roten Lichter des äußeren Polizisten. Hat nicht die Gita geraten, man solle seinem ureigensten *dharma* (Lebensgesetz) folgen? Äußerliche Disziplin mag gut für die Westler sein, aber, beschütze uns Gott! – sie mag wahrlich den Tod für uns Inder bedeuten! ... Und so weiter.

Darauf antwortete er 1945: »Disziplin an sich ist keine westliche Erfindung; in orientalischen Ländern wie Japan, China und Indien war sie einst allbestimmend und stützte sich auf harte Erlasse, die Westler in der Art nicht tolerieren könnten. Wie immer auch die Einwände aussehen mögen, ist es sozial gesehen eine Tatsache, daß sie die Hindureligion und Hindugesellschaft durch die Zeitalter und Wechselfälle aufrechterhalten hat. Im Gegensatz dazu war das politische Feld beherrscht von Disziplinlosigkeit, Individualismus und Streit; das ist ein Grund, warum Indien zusammenbrach und in Abhängigkeit geriet. Man bemühte sich um Organisation und Ordnung, aber war nicht ausdauernd genug. Selbst für das spirituelle Leben kannte Indien nicht nur den unabhängigen, umherziehenden Asketen, der sich selbst Gesetz ist, sondern fühlte sich auch dazu gedrängt, *sannyasin*-Orden hervorzubringen, die ihre Gesetze und herrschende Schicht haben, und ebenso hat es auch klösterliche Einrichtungen mit strikter Disziplin gegeben.«

Niemand, der Indien wirklich liebt, könnte dem ernsthaft widersprechen, und am wenigsten ein spiritueller Sucher, denn ihm obliegt Klarheit der Schau, so daß er erkennen muß, wie heimtückisch Disziplinlosigkeit den Aspiranten in das Sumpfloch der *Trägheit* schlimmster Art zieht – eine Tatsache, die den großen Vivekananda immer wieder über unsere vitale Lethargie und unsere mentale Schläfrigkeit schimpfen ließ, die sich als *erleuchtetete* Spiritualität verkleidete. »Diese *tamasischen* (trägen) Leute«, schrieb er vernichtend in einem Brief, »verbringen ihr Leben mit schlechten Taten oder Faulheit und laufen dann hilflos zu uns, den Yogis, und erwarten, daß wir sie mit Yogawundern aus ihrem Elend erlösen. Sie haben überhaupt kein Durchhaltevermögen ... und wollen auch keine ernsthafte *sadhana* betreiben. Ich bin zum Feldzug gegen diese Art von wunder-schachernder Spiritualität angetreten.«

Sri Aurobindo war mit Vivekananda einer Meinung und brandmarkte Lethargie und Faulheit, die sich landauf und landab mit den Masken der Spiritualität und der *sattwischen vairagya* (der erleuchteten Abscheu vor der Welt) zu einem großen Possenspiel zusammenfanden. Weil er ganz klar die verheerenden Folgen der *Trägheit* für die Aspiration des spirituellen Suchers erkannte, verdammte er sie wie der große Vedantin ohne Ausnahme und erklärte *karma* – Arbeit –, vollbracht im Sinne der Gita (nämlich als gottgeweihte Arbeit), als Essenz seines Integralen Yoga.

Aber er hatte Arbeit vor allem akzeptiert, weil ohne sie unsere Natur unerlöst bleiben muß, und sich darüber hinaus auch keine echte Bejahung des Lebens einstellen konnte. Und da das Leben

letzten Endes ebenso wie den Geist auch den Körper mit einschlie-
ßen muß, hob er, ohne zu zögern, den beinahe schon ewig währenden asketischen Bann über den Körper auf, den er nicht mit einem
elenden Haufen Fleisch und Knochen gleichsetzte, sondern vielmehr als göttliches Geschenk ansah, das, wie er schrieb, »ein
offenbarendes Gefäß für eine erhabenste Schönheit und Seligkeit
werden kann – die der Schönheit des Spiritlichts Form gibt, von ihr
durchdrungen wird und wie eine Lampe erstrahlt, die die Leucht-
kraft ihrer innewohnenden Flamme wiedergibt und verströmen
läßt, in sich das Glücklichsein des Spirits tragend, seine Freude des
sehenden Geistes, seine Freude am Leben und spirituellen Frohsinn, die Freude der Materie, befreit in ein spirituelles Bewußtsein
und erschauernd in einer ständigen Ekstase.« So sah seine Vorstellung des menschlichen Körpers aus, der ein vollständiges und
reiches Leben führt, das durch den Spirit gelenkt ist, und der an den
Göttlichen überantwortet ist, der auf diese Weihung mit der Transformation des scheinbar schauerlichen Gefängnisses der leidenden
Seele in einen reinen Tempel der Wonne antwortet. Wäre dem nicht
so, hätte er wohl kaum in der gleichen Botschaft (über die Vervollkommnung des Körpers) geschrieben: »Wenn wir nach einer totalen Vervollkommnung des Wesens streben, darf dessen physischer
Teil nicht ausgelassen werden: denn der Körper ist die materielle
Grundlage... *Shariram khalu dharmasadhanam*... das Mittel zur
Erfüllung des *dharma*, und *dharma* bedeutet jedes Ideal, das wir uns
vornehmen können, und dessen Gesetzmäßigkeit und dessen Wirkungsweise.«

Aber im ganzen gesehen, konnte ich an diesen Vorstellungen
nichts ausmachen, dem mein Geist widersprechen würde, da sie
essentiell mit unserem indischen Ideal der Spiritualität nicht unvereinbar waren. Dennoch ahnte ich immer wieder Böses, sobald
jemand im Ashram darüber lamentierte, daß wir von unseren
altehrwürdigen indischen Glaubenssätzen abkämen und der Faszi-
nation des westlichen Kults der Idolisierung physischer Vergnügungen oder Lebensinstinkte anheimfallen, statt nach den Schätzen
des Spirits zu streben.

Ich befand mich gerade in den Fängen einer derartigen Gemütsverfassung, als ich ihm einmal im Jahr 1948 schrieb: »Sage mir,
Guru, was genau, erwartest du, sollten wir auf dieser Stufe unserer
(oder deiner) *sadhana* verwirklichen? Könnte es sein, daß du wieder
eine neue Offenbarung hattest, die dich dazu veranlaßt, dem
indischen Hang zu *vairagya* und Überweltlichkeit gänzlich den
Garaus zu machen, um sie *in toto* durch die westliche Lebensauffas-

sung zu ersetzen, die sich weigert, über die augenblicklichen Horizonte zu blicken? Nicht nur ich, auch Duraiswami tappt hier im dunkeln – ein Mann also, den wir alle verehren und lieben – und gibt zu, daß er, trotz seiner großen Verehrung deiner Weisheit, es in letzter Zeit etwas schwierig findet, deine zunehmende Betonung des Diesseitigen und die damit einhergehende geringerwerdende Zustimmung zur Überweltlichkeit zu begreifen. Ich bin dir bislang treu nachgefolgt so gut es eben ging), überzeugt, daß du, der moderne Messias, die neuen Schätze bringen und die irdischen Wege zum Himmel aushauen würdest. Du hast von einer Harmonisierung scheinbar unvereinbarer Elemente des Lebens gesungen, damit die menschliche Kultur schließlich doch ihre endgültige »Einheit in der Vielheit« erlangen möge. Aber wie sieht in dieser neuen Synthese, die du erreichen willst, genau der Beitrag Indiens aus? Ich frage dies heute mit tiefem Unbehagen, da ich den Eindruck habe, daß die indische Tradition wohl kaum irgendeinen *Lebensraum* in dem neuen supramentalen Jahrtausend zugewiesen bekommt, das *du* einleiten willst.«

Und getreulich ließ ich mich nach meinem frechen Seitenhieb gänzlich von meiner Verzweiflung übermannen, damit ich dem Vergnügen frönen könne, meinen Kummer herauszulassen.« Und da ich nicht anders kann, als so zu zweifeln und zu brüten«, fügte ich hinzu, »sag mir offen und ein für allemal, ob ich dir, wo ich doch an die spirituelle Tradition Indiens glaube, dessen Seele ich anbete, immer noch als treuer Schüler dienen kann, jetzt, wo ich den Eindruck habe, daß sich dein Ideal ziemlich schnell von dem Indiens entfernt?«

Nachdem ich in großer Hast den Brief aufgegeben hatte, bereute ich in Ruhe meine Heftigkeit, und zwar um so mehr, als ich fürchtete, daß ihm meine direkte Art jetzt keine andere Wahl lassen würde, als mich zum »Eigenbrötler« in seinem Ashram zu erklären, der für andere Ideale gegründet wurde als diejenigen, die wir seit unserer Kindheit lieben gelernt haben. Kurzum, ich fühlte mich wie ein Selbstmörder der, nachdem er sein eigenes Grab ausgeschaufelt hat, entsetzt der Aussicht entgegenblickt, lebendig hineinsteigen zu müssen. Man mag sich meine überschwengliche Freude gut vorstellen können, als ich am nächsten Morgen seinen Brief erhielt, der reich beladen war mit Zärtlichkeit und Trost. Geduldig und ausführlich wie immer, beantwortete er mir wieder einmal jeden einzelnen Punkt.

»Eines, meine ich, muß ich in Zusammenhang mit deiner Bemerkung über die Seele Indiens sagen«, schrieb er, »und über Duraiswamis Beobachtung bezüglich meiner Betonung des Diesseitigen im

Gegensatz zum Überweltlichen. Mir ist nicht recht klar, in welchem Zusammenhang er diese Bemerkung machte oder was er mit Diesseitigkeit meinte, aber ich fühle, daß ich meine eigene Haltung in dieser Frage darlegen soll. Mein eigenes Leben und mein Yoga waren, seit meiner Ankunft in Indien, immer sowohl diesseitig als auch überweltlich gewesen, wobei keine der beiden Seiten vorrangig war. Wie ich vermute, sind alle menschlichen Interessen diesseitig, und die meisten von ihnen sind in mein geistiges Feld eingetreten, und einige, wie die Politik, in mein Leben, aber gleichzeitig begann ich, von dem Augenblick an, als ich indische Erde am Apollo Bunder in Bombay betrat, spirituelle Erfahrungen zu haben, die aber nicht abgetrennt von dieser Welt waren, sondern eine innere und unendliche Bedeutung für sie hatten, wie etwa ein Gefühl, daß die Unendlichkeit materiellen Raum durchdringt und der Immanente materielle Gegenstände und Körper bewohnt. Gleichzeitig geschah es, daß ich supraphysische Welten und Ebenen betrat, welche die materielle Ebene beeinflußten und dort Wirkungen zeitigten, weshalb ich keine scharfe Trennung oder unvereinbare Gegensätzlichkeit zwischen dem, was ich die beiden Enden des Daseins nannte, und allem, was dazwischen liegt, errichten konnte. Für mich ist alles Brahman, und ich finde das Göttliche überall. Jedermann hat das Recht, Diesseitigkeit abzulehnen und ausschließlich Überweltlichkeit zu wählen, und wenn er durch diese Wahl Frieden findet, ist er sehr gesegnet. Ich für meinen Teil brauchte dies nie zu tun, um Frieden zu finden. Auch in meinem Yoga fühlte ich mich dazu bewegt, beide Welten in meiner Sicht der Dinge einzuschließen – die spirituelle und die materielle – und zu versuchen, das Göttliche Bewußtsein und die Göttliche Kraft im Menschenherzen und Erdenleben einzurichten, und zwar nicht nur für persönliches Seelenheil, sondern für ein göttliches Leben hier. Dies scheint mir ein ebenso spirituelles Ziel zu sein wie jedes andere auch, und die Tatsache, daß dieses Leben irdische Angelegenheiten und irdische Dinge zu seiner Sache macht, kann, wie ich glaube, weder dessen Spiritualität mindern noch dessen indischen Wesenszug verändern. Dies zumindest war immer mein Verständnis und meine Erfahrung der Wirklichkeit und der Natur der Welt und der Dinge und des Göttlichen: es schien mir die integralst mögliche Wahrheit über sie zu sein, und ich habe darum das Streben nach ihr als Integralen Yoga bezeichnet. Jedermann steht es natürlich frei, diese Art der Integralität abzulehnen und nicht an sie zu glauben oder ganz und gar an die spirituelle Notwendigkeit einer völligen Überweltlichkeit zu glauben, aber das würde die Ausübung meines

Yoga unmöglich machen.

Mein Yoga kann in der Tat eine vollständige Erfahrung der anderen Welten, der Ebene des Höchsten Spirit und der anderen Ebenen, die dazwischen liegen, haben, einschließlich ihrer möglichen Auswirkungen auf unser Leben und auf die materielle Welt; aber es wird ebenso möglich sein, sich nur auf die Verwirklichung des Höchsten Wesens oder Ishwara in einem Aspekt zu konzentrieren, auf Shiva, auf Krishna als Herr der Welt und Meister von uns und unseren Werken oder sonst auf das Universelle Satchidananda, um die wesentlichen Ergebnisse dieses Yoga zu erlangen und dann von da aus zu den integralen Ergebnissen weiterzuschreiten, wenn man das Ideal des göttlichen Lebens und der Eroberung dieser materiellen Welt durch den Spirit akzeptiert. Es ist diese Sicht und Erfahrung der Dinge und der Wahrheit des Seins, die es mir ermöglichte, das *Life Divine* und *Savitri* zu schreiben. Die Verwirklichung des Höchsten, des Ishwara, ist gewiß das Wesentliche; aber sich Ihm in Liebe und Hingabe und *bhakti* zu nähern, Ihm mit der eigenen Arbeit zu dienen und Ihn, nicht notwendigerweise mit dem Intellekt, aber in einer spirituellen Erfahrung zu kennen, ist für den Weg des Integralen Yoga ebenfalls wesentlich. Wenn du Krishnaprems nachdrückliche Aufforderung akzeptierst, daß dies und kein anderer *dein* Weg sein muß, ist es dies, was *du* erreichen und verwirklichen mußt, dann kann irgendeine ausschließliche Überweltlichkeit nicht *dein* Weg sein. Ich bin der Ansicht, daß du dazu und zur Verwirklichung des Göttlichen gewiß fähig bist, und ich brachte es nie fertig, deinen ständig erneut auftauchenden Zweifeln bezüglich deiner Befähigung zuzustimmen, und ihr ständiges Auftauchen ist kein triftiger Grund zu meinen, daß man sie niemals überkommen kann. Eine derartig hartnäckige Wiederholung war bezeichnend für die *sadhana* vieler, die schließlich aufgestiegen sind und das Ziel erreicht haben; selbst die *sadhana* sehr großer Yogis blieb nicht von solch heftigen und beständigen Rückfällen verschont, sie waren bisweilen das besondere Ziel für solch hartnäckige Angriffe, wie ich in *Savitri* wahrlich oft genug angedeutet habe und was ebenso wahrhaftig meine eigene Erfahrung ist. Diese Rückschläge sind gewöhnlich aus einer ständigen Wiederkehr der gleichen bösartigen Erfahrungen zusammengesetzt, dem gleichen bösartigen Widerstand, aus Gedanken, die destruktiv für jeglichen Glauben und Zuversicht und Vertrauen in die Zukunft der *sadhana* sind, aus frustrierendem Zweifel an dem, was man als die Wahrheit erkannt hatte, aus Aufforderungen, den Yoga aufzugeben, oder aus anderen Ratschlägen der *dechéance*. Die Strategie der Attacken ist sicherlich nicht immer gleich, aber dennoch haben sie eine starke Familienähnlichkeit. Man kann sie allmählich bewältigen, wenn man beginnt, die Natur und den Ursprung dieser Angriffe zu erkennen, und die Fähigkeit erlangt, sie zu beobachten (ohne dabei in ihren Wirbel verstrickt oder von ihnen verschluckt zu werden), um schließlich der Beobachter ihres Schauspiels zu werden, der versteht und sich weigert, mental zuzustimmen, selbst wenn das Vitale immer noch in dem Wirbelsturm hin- und hergerissen wird oder der äußerlichste physische Verstand immer noch die bösartigen Suggestionen widerspiegelt. Am Ende verlieren diese Attacken ihre Kraft und fallen von der Natur ab: die Rückfälle werden schwächlich oder haben keine ausdauernde Kraft; wenn das Nicht-anhangen machtvoll genug ist, können sie sogar sehr schnell oder sofort herausgeschnitten werden. Die stärkste Haltung, die man annehmen kann, ist, diese Dinge als das anzusehen, was sie wirklich sind: Einbrüche dunkler Mächte von außen, die Nutznießer gewisser Durchlässigkeiten im physischen Verstand oder vitalen Wesensteil, aber kein echter Bestandteil von uns selbst oder etwas spontan in unserer eigenen Wesenhaftigkeit Entstandenes. Im physischen Verstand Konfusion und Dunkelheit hervorzurufen und in ihn irrige Vorstellungen, düstere Gedanken, falsche Eindrücke zu werfen oder in ihm wachzurufen, ist eine der beliebten Methoden dieser Angreifer, und wenn sie die Unterstützung des Mentalen erhalten, weil es so überheblich an seine eigene Richtigkeit oder die natürliche Richtigkeit seiner Eindrücke und Einfälle glaubt, haben sie einen schönen Tag, bis sich der wahre Geist wieder durchsetzt und die Wolken davonbläst. Ein anderer Trick, den sie anwenden, sieht so aus, daß sie im niederen vitalen Wesensteil schmerzende oder nagende Empfindungen der Kränkung wachrufen und sie am Schmerzen oder Nagen halten, solange es gerade geht. In diesem Fall muß man die entsprechenden Löcher in der eigenen Natur entdecken und lernen, sie permanent vor solchen Angriffen zu verschließen, oder die Eindringlinge so schnell wie möglich wieder hinauszubefördern. Rückfälle sind kein Beweis für eine grundlegende Unfähigkeit; wenn man die richtige innere Haltung annimmt, können und werden sie überwunden. Man muß Vertrauen in Den Meister unseres Lebens und unserer Werke haben, selbst wenn Er sich für lange Zeit verbirgt, Er wird dann zu Seiner rechten Zeit Seine Gegenwart offenbaren.«

Unsäglich erleichtert nahm ich seine Toleranz und seine Güte wieder einmal als gegeben hin und schrieb zurück: »Wie sehr würde ich mir wünschen, Guru, daß du diesen ›Meister unseres Lebens und unserer Werke« dazu bringen könntest, uns Sterblichen etwas mehr Seiner Gnade zu offenbaren, indem er einige Wunder vollbringt. Ich habe so viel über den schlafenden Herrn der Wunder gehört, wann aber werde ich Ihn sehen, wie Er für die Umwandlung am Werke ist?« ... Und so ging es weiter, und ich hatte keine Ahnung, wie prompt und auf welch unvorstellbare Weise mein Gebet erhört werden sollte! Es ist nicht einfach, das Wunder, das ich sehen durfte, zu beschreiben, aber trotzdem will ich mein Bestes versuchen und hoffen, daß zumindest einige Menschen verstehen.

Es geschah, daß einige Monate nach diesem Briefwechsel eine mir anvertraute Schülerin, Janak Kumari Malhorta (alias Indira), ernsthaft krank wurde. Hätte ich freie Hand, über sie ausführlicher zu schreiben, könnte ich eine Geschichte erzählen, die packender ist als jeder Roman, da sie aber völlig dagegen ist, ihre spirituellen Erfahrungen öffentlich bekanntzumachen (einschließlich ihres *samadhi*, ihrer Hellsichtigkeit, ihres Hellhörens etc.), muß ich mich hier darauf beschränken mitzuteilen, wie sich Sri Aurobindo zuerst um meinetwillen und später um ihrer selbst willen für sie zu interessieren begann, und zwar so sehr, daß er teilweise dafür verantwortlich war, daß sie in der letzten Minute vorm Tode bewahrt wurde. (Dennoch muß ich den Leser schon hier warnen, daß es nicht meine Absicht ist, dies zu beweisen, was auch gar nicht nötig ist, da er mir mehr als einmal versicherte, daß er seine Yogakraft angewendet hat, um ihr Leben zu retten, und dies Wunder geschah in dem Sinn, daß er erfolgreich war, als alles auf »des Messers Schneide« stand, wie die Ärzte meinten.) Aber hier muß ich innehalten, um sie kurz vorzustellen.

Sie kam zum erstenmal im Februar 1949 in unseren Ashram und wohnte bei mir. Sie suchte nach der spirituellen Hilfe eines Guru. Ich schlug ihr Sri Aurobindo vor. Sie antwortete zu meiner Bestürzung, daß sie nur mich als Guru akzeptieren könne. Ich machte meine Unfähigkeit geltend und versuchte ihr die Größe Sri Aurobindos klarzumachen. Sie lächelte und sagte, daß niemand, der Augen habe, jemals das Licht der Sonne in Frage stellen könne, aber, so fügte sie hinzu, gleichzeitig nimmt man sich keinen Guru, sondern erhält ihn. In meiner Pein wandte ich mich an Sri Aurobindo. Er antwortete, daß sie recht habe und daß ich sie nicht dazu überreden solle, jemand anderen als mich als Guru anzunehmen, denn, so schrieb er: »Sie fühlt, daß du es bist, der sie zu uns geführt hat und ihr geholfen und sie angeleitet hat; uns sieht sie als *deine* Gurus an.« Ich hätte vielleicht immer noch unnachgiebig sein sollen, aber ihre Ehrlichkeit, Wahrhaftigkeit, Klugheit, ihre dichterische Begabung und Fähigkeit zu spiritueller Erfahrung und vor allem ihr unglaublich reiner Charakter hatten mich zutiefst beeindruckt. Sie war über alle Maßen nobel und generös, sie stand dem Reichtum völlig gleichgültig gegenüber, obgleich sie in einer reichen Familie geboren und gesellig war, ohne dabei an die Gesellschaft gebunden zu sein. Aber sie war, wie es mit solch hochentwickelten Wesen oft der Fall ist, außerordentlich zurückhaltend und zudem sehr empfindlich. Als Ergebnis hatte sie lang und viel gelitten, was ihre Gesundheit fast ganz zugrunde gerichtet hatte. Dennoch hatte sie sich immer tapfer gegeben und niemandem etwas gesagt, bis sie schließlich – im November des Jahres 1949 – in Jubbulpore, wo sie mit ihrem Gatten lebte, zusammenbrach. Dieser hatte anfangs ihr Leiden nicht als gefährlich angesehen. Als jedoch ihr Zustand immer bedenklicher wurde, wandte man sich mit einem Hilferuf an Sri Aurobindo, und ich erhielt ein Telegramm, das besagte, daß die Ärzte alle Hoffnung aufgegeben hatten. Da beging ich einen schweren Fehler (indem ich Gurudevs Anweisung mißachtete) und schrieb ihr, daß sie *ihn* als ihren Guru annehmen solle, da ich ganz offensichtlich keine mystische Heilkraft besaß, er hingegen schon und er sie auch für ihre Rettung einsetzen konnte. Dies mißverstand sie als Ablehnung ihrer Schülerschaft durch mich und sagte, daß sie von niemand anderem gerettet werden wolle als von dem Guru ihres Herzens. »Etwas in mir ist zusammengebrochen«, schrieb sie mir. »Alle Wärme ist verschwunden; ich kann nichts mehr empfinden; mein Herz ist erstarrt und kann auf nichts mehr antworten.« Zutiefst beunruhigt gestand ich Gurudev meinen Mißgriff ein, der um so schlimmer war, als ich gerade jene Tat begangen hatte, vor der er mich so kategorisch gewarnt hatte. Aber er, die Seele des Mitgefühls und des Verständnisses, antwortete mir sogleich und wies mich an, sofort nach Jubbulpore zu fahren, und versprach, daß er alles für ihre Rettung tun werde. »Ich hoffe«, schrieb er, »daß es eine vorübergehende Depression ist, die auf ihr Mißverstehen dessen zurückgeht, was du ihr geschrieben hast, und daß ihr die Elastizität ihres psychischen Temperaments und ihre Aspiration helfen werden, sich schnell, wenn nicht sogleich, wieder davon zu erholen. Dennoch kann es sein, daß ihr Telegramme und Briefe nicht helfen, sogleich wieder den natürlichen Zustand zu erlangen, und deine Gegenwart dort kann notwendig sein und ist gewiß ratsam, da sie die Dinge sofort wieder zurechtrücken wird. Du kannst also, wie du vorschlägst, heute abend losfahren, und unsere Segnungen werden mit dir sein.

Mit Liebe und Segnungen, Sri Aurobindo (21. 12. 1949).«

So brach ich am selben Nachmittag auf und stand am nächsten Abend neben ihrem Bett, verzweifelt hoffend, daß Gurudevs Yogakraft das Wunder vollbringen möge. Aber als ich sie sah, brach mir das Herz, denn obgleich ich (aufgrund von allem, was Sri Aurobindo über sie an mich und ihr selbst geschrieben hatte) sicher wußte, daß sie sowohl gerufen als auch auserwählt war, konnte ich mir nicht vorstellen, wie ihre schrecklichen Krämpfe geheilt werden könnten. Ich mußte darum meine Courage in beide Hände nehmen, als ich es riskierte, ihr zu raten, alle Ärzte zu entlassen, die sie pflegten. Sie stimmte bereitwillig zu und sagte ihnen, daß sie alles Dem Herrn überantworten wolle, der (und nicht die Ärzte) von jetzt an für sie Sorge tragen wird. Ihre Angehörigen waren entsetzt, aber als ich Gurudev von ihrem Entschluß schrieb (ich berichtete ihm täglich über ihre Symptome und Erfahrungen), hieß er meinen Ratschlag in seinem Antwortschreiben gut und lobte ihren Glauben liebevoll. (In dem Zusammenhang kann ich noch sagen, daß er mir einige Tage, bevor ich nach Jubbulpore aufbrach – genauer gesagt, im Dezember 1949 – in einem Brief viel davon erklärt hatte, was ihr »wegen ihres entwickelten spirituellen Bewußtseins« widerfuhr, und er hatte hinzugefügt, daß ihr *samadhi* von der »*savikalpa*=Art« war.)

Schließlich schrieb er in einem Brief, den ich in Jubbulpore erhielt: »Natürlich werde ich bis zum Ende versuchen; denn meine Erfahrung zeigt, daß im Bereich des Wirkens der spirituellen Kraft selbst ein hoffnungsloser Versuch oft besser ist als keiner und das Eingreifen des Wunders bewirken kann.«

Ich schüttelte gramvoll mein Haupt und antwortete: »Leider, Guru, hatte ich noch nie eine angeborene Schwäche für das, was wir Inder so sehnsüchtig ›den Glauben an Wunder‹ nennen. Verzeih mir also, daß ich nur verzweifelt hoffen kann, daß sein Wirken erkennbar werde bevor es zu spät ist.« Dann fügte ich hinzu, nachdem ich ausführlich ihr Leiden beschrieben hatte: »Von den Ärzten hier habe ich – was mich ziemlich bestürzt hat – erfahren, daß Indira an Herzasthma, Stirnthrombose, Herzerweiterung, Gelenkentzündung, niedrigem Blutdruck, völliger Appetitlosigkeit, Blutlosigkeit und weiß Gott was sonst noch Unerkanntem leidet. Ich fürchte, daß du ein *Großes Wunder* bewirken mußt, wenn du es wirklich ernst meinst.«

Aber das große Wunder geschah: fünf Minuten vor zwölf, als alles verloren schien und die Leute zu weinen begannen, erholte sie sich wieder, nachdem sie weiterhin hartnäckig mehr als drei Monate lang jegliche Medizin verweigert hatte.

Dies beeindruckte selbst meinen skeptischen Verstand, weil ich jetzt einen *Anhaltspunkt* für meinen Glauben an tatsächlich wirksame Yogakräfte erhalten hatte, die ich nur als zu gewaltig beschreiben kann, um mißachtet zu werden. Aber ich möchte diese Episode lieber mit einem entsprechenden Brief von Gurudev abschließen, den er mir als Antwort auf eine Reihe von Fragen geschrieben hatte, die ich mit Indira während ihrer Krankheit über die Anwendung spiritueller Kraft für die Erhaltung'der Gesundheit und die Heilung von Krankheiten besprechen mußte. Ich hatte ihn in meinem Brief unter anderem gefragt, bis zu welchem Grad er Sri Ramakrishnas Verurteilung des Einsatzes spiritueller Kraft für die Gesunderhaltung des Körpers zustimmte.

»Ich sollte ein Wort über Sri Ramakrishnas Haltung gegenüber dem Körper sagen«, schrieb er. »Er scheint es als Mißbrauch spiritueller Kraft angesehen zu haben, sie für die Erhaltung des Körpers oder für die Heilung von dessen Krankheiten oder für dessen Pflege zu verwenden. Andere Yogis – und ich spreche hier nicht von jenen, die es vertretbar finden, yogische *siddhis* (Kräfte) zu entwickeln – haben nicht diese völlige Ablehnung des Körpers vertreten: sie haben darauf geachtet, daß er bei guter Gesundheit und in guter Verfassung bleibe, um als ein Instrument oder physische Grundlage für ihre Entwicklung im Yoga zu dienen. Ich habe dieser Auffassung immer zugestimmt: darüber hinaus hatte ich nie gezögert, spirituelle Kraft für alle legitimen Zwecke einschließlich der Erhaltung von Gesundheit und physischem Leben in mir und in anderen anzuwenden ... Ich schätze den Körper einmal als Instrument, *dharmasadhana*, oder, in einem vollständigeren Sinn, als Zentrum manifestierter Persönlichkeit in Aktion, als eine Grundlage spirituellen Lebens und spiritueller Tat ebenso wie als Grundlage allen Lebens und aller Tat auf Erden, zum anderen aber auch, weil für mich der Körper ebensogut wie der Geist und das Leben Teil des Göttlichen Ganzen ist, eine Form des Spirits, und darum nicht übersehen oder als etwas unheilbar Grobes verachtet werden darf, das unfähig zu spiritueller Erfahrung oder von keinem spirituellen Nutzen sei. Materie selbst ist im Geheimen eine Form des Spirits und muß sich als solcher offenbaren, sie kann dazu veranlaßt werden, zum Bewußtsein zu erwachen und den Spirit, das in ihr enthaltene Göttliche, zu entfalten und zu verwirklichen. Meiner Ansicht nach muß der Körper ebenso wie der Geist und das Leben spiritualisiert werden, oder man könnte auch sagen, er muß vergöttlicht werden, damit er ein entsprechendes Instrument und ein Empfänger für die Verwirklichung des Göttlichen sei. Er spielt seine

Rolle im Göttlichen *lila* und hat, entsprechend der Vaishnava-*sadhana*, sogar Teil an der Freude und Schönheit der Göttlichen Liebe. Das bedeutet nicht, daß man den Körper isoliert um seiner selbst willen schätzen soll oder daß die Erschaffung eines göttlichen Körpers im Zuge einer künftigen Entwicklung des ganzen Wesens als Ziel und nicht nur als Mittel zum Zweck verstanden werden soll – das wäre ein schwerwiegender Irrtum, den man nicht zulassen dürfte.«

Ich habe diesen Brief aus besonderem Grund zitiert. So widersprüchlich es auch klingen mag, habe ich doch einen ausgeprägten Zug zum Jenseitigen in meinem Wesen, der nicht wenig dazu beitrug, daß ich ständig Schwierigkeiten im Ashram hatte. Aber jetzt, wo ich meine eigene Schülerin mit dem Tod ringen sah, konnte ich nicht anders, als um ihre Rettung zu beten, damit sie am Leben bleibe, aber auch daß mein eigener Schmerz vergehen möge. Und erst als sie sich wieder erholte, wurde mir erneut klar, daß sensible, feine Seelen tatsächlich keinen Yoga wahrhaftig befriedigend finden können, der die Materie als unvereinbar mit dem Spirit verachtet oder die Rolle des Körpers für das spirituelle Leben geringschätzt. Denn obgleich Sri Aurobindo einräumte, daß »der Körper die Schöpfung des Unbewußten ist«, weigerte er sich, ihn nach äußeren Erscheinungen zu beurteilen, denn »was wir Unbewußtes nennen«, meinte er, »ist eine Erscheinungsform, ein Wohnort, ein Instrument eines geheimen Bewußtseins oder eines Überbewußten, welches das Wunder erschaffen hat, das wir Universum nennen. Materie ist der Bereich und die Schöpfung des Unbewußten und der Vervollkommnung der Vorgänge unbewußter Materie, deren vollkommene Anpassung von Mitteln für ein Ziel und für einen Zweck, deren Wunder, die sie vollbringen, und deren Märchen an Schönheit trotz all der unwissenden Verneinungen, die wir entgegensetzen können, die Gegenwart und die Bewußtseinsmacht dieses Überbewußten in jedem Teil und jeder Bewegung des materiellen Universums beweisen. Es ist da, gegenwärtig in ihm, es hat den Körper gestaltet, und sein Auftauchen in unserem Bewußtsein ist das geheime Ziel der Evolution und der Schlüssel zum Geheimnis unseres Daseins.«[5]

Heute scheinen Botschaften wie diese eine neue und viel tiefergehende Bedeutung zu erhalten. Warum schrieb er mir – obgleich Indira ihn nicht einmal als Guru akzeptiert hatte –, als ich schon aufgeben wollte: »Solange der geringste Funken Hoffnung besteht,

---

[5] Auszug aus dem Abschnitt *Perfection of the Body* aus Sri Aurobindos letztem Werk: *The Supramental Manifestation upon Earth*. Auroville Verlag, Planegg.

müssen wir bis zum Ende kämpfen, um sie zu retten«? Und warum trug er mir auf, gerade in jenem Augenblick als ihr Guru zu agieren, als ich beschlossen hatte, daß ich kein Recht habe, irgend jemanden auf dieser entscheidenden Stufe meiner *sadhana* als Schützling aufzunehmen?

Nicht, daß meiner Eitelkeit nicht beachtlich damit geschmeichelt worden wäre, eine so weitentwickelte Seele führen zu dürfen; aber gerade weil ich erkannte, wie oft ich selbst auf dem Weg strauchelte, erschrak ich noch mehr vor dem Gedanken, einen Schüler anzuleiten. Konnte solch ein Hansdampf es wirklich wagen, einen anderen Menschen zu führen, und dabei sich selbst treu bleiben? Und schließlich bezeugt Indira – als Krönung des ganzen Ungemachs – auch noch wiederholt, daß sie immer wieder meine Hilfe erhalten habe, obgleich ich mir gar nicht bewußt war, irgendwelche gegeben zu haben!

Ich schrieb ihm getreu über alles und flehte um Erklärung und seine Meinung.

Und er antwortete sofort und kategorisch.

»Du kannst und hast anderen geholfen«, schrieb er, »und sie auf den spirituellen Weg geführt, und du hast viele dazu gebracht, sich uns zuzuwenden, die von sich aus nicht auf diese Idee gekommen wären. In dir ist eine Kraft, andere so anzuziehen, und es scheint, daß es nicht nur die Natur, sondern Der Göttliche ist, der sie dir gegeben hat, um diesen Dienst zu vollbringen, und daß es völlig in Ordnung ist, sie, so wie du es getan hast, für Ihn anzuwenden. Es kann nicht schaden, Seine Geschenke für Ihn zu gebrauchen, wenn es mit der richtigen Haltung getan wird.«

Ich war wieder einmal tief bewegt von seinem unerschöpflichen Verständnis und Mitgefühl, die ihn dazu veranlaßten, soviel Zärtlichkeit einem widerborstigen Schüler zukommen zu lassen, der es dank seiner eigenen Widerspenstigkeit so schwierig fand, seine Führerschaft zu akzeptieren und von seinen ständigen Ermutigungen zu profitieren. Ich erinnere mich, wie ich einmal so tief deprimiert war, daß ich seine Liebe bezweifelte (selbst nachdem er mich »einen Freund und einen Sohn« genannt hatte) und bedauernd über seine »Erhabenheit über uns alle« schrieb, »mit der er möglicherweise beinahe als mythologische Figur in einem kristallenen Turm glänzen wolle, der Sterblichen, die vom grauen Leben zerstört werden, unzugänglich ist.« Diesmal hatte ich eine schroffe Zurechtweisung erwartet, aber da er war, was er ist, antwortete er mir mit einem der liebevollsten Briefe, die ich je erhalten habe. Er schrieb:

»Es ist eine starke und andauernde persönliche Beziehung, die ich immer zu dir empfunden habe, seitdem wir uns getroffen haben, und *sogar schon vorher,* und nur sie ist es, die Grundlage all der äußeren Unterstützung, der Beachtung, der Fürsorge und der ständigen helfenden Bemühung ist, die ich dir immer zukommen ließ und die nie aus einem lauen unpersönlichen Gefühl hätte entspringen können. Von meiner Seite aus wird sich diese Beziehung kaum je verändern.«

Und dann erklärte er weiter: »Selbst bevor ich dich zum erstenmal traf, wußte ich von dir und fühlte sogleich die Verbindung mit jemandem, zu dem ich jene Beziehung hatte, die sich ständig durch viele Leben bemerkbar macht, und verfolgte deine Karriere (alles, was ich über sie erfahren konnte) mit tiefer Sympathie und Interesse. Es ist eine Empfindung, die untrüglich ist und den Eindruck von jemandem erweckt, *der einem nicht nur nahesteht, sondern Teil der eigenen Existenz ist* ... Die Beziehung, die sich so bemerkbar macht, erweist sich immer als die jener, die in der Vergangenheit beisammen und dazu bestimmt waren, sich wieder zusammenzufinden (obgleich die vergangenen Umstände unbekannt sein mögen), durch alte Bande wieder zusammengeführt zu werden. Es war das gleiche innerliche Wiedererkennen (unabhängig sogar von der tiefsten spirituellen Verbindung), welches dich hierher brachte. Wenn das äußere Bewußtsein dies nicht völlig wahrnimmt, liegt es an der Kruste, die immer bei einer neuen physischen Geburt entsteht und das Wahrnehmen verhindert. Aber die Seele weiß die ganze Zeit.« (28. 2. 1935)

In einem anderen Brief schrieb er mit der gleichen Simplizität, um ein Mißverständnis zu beseitigen, für das allein meine Selbstliebe verantwortlich war:

»Ich war über deinen Brief bestürzt, denn meine Bemerkungen über X waren gänzlich beiläufig ... Ich hätte sie gewiß nicht geschrieben, wenn ich vermutet hätte, daß sie derart beschaffen sind, in dir Beunruhigung zu verursachen. Als ich sie niederkritzelte, hatte ich nicht vor, dir meine Vorstellungen über X aufzuzwingen – ich hatte nicht vor, dir als Guru an einen Schüler zu schreiben oder das Gesetz zu verkünden, vielmehr habe ich als Freund an einen Freund geschrieben, meine Ansichten dargelegt und sie mit völliger Gelassenheit und Vertrauen besprochen ... weil wir uns deinem psychischen Wesen immer nahe fühlen, und das die Beziehung ist, die wir ganz natürlich zu dir haben ... Ich glaube nicht an menschliche Beurteilungen, weil ich festgestellt habe, daß sie immer fehlbar sind – vielleicht auch deshalb, weil ich selbst so sehr durch menschliche Beurteilungen angeschwärzt worden bin, daß ich keinen Wert darauf lege, von ihnen in bezug auf andere Menschen geleitet zu werden. All dies schreibe ich jedoch, um meinen eigenen Standpunkt zu erklären: ich bestehe nicht darauf, daß er für andere ein Gesetz sein soll. Ich hatte noch nie die Angewohnheit, daß jeder das gleiche wie ich denken soll – ebenso-wenig wie ich darauf bestehe, daß jeder mir und meinem Yoga folge.« (Dezember 1934)

Aber selbst solche Briefe vertieften, während sie mich trösteten und läuterten, nur meine Bedrücktheit. Daß er, ein Wesen des Lichtes, der Vision und der Toleranz, mir weiterhin so demütig schreiben sollte, der ich so fehlerhaft und hartnäckig und anmaßend war! Warum nur liebte er mich, wie er es tat, wenn ich doch so oft geprüft und für wertlos befunden wurde? Was habe ich ihm denn mehr eingebracht außer Bergen von Sorge und Müh' – und nicht nur um meinetwillen, sondern auch um derer willen, um die ich mich sorgte? Es war im Ashram allgemein bekannt, daß er keine Mühe scheuen würde, jedem zu helfen, der »von Dilip empfohlen wurde«. Ich erinnere mich dabei im besonderen daran, wieviel Zeit er darauf verwendet hatte, eine meiner lieben Schülerinnen zu retten, Srimati Uma Bose (die von Mahatma Gandhi »die Nachtigall von Bengalen« genannt wurde), die mit einundzwanzig Jahren starb, und wie zärtlich er mich tröstete, als ich wegen ihres frühen Todes litt! Ich fragte ihn (8. 2. 1942):

»Aber warum mußte solch schöne Blume vorzeitig dahinwelken, bevor sie noch zur Blüte gelangte – einen Schatten der Betrübnis über alle werfend, die sie kannten und wegen ihres herrlichen Gesangs und ihres schneereinen Charakters schätzten? Und dann, siehe doch den immer länger werdenden Schatten, der sich über die Welt zieht, auf der Brüder ihre Brüder töten! Ich glaube wirklich an Gnade, Guru, aber sie wirkt, so meine ich, nur unter gewissen Bedingungen, die, um es vorsichtig auszudrücken, von Empfängern wie uns kaum erfüllt werden. Warum verschwendest du also deine kostbare Zeit und Energie für solch eine Welt, in der die Göttliche Führung beinahe fehl am Platz erscheint?« Und so weiter.

In jenen Tagen schrieb er überhaupt keine Briefe. Genauer gesagt, war er seit dem Ausbruch des Zweiten Weltkriegs (1939) davon in Anspruch genommen, all seine Yogakraft gegen die Höllenhunde zu richten, die durch den Aufstieg Hitlers freigesetzt worden waren. Am 3. September 1943 schrieb er mir einen langen Brief, den ich hier gut teilweise zitieren kann. Nachdem er erklärt hatte, was die spirituelle Bedeutung des Ganzen war und weshalb man den Zweiten Weltkrieg nicht »als einen Kampf zwischen Nationen und Regierungen ansehen sollte – und viel weniger noch als Kampf zwischen guten und schlechten Menschen –, sondern als Kampf zwischen zwei Kräften, der Göttlichen und der Asurischen (diabolischen)«, fuhr er fort: »Was wir sehen müssen, ist – auf welche Seite sich die Menschen und Nationen stellen; wenn sie sich auf die richtige Seite stellen, machen sie sich im selben Augenblick zu Instrumenten für den Göttlichen Zweck, und zwar trotz aller Mängel, Irrtümer, falscher Regungen und Taten, die bezeichnend für die menschliche Natur und alle menschlichen Kollektive sind. Der Sieg der einen Seite (der Alliierten) würde den Weg für die evolutionären Kräfte offenhalten: der Sieg der anderen Seite (der Achse) würde die Menschheit herabziehen, würde sie grauenvoll degradieren, und könnte sogar, schlimmstenfalls, dazu führen, daß sie als Lebensform versagt, so wie in der Vergangenheit auch andere Lebensformen versagt haben und verschwunden sind. Darum dreht sich die ganze Frage, und alle anderen Gesichtspunkte sind entweder fehl am Platz oder von geringer Bedeutung. Die Alliierten stehen zumindest für menschliche Werte, wenngleich sie oft gegen ihre eigenen besten Ideale handeln (Menschen tun das immer); Hitler steht für diabolische Werte oder für menschliche Werte, die in der falschen Weise übersteigert werden, bis sie diabolisch werden (z. B. die Tugenden des Herrenvolks). Das macht die Engländer oder Amerikaner nicht zu Nationen unbefleckter Engel oder die Deutschen zu einer bösartigen und sündigen Rasse, aber als Richtungsweiser ist es von entscheidender Bedeutung.«

Obwohl er also zu jener Zeit keine Briefe schrieb, antwortete er mir – im Februar 1942 –, als er sah, wie dringend ich den Balsam seines spirituellen Trostes brauchte, und sandte mir eine Erwiderung des Lichtes in meine umherirrende Seele.

»Die Frage, die du gestellt hast«, schrieb er, »greift eines der schwierigsten und kompliziertesten aller Probleme auf, mit dem sich angemessen auseinanderzusetzen, einer Antwort bedürfte, die so lang ist wie das längste Kapitel meines *Life Divine*. Ich kann nur mein eigenes Wissen kundtun, das sich nicht auf Vernünftelei, sondern auf Erfahrung gründet, daß es solch eine Führung *gibt* und daß in diesem Universum nichts vergeblich ist.

Wenn wir nur die äußeren Tatsachen in ihrer oberflächlichen Erscheinungsform erkennen oder wenn wir das, was wir um uns sich ereignen sehen, als endgültig auffassen und nicht als Prozesse einer Bewegung in einem sich entwickelnden Ganzen verstehen, ist die Führung nicht ohne weiteres wahrzunehmen; bestenfalls erkennen wir gelegentliche oder bisweilen regelmäßige Interventionen. Die Führung wird erst offensichtlich, wenn wir hinter die Erscheinungen treten und beginnen, die Kräfte, die am Wirken sind, ihre Arbeitsweise und ihre geheime Bedeutung zu verstehen. Schließlich erlangt man echtes Wissen – selbst wissenschaftliche Erkenntnis –, indem man hinter das Oberflächenphänomen in die verborgenen Vorgänge und Ursachen dringt. Es ist ziemlich offensichtlich, daß diese Welt voller Leiden ist und bis zu einem Grade von Vergänglichkeit geplagt, die die Beschreibung der Welt in der Gita, die von ihr als ›unglückseliger und vergänglicher Welt‹ spricht – *anityam asukham lokam*–, zu rechtfertigen scheint. Die Frage ist, ob es sich um eine bloße Schöpfung des Zufalls handelt oder ob sie durch ein mechanisches, unbewußtes Gesetz regiert wird oder ob sie einen Sinn hat und etwas verbirgt, das über ihre augenblickliche Erscheinungsform hinausweist, etwas, auf das wir uns zubewegen. Wenn es einen Sinn gibt, und wenn es etwas gibt, auf das sich die Dinge zuentwickeln, dann muß es – zwangsläufig – eine Führung geben –, und das bedeutet, daß es ein den Dingen zugrunde liegendes Bewußtsein und einen Willen *gibt*, mit dem wir in innere Verbindung treten können. Wenn es solch ein Bewußtsein und Willen gibt, ist es unwahrscheinlich, daß er sich dadurch lächerlich macht, indem er den Sinn der Welt rückgängig macht oder sie in einen ständigen oder möglichen Fehlschlag verwandelt.

Diese Welt hat einen Doppelaspekt. Sie scheint sich auf eine materielle Unbewußtheit und einen unwissenden Geist und Leben zu gründen, die ebenfalls durchdrungen sind von dieser Unbewußtheit; Irrtum und Sorge, Tod und Leid sind die sich notwendigerweise ergebenden Konsequenzen. Aber offensichtlich gibt es auch ein teilweise erfolgreiches Bemühen und ein unvollkommenes Wachsen zum Licht, zum Wissen, zur Wahrheit, zum Guten, zum Glücklichsein und zur Harmonie und Schönheit – zumindest aber eine teilweise Entfaltung dieser Dinge.[6] Der Sinn der Welt muß offensichtlich in dieser Gegensätzlichkeit enthalten sein; es muß sich um eine Evolution handeln, die aus einer anfänglich dunklen Erscheinungsform zu höheren Dingen führt oder sich durchringt. Welcher Art die Führung auch sein mag, muß sie unter diesen Bedingungen der Opposition und des Ringens gegeben werden und muß zu diesem höheren Zustand der Dinge führen. Sie führt das

---

[6] Siehe auch *Savitri*, Buch VI, Canto 1:
Durch der Natur Gegensätze kommen wir nahe zu Gott;
aus der Dunkelheit wachsen wir immer noch zum Licht.
Tod ist unsere Straße zur Unsterblichkeit.

Individuum gewiß und die Welt mutmaßlich zu dem höheren Zustand, aber dies geschieht mittels der doppelten Werte des Wissens und der Unwissenheit, des Lichtes und der Dunkelheit, des Todes und des Lebens, des Schmerzes und des Vergnügens, des Glücks und des Leids; keiner dieser Werte kann ausgeschlossen werden, solange der höhere Status nicht erreicht und gefestigt ist. Es ist und kann gewöhnlich nicht eine Führung sein, die sofort die dunkleren Werte verwirft, und viel weniger noch ist es eine Führung, die uns ausschließlich und immer nur Zufriedenheit, Erfolg und Glück zukommen läßt. *Ihr Hauptanliegen ist die Entfaltung unseres Wesens und Bewußtseins, die Entfaltung in ein höheres Selbst, in das Göttliche, und am Ende in ein höheres Licht, Wahrheit und Seligkeit;* der Rest ist zweitrangig, bisweilen ein Hilfsmittel, manchmal ein Ergebnis, aber kein zentrales Anliegen.

Die wahre Bedeutung der Führung wird klarer, wenn wir tief nach innen gehen können, um von dort in einem vertrauteren Sinn das Spiel der Kräfte wahrzunehmen und Hinweise von dem Willen zu erhalten, der hinter ihnen steht. Der Oberflächengeist kann nur einen unvollständigen Schimmer erhaschen. Wenn wir in Kontakt mit Dem Göttlichen oder in Kontakt mit einem inneren Wissen oder innerer Vision sind, fangen wir an, alle die Umstände unseres Lebens in einem neuen Licht zu erblicken und beobachten, wie sie alle, ohne daß wir es wußten, auf das Wachstum unseres Wesens und Bewußtseins ausgerichtet waren, auf die Arbeit, die wir zu tun hatten, auf eine bestimmte Entwicklung, die wir zu durchlaufen hatten – nicht nur was gut, glücklich oder erfolgreich zu sein schien, sondern auch die Kämpfe, die Fehlschläge, die Schwierigkeiten, die Aufstände. Aber die Führung wirkt bei jeder Person, entsprechend ihrer Natur, ihren Lebensbedingungen, ihrer Bewußtseinsprägung, ihrer Entwicklungsstufe, ihres Bedürfnisses für weitere Erfahrung anders. Wir sind keine Automaten, sondern bewußte Wesen, und unsere Mentalität, unser Wille und seine Entschlüsse, unsere Haltung zum Leben und was wir von ihm erwarten, unsere Motive und Bewegungen helfen, unseren Kurs zu bestimmen; sie mögen zu viel Leid und Bösem führen, aber dabei verwendet die Führung all dies für unsere ständig zunehmende Erfahrung und konsequenterweise für die Entwicklung unseres Wesens und Bewußtseins. Ein jeder schreitet voran, gleichgültig, wie abwegig sein Pfad auch sein mag, und trotz jener Dinge, die einen Rückschritt darzustellen scheinen oder eine Verirrung, und sammelt alle Erfahrungen, die für die Bestimmung der Seele gemacht werden müssen. Wenn wir in engem Kontakt mit dem Göttlichen stehen, kann ein

Schutz zu uns kommen, der uns hilft oder uns unmittelbar führt und bewegt: er wirft nicht alle Schwierigkeiten, Leiden oder Gefahren über Bord, aber er leitet uns durch sie hindurch und führt uns aus ihnen heraus – außer in jenen Fällen, wo es für einen besonderen Zweck des Gegenteils bedarf.

Ebenso verhält es sich, wenngleich in größerem Maßstab und auf komplexere Weise, mit der Führung der Weltbewegung. Diese scheint entsprechend den Bedingungen und Gesetzen oder Kräften der Bewegung durch ständige Wechselfälle voranzuschreiten, aber dennoch enthält sie etwas, das der evolutionären Absicht in die Hände arbeitet, obgleich es schwieriger zu erkennen, zu verstehen und zu befolgen ist als innerhalb des kleineren und vertrauteren Bereichs des individuellen Bewußtseins und Lebens. Was an einem bestimmten Brennpunkt des Weltgeschehens oder des Lebens der Menschheit geschieht, ist, gleichgültig wie katastrophal es sich darstellen mag, nicht endgültig bestimmend. Auch hier darf man nicht nur das äußere Kräftespiel in einem besonderen Fall oder zu einer bestimmten Zeit sehen, sondern muß auch das innere und geheime Spiel sehen, das ferne zukünftige Ergebnis, das Ereignis, das im Jenseits liegt, und den Willen, der hinter all dem am Wirken ist. Falschheit und Dunkelheit sind überall auf der Erde stark und waren immer schon stark gewesen und schienen bisweilen zu überwiegen; aber ebenso gab es nicht nur einen Schimmer, sondern auch Lichtausbrüche. In der Wirrnis der Dinge und dem langen Strömen der Zeit ist das Licht gegenwärtig, gleichgültig wie der äußere Eindruck dieser oder jener Epoche oder Bewegung sein mag, und das Ringen um bessere Dinge hört nicht auf. In der heutigen Zeit haben Falschheit und Dunkelheit ihre Kräfte gesammelt und sind außerordentlich mächtig; aber selbst wenn wir die Feststellung der Mystiker und Propheten ablehnen, die seit alters sagen, daß ein derartiger Zustand der Manifestation vorangehen muß und daß er sogar ein Zeichen dafür ist, daß sie bevorsteht, muß er dennoch nicht notwendigerweise ein Hinweis auf den – auch nur vorübergehenden – entscheidenden Sieg der Falschheit sein. Es bedeutet lediglich, daß der Kampf zwischen den Mächten seinen Höhepunkt erreicht hat. Das Ergebnis davon kann gut sein, daß das Bestmögliche stärker zum Zuge kommt; denn die Weltbewegung arbeitet oft auf diese Weise. Ich belasse es dabei und sage nicht mehr.

Uma Bose hatte eine Stufe ihrer Entwicklung erreicht, die durch ein Überwiegen der *sattwischen* Natur gekennzeichnet ist, aber nicht durch ein starkes Vital (das auf ein erfolgreiches oder glückli-

ches Leben hinarbeitet) oder das Öffnen zu einem höheren Licht –
ihre mentale Erziehung und Umgebung standen dem entgegen, und
sie selbst war nicht reif dafür. Der frühe Tod und das viele Leid
können das Ergebnis vergangener (vorgeburtlicher) Einflüsse sein,
oder sie können von ihrem psychischen Wesen als Durchgang zu
einem höheren Zustand gewählt worden sein, für den sie noch nicht
bereitet war, auf den sie sich aber zubewegte. Dies und die Nichter-
füllung ihrer Fähigkeiten könnten eine endgültige Tragödie darstellen, wenn es nur dieses Leben gäbe. In Wirklichkeit ist sie in den
psychischen Schlaf eingetreten, um ihr zukünftiges Leben vorzube-
reiten.«

Ja, so war er immer: bereit, immer nachzugeben, wann immer ich ihn einlud zu helfen – gleichgültig, für wen es war. Und
mit dem gleichen freundlichen Interesse wandte er sich einem
Genie oder einem Multimillionär, einem Taugenichts oder einem Waisenkind zu. Auch tat er dies so spontan – beinahe, als
wäre es das mindeste, was er tun könne –, daß es manchmal
tatsächlich schwierig war, ihm dankbar zu sein oder es überhaupt als Mitgefühl zu identifizieren. Wie oft habe ich mich
gefragt, ob dies nicht an *seiner* Art zu geben lag: er tat es so, als
müßte er einfach den Menschen helfen, ohne sie im geringsten zu
kritisieren. Ich schrieb ihm einst, daß seine Art, »durch Liebe
anstatt durch Strafe zu heilen«, an Vivekanandas berühmtes Wort
erinnere: »Jeder echte Schritt vorwärts, der in der Welt tatsächlich
getan wurde, kam durch Liebe zustande; kritisieren kann nie Gutes
tun; man hat es Tausende von Jahren versucht. Verdammung führt
zu nichts.«[7]

Und doch, was war dies für eine Liebe, die er oder Vivekananda so
lebendig verwirklicht hatten? Können wir sie je aufgrund *unserer*
Erfahrung von Liebe auf der menschlichen Ebene begreifen? Welche Art Liebe war es, die ihn dazu veranlaßt hatte, alles aufs Spiel zu
setzen, was uns Sterblichen lieb ist, um etwas zu erlangen, das wir
nicht einmal verstanden – das Supramentale, dessen »Heraufkunft« er vorhersah und als »unvermeidlich« bezeichnete? Einige
seiner Kritiker bezichtigten ihn des hemmungslosen Ehrgeizes.
Einmal teilte ich ihm mit, daß sie ihn anfeierten, weil er nach
Größe giere und etwas verwirklichen wolle (das Supramentale), das
nicht einmal Krishna auf die Erde herabbringen konnte. Dazu
schrieb er:

»Nicht wegen persönlicher Größe versuche ich das Supramentale

[7] Vivekananda: *Inspired Talks*, S. 75.

herabzubringen. Ich kümmere mich nicht um Größe oder Kleinheit im menschlichen Sinn. Ich versuche, ein bestimmtes Prinzip der inneren Wahrheit, des Lichtes, der Harmonie und des Friedens in das Erdbewußtsein einzuführen. Ich sehe es in der Höhe und weiß, was es ist – ich fühle es immer von oben auf mein Bewußtsein herabscheinen, und ich versuche es ihm zu ermöglichen, das ganze Wesen in seine ureigenste Kraft emporzuheben, statt daß die Natur des Menschen ständig weiter im Halblicht und Halbdunkel verharrt. Ich bin der Überzeugung, daß die Herabkunft dieser Wahrheit, die den Weg zu einer Entwicklung göttlichen Bewußtseins hier erschließt, der höchste Sinn der Erdevolution ist. Wenn größere Menschen als ich diese Vision und dieses Ideal nicht vor sich gesehen haben, ist dies kein Grund, warum ich nicht meinem Wahrheitsempfinden und meiner Wahrheitsschau folgen sollte. Wenn mich der menschliche Verstand als Dummkopf ansieht, weil ich zu tun versuche, was Krishna nicht versuchte, kümmert mich das nicht im geringsten. Bei dieser Frage geht es nicht um X oder Y oder sonst irgend jemanden. *Es ist eine Angelegenheit zwischen Dem Göttlichen und mir – ob es Der Göttliche Wille ist oder nicht, ob ich gesandt bin, dies herabzubringen oder den Weg für die Herabkunft zu bereiten oder sie zumindest besser möglich zu machen oder nicht. Laß alle Menschen, wenn sie wollen, mich verhöhnen oder die ganze Hölle wegen meiner Anmaßung über mich herfallen – ich gehe weiter, bis ich siege oder vergehe. Dies ist der Geist, in dem ich das Supramentale suche, es geht nicht um Jagen nach Größe für mich oder andere.«*

Unglücklicherweise hat die menschliche Natur einen Hang zum Sektierertum, der geradezu unauslöschlich ist. Deshalb wurde selbst solch ein seelenbewegender und untadeliger Brief von einigen mißverstanden, die ihm vorwarfen, er mißachte Krishnas Größe. Aber obgleich er von Natur aus unprätentiös und friedlich war*, würde er, wenn es seine Vision verlangte, kurz und bündig alles vom Tisch fegen und die Taue kappen, die an Tradition und Gewohnheiten binden, um allein dem Ruf seiner Flammenseele zu folgen. Leider haben wir, die gelernt haben, die Vernunft anzubeten, die Haltung angenommen, den Glauben wie eine Art Don Quichotte anzusehen, der gelegentlich liebenswert und unterhaltsam ist, aber dennoch viel zu simpel, um ernst genommen zu

---

* Er schrieb mir (am 26. 10. 1934) fröhlich: »Aber all dies ist wahrscheinlich darauf zurückzuführen, daß ich von Natur aus faul bin (trotz meiner üppigen Korrespondenz) und deshalb die einfachste und automatischste Methode bevorzuge, die möglich ist.

werden. Wenn wir jedoch zulassen, daß die Vernunft den Glauben derart bespöttelt, vergessen wir, daß dieses Spiel von beiden gespielt werden und der Glaube erwidern kann, daß sich auch die Vernunft bisweilen wie der berühmte Ritter-Tor verhält, wenn sie

> ... *auf hocherhabenen Pferderücken des Arguments (sitzt),*
> *um auf ewig eine wortreiche Lanze*
> *in einem Scheinturnier zu brechen, bei dem keiner gewinnen*
> *kann.*
>
> (Savitri, Buch II, Canto 10)

Aber obgleich *sein* Glaube uns, die Modernen, ansprach, weil er ursprünglich wie strahlendes Feuer aus dem Zusammenprall zwischen der Vision seines Herzens und den Zweifeln seines Geistes entsprang, muß ich dennoch zugeben, daß ich selbst es nie leicht gefunden habe, an den Glauben zu glauben. Aber nachdem er dahingeschieden war, fing ich an, schwach etwas zu erkennen, das ich nur all jene zu akzeptieren bitten kann, die ihn als das kannten, was er war. Es ist nichts anderes, so möchte ich nochmals betonen, als eine Rückkehr zu simplem Glauben. Denn mir begann jetzt, nachdem ich den ganzen Kreis durchmessen hatte, zu dämmern, daß der Mensch auf dem Höhepunkt seiner Vision wieder zu dem simplen Kind werden muß, das durch Glaube allein lebt und wächst. Anders ausgedrückt, müssen wir, die wir inzwischen durch die wortreiche Ergebnislosigkeit des Verstandes schon ganz verrückt gemacht worden sind, auf den Glauben zurückgreifen – wahrlich nicht in Form von Gerücht und Berichten aus zweiter Hand, sondern auf das, was kein Wörterturm zu Babel abdämpfen kann: den mystischen Flötenruf, der von den erhabensten Geistern aller Zeiten vernommen wurde. Für uns, die wir *seinen* Ruf vernommen haben, besteht keine Möglichkeit, einem geringeren Ruf zu folgen: wir müssen alles, was wir haben und sind, der Aufgabe weihen zu vollenden, was er begann (*Savitri*, Buch XI, Canto 1):

> »*Die Welt zu Gott empor in todloses Licht zu erheben ...*
> *das irdisch Leben in göttliches Leben verwandeln*«,
>   *gestärkt durch unseren Glauben, daß*
> »*da Gott die Erde gemacht, die Erde in sich Gott erschaffen*
> *muß,*
> *was in ihrer Brust sich versteckt, muß sie enthüllen.*«

Als ich in meiner Einsamkeit dem nachsann – der grundlegenden Botschaft seines Yoga und dem Refrain seiner Dichtung –, wurde mir klar wie nie zuvor, wie selbstsüchtig wir, seine Schüler, mehr oder weniger gewesen sind, wie widerspenstig und wie wenig hilfsbereit! Und da fiel mir eine Feststellung aus Dostojewskis *Brüder Karamasow* ein, wo es heißt, daß jeder von uns als teilweise schuldig an dem gesamten Elend und Leid der Welt erachtet werden muß. Es war mir nun unmöglich, diesen beunruhigenden Gedanken zu verscheuchen, da ich leider nicht länger *meinen eigenen* Anteil an der Verantwortlichkeit bestreiten konnte: Folgte ich nicht, so sagte ich mir, jedes Mal meiner dunklen Selbstsucht, wann immer er mit seiner Lichtführung zu mir kam? Ich kann sogar jetzt nicht einmal völlig begreifen und noch weniger erklären, warum ich ständig gegen sein Evangelium des Glaubens angegangen bin, wo ich doch von Anfang an davon überzeugt war, daß uns die Vernunft allein niemals aus der tiefen Wirrnis unseres unerleuchteten Egos, dem Ursprung unseres globalen Elends, herausführen kann! Aber jetzt, wo er abgetreten ist, wollen wir besser nicht länger die Zeit mit unnützem Brüten verbringen, sondern uns an die Zusicherung der Gita erinnern, daß kein lebendiges Feuer der Aspiration in Asche versinken kann. Und hat in diesen gottlosen Tagen jemals ein feurigerer Aspirant, ein reinerer Dichter des Spirits, ein musikalischerer »Botschafter des Unmitteilbaren« als er gelebt und geatmet? Dieser Gedanke traf mich wie ein Geißelschlag am 5. Dezember in Varanasi (wo ich Geld für den Ashram sammelte), als ich im Radio die Nachricht von seinem Dahinscheiden vernahm. Denn mir wurde in diesem Augenblick schmerzhaft klar, wie entsetzlich auch wir ihn hatten fallenlassen – wir, seine Schüler, die, anstatt seine Bürde zu erleichtern, sie nur schwerer gemacht hatten durch unsere beharrliche Weigerung, seine Botschaft des »größeren Lichtes in der Höhe« anzunehmen – des Lichtes, dem er mit so gottgleicher Leidenschaft gefolgt ist, und das in einer Welt, wo Gnade als Mythos abgetan ist und Glaube als Narrheit. Aber jetzt, wo er von uns gegangen ist, ist es müßig, unsere alten Vergehen zu bereuen und über das zu seufzen, was hätte *sein können*. Wollen wir uns lieber bemühen, seine Botschaft in dem festen Glauben anzunehmen, daß seine Verwirklichung und was er erreicht hat für alle Zeiten und für alle Aspiranten wahr bleibt, so wie er es mir einmal selbst in einem seiner bewegendsten Briefe geschrieben hat, der möglicherweise die Essenz seines Glaubens und den Leitspruch seines Lebens enthält.

»Was den Glauben angeht«, schrieb er, »äußerst du dich, als hätte ich nie Zweifel gehabt oder irgendwelche Schwierigkeiten. Ich hatte schlimmere, als sich irgendein menschlicher Verstand vorstellen kann. Nicht weil ich Schwierigkeiten ignoriert habe, sondern weil ich sie klarer gesehen habe, weil ich sie in größerem Ausmaß erfahren habe als irgend jemand, der jetzt oder vor mir lebte, bin ich, nachdem ich mich ihnen gestellt und sie ausgelotet habe, der Ergebnisse meiner Arbeit sicher. *Aber selbst, wenn ich immer noch (was unmöglich) ist, die Möglichkeit des Mißerfolgs wahrnehmen würde, würde ich dennoch ruhig weiter voranschreiten, denn ich hätte trotzdem das Werk, das ich zu vollbringen hatte, auf die beste mir mögliche Weise getan, und was auf solche Weise getan wird, zählt immer in der Ökonomie des Universums.* Aber weshalb sollte ich das Gefühl haben, daß all dies zu nichts führen könnte, wo ich jeden Schritt und wohin er führt sehen kann, und wo mich jede Woche und jeder Tag – früher war es jedes Jahr und jeder Monat, und in der Zukunft wird es jeder Tag und jede Stunde sein – so viel näher zu meinem Ziel bringt? Bei dem Weg, den man mit dem größeren Licht in der Höhe beschreitet, gibt selbst jegliche Schwierigkeit ihre Hilfe und hat ihren Wert, und selbst die Nacht trägt in sich die Bürde des Lichts, das sein soll.«

Ich will nicht behaupten, daß wir hoffen können, es ihm gleichzutun. Aber wir wären gänzlich ungerecht ihm gegenüber, wenn wir jetzt eine Haltung falscher Demut annehmen würden, vorgebend, daß wir ja doch nicht zählen. Denn weil jeder von uns, gleichgültig wie klein und unbedeutend er auch sein mag, »in der Ökomomie des Universums« zählt, scheute er keinen Einsatz, sich unermüdlich für uns abzumühen und »das Wissen des Unsterblichen in des Menschen Höhle der Geburt« zu bringen.[8] Von ihm gerufen sein heißt, sein erwähltes Instrument zu sein, bestimmt für sein göttliches Werk, gleichgültig, wie unscheinbar man auch sein mag, für die Aufgabe, für die er alles geopfert und alles hingegeben hat, was er hatte und war. Leider kann ich nicht, ohne unaufrichtig zu sein, behaupten, daß er für mich ebenso gegenwärtig ist wie zu der Zeit, als er im Körper weilte (wie einige behaupten, daß er es für sie sei); aber ich bin der Überzeugung, daß seine Verwirklichung für alle Zeiten und alle Sucher überall auf der Welt wirksam ist, da man sonst, in der letzten Analyse, zu dem

---

[8] Zitiert aus *Last Poems*, einem Gedichtband, der nach seinem Tod herausgegeben wurde:
  Ich segelte über das goldene Meer,
  überquerte die silberne Schranke;
  erreicht hab' ich die Wissens-Sonne,
  des Erdenselbst Mitternachtsstern ...
  Das Licht war noch um mich,
  als zurück zur Erde ich kam,
  bringend das Wissen des Unsterblichen
  in des Menschen Höhle der Geburt.

Schluß gelangen müßte, er hätte keinen Erfolg gehabt. Das zu glauben, aber würde bedeuten, ihm nicht zu glauben, da er betonte, daß Mißerfolg für ihn nicht mehr möglich sei. Aber nicht ungläubig zu sein, genügt nicht: jeder von uns muß mit zielgerichtetem Eifer, der keinen Platz für Entmutigung zuläßt, seiner Führerschaft folgen – das ist der Ruf der Stunde. Anders gesagt, müssen wir in unserem Leben seinen Ermahnungen entsprechen. Aber damit dies möglich sei, müssen wir zuerst das Erbe seiner Vision antreten, daß nämlich das eiserne Gesetz des Schicksals durch den menschlichen Willen und seine unbezwingbare Aspiration geändert werden kann:

> Die hohen Götter blicken auf den Menschen und beobachten und wählen
> das heutige Unmögliche als Basis der Zukunft.

(Savitri, Buch III, Canto 4)

Ein neuer Glaube entsprang tief in meinem Innersten, und ein neuer Ausblick tat sich auf, als ich, zum letzten Male, sein statuenhaftes Antlitz der Seligkeit in königlicher Ruhe des *Yoganidra* vor mir sah, umgeben von einem Glorienschein, der sich nicht entfernen wollte. Der Weg zum Ziel ist tatsächlich noch lang und bleibt steil und gerade. Trotzdem fühlt man in seltenen Augenblicken, sogar in dieser bedrückenden Welt, die Wahrnehmung einer ungeheuren Befreiung, bewirkt durch die seltsame Fügung einer Weisheit, die zu erhaben ist, um mit unseren Maßen bemessen zu werden, und gleichzeitig zu lebendig, um als bloße Phantasie einer zufälligen Gemütsverfassung abgetan zu werden. Und dies kann zu mehr als nur einem Funkeln in weiter Ferne werden, wenn wir ebenso zielgerichtet unsere Sehnsucht danach entfachen, wie er es tat. Denn nur so kann es uns möglich werden, die Gitterstäbe des Käfigs zu brechen, gegen die der eingesperrte Feuervogel mit seinen blutenden Flügeln so lange schlagen muß, bis der Käfig durch Göttliche Gnade in einen Tempel der Liebe umgewandelt ist, der sich den Himmeln des Lichtes öffnet – in einer Zeit, von der er sagt:

> Eine größere Wahrheit als die der Erde soll die Welt überwölben
> und werfen ihr Sonnenlicht auf die Straßen des Geistes;
> eine nie irrende Macht soll die Gedanken leiten ...
> in irdisch Herzen des Unsterblichen Feuer entflammen,

eine Seele soll erwachen in des Unbewußten Haus,
der Geist soll sein der Gott-Vision Tabernakel,
der Körper der Eingebung Instrument
und das Leben ein Kanal für Gottes sichtbare Kraft.

Zu dieser Stunde wird

... die ganze Erde ein einzig Leben werden.
Selbst die Menge soll die Stimme hören ...
die Menschheit erwachen zu dem tiefsten Selbst ...

(*Savitri*, Das Buch des Immerwährenden Tages)

13. Kapitel

SRI AUROBINDOS BOTSCHAFT

Sri Aurobindo war kein leicht ergründbarer Mensch, ebensowenig wie seine atemberaubenden Botschaften immer leicht verständlich waren. Ich erinnere mich, wie er mir einmal vor vielen Jahren, 1928, geschrieben hat: »*Niemand außer mir selbst kann über mein Leben schreiben, weil es sich nicht an der Oberfläche, sichtbar dem menschlichen Auge abspielte.*« Trotzdem *haben* seither einige erwähnenswerte Biographen über sein Leben, so wie es sich ihnen dargestellt hat, geschrieben, und innerhalb gewisser Grenzen sind die Ergebnisse annehmbar – so weit sie eben reichen. Nur reichen sie nicht weit genug – wie sollten sie auch. Ich sehe es noch vor mir: Im Jahre 1949 sprach in Kalkutta unter einem großen Sonnendach ein Redner nach dem anderen gewandt über seine großen Begabungen und Taten. Die meisten sprachen über seinen politischen Einsatz; einige wenige über seine tiefe Gelehrsamkeit; einige über seine akademischen Qualitäten, mit glühenden Worten preisend, daß er in Cambridge der Beste in Latein und Griechisch war; wieder andere verbreiteten sich über sein großes Opfer, daß er ins Gefängnis ging und tapfer der Aussicht auf den Henker entgegenblickte (einer der Redner zitierte Kazi Nazrul Islams berühmtes Gedicht »*phansir manche geye geche jara jibaner joygan*« – die auf dem Schafott standen, sangen einsame Dankeslieder an das todlose Leben); einige priesen seine Artikel aus den Tagen der Revolution, die seine frustrierten Landsleute aus dem Taumel der Tatenlosigkeit und der Verzweiflung herausrissen; ein düsterer, bärtiger Professor rezitierte mit bedrohlicher Stimme Rabindranaths berühmtes Gedicht »Salutation«[1] – wahrscheinlich die schönste Huldigung, die bislang an ihn verfaßt wurde; ein hochnäsiger Scholastiker ließ sich über seine Größe als Meister englischer Prosa und Dichtung aus; aber niemand, außer Barindra Kumar Ghosh und Motilal Roy, sprach

---

[1] Dieses großartige Gedicht wurde von Rabindranath Tagore 1907 in Bengalisch verfaßt, als Sri Aurobindo wegen Aufruhr inhaftiert war. Hier nur einige Zeilen davon:

»*Rabindranath, o Aurobindo verneigt sich vor dir!*
o Freund, Freund meines Landes, o fleischgewordene Stimme, frei,
Stimme der indischen Seele! …
Wenn ich dein Antlitz sehe, umgeben von Knechtschaft,
Schmerz und Lüge und Erniedrigung, dann höre ich
der Seele gewaltig Gesang uneingeschränkter Wonne …«

über den Seher, der von des Menschen Kraft kündet und es wagt, das grimmige Schicksal zu bezwingen, und seinem Ego stirbt, um, wiedergeboren, sein verlorenes Erbe der Göttlichkeit zu fordern. Aber wie weit haben selbst sie, seine lieben Schüler, in sein Herz des göttlichen Entzückens geblickt oder die Bedeutung seiner großen Vision Krishnas erfaßt, die ihn verwandelte und ihn dazu veranlaßte, 1939 zu schreiben (in dem Gedicht *Krishna*, das in den *Last Poems* veröffentlicht wurde):

> *Ich habe die Schönheit unsterblicher Augen gesehen,*
> *und vernommen die Leidenschaft des Liebenden Flöte,*
> *und gekannt einer todlosen Ekstase Überraschung*
> *und Kummer in meinem Herzen für immer still.*

> *Näher und näher kommt jetzt die Musik;*
> *Leben erschauert mit seltsamer Glückseligkeit;*
> *die ganze Natur ist eine weite verliebte Pause,*
> *hoffend, ihren Herrn zu berühren, zu umarmen, Er zu sein.*

So habe ich mich oft gefragt, ob wir überhaupt jemals auch nur einen kleinen Zipfel dessen erhaschen können, was er durch seine atemberaubende *sadhana* des Supramentalen, die sich über vier Jahrzehnte erstreckte, erlangen wollte, oder die Natur des gewaltigen inneren Antriebs erfassen, der es ihm ermöglichte, alles dafür zu geben, um das zu verwirklichen, wofür er, wie er mir 1943 sagte, »gekommen war« (in dem Gespräch, das in diesem Buch bereits zitiert wurde). Eine Reihe von Kritikern, die alles beurteilen, selbst aber nichts verwirklichen, zogen ihre Augenbrauen hoch und sagten: »Nun, was soll das Getue um jemanden, der ja schließlich nichts sehr Greifbares erreicht hat?« Aber ich habe mich oft gefragt, ob wir heute überhaupt die ganze Gewalt und die Auswirkungen des Lichtes auf uns abschätzen können, das er verwirklicht und ständig ausgestrahlt hat – jenes Licht, das Rabindranath dazu veranlaßte, nach seiner Unterredung mit ihm im Jahre 1928 zu schreiben: »Auf den ersten Blick konnte ich erkennen, daß er die Seele gesucht und gefunden hatte ... Sein Gesicht erstrahlte mit einem inneren Licht und ... ich fühlte, daß die Worte des alten Hindu *Rishi* durch ihn von jenem Gleichmut sprachen, welcher der menschlichen Seele die Freiheit gibt, in das Allumfassende einzutreten. Und ich sagte zu Ihm: Du hast Das Wort, und wir sind bereit, es von Dir zu empfangen. Durch Deine Stimme wird Indien zur Welt sprechen: ›Hört auf mich!‹« *(Shrinvantu vishve amritasaya putrah – Shvetashvatar Upanishad)*

Ich führte mit Rabindranath in seinem Haus in Kalkutta unmittelbar nach seiner Rückkehr aus Pondicherry ein Gespräch über den großen Weisen. Er sagte, daß er zutiefst bewegt von seiner Persönlichkeit sei, und erzählte mir mit verhaltenem Atem von dem »Licht« in seinem Antlitz (er gebrauchte das bengalische Wort *dipti*) und fügte lächelnd hinzu: »Ich denke auch daran, mich für einige Zeit in die Abgeschiedenheit zurückzuziehen.« Ich lachte und sagte: »Das wird nicht gelingen, Dichter. Wir werden dich aus deinem Kreuzgang herausschleppen.«

Ich erzähle freimütig, aber nicht leichtfertig von diesen Dingen; ich habe sie lediglich erwähnt, um zu betonen, daß kein bewußter Mensch, der Sri Aurobindo auch nur ein einziges Mal gesehen hat, anders konnte, als von etwas in ihm berührt zu sein, das man nicht mit Worten beschreiben kann. Als ich 1924 zum erstenmal sein selbstleuchtendes Antlitz sah, verschlug es mir einfach den Atem, und ich schrieb über meinen Eindruck:

»›Eine strahlende Persönlichkeit!‹ Die Luft, die ihn umgab, sang das förmlich. Eine tiefe Aura des Friedens war um ihn, ein unbeschreiblicher und dennoch konkreter Friede, der jeden beinahe sofort in seinen Bannkreis zog. Doch was mich am meisten faszinierte, waren seine Augen – sie strahlten wie Lichtfeuer. Über den nackten Oberkörper hatte er nur einen Schal geworfen.

›Der größte lebende Yogi Indiens!‹ Mein Herz schlug schnell. Bisher hatte ich nur einige Sadhus und *sannyasis* gesehen, hier aber war ein wirklicher Yogi, der seit Jahren zurückgezogen lebte und dennoch Anteil an meinem Tun und Lassen nahm ...«[2]

Wenn immer ich ihn nach dieser ersten Begegnung sah, begann jeder Tropfen Blut in mir zu singen. Einmal fühlte ich, nachdem ich etwas von dem begriffen hatte, für das er gekommen war, eine Welle der Seligkeit in meinem Herzen, und ich sang:

> *Du kommst zu verkünden: »Der Mensch muß*
> *erobern die Erbschaft, die zu erlangen er geboren.*
> *Die Seele soll, eingepfercht in die Materie,*
> *durch Sehnsucht erreichen das ewig Werden.«*

Nicht nur ich, sondern alle, die offenen Herzens vor ihn traten, hatten, so wie Rabindranath, etwas von dem *Rishi* erblickt, dem großen Seher, der in den *Upanishaden* verkündet hat:

---

[2] D.K. Roy und Indira Devi: *Der Weg der großen Yogis*. Frankfurt: Suhrkamp Taschenbuch 409.

Vedaham etam Purusham mahantam
Adityavarnam tamasah parastat.

Ich kenne Den Einen,
groß und strahlend wie die Sonne,
der da ist jenseits des Bereichs
dunkler Verzweiflung.

Dies ist keine Übertreibung. Denn ich weiß von keinem wahren
Sucher, der, nachdem er die segnende Berührung seiner Hand
erhalten hatte, nicht mit höherschlagendem Herz und klingeln-
dem Blut herabgestiegen wäre. Selbst jene, die nur ein Fünkchen
Glauben hatten, empfanden ähnlich wie die Juden, die sich über
Christus verwunderten und sagten, daß »er sie nicht wie die
Schriftgelehrten, sondern wie einer lehrte, der Autorität hatte« –
die Autorität, die jenem zufällt, der Den Einen jenseits unserer
weltweiten Düsternis erblickt hat. Aus diesem Grund können
wir, wenn wir seine Gedichte lesen, gar nicht anders als fühlen,
daß es sich dabei nicht einfach um Kunstwerke handelt, sondern
daß wir hier der überwältigenden Vision eines Rishi gegenüberstehen, oder, sollen wir sagen, der eines Sehers-cum-Sängers, der
gar nicht anders kann als vom dem zu singen, was er *gesehen* hat,
wie zum Beispiel, wenn er in seinem herzergreifenden Gedicht *Who*
(Wer) schreibt:

> »*Der Meister des Menschen und sein unendlich Liebender.*
> *Er ist nah unserem Herz, hätten Vision wir zu sehen:*
> *geblendet sind wir vom Stolz und dem Pomp unserer*
> *Leidenschaften,*
> *in unsere Gedanken sind wir verstrickt, wo wir denken, frei*
> *zu sein.*«

Ich sage »überwältigend«, denn Vision der Schönheit bringt, ab
einer gewissen Intensität, Glauben hervor – ich sollte aber hinzufügen, daß ich mit Schönheit an dieser Stelle nicht die rein formale
Lieblichkeit meine, die ein Künstler aufgrund seiner Begabung oder
seines Könnens hervorbringt. Ich spreche hier von dieser apokalyptischen Schönheit, die, wurde sie einmal von der Seele geschaut,
dem Seher die Kraft der Überzeugung vermittelt, wie es beispielsweise auch mit Sri Aurobindo geschah, wenn er in dem gleichen
Gedicht schreibt:

> »*Wir wollen der ganzen Welt von Seiner Weise und seiner List*
> *erzählen:*

Entzücken gewinnt er aus Qual und Leidenschaft und Schmerz;
an unserem Kummer erfreut er sich und treibt uns zum Weinen
und verführt uns dann wieder mit Seiner Freude und Seiner Schönheit.«

Und ist nicht solche Schönheit, *Seine* Schönheit, allesdurchdringend? –

> *»Alle Musik ist der Klang Seines Lachens,*
> *alle Schönheit das Lächeln Seiner leidenschaftlichen Wonne;*
> *unsere Leben sind Seine Herzschläge, unser Entzücken die Hochzeit*
> *von Radha und Krishna, unsere Liebe ihr Kuß.«*

Unglücklicherweise sind jene, die keinen Schimmer dessen erhascht haben, was ein *Rishi* sieht, versucht, ihn als Phantasten und Träumer zu bezeichnen. Aber jene, die ihm begegnet und unter der Berührung seiner Liebe erschauert sind, können nicht anders als den Segen zu fühlen, erkannt zu haben, was nur so wenige begreifen: nämlich die göttliche Liebe, die in ihm durch des Himmels magische Berührung erblüht – jene Liebe, über die er mir in einem Brief aus dem Jahre 1934 schrieb: »*Nur Göttliche Liebe kann die Last tragen, die ich zu tragen habe, die alle tragen müssen, die alles andere dem einen Ziel hingegeben haben, die Erde aus ihrer Dunkelheit zum Göttlichen emporzuheben.*«

Diese Liebe ist es – nicht die nur menschliche Liebe, die wir kennen, die ein Gemisch aus Gold und Buntmetall ist, sondern die reine Liebe, geläutert von allen Beimengungen –, die der Ursprung seiner epischen Dichtung *Savitri* ist, in der er seine atemberaubende Verwirklichung Göttlicher Liebe schildert, und zwar mit einer Überzeugungskraft, die unsere Herzen nur als höchstes Maß der Vollkommenheit willkommen heißen können, selbst wenn unser Intellekt nicht alles begreift.[3]

---

[3] In einem längeren Gespräch sagte Die Mutter über *Savitri* u. a.:

»Lies ein paar Zeilen, und das genügt, um einen Kontakt mit deinem innersten Wesen herzustellen ... Sri Aurobindo hat das ganze Weltall in ein einziges Buch gepackt. Alles ist darin, Mystik, Okkultismus, Philosophie, die Geschichte der Evolution, die des Menschen, der Götter, der Schöpfung, der Natur, wie die Welt geschaffen wurde, warum, zu welcher Bestimmung. Alle Geheimnisse, die der Mensch besitzt, und auch alle, die in der Zukunft auf ihn warten, sind in den Tiefen von *Savitri* zu finden ... Alles ist da, was nötig ist, um das Göttliche zu verwirklichen, jeder Schritt des Yoga, die Geheimnisse aller Yogas ...

Savitri ist sein ganzer Yoga der Transformation, und dieser Yoga kommt zum ersten Male in das Erdbewußtsein.« Zitiert aus *Einführung zu Savitri*. Planegg: Auroville Verlag.

Ich weiß natürlich, daß jene, die danach streben, die Himmel mit der Vernunft schwachen Lehmflügeln zu erzwingen, seine Erfahrung nicht anerkennen werden. Aber jene, die auch nur einen Funken dieser Flammenaspiration gehegt haben, die der Seele vertraut ist, werden bewegt sein, wenn sie den strahlenden Klang seiner Vision der supramentalen Herabkunft vernehmen, den er in *Savitri* beschrieben hat. Genau wissen, daß »unsere blinden Gedanken« ständig »verweigern, was unsere Seelen akzeptieren«, kam er, um uns zu zeigen, wie wir mit dem dritten Auge der Seele sehen können, daß »des Himmels Berührung unsere Erde erfüllt, aber nicht aufhebt«, wie er in seinem enthüllenden *Savitri* betont. Hier erinnere ich mich übrigens an eine Frage, die ich ihm einmal gestellt habe, als ich wieder einmal der Niedergeschlagenheit anheimgefallen war. Er schrieb zurück: »Auf deine Frage, ob der Himmel den Menschen will, lautet die Antwort: Wenn der Himmel ihn nicht wollte, würde er den Himmel nicht wollen.« (April 1936)

Jahre später improvisierte er über dieses Thema mit der tiefgreifenderen Eindringlichkeit der Dichtung (*Savitri*, Buch I, Canto 4):

> »*Eine gegenseitige Schuld bindet den Menschen an den Höchsten:*
> *Seine Natur müssen wir annehmen, ebenso wie er die unsere annimmt.*«

Und dies ist der Grund, weshalb (*Savitri*, Buch II, Canto 1):

> »*Die Erde ... der erwählte Ort mächtigster Seelen (ist);*
> *die Erde ist der heldenhaften Geister Kampfesfeld,*
> *der Amboß, auf dem der Höchste Schmied seine Werke formt.*«

Dann ermahnte er uns, als wollte er die ganze Bedeutung von Krishnas berühmten Worten hervorheben:

> *Keine ehrliche Bemühung vergeht jemals,*
> *die Dinge belassend wie sie waren; nein, selbst*
> *ein Funke Aspiration versilbert Wolken der Angst.*
>
> (Gita, 2.40)

Uns auf die ewigen Werte zu stützen und nicht auf die vergänglichen, und die bedrängende Angst vor Versagen abzuschütteln, indem er uns versicherte (*Savitri*, Buch I, Canto 2):

> »*Ein Gebet, eine Meistertat, eine Königsidee*

kann des Menschen Stärke mit einer transzendenten Kraft
verbinden.«

Und darum ist es keine Übertreibung, wenn er sagt:

> *»Eine einzige mächtige Tat kann den Lauf der Dinge ändern.«*

Auf diese Weise verteidigte er seine tiefgründige Vision von der
Seele Bestreben, den endgültigen Sieg über des Schicksals »eisernes
Gesetz« und der Materie Lähmung zu erringen (*Savitri*, Buch II,
Canto 6):

> *»Das Leben, welches erreicht seine Ziele, fragt nach größeren*
> *Zielen,*
> *das Leben, welches versagt und stirbt, muß wieder leben …*
> *Bis es sich wiedergefunden hat, kann es nicht vergehen.«*

Und er kann nicht auf halbem Weg stehenbleiben oder rasten, denn
(*Savitri*, Buch I, Canto 4):

> *» Wir sind Söhne Gottes und müssen ebenso sein wie er:*
> *Sein menschlicher Wesensteil, müssen wir göttlich werden,*
> *unser Leben ist ein Paradox, mit Gott als Schlüssel.«*

Das schon Ewigkeiten während »Paradox« hat seinen Ursprung in
der tiefen Kluft zwischen Materie und Spirit, und zwar in dem Sinn,
daß, wenn man verneint, daß ein überbewußter Spirit das Erdleben
aufrechterhält und dies damit begründet, daß man nichts als »real«
ansehen könne, was man nicht mit dem Verstand und den Sinnen
erkennen könne, man unweigerlich in krassen Materialismus verfällt und jeglichen göttlichen Sinn des Lebens abstreitet. Da ein
derartiger Sinn jenseits mentalen Begreifens angesiedelt ist, muß
man und kann man gar nicht anders, als die Welt eine unmögliche
Schöpfung zu nennen, die irgendwie durch blinden Zufall entstanden ist. Aber kein Seher, der den Namen verdient, kann solch eine
Lösung akzeptieren, da er *gesehen* hat, was der Weise Narad
behauptet (*Savitri*, Buch VI, Canto 2):

> *»Diese Welt wurde nicht aus willkürlichen Zufallsbacksteinen*
> *nen gebaut,*
> *nicht ein blinder Gott ist der Bestimmung Baumeister:*
> *Eine bewußte Macht hat den Plan des Lebens gezeichnet,*
> *ein Sinn ist enthalten in jeder Krümmung und Linie.«*

Warum sich also der Verzweiflung oder Depression hingeben, die
von Fehlschlägen ausgebrütet werden, wenn doch der endgültige
Sieg gewiß ist, denn (*Savitri*, Buch VI, Canto 2):

> »*Mächtiger erhebt sich der Spirit durch Niederlage;*
> *seine gottgleichen Schwingen werden größer mit jedem Sturz,*
> *seine strahlenden Fehlschläge summieren sich zum Sieg.*«

So muß es sein, denn (*Savitri*, Buch II, Canto 4):

> »*Die hohen Götter blicken auf den Menschen und beobachten*
> *und wählen*
> *das heutig Unmögliche als Grundlage der Zukunft.*«

Und so lehrt uns Sri Aurobindo, der geborene Verkünder des Spirits mit dem Licht des Morgens in seinen Augen, immer wieder durch sein Leben und seine Worte, seine Taten und sein Abgeschiedensein – ja selbst durch seine Gesten und langen Schweigepausen –, daß man, wenn man von Gott gerufen wurde, alles andere beiseite lassen muß – alle Rufe geringerer Liebe. Dies ist der Grund, warum er die dringenden Bitten seiner Landsleute zurückweisen mußte, die ihn aufforderten, aus seiner Abgeschiedenheit herauszutreten, um die politische Führung zu übernehmen. Er konnte nicht anders, da der Mensch seinem alten Selbst persönlichen Ehrgeizes und Verlangens sterben muß, bevor er neu zu der kreativen Freiheit des göttlichen Lebens geboren werden kann.

> »*Alles Verneinende muß ausgerissen und getötet werden*
> *und zermalmt die vielen Verlangen, um deretwillen*
> *wir Den Einen verlieren, für den unsere Leben gemacht*
> *wurden.*«

> (*Savitri*, Buch II, Canto 2)

Ist dies nicht ein nobler Kommentar über die altehrwürdigste Weisheit Indiens:

> *Twameva viditwa ati mrityum eti*
> *Nanyah pantha vidyate ayaynaya*
> *(Shvetashvatar Upanishad)*

> *Nur wenn der Mensch Den Einen kennt, gewinnt er*
> *Unsterblichkeit; keine andere Abkürzung gibt es*
> *zu der strahlenden Zinne der Erlösung.*

Es ist unmöglich, hier auch nur kurz zu berühren, was er uns alles durch das gelehrt hat, was er geworden ist. (Er schrieb mir einmal: »*Der wahre Wert eines Menschen läßt sich nicht nach dem bemessen, was er sagt, und auch nicht nach dem, was er tut, sondern nach dem, was er wird.*« Aber ich habe das Gefühl, daß seine größte Botschaft die war, die ihm von Krishna im Alipore-Gefängnis auf so wunderbare Weise übermittelt wurde, damit er sie an uns alle weitergebe. Dort war der Herr der Gita leibhaftig zu ihm gekommen, gerade als sein Glaube erschüttert war, und offenbarte Seinem »seltenen großbeseelten Anbeter, daß all dies Vasudeva ist« (*Vasudevah savam iti sa mahatma sudurlabhah*, wie es in der Gita heißt), und sagte (ich zitiere hier seine eigenen klangvollen Worte):

»... Seine Stärke trat in mich ein ... Ich schaute auf das Gefängnis, das mich von der Menschenwelt abschloß, und die hohen Mauern kerkerten mich nicht mehr ein, nein, es war Vasudeva (*Vasudeva* ist einer der vielen Namen des Höchsten Herrn, Sri Krishna. Anm. d. Übers.), der mich umgab. Ich ging unter den Zweigen des Baumes vor meiner Zelle auf und ab, und ich wußte, es war Vasudeva, es war Sri Krishna, den ich dort stehen und seinen Schatten über mich breiten sah. Ich blickte auf die Eisenstangen meiner Zelle, auf das Eisengitter, das als Tür diente, und wiederum sah ich Vasudeva. Es war Narayana, der mich bewachte und für mich Posten stand. Oder ich lag auf den rauhen Decken, die man mir für mein Lager gegeben hatte, und fühlte die Arme Sri Krishnas um mich, die Arme meines Freundes, des mich Liebenden...«[4]

Und der Freund und Liebende sagte zu ihm: »Ich habe dir ein Werk übertragen, das Werk, dieser Nation zu helfen und sie aufzurichten ... Ich richte diese Nation auf, daß sie Mein Wort verkünde. Dies ist das Sanatana Dharma, dies ist die ewige Religion, die du früher nicht wirklich kanntest, die ich dir aber jetzt offenbart habe. Dem Agnostiker und dem Skeptiker in dir wurde Antwort gegeben, denn ich habe dir innerliche und äußerliche Beweise gegeben, physische und subjektive, die dich zufriedengestellt haben. Wenn du zu den Menschen gehst, künde deiner Nation immer von diesem Wort, daß sie um des Sanatana Dharma willen aufgerichtet wird, daß sie für die Welt und nicht für sich selbst erhöht wird. Ich gebe ihr Freiheit, um der Welt zu dienen. Wenn darum gesagt wird, daß Indien groß sein soll, ist es das Sanatana Dharma, das groß sein soll. Wenn gesagt ist, daß Indien sich ausdehnen soll und erweitern soll, ist es das Sanatana Dharma, das sich ausdehnen und über die ganze Welt ausbreiten soll. Für das Dharma und durch

[4] Zitiert aus: *Auroville – Stadt des Zukunftsmenschen*, Abschnitt 3 des zweiten Kapitels »Politisches Leben und Wende zum Yoga«. Fischer Taschenbuch, Band 1700.

das Dharma existiert Indien.«[5]

Und so beschloß er seine bedeutungsvolle Rede (die *Uttarpara*-Rede, die er nach seiner überraschenden Freisprechung gehalten hatte) mit folgenden Worten: »Ich sage nicht länger, daß Nationalismus ein Glaubensbekenntnis, eine Religion, ein Glaube sei; ich sage, daß es das *Sanatana Dharma* ist, das sich uns als Nationalismus darstellt. Diese Hindunation wurde mit dem *Sanatana Dharma* geboren, mit ihm schreitet sie voran und mit ihm wächst sie. Wenn das *Sanatana Dharma* schwach wird, wird auch die Nation schwach, und wenn das *Sanatana Dharma* vergehen könnte, würde mit *Ihm* auch die Nation vergehen. Das *Sanatana Dharma*, welches Nationalismus ist. Dies ist die Botschaft, die ich euch verkünden soll.«

Dieser seiner Mission blieb er sein ganzes Leben lang treu, das noch vier Jahrzehnte währte, und die er später so erschütternd in seinem *Savitri* zum Ausdruck brachte (im *Buch des Immerwährenden Tages*):

[5] *Na jatu kaman na bhayan na lobhat*
Dharmam tyajet jeevitasyapi hetoh
Nityo dharmah sukha-dhukhe anitye
Jeevo nityo hetur asya tvanityah.

Du sollst das Dharma (Gesetz der Wahrheit) auf Erden nicht verleugnen, getrieben von Gier, Sinneslust oder Angst, denn wisse, daß Dharma ewig ist, Freude und Leid hingegen vergänglich; die Seele lebt immer, obgleich ihre Grundlage in der Welt unbeständig ist.

(*Mahabharata*, letzter Canto)

»Ich lege meine Hände auf deine Seele der Flamme,
ich lege meine Hände auf dein Herz der Liebe,
ich joche dich an meine Kraft des Werkes in der Zeit.
Weil du hast meinem zeitlosen Willen gehorcht,
weil du gewählt hast, der Erde Mühe und Schicksal zu teilen,
und erbarmend dich geneigt hast über erdgebundene
*   Menschen*
und zu Hilfe gekommen bist und gesehnt dich hast zu retten,
binde ich dein Herz durch seine Leidenschaft an meins
und auferlege deiner Seele mein strahlend Joch.
Nun will ich in dir meine herrlichen Werke tun.
Fesseln will ich deine Natur mit meinen Strängen der Stärke,
meiner Wonne unterwerfen deines Spirits Glieder
und zu einem lebendigen Knoten all meiner Seligkeit dich
*   machen,*
und erbauen in dir mein stolzes und kristallenes Heim.
Deine Tage sollen meine Strahlen der Kraft und des Lichtes
*   sein,*
deine Nächte meine gestirnten Mysterien der Freude
und alle meine Wolken sind verwoben in dein Haar
und alle meine Springfluten vermählt in deinem Mund.
O Sonnenwort, du sollst erheben die Erdseele zum Licht
und herabbringen Gott in die Leben der Menschen;
die Erde soll meine Werkstätte sein und mein Haus,
mein Garten des Lebens, zu pflanzen eine göttliche
*   Saat.*
Wenn all dein Tun vollbracht ist in menschlicher Zeit,
soll der Geist der Erde sein ein Heim des Lichtes,
das Leben der Erde ein Baum, der zum Himmel wächst,
der Körper der Erde ein Tabernakel Gottes.
Erwacht aus des Sterblichen Unwissenheit
sollen die Menschen entflammt sein mit des Ewigen Strahl
und der Glorie meines Sonnenaufstiegs in ihren Gedanken
und fühlen in ihren Herzen die Süße meiner Liebe
und in ihren Taten meiner Kraft geheimnisvollen Antrieb.
Mein Wille soll der Sinn ihrer Tage sein;

lebend für mich, durch mich, in mir sollen sie leben . . .[6]

*. . . Eine himmlischere Leidenschaft soll der Menschen Leben
   umwälzen,*

ihr Geist soll teilhaben am unsäglichen Glanz,
ihr Herz soll fühlen die Ekstase und das Feuer,
der Erde Körper soll sich bewußt sein einer Seele;
der Sterblichkeit Kettensklaven lösen ihre Ketten,
bloße Menschen zu spirituellen Wesen wachsen
und erwacht sehen die stumme Göttlichkeit.
Intuitive Strahlen sollen berühren die Gipfel der Natur,
eine Offenbarung aufwühlen die Tiefen der Natur:
Die Wahrheit soll sein der Führer ihrer Leben,
*Wahrheit soll bestimmen ihr Denken und Reden und
   Handeln,*
sie sollen sich näher zum Himmel gehoben fühlen,
als wären sie ein wenig niedriger nur als die Götter.
Denn Wissen soll herabgießen seine leuchtenden Ströme
und selbst verdunkelter Geist erschauern mit neuem Leben
und entfacht sein und brennen mit des Ideals Feuer
und zu entkommen suchen sterblicher Unwissenheit.
Die Grenzen der Unwissenheit sollen zurückweichen,
immer mehr Seelen sollen eintreten in das Licht,
entflammte Geister, inspiriert, den okkulten Boten hören
und Leben lodern mit einer jähen inneren Flamme
und Herzen sich verlieben in göttliche Wonne
*und menschliches Wollen einstimmen in den göttlichen
   Willen,*
diese abgetrennten Selbste des Spirits Einheit fühlen,
diese Sinne zu himmlischer Wahrnehmung fähig werden,
*das Fleisch und die Nerven zu einer seltsamen ätherischen
   Freude*
und sterbliche Körper zur Unsterblichkeit.
Eine göttliche Kraft soll strömen durch Gewebe und Zelle
und übernehmen die Leitung von Atem und Sprache und Tat
und alle Gedanken ein Glühen von Sonnen sein

---

[6] Niemand hat je ergreifender diese offenbarenden Zeilen aus *Savitri* gesprochen als
Die Mutter, der wir für immer dankbar sind, daß Sie uns den Klang Ihrer gewaltigen
Stimme auf Tonbändern hinterlassen hat, die die Vibration des großen *mantrischen*
Werkes, das *Savitri* ist, direkt in unsere Herzen trägt. Und niemandem ist es bisher so
gelungen, diese Vibration in einer Musik fortklingen zu lassen, wie dem Schüler-
Bruder Sunil B., der zu *Savitri* und den Rezitationen Der Mutter eine Musik
komponiert, die Die Mutter selbst mit dem größtmöglichen Lob bedacht hat, wenn sie
von ihr sagt, daß es noch nie eine Musik auf der Welt gegeben hat, die soviel
Spiritualität in sich trägt.

und jede Empfindung ein himmlisch Entzücken.
Oft soll eine strahlende innere Morgenröte kommen,
beleuchtend die Kammern des schlummernden Geistes;
eine jähe Seligkeit durch alle Glieder fahren
und die Natur mit einer mächtigeren Gegenwart erfüllen.
So soll die Erde sich öffnen zu Göttlichkeit
und gewöhnliche Naturen fühlen die weite Erhebung,
erleuchten gewöhnliche Taten mit des Spirits Strahl
und begegnen der Gottheit in gewöhnlichen Dingen.
Natur soll leben, zu manifestieren geheimen Gott,
der Spirit soll ergreifen das menschliche Spiel,
dies irdisch Leben werden das göttlich Leben.«

Dann wird der Abgrund zwischen Materie und Spirit endgültig
überbrückt sein, und:

»Der Spirit soll blicken aus der Materie Augen
und Materie enthüllen des Spirits Gesicht.«

NACHWORT

Nach dem strahlenden Glanz der Zuversicht, des Schutzes und des reinen Stromes der Liebe, die auf den vorangegangenen Seiten aus dem Herz des Gurus zu seinem Schüler, von Sri Aurobindo zu seinem »Freund und Sohn«, gesandt wurden, soll in diesen Zeilen noch die Stimme der wunderbaren und leidenschaftlichen *Mutter* erklingen, durch die Sri Aurobindo nicht nur seinen Ashram und später Auroville aufgebaut und erhalten hat, sondern vor allem die Welt befreit, um in dieses Tal der Tränen, des Leids und der Mühen die Seligkeit der supramentalen Welt zu bringen.* Sie, deren Liebe zu Sri Aurobindo der Schlüssel zum Geheimnis der großen Umwandlung ist, derer die großen Seelen harren, ist wahrhaftig Sein Träger des unsterblichen Feuers und die Offenbarung ihrer beider Einheit, das Siegel der Verwirklichung, der »Paß zum Paradies«, wie Sri Aurobindo in *Savitri* sagt.

Möge darum Sie die Seiten dieses Buches beschließen, von der Er sagt: »Das Bewußtsein der Mutter und mein Bewußtsein sind ein und dasselbe, das eine Göttliche Bewußtsein in zwei Wesen, denn dies ist nötig für das Spiel. Nichts kann ohne ihr Wissen und ihre Kraft getan werden, ohne ihr Bewußtsein – wenn irgend jemand wirklich ihr Bewußtsein fühlt, sollte er wissen, daß ich dort, hinter ihm bin, und wenn er mich fühlt, verhält es sich ebenso mit ihr.«

Die Mutter über Sri Aurobindo:

»Bei Sri Aurobindo hatte man immer den Eindruck, in eine Unendlichkeit einzutreten, und so sanft, so sanft! Es war immer so ... etwas ›Sanftes‹, ich kann es nicht anders beschreiben. Es waren Schwingungen, die dich immer ausweiteten, beruhigten – du hattest das Gefühl, etwas zu berühren, das keine Grenzen hat.«

Und über ihre erste Begegnung (1914): »Ich stieg die Treppe hinauf, und er stand dort am oberen Ende und wartete auf mich. Genau wie in meiner Vision. In der gleichen Art gekleidet, in der gleichen Haltung, von der Seite, den Kopf hoch erhoben. Er drehte seinen Kopf zu mir, und ich sah in seinen Augen, daß ER es war. Die beiden Dinge verbanden sich so, und im gleichen Augenblick wurde die innere Erfahrung eins mit der äußeren Erfahrung, eine Ver-

---

* Für Sie wurde am 15. 8. 1978 der Grundstein für *Mirapuri*, der Stadt des Friedens in Europa, gelegt.

schmelzung fand statt, die entscheidende Erschütterung.

Erst nach einer ganzen Reihe von Erfahrungen während des zehnmonatigen Aufenthalts im Jahr 1914, fünf Jahren der Trennung und der Rückkehr nach Pondicherry, dann dem Wiedersehen in dem gleichen Haus und auf die gleiche Weise kam die Vision zu ihrem Ende. In diesem Augenblick stand ich neben Ihm. Mein Kopf lag nicht auf seiner Schulter, er war auf der Höhe seiner Schulter (ich weiß nicht, wie ich es beschreiben soll: physisch war gewissermaßen keine Berührung da). Wir hielten uns so, beide, und blickten durch das offene Fenster, und dann fühlten wir BEIDE gleichzeitig ›Jetzt wird die Verwirklichung geschehen‹. Es war besiegelt, und die Verwirklichung würde stattfinden. Ich fühlte in mir, wie DIES herabkam, massiv, die Gewißheit, die gleiche Gewißheit, die ich in meiner Vision gefühlt hatte, und von diesem Augenblick an gab es nichts zu sagen – keine Worte, nichts. Wir wußten, es war DAS.«

»Was Sri Aurobindo in der Weltgeschichte repräsentiert, ist keine Lehre, nicht einmal eine Offenbarung, es ist ein entscheidendes WIRKEN, das direkt vom Höchsten kommt.«

Michel Klostermann, AURORA-Zentrale

GLOSSAR

Sri Aurobindo verwendet in seinen Werken verschiedene Begriffe, um die verschiedenen Erfahrungsebenen zu kennzeichnen. Da alle diese Bezeichnungen von ihm in englischer Sprache geprägt wurden, erleichtert dies die Übersetzung in verschiedene Sprachen der Welt, ebenso wie es überhaupt dem größten Teil der Leser von Sri Aurobindo ermöglicht, seine Werke im Original zu lesen. Trotz der Universalität des Englischen scheint es jedoch bei der Übersetzung in andere Sprachen oft unterschiedliche Übersetzungsmöglichkeiten für ein und denselben englischen Begriff zu geben. Dies hat natürlich viele Gründe, auf die hier nicht näher eingegangen werden kann. Auffallend für die deutsche Sprache ist lediglich, daß oft das Wort Geist sowohl für die rein mentalen als auch für die spirituellen Fähigkeiten des Menschen verwendet wird. Im Zusammenhang mit Sri Aurobindos Terminologie hat dies zu einer gewissen Verunklärung geführt, da einige Übersetzer das Wort *Geist* und *geistig* nur für die verschiedenen *mentalen* Tätigkeiten und Erfahrungsbereiche verwenden und dementsprechend die Worte *Spirit* und *spirituell* für die Erfahrungsdimensionen verwenden, die den mentalen Bereich hinter sich lassen; andere Übersetzer wiederum verwenden das Wort *Geist* für *Spirit* und drücken die verschiedenen mentalen Fähigkeiten mit dem Wort *Mental* aus. Neben diesen hauptsächlichen Unterschieden gibt es natürlich noch verschiedene Vermischungen und Abwandlungen. (Spirt für Spirit, Geist und Mental, je nach Zusammenhang, abwechselnd eingesetzt etc.) Da Übersetzung eine lebendige und schöpferische Arbeit ist, hat jeder Übersetzer seine guten Gründe dafür, eine bestimmte Art des Ausdrucks zu wählen, und solange dies nicht zu Ausschließlichkeiten führt, ist dies auch vertretbar. Andererseits steht der Leser Sri Aurobindos, der die englische Terminologie nicht kennt, oft von Übersetzung zu Übersetzung vor einer bisweilen sinnverwirrenden Vielfalt und Unterschiedlichkeit der Auffassung im Deutschen. Aus diesem Grund sei hier eine kurze Zusammenstellung der englischen Terminologie von Sri Aurobindo gegeben, wie er sie in allen seinen Büchern und Briefen anwendet, und daneben die verschiedenen derzeit verwendeten Eindeutschungen. Im gegebenen Fall kann sich der Leser damit, durch Vergleich mit dem jeweiligen englischen Originalwerk, Klarheit darüber verschaffen, welche der äußerst unterschiedlichen Übersetzungsmöglichkeiten er gerade liest.

Psychic Being:	Das psychische Wesen; Das seelische Wesen (Darüber schreibt Sri Aurobindo: »Der psychische Wesensteil in uns ist etwas, das unmittelbar aus dem Göttlichen kommt und in Berührung mit göttlichen Möglichkeiten ist, die die niedere dreifache Manifestation von Geist, Leben und Körper unterstützen ... Er wächst im Bewußtsein mittels Gotteserfahrung und gewinnt jedesmal an Kraft, wenn wir in uns eine höhere Regung beherbergen, bis sich schließlich durch die Akkumulation dieser tieferen und höheren Regungen eine psychische Individualität bildet, die wir gewöhnlich das psychische Wesen nennen.«)
Physical Being:	Das physische Wesen; das Körperwesen
Vital Being:	Das Vitalwesen; ohne »Being«: das Vital, das Vitale; seltener: das Lebentliche. (Gemeint ist das Wesen und die Erfahrungsebene der Lebenskräfte.)
Mental Being; Mind:	Das Mentalwesen; das mentale oder das geistige Wesen; das Geistwesen; der Geist. (Die verschiedenen intellektuellen und mentalen Befähigungen und Erfahrungen. Für die höherentwickelten mentalen Fähigkeiten und Erfahrungsbereiche verwendet Sri Aurobindo eine Reihe von Begriffen, die nachfolgend aufgeführt sind.)
Higher Mind:	Höher Mentales; Höher Geistiges.
Illumined Mind:	Erleuchtet Mentales; Erleuchteter Geist.
Intuitiv Mind:	Intuitiv Mentales; Intuitiver Geist.
Overmind:	Obermentales; Obergeist; selten: Übermentales. (Schon mit dem »Overmind« überschreitet das Bewußtsein die höchsten Bereiche des Mentalen und läßt sie weit hinter sich. Der Begriff des »Supramentalen«, der als nächstes kommt, meint deshalb nicht eine Art gestei-

gerter mentaler Tätigkeit, sondern bezieht sich auf eine Erfahrung und eine Dimension, die gänzlich jenseits dessen ist, was sich der gewöhnliche Geist des Menschen vorstellen kann.)

Supermind: Das Supramentale; Der Übergeist.

(Ebenso wie der Geist oder das Mentale die nächste Evolutionsstufe nach dem vitalen Ausdruck der Tier- und Pflanzenwelt ausdrückt, ist die supramentale oder übergeistige Evolution Ausdruck der Erfahrung dessen, was nach der mentalen Stufe kommt. Daraus ergibt sich auch, daß Sri Aurobindo vom Kommen des Übermenschen spricht, dem Träger des supramentalen Bewußtseins, im Gegensatz zum Menschen als Träger des mentalen Bewußtseins. Mit dem Übermenschen meint er daher in keiner Weise den »Übermenschen«, wie ihn Nietzsche sich vorstellte. Statt Übermensch wird deshalb bisweilen auch Zukunftsmensch übersetzt. Sri Aurobindo sagt im Englischen *Superman*.)

Spirit: Spirit; Spirt; Der Geist.

(Das Höchste Göttliche Sein, das alle Ebenen des Bewußtseins in sich trägt, erhält und hervorbringt, *Brahman* der indischen Sanskritterminologie.)

Die Darstellung der verschiedenen Ebenen der Erfahrung und des Bewußtseins kann natürlich in einem kurzen Glossar nicht einmal in Ansätzen versucht werden. Die obigen Hinweise sollen deshalb nur als Orientierungshilfen verstanden werden, um zu erfassen, welche Art der deutschen Übersetzung man gegebenenfalls in Händen hat. Für die Beschreibung und Erklärung der verschiedenen Erfahrungsbereiche sei auf Sri Aurobindos Werk selbst verwiesen.